# Folgende Hilfen bietet dir Praxis Sprache:

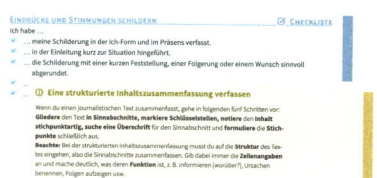

**Checklisten** und **Merkkästen** helfen dir an passenden Stellen beim Lösen und Kontrollieren von Aufgaben.

---

*heroisch*
heldenhaft

Die **Hinweise** erklären dir kurz einzelne Wörter oder Begriffe, die für das Verständnis der Seite wichtig sind.

---

💡 **Tipp**

*Eine Mindmap kann euch dabei helfen, geeignete Begriffe zu sammeln.*

**Tipps** helfen dir oder geben Anregungen zum Weiterarbeiten.

---

))) **Portal**

WES-122965-001

Die Texte, die mit diesem Symbol gekennzeichnet sind, findest du als **Audiodatei** im Internetportal.
Gib dazu auf der Internetseite *www.westermann.de/webcode* den entsprechenden Mediencode, z. B. *WES-122965-001*, ein.

---

 **Portal**

WES-122965-002

Im Internetportal erhältst du die mit diesem Symbol gekennzeichneten **Texte** und **Lösungen der Überprüfe-Seiten** zum Ausdrucken.
Gib dazu auf der Internetseite *www.westermann.de/webcode* den entsprechenden Mediencode, z. B. *WES-122965-002*, ein.

---

**AT →  S. 298 f.**

*Selbstständig Material recherchieren*

Über Seitenverweise wirst du an passenden Stellen in das **Arbeitstechniken**-Kapitel verwiesen.

---

 S. 313

*Mindmap*

Wichtige Begriffe und Vorgehensweisen kannst du im **Merkwissen** am Ende des Bandes nachschlagen.

---

**→  S. 283**

*Den Sprach- und Schreibstil verbessern*

Auch **Kapitel** sind miteinander **verknüpft**, sodass du dich dort noch einmal informieren oder weiterarbeiten kannst.

---

✳ = Sternchen-Aufgabe

W = Wahl-Aufgabe

C/G = zusammenfassende, verbindende (Projekt-)Aufgabe

Die **Aufgaben mit Sternchen** ✳ bieten zusätzliches Übungsmaterial für dich an. Die **Aufgaben**, die mit einem W gekennzeichnet sind, fordern dich zum Wählen zwischen a) und b) auf. Im Anschluss an die Wahl-Aufgaben solltest du dich mit deinen Mitschüler/-innen über eure Lösungen austauschen, sodass jede/-r eine Musterlösung für a) und b) hat. Die mit C/G gekennzeichneten Seiten am Ende mancher Kapitel verbinden verschiedene Kompetenzen miteinander und ermöglichen ein selbstständiges Weiterarbeiten an einem Thema in Form eines kleinen Projektes.

# Sprechen und Zuhören

Das Vier-Ohren-Modell

Sachinformation
Selbstkundgabe
Appell
Beziehungsebene

# Lesen – Umgang mit Texten und Medien

4

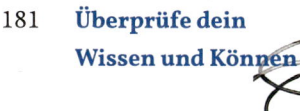

## Schreiben

# Sprache und Sprachgebrauch

# Rechtschreibung und Zeichensetzung

# Arbeitstechniken

# Merkwissen / Lexikon

# Mit anderen kommunizieren

**1** Die Schülerinnen und Schüler in folgendem Bild reagieren ganz unterschiedlich auf die Aussage ihrer Lehrerin.

a) Betrachtet das Bild und erklärt, warum die Aussage unterschiedlich verstanden wird.

b) Diskutiert, welche Personen die Aussage der Lehrerin richtig verstehen.

**2** Bestimmt kennt ihr ähnliche Situationen. Erzählt von Missverständnissen aus eurem Alltag und erklärt, wie sie entstanden sind.

**3** Tauscht euch darüber aus, was wichtig ist, damit Kommunikation gelingen kann.

**In diesem Kapitel lernst du, …**

- *Gesprächsverläufe kritisch zu beurteilen.*
- *Kommunikationsstörungen zu erkennen.*
- *Kommunikationsmodelle anzuwenden.*
- *das eigene Redeverhalten zu verbessern.*
- *ein Vorstellungsgespräch überzeugend zu führen.*
- *kommunikative Strategien zu verwenden.*

Mit anderen kommunizieren

# Gesprächsverläufe kritisch beurteilen

Seit einiger Zeit fällt Hanna auf, dass ein paar Mädchen in den Pausen schlecht über ihre Freundin Nora reden. Das findet Hanna nicht in Ordnung. Die meisten Sprüche kommen von Leonie. Darum beschließt Hanna, mit Leonie zu reden. Auf dem Weg in die Klasse spricht sie Leonie an …

**1** Lest das Gespräch zuerst still. Verteilt anschließend die Rollen und spielt die Szene vor. Achtet dabei auf die Regieanweisungen. Ihr könnt euch das Gespräch auch als Audio-datei anhören.

**))) Portal**
*WES-122965-001*

**Hanna** *(lächelnd)*: Hi, Leonie. Hast du nachher in der Pause mal kurz Zeit für mich?
**Leonie** *(etwas überrascht)*: Klar. Aber … was gibt's denn so Dringendes?
**Hanna** *(runzelt leicht die Stirn)*: Och … das möchte ich jetzt hier so zwischen Tür und Angel nicht sagen. Lass uns lieber nachher in aller Ruhe darüber reden.
5 **Leonie** *(verunsichert)*: Na gut … von mir aus. Also … dann eben nachher in der Pause.
*In der Pause geht Hanna mit Leonie ein paar Schritte abseits, um in Ruhe reden zu können.*
**Leonie** *(etwas spöttisch)*: Also, was gibt's denn so Wichtiges?
**Hanna** *(mit zusammengezogenen Augenbrauen)*: Na ja … es geht um Nora, und ich würde gerne …
10 **Leonie** *(mit verschränkten Armen)*: Ach, Nora … Was ist denn schon wieder mit der? Hat die etwa …
**Hanna** *(bleibt trotz der Unterbrechung ruhig)*: Lass mich doch bitte mal ausreden, Leonie, du weißt doch noch gar nicht, worum es geht.
**Leonie** *(macht eine abfällige Bewegung mit der Hand, beruhigt sich dann aber doch)*: Also
15 gut, schieß los. Was ist denn nun mit deiner Nora?
**Hanna** *(legt ihre Hand kurz auf Leonies Schulter)*: Du weißt ja, ich komm gut klar mit dir, Leonie, und ich glaube eigentlich auch, dass du das bestimmt nicht böse meinst, aber mir ist aufgefallen, dass du in letzter Zeit öfter mal 'nen blöden Spruch über Nora machst, und das finde ich …
20 **Leonie** *(macht eine abweisende Handbewegung und unterbricht Hanna aufbrausend)*: Ach, hör doch bloß auf, Hanna! Aus so 'nem Mist machst du so'n Riesending, klaust mir die halbe Pause, weil du darüber mit mir sprechen willst? Das ist doch echt …!
**Hanna** *(verliert kurz die Fassung)*: Mann, Leonie! Hör doch jetzt erst mal zu, ver-dammt noch mal! Mann, du unterbrichst mich andauernd! *(hat sich dann aber wieder*
25 *im Griff und hebt beruhigend die Hand)* Lass mich doch bitte jetzt mal erklä-ren, worum es geht. Okay? Bitte, Leonie!
**Leonie** *(gibt nach, fast versöhnlich)*: Ja, … ist ja gut … also, was wolltest du sagen?
**Hanna:** Ich wollte nur sagen, dass ich dir nicht unterstelle, dass du Nora
30 absichtlich beleidigen willst. Du meinst das sicher nicht so, aber ich weiß, dass deine Sprüche Nora verletzen, und das … find ich nicht gut.

**Leonie** *(nachdenklich die Stirn runzelnd):* Hm … echt? Wusste ich nicht.

**Hanna** *(zeigt kurz mit dem Finger auf Leonie):* Na, dann versetz du dich doch mal in Noras Situation. Stell dir mal vor, ich und ein paar andere Mädchen würden jeden Tag
35 über dich blöde Sprüche machen. Wie würdest du dich dann bitte fühlen?

**Leonie** *(aufbrausend, stemmt beide Arme in die Seiten):* Ja, nicht so gut. Ist schon klar! Aber … Nora ist auch nicht unschuldig. Die hat auch schon Sprüche über mich gemacht. Und früher auch über dich!

**Hanna** *(ziemlich genervt, wird etwas lauter):* Verdammt, hör doch jetzt mal mit so 'nem
40 alten Kram von früher auf, und … *(hebt beschwichtigend beide Hände)* … und komm mal wieder runter, Leonie. Lass uns doch bitte in Ruhe weiterreden.

**Leonie** *(etwas ruhiger, zuckt mit den Schultern):* Von mir aus, aber … das musste mal raus.

**Hanna** *(sachlich):* Schon gut. Also noch mal zu dem Spruch von Nora … Du musst doch einsehen, dass es ein Unterschied ist, ob man mal 'nen Spruch über jemanden macht
45 oder ob jeden Tag Sprüche über einen gemacht werden. Oder siehst du das anders?

**Leonie** *(kratzt sich nachdenklich am Kopf):* Hmm … nee … tu ich nicht. Stimmt schon … ist schon 'n Unterschied. Muss ich dir recht geben.

**Hanna** *(lächelt):* Na also. Ich bin froh, dass du das auch so siehst. Und ich fänd's toll, wenn du Nora einfach in Ruhe lassen würdest. Ihr braucht ja nicht gleich „best
50 friends" zu werden, Leonie, aber … *(schaut ihr fest in die Augen)* … ab jetzt bitte keine blöden Sprüche mehr über Nora! In Ordnung?

**Leonie** *(nickt zustimmend mit dem Kopf):* Ja, okay … Ich hör auf damit. Ich hab ja auch eigentlich nichts gegen Nora …

**2** Schaut euch zunächst den Gesprächsverlauf genauer an.
     a) Fasst den Inhalt des Gesprächs kurz zusammen.
     b) Beurteilt, ob Hannas Kritik angemessen geäußert ist.
     c) Erklärt anhand des Texts, wie Leonie auf die Kritik reagiert.

**3** Untersucht Hannas Vorgehensweise und nennt Textstellen, die zeigen, dass sie …
    • Ort und Zeitpunkt für das Gespräch gut gewählt hat.
    • sachlich argumentiert.
    • höflich bleibt.
    • sprachliche Formulierungen benutzt, die den Konflikt entschärfen.
    • Verständnis für Leonie signalisiert und etwas Positives über sie sagt.
    • mit Leonie eine Vereinbarung trifft.
    • zwar kurz die Fassung verliert, sich dann aber schnell wieder im Griff hat.

**4** Obwohl Hanna mit ihrer Gesprächsführung Erfolg hat, gibt es zwei Phasen, in denen das Gespräch auch hätte kippen können.
     a) Markiert die entsprechenden Textstellen auf einer Kopie der Seiten oder der Textvorlage aus dem Portal.
     b) Erklärt, wie Hanna in diesen schwierigen Phasen reagiert.
     c) Wie schafft sie es, das Gespräch trotzdem noch zu retten? Begründet eure Aussagen mit Textbelegen.

**Portal**

*WES-122965-002*

**5** Kommunikation findet nicht nur über Worte statt. Eine große Rolle spielt zum Beispiel auch, in welchem Tonfall man etwas sagt oder welche Körperhaltung man beim Sprechen einnimmt.

a) Erklärt mithilfe des Merkkastens, welche para- und nonverbalen Fehler Leonie macht.

b) Markiert para- und nonverbale Mittel, die Hanna einsetzt und die zum Erfolg des Gesprächs beitragen.

✳ c) Nennt weitere para- und nonverbale Mittel, die man bei einer gelingenden Kommunikation ebenfalls beachten sollte.

S. 316
*szenisches Spiel*

**6** Gelingende Kommunikation lässt sich gut in Rollenspielen trainieren.

a) Geht jeweils zu zweit zusammen und entwerft zu einer der folgenden Situationen einen gelingenden Dialog, in dem der jeweils vorliegende Konflikt gelöst wird. Achtet dabei auch auf geeignete para- und nonverbale Mittel und schreibt diese – ähnlich wie beim Gespräch zwischen Hanna und Leonie – als Regieanweisung auf.

**Situation 1:** Zum Geburtstag hast du einen neuen PC bekommen. Schon bald hast du gemerkt, dass dein Bruder/deine Schwester in deiner Abwesenheit unerlaubt an deinen Computer geht. Du hast ihm/ihr schon mehrmals gesagt, dass er/sie das lassen soll – ohne Erfolg. Du hast dir deshalb vorgenommen, noch einmal ein ernstes Gespräch mit deinem Bruder/deiner Schwester zu führen. Du willst aber keinen Streit mit ihm/ihr und irgendwie hast du auch ein bisschen Verständnis. Am Montag fällt für dich der Nachmittagsunterricht aus, sodass du unerwartet früher nach Hause kommst. Dort findest du ihn/sie wieder vor deinem Computer …

**Situation 2:** Du hast dich am Samstag mit deinem besten Freund/deiner besten Freundin in der Innenstadt verabredet. Pünktlich um halb elf wollt ihr euch am Elisenbrunnen treffen. Du bist auf die Minute pünktlich. Dein bester Freund/deine beste Freundin kommt aber eine halbe Stunde zu spät. Das ist nicht das erste Mal. Er/Sie schafft es nie pünktlich zu einer Verabredung. Du hast dir schon oft vorgenommen, ihn/sie auf seine/ihre Unpünktlichkeit anzusprechen. Heute willst du das endlich machen. Als dein bester Freund/deine beste Freundin endlich kommt, schlägst du daher vor, zuerst einmal etwas zu trinken und zu quatschen …

b) Führt die Rollenspiele vor der Klasse auf und lasst euch Rückmeldung geben.

## ⓘ Mit anderen kommunizieren

Mit **Kommunikation** meint man den Informationsaustausch oder den Vorgang der Verständigung zwischen Personen oder Gruppen. Kommunikation geschieht sowohl durch **verbale Mittel** (gesprochenes Wort, Schrift), **paraverbale Mittel** (Art der Artikulation, z. B. Tonfall, Lautstärke, Sprechtempo) als auch durch **nonverbale Mittel** (Mimik, Gestik, Körperhaltung, optische Signale).
Eine Kommunikation misslingt, wenn der Empfänger (der Hörer bzw. die Hörerin) etwas ganz anderes hört, als der Sender (der Sprecher bzw. die Sprecherin) übermitteln will. So entstehen Missverständnisse.

*1.1 Den Einfluss nonverbaler Kommunikation auf Informationsübermittlung und -gehalt berücksichtigen*
*1.3 Verbale und nonverbale Aspekte der Kommunikation (z. B. Sprachebene, Körpersprache, Steuerung des Gesprächsverlaufs) beachten*

**Sprechen und Zu-hören**

Mit anderen kommunizieren

# Ein Kommunikationsmodell anwenden

**1** Die auf dem Bild dargestellte Situation kommt euch vielleicht bekannt vor.
a) Betrachtet das Bild und erklärt die Äußerung der Mutter.

*Das Zimmer ist unordentlich!*

b) Probiert aus, wie die Mutter den Satz vermutlich aussprechen könnte. Denkt dabei an Betonung, Lautstärke, Tonfall und Sprechtempo.
c) Erklärt, was die unterschiedliche Aussprache der Nachricht beim Empfänger bewirkt.

**2** Versetzt euch in die Lage der Tochter und diskutiert ausgehend von den Ergebnissen aus Aufgabe 1c), wie sie auf die Äußerung der Mutter jeweils reagieren könnte.

*Das Vier-Ohren-Modell* veranschaulicht die vier Seiten einer Nachricht. Jede Seite repräsentiert eine Botschaft, die in einer geäußerten Nachricht enthalten sein kann. Verbildlicht werden diese Seiten durch vier verschiedene Ohren.

**3** Eine Äußerung kann verschiedene Botschaften übermitteln.
a) Betrachtet zunächst das folgende Schaubild.

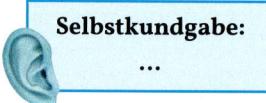

*Das Zimmer ist unordentlich!*

### Das Vier-Ohren-Modell

Sachinformation: ...

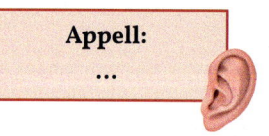

Appell: ...

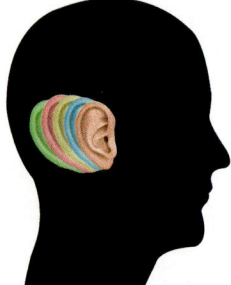

Selbstkundgabe: ...

Beziehungsebene: ...

b) Ordnet mithilfe des Merkkastens von Seite 14 die folgenden Botschaften, die in der Äußerung „Das Zimmer ist unordentlich!" stecken, den vier Seiten aus dem Vier-Ohren-Modell zu. Notiert die Botschaften gemeinsam mit der jeweiligen Seite oder nutzt die Vorlage aus dem Portal.

**Portal**

WES-122965-003

*1.1 Den Einfluss nonverbaler Kommunikation auf Informationsübermittlung und -gehalt berücksichtigen, mithilfe eines Kommunikationsmodells Bedingungen beschreiben, unter denen Gespräche bzw. Diskussionen gelingen*
*1.2 Paraverbale Mittel (z. B. Sprechtempo, Lautstärke, Stimmführung) gezielt einsetzen*

> Meine Mutter ist enttäuscht von mir und hält mich für faul.

> Es geht um die Unordnung in meinem Zimmer.

> Meine Mutter wirkt verärgert.

> Meine Mutter erwartet von mir, dass ich mein Zimmer künftig immer aufräume.

**4** In der folgenden Tabelle findest du in der ersten Zeile zwei verschiedene Nachrichten.

a) Ordne die dazu passenden Botschaften aus dem Wortspeicher den vier Seiten einer Nachricht in der linken Spalte zu. Übernimm dazu die Tabelle und fülle sie entsprechend aus. Du kannst auch die Vorlage aus dem Portal verwenden.

**Portal**
WES-122965-004

*Meine Frau hält mich für einen schlechten Autofahrer. – Mein Sohn ist aufmerksam und hat eine Veränderung des Essens bemerkt. – Die Ampel ist grün. – Mein Sohn möchte, dass ich künftig wieder nach dem alten Rezept koche.*

| Nachricht und Botschaften / Seiten einer Nachricht | Ein Paar sitzt im Auto. Die Frau sagt zum Mann: **„Die Ampel da vorne ist grün!"** | Tom bittet seine Mutter, ihm sein Lieblingsessen zu kochen. Während des Essens fragt er sie: **„Hast du das Rezept verändert?"** |
|---|---|---|
| **Sachinformation** | … | *Das Essen ist anders als sonst.* |
| **Selbstkundgabe** | *z. B. Meine Frau ist in Eile, von meinem Fahrstil genervt und möchte endlich losfahren.* | z. B. … |
| **Beziehungsebene** | z. B. … | *z. B. Wir haben ein gutes Verhältnis, weswegen mein Sohn seine Meinung offen äußern kann.* |
| **Appell** | *Meine Frau möchte, dass ich schneller fahre.* | … |

b) Sprecht darüber, welche Botschaft man auf der Seite der Selbstkundgabe und der Beziehungsseite außerdem noch hören könnte. Vergleicht eure Ergebnisse.

**5** Wendet nun das Vier-Ohren-Modell auf das Gespräch von Seite 9 f. an.

a) Lest dazu die im Gespräch markierten Textstellen nochmals.

b) Ordnet die markierten Stellen den Seiten einer Nachricht zu und notiert diese neben dem Text. Nutzt hierfür eine Kopie der Seiten oder die Vorlage aus dem Portal.

c) Sucht und markiert weitere Stellen, die ihr einem bestimmten Ohr zuordnen könnt.

**Portal**
WES-122965-005

*1. Mithilfe eines Kommunikationsmodells Bedingungen beschreiben, unter denen Gespräche bzw. Diskussionen gelingen, Ursachen von Konflikten identifizieren*

**Sprechen und Zu-hören**

**6** In der folgenden Textstelle reagiert Hanna zunächst sehr aufbrausend.

a) Lies den Dialogauszug und erkläre, auf welchem Ohr Hanna die Nachricht hört.

> **Leonie** *(macht eine abweisende Handbewegung und unterbricht Hanna aufbrausend)*: Ach, hör doch bloß auf, Hanna! Aus so 'nem Mist machst du so'n Riesending, klaust mir die halbe Pause, weil du darüber mit mir sprechen willst? Das ist doch echt …!
>
> **Hanna** *(verliert kurz die Fassung)*: Mann, Leonie! Hör doch jetzt erst mal zu, verdammt noch mal! Mann, du unterbrichst mich andauernd!

b) Der Konflikt hätte vermieden werden können, wenn Hanna die Nachricht als Selbstkundgabe verstanden hätte. Schreibe Hannas Reaktion entsprechend um.

✳ **7** Wende das Vier-Ohren-Modell von Schulz von Thun auf folgende Nachricht an.
Der Vater fragt: **„Hast du heute schon Vokabeln gelernt?"**
Lege hierzu eine Tabelle wie in Aufgabe 4 (S. 13) an.

✳ **8** Tauscht euch über Kommunikationsstörungen aus eurem Alltag aus und erklärt mithilfe des Kommunikationsmodells von Schulz von Thun, wie sie entstehen konnten.

---

## ⊙ Die vier Seiten einer Nachricht

Grundsätzlich geht es bei der Kommunikation einer Nachricht um einen **Sender** (= Sprecher/-in), der sie übermittelt, um einen **Empfänger** (= Hörer/-in), an den die Nachricht gerichtet ist, und um den **Inhalt** der Nachricht selbst.
Laut dem Kommunikationsmodell des Psychologen **Schulz von Thun** setzt sich jede Nachricht aus **vier Botschaften** zusammen, die der Empfänger während des Hörens der Nachricht verstehen und entschlüsseln muss.

 **Botschaft 1 – Sachinformation:** Der Sender übermittelt einen Sachverhalt.

 **Botschaft 2 – Selbstkundgabe:** Der Sender gibt etwas über sich preis, z. B. über seine Gedanken oder seine Gefühle. Dies tut er nicht nur durch verbale, sondern insbesondere auch durch para- und nonverbale Mittel.

 **Botschaft 3 – Appell:** Der Sender fordert den Empfänger zu etwas auf und möchte ihn zu einer Handlung veranlassen. In der Appellseite steckt also eine indirekte Aufforderung.

 **Botschaft 4 – Beziehungsebene:** Durch seine Äußerung, die Körpersprache und die Art und Weise, wie der Sender etwas sagt, zeigt er, wie er während der Botschaft zum Empfänger steht und was er von ihm hält.

**Achtung:** Eine Kommunikation misslingt, wenn der Empfänger etwas ganz anderes hört, als der Sender übermitteln will, er die Nachricht also auf dem „falschen Ohr" empfängt. So kommen **Missverständnisse** zustande.

---

*1.1 Mithilfe eines Kommunikationsmodells Bedingungen beschreiben, unter denen Gespräche bzw. Diskussionen gelingen, Ursachen von Konflikten identifizieren, auf Grundlage dieses Wissens das eigene Gesprächsverhalten reflektieren*

Mit anderen kommunizieren

# Ein Vorstellungsgespräch führen

**1** Spielt das folgende Vorstellungsgespräch mit verteilten Rollen nach und beachtet dabei die Regieanweisungen. Ihr könnt euch auch die Audiodatei anhören.

))) **Portal**
*WES-122965-006*

## Ein Vorstellungsgespräch

*Im Personalbüro: Die Ausbildungsleiterin sitzt hinter dem Schreibtisch, es klopft.*

**Frau May** *(lautstark, freundlich)*: Ja, bitte!

**Jan** *(öffnet die Tür, geht hinein.)*

**Frau May** *(steht auf – wendet sich dem Besucher zu, lächelt)*: Jan Krüger? Guten Tag und
5 herzlich willkommen hier bei uns im Medien-Fachmarkt. Mein Name ist Rita May.
Ich bin die Ausbildungsleiterin.

**Jan** *(geht auf sie zu und streckt ihr die Hand entgegen)*: Hallo, mein Name ist Jan Krüger.

**Frau May** *(schüttelt nach kurzem Zögern Jans ausgestreckte Hand, weist auf den Besucher-
stuhl)*: Nehmen Sie doch bitte Platz, Herr Krüger.

10 **Jan** *(lässt sich auf den Stuhl fallen, sieht sich interessiert im Büro um)*: Danke. Schickes
Büro, so eins hätt' ich auch gern mal!

**Frau May** *(zurückhaltend, aber bestimmt)*: Sie suchen also einen Ausbildungsplatz.
Wann sind Sie denn mit der Schule fertig?

**Jan** *(fröhlich, lässig)*: Wenn alles klappt – in drei Monaten. Gott sei Dank!

15 **Frau May** *(sieht Jan an)*: So besonders gerne gehen Sie wohl nicht in die Schule?

**Jan** *(verschränkt die Arme – schaut zur Seite – Pause – sieht Frau May an)*: Na ja – das will
ich so nicht sagen. In der Schule ist vieles auch gut. Aber ich freu mich darauf, dass
ich bald was Praktisches machen kann.

**Frau May** *(lächelt)*: Haben Sie schon praktische Erfahrungen während Ihrer Schul-
20 zeit sammeln können?

**Jan** *(überlegt und kommt ins Stocken)*: Also, wenn ich ehrlich bin, dann war ich während meines Praktikums bei unserem Bäcker im Ort. War ja ganz interessant, aber
ist nichts für mich.

**Frau May** *(kritisch und bestimmt)*: Dann erzählen Sie
25 doch bitte einmal, warum Sie sich gerade hier bei
uns beworben haben.

**Jan** *(setzt sich aufrechter hin und unterstreicht die Rede
mit Gesten)*: Na ja – bin ein echter Computerfreak.
Da find ich den Laden hier natürlich total spannend.
30 Ich war schon öfter mal da mit meinen Freunden –
zuerst nur, um neue Spiele auszuprobieren und so.
Aber irgendwann hab ich mich dann aus Interesse
genauer umgesehen. Und dann hab ich gedacht –
das wär doch vielleicht beruflich was für mich … Als
35 meine Eltern mir auch dazu geraten haben, hab ich

**Sprechen und Zuhören**

mich halt beworben. Kenn mich inzwischen mit der Materie bestens aus.

**Frau May** *(mit hochgezogenen Augenbrauen)*: So, so! Meinen Sie das? Wo haben Sie sich sonst noch über unsere Firma informiert?

**Jan** *(bewegt sich unruhig auf dem Stuhl)*: Ähm, hab mir Ihre Website angeschaut.

40  **Frau May** *(bestimmt)*: Dann erzählen Sie doch einmal, was Sie alles über unsere Firma erfahren haben. Wie stellen Sie sich denn so Ihren Arbeitsalltag vor?

**Jan** *(das Handy klingelt, er wird rot, hektisches Ausstellen des Handys, er reagiert verlegen und kleinlaut)*: Ups, wie peinlich. Sorry! Hab in der Aufregung ganz vergessen, mein Handy auszustellen. 'tschuldigung. Könnten Sie die letzte Frage bitte noch mal wiederholen? …

**2**  Begründet anhand des Textinhalts, warum das Gespräch für Jan vermutlich nicht erfolgreich ausgehen wird.

**Portal**

WES-122965-007

**3**  Untersucht nun den Verlauf des Gesprächs näher.

a) Markiert dazu auf einer Kopie der Seiten oder der Vorlage aus dem Portal mit unterschiedlichen Farben die Antworten auf folgende Fragen:
- An welchen Stellen gelingt die Kommunikation? Woran liegt das?
- Welche Äußerungen Jans sind kritisch zu sehen? Aus welchem Grund?

b) Vergleicht nun das Verhalten der Gesprächspartner in Bezug auf …
- **die inhaltliche Ebene**: Welche Informationen werden gegeben oder verlangt?
- **die sprachliche Ebene**: Wird Standard- oder Umgangssprache verwendet? Wird auf eine verständliche Ausdrucksweise geachtet oder in unvollständigen Sätzen gesprochen?
- **die Beziehungsebene**: Sind sich die Personen sympathisch oder unsympathisch? Inwiefern drücken sie ihre Sympathie zueinander aus?
- **die gestischen Mittel**: Was erfährt man anhand der Regieanweisungen über Mimik und Gestik? Gibt es Blickkontakt? Welche Körperhaltung wird eingenommen?

**Portal**

WES-122965-008

Legt dazu eine Tabelle nach folgendem Muster an und füllt sie stichpunktartig mit Beispielen. Ihr könnt auch die Vorlage aus dem Portal nutzen.

| Verhalten der Gesprächspartner | Frau May | Jan |
|---|---|---|
| inhaltliche Ebene | – *Frage nach praktischer Erfahrung*<br>– … | … |
| sprachliche Ebene | … | … |
| gestische Mittel | … | – *verschränkt die Arme*<br>– … |
| Beziehungsebene | … | … |

*1.1 Gesprächsverläufe kritisch beurteilen, den Einfluss nonverbaler Kommunikation auf Informationsübermittlung und -gehalt berücksichtigen, mithilfe eines Kommunikationsmodells Bedingungen beschreiben, unter denen Gespräche bzw. Diskussionen gelingen*

c) Überprüft mithilfe eurer Antworten aus Aufgabe 3a) und b) Jans Verhalten und notiert Dinge, die er gut gemacht hat, sowie Dinge, die er hätte anders machen sollen.

d) Formuliert mithilfe des *Wortspeichers* sowohl Fragen, die Jan in einem Vorstellungsgespräch gestellt werden könnten, als auch solche, die er selbst stellen könnte. Lest sie euch gegenseitig vor und beantwortet sie.

*zur Anreise – zu seinen Stärken – zum Unternehmen – zu seinem Alltag –*
*zur Berufsschule – zu seinem Lebenslauf – zur Homepage des Unternehmens –*
*zur Berufswahl – zu seinen Hobbys – zum Beruf der Eltern –*
*zu den Lieblingsfächern in der Schule – zu seinen Schwächen –*
*zum Einstiegsgehalt – zur Dauer der Probezeit – zu einer möglichen Übernahme*
*nach der Ausbildung – zur Wahl des Unternehmens als Ausbildungsstelle*

**4** Probiert in einem Rollenspiel aus, wie Jans Vorstellungsgespräch hätte gelingen können.

S. 316
*szenisches Spiel*

a) Schreibt dazu mithilfe eurer Lösungen aus Aufgabe 3 und mithilfe des Merkkastens auf Seite 18 das Vorstellungsgespräch zu zweit so um, dass es ein voller Erfolg für Jan werden kann.

b) Spielt euer Rollenspiel der Klasse vor und lasst euch dabei gezielt beobachten. Teilt die Klasse dazu in zwei Gruppen. Die eine Gruppe beobachtet die Chefin, Frau May, und die andere achtet auf den Bewerber, Jan.
Jede Gruppe macht sich Notizen zu folgenden Kriterien:

 **Tipp**

*Filmt euer Rollenspiel, wenn möglich. So könnt ihr euer Verhalten während des Vorstellungsgesprächs gezielt besprechen und euch vor allem selbst in der Rolle einer Bewerberin bzw. eines Bewerbers beobachten.*

**inhaltliche Qualität der Fragen und Antworten**

**Sprech- und Ausdrucksweise**

**angemessene Umgangsformen und Höflichkeit**

**Körpersprache, Blickkontakt und Mimik**

c) Besprecht nun euer Rollenspiel. Geht dabei folgendermaßen vor:
• Als Spielende (Frau May, Jan) schildert ihr zunächst eure Eindrücke. Wie habt ihr das Rollenspiel wahrgenommen?
• Als Beobachtende lobt ihr, was euch positiv aufgefallen ist. Gab es etwas, das ihr aus der Szene als Beispiel für ein erfolgreiches Bewerbungsgespräch mitnehmen konntet? Denkt daran, eure Kritik sachlich und fair zu formulieren und auch Verbesserungsvorschläge zu machen.

Sprechen und Zu-hören

S. 311
*Gallery Walk*

→ S. 182 ff.
*Bewerbung um eine Ausbildungs-stelle*

✳ **5** Reflektiert die Erkenntnisse aus euren Rollenspielen.

    a) Formuliert Tipps, die euch helfen, in einem Bewerbungsgespräch einen positiven Eindruck zu hinterlassen. Schreibt eure Tipps auf ein DIN-A4-Blatt und hängt sie im Klassenzimmer auf.

    b) Betrachtet und lest eure Tipps im Rahmen eines Gallery Walks.

**6** Schaut euch die Fotos an und sprecht darüber, ob die Jugendlichen für ein Vorstellungsgespräch passend gekleidet sind. Berücksichtigt dabei verschiedene Berufsgruppen, für die man sich bewerben kann.

---

## ⚠ Ein Vorstellungsgespräch führen

Ein Vorstellungsgespräch läuft in der Regel folgendermaßen ab:

1. Du wirst durch den/die Firmen- oder Personalchef/-in **begrüßt** und in sein/ihr Büro oder einen Besprechungsraum gebeten. Um eine angenehme Atmosphäre zu schaffen und einen ersten Eindruck von dir zu erhalten, werden zunächst **alltägliche Fragen**, z. B. zur Anreise, gestellt.

2. Im Verlauf des Gesprächs werden dir Fragen zu deinem **Lebenslauf**, deiner **Persönlichkeit** (Hobbys und Interessen), deiner **Bewerbung** und der **Berufswahl** gestellt. Nutze die Gelegenheit, von deinen Stärken zu berichten, wenn du während des Gesprächs aufgefordert wirst, von dir selbst zu erzählen. Sei dabei natürlich und ehrlich.

3. Anschließend hast auch du die Möglichkeit, Fragen zum **Unternehmen**, zum Ablauf der **Ausbildung**, zur **Berufsschule** usw. zu stellen.

Achte während des ganzen Vorstellungsgesprächs auf die **Formen der Höflichkeit**!

---

*1.1 Das Gespür für die Qualität von Redebeiträgen schärfen und das eigene Redeverhalten verbessern, gemeinsam mit anderen erarbeitete Lösungsstrategien kommunikativ umsetzen*

Mit anderen kommunizieren

# Überprüfe dein Wissen und Können

**1** Lies die folgenden Aussagen. Schreibe die richtigen ab und verbessere die falschen.

A) Mit Kommunikation meint man den Informationsaustausch oder Vorgang der Verständigung zwischen Personen oder Gruppen.

B) Zu den paraverbalen Mitteln gehören Mimik, Gestik, Körperhaltung und optische Signale.

C) Kommunikation gelingt, wenn der Empfänger einer Nachricht etwas ganz anderes hört, als der Sender übermitteln will.

D) Laut Schulz von Thun beinhaltet eine Nachricht vier Botschaften, die ein Hörer oder eine Hörerin verstehen und entschlüsseln muss.

E) Bei einem Vorstellungsgespräch werden von der Personalchefin bzw. dem Personalchef Fragen zum Lebenslauf, zur Persönlichkeit, zur Bewerbung und zur Berufswahl gestellt.

**2** Untersucht folgendes Gespräch und begründet mithilfe des Vier-Ohren-Modells von Schulz von Thun, woran es scheitert.

**Sohn:** In der Suppe ist etwas Grünes drin.

**Mutter:** Immer musst du herumnörgeln.

**Sohn:** Nein, ich möchte wissen, was das ist, das Grüne.

**Mutter:** Gib's doch zu, dir schmeckt die Suppe nicht.

**Sohn:** Das Grüne sieht aus wie Petersilie, schmeckt aber anders. Mich interessiert, was du für Kräuter nimmst.

**Mutter:** Eine bessere Ausrede konnte dir wohl nicht einfallen! Warum kannst du nicht einfach sagen, dass es dir nicht schmeckt?

**Sohn:** Du verstehst mich falsch.

**Mutter:** Ach, dann koch doch selbst.

**3** Probiert in Kleingruppen Vorstellungsgespräche im Rollenspiel aus.

a) Verteilt die Rollen der Bewerberinnen und Bewerber sowie der Chefin oder des Chefs.

b) Wählt einen Ausbildungsberuf und -betrieb aus. Folgende Berufsideen helfen euch dabei:

*Fluglotse/-lotsin, Polizist/-in, Bankkaufmann/-frau, Augenoptiker/-in, Krankenpfleger/-in*

c) Bereitet euch auf eure Rolle vor und legt dazu eine Rollenkarte nach folgendem Muster an. Notiert darauf Namen, Berufsbezeichnungen, Fragen und Antworten.

| Rollenkarte Bewerber/-in | Rollenkarte Chef/-in |
|---|---|
| – Bewerbung um einen Ausbildungsplatz als Florist/-in<br>– mag Blumen, arrangiert sie gern<br>– Betriebspraktikum in der Gärtnerei<br>– Wie sind die Arbeitszeiten geregelt?<br>– … | – Inhaber/-in des Blumengeschäfts<br>– Warum möchten Sie Florist/-in werden?<br>– Haben Sie schon Vorerfahrung?<br>– wichtig: Kreativität, Offenheit und Freundlichkeit<br>– … |

 **Portal**

WES-122965-009

*1.1 Gesprächsverläufe kritisch beurteilen, mithilfe eines Kommunikationsmodells Bedingungen beschreiben, unter denen Gespräche gelingen, erarbeitete Lösungsstrategien kommunikativ umsetzen*

**Sprechen und Zuhören**

# Präsentation eines Projekts

Idealerweise entwickelt ihr selbst eine Idee für ein Projekt. Häufig stellen aber auch Lehrkräfte ein Oberthema, mit dem sich eine Klasse eingehend und unter Berücksichtigung verschiedener Aspekte beschäftigen soll.

**1** Seht euch die folgenden Beispielthemen an.

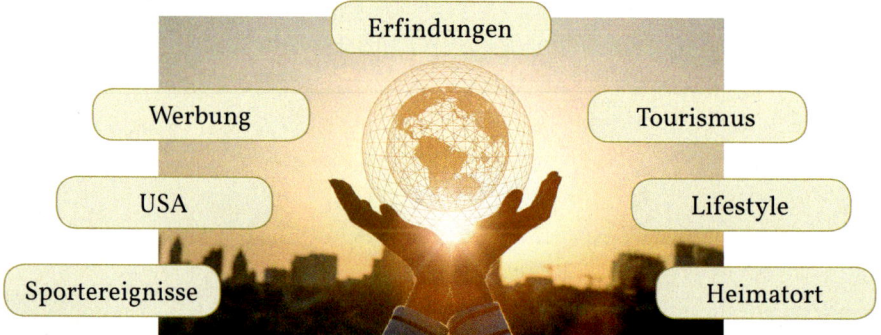

- Erfindungen
- Werbung
- Tourismus
- USA
- Lifestyle
- Sportereignisse
- Heimatort

a) Findet zu den genannten Oberthemen mögliche Unterthemen für eine Projektpräsentation (z. B. *USA → Nationalparks, New York …*).
b) Begründet, welche verschiedenen Unterrichtsfächer an den jeweiligen Präsentationen beteiligt sein könnten.

**2** Womit würdet ihr euch gerne näher beschäftigen? Macht Vorschläge für weitere Oberthemen, die auch fächerübergreifend umgesetzt werden könnten.

**3** Rominas Klasse soll unter dem Motto „Ideas for Future" Zukunftsperspektiven zu verschiedenen Lebensbereichen entwickeln. Als Unterthemen haben einige Schülerinnen und Schüler bereits Mobilität, Stadtentwicklung und Mode vorgeschlagen.
a) Sammelt noch weitere Bereiche, in denen ihr zukünftig Verbesserungsbedarf seht und mit denen man sich in Form eines Projekts auseinandersetzen könnte.
b) Stellt Vermutungen an, welchen Nutzen es für Jugendliche haben kann, sich im Rahmen eines Projekts näher mit einem solchen Thema auseinanderzusetzen und etwas in einer Gruppe zu präsentieren.

**In diesem Kapitel lernst du, …**
- *Gruppen zu bilden und Regeln für die Projektarbeit aufzustellen.*
- *ein Projektthema zu erschließen.*
- *die Projektarbeit zu dokumentieren.*
- *eine Präsentation zu strukturieren.*
- *Visualisierungsmethoden zielgerichtet einzusetzen.*
- *einen Vortrag frei zu halten.*
- *deine eigene Leistung treffend zu bewerten.*

Präsentation eines Projekts

# Gruppen bilden und Regeln aufstellen

Auf den folgenden Seiten siehst du, wie man sich mit den Zukunftsthemen der Auftaktseite im Rahmen eines Projekts auseinandersetzen kann. Die Vorgehensweise ist auch auf andere Projektthemen übertragbar.

**1** Unter dem Motto „Ideas for Future" plant die Klasse 9c nun ihr Projekt. Dabei gibt es allerdings bereits bei der Zusammenstellung der Teams erste Schwierigkeiten.

   a) Lest die **Aussagen** der Schülerinnen und Schüler und erklärt, was bei der Zusammenstellung der Gruppen berücksichtigt werden muss.

   b) Erläutere, welche zusätzlichen Probleme bei der Gruppenbildung in den **Gedankenblasen** von zwei Schülern deutlich werden.

**2** Wirf einen Blick auf die folgenden Gruppenkonstellationen und nenne Vor- und Nachteile der Gruppenzusammenstellung und -größe.

| Zusammenstellung durch Losverfahren | Kombination von 2er-Gruppen durch Losverfahren | Zusammenstellung nach Interesse / Wohnort / Sympathie |
|---|---|---|

**Sprechen und Zuhören**

**3** Gruppenarbeiten sind nicht immer unproblematisch.

a) Betrachte das Bild und lies dir die Gedanken und Aussagen der Schülerinnen und Schüler durch. Erkläre, welche Probleme von Teamarbeit hier deutlich werden.

b) Tauscht euch darüber aus, welche Erfahrungen ihr mit Gruppenarbeit gemacht habt.

c) Sammelt Vorschläge, was man tun kann, damit die Arbeit im Team gut funktioniert.

**4** Im Folgenden seht ihr ein Beispiel für einen Beobachtungs- und Bewertungsbogen, den Lehrkräfte für die Beurteilung eurer Arbeitsweise während der Projektphase nutzen können.

a) Lest die Kriterien und leitet davon sinnvolle Regeln ab, wie man sich bei der Teamarbeit verhalten sollte.

| Kategorien ++ / + / - / -- | Romina | Hannes | Marco | Nathalie |
|---|---|---|---|---|
| erschließt sich Quellen und Informationen eigenständig | | | | |
| recherchiert Material sowohl für sich als auch für die anderen Gruppenmitglieder | | | | |
| nimmt aktiv an der Gruppenarbeit teil | | | | |
| arbeitet selbstständig und unabhängig | | | | |
| arbeitet zielgerichtet und konzentriert | | | | |
| bringt sich konstruktiv in die Teamarbeit ein | | | | |

b) Besprecht, welche Regeln euch noch sinnvoll erscheinen, und haltet sie fest.

*1.1 Ursachen von Konflikten identifizieren, Vorträge kritisch beurteilen und konstruktiv Rückmeldung geben*
*3.3 Hinweise aus Feedbackverfahren für Korrekturen nutzen*

Präsentation eines Projekts

# Ein Projektthema erschließen

Rominas Gruppe hat das Zukunftsthema „Schule der Zukunft" gewählt und ist nun etwas ratlos, wie sie an das Thema herangehen soll. Um vorab möglichst viele Aspekte zu entdecken und die Präsentation zu strukturieren, bieten sich folgende Möglichkeiten an.

## W-Fragen formulieren

**1** Mithilfe von W-Fragen sammeln Romina, Marco, Hannes und Nathalie erste Ideen.

a) Werft einen Blick auf ihren Notizzettel rechts und erklärt, wie man bei dieser Arbeitstechnik vorgeht.

b) Vervollständigt die restlichen W-Fragen zum Thema Schule.

c) Beantwortet die Fragen mithilfe einer Internetrecherche und sortiert eure Antworten anschließend nach zusammengehörigen Aspekten.

> Wer ist für die Schulen und ihre Ausstattung zuständig?
> Wo gibt es bereits besonders moderne Schulen?
> Wann ergibt Digitalisierung in der Schule Sinn?
> Was macht eine gute Schule aus?
> Wie kann man Schulen …?
> Wofür …?
> Wozu …?
> Wodurch …?
> Warum …?
> Wohin …?
> Wie viele …?
> Wie lange …?
> Welche Folgen …?

## Eine Mindmap erstellen

**2** Alternativ oder als Ergänzung zu den W-Fragen kann man eine Mindmap zum Thema erstellen, wie ihr sie unten seht.

a) Wiederholt kurz die Vorgehensweise bei dieser Methode.

✳ b) Ergänzt die Mindmap um weitere Äste.

📑 S. 313
*Mindmap*

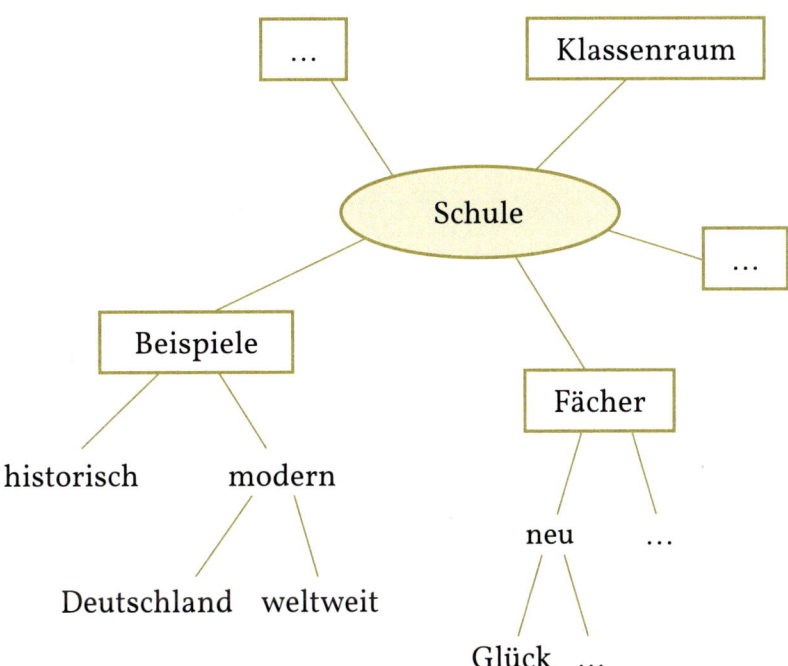

*1.2 Zur überzeugenden Präsentation von Themengebieten oder Projektergebnissen ausgewählte Aspekte komplexer Sachverhalte strukturieren   1.3 Themengebiete von verschiedenen Perspektiven aus erfassen   3.2 Geeignete Verfahren zur Stoffsammlung einsetzen*

**Sprechen und Zu- hören**

Präsentation eines Projekts

# Die Projektarbeit dokumentieren

Im Rahmen eines Projekts müssen alle Schülerinnen und Schüler zu ihren Themen eine Projektmappe gestalten, damit der Arbeitsprozess bewertet werden kann.

**1** Sieh dir die Teile, die eine solche Mappe üblicherweise enthalten muss, an. Deine Lehrkräfte können neben den unten genannten Bestandteilen noch weitere fordern.

a) Klärt unbekannte Begriffe.

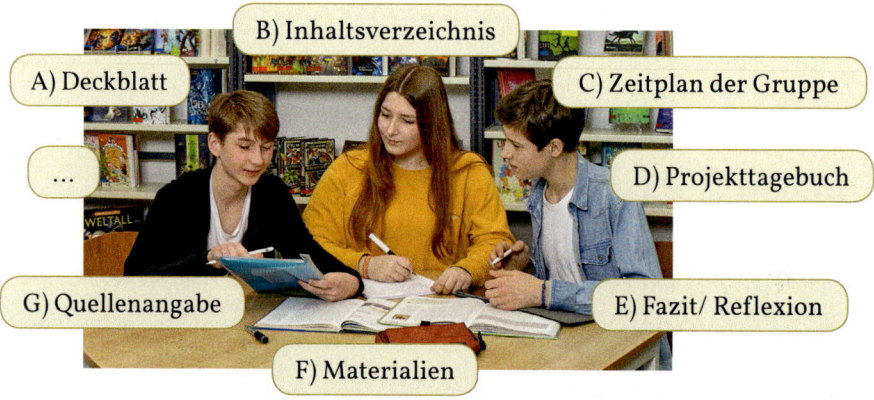

A) Deckblatt
B) Inhaltsverzeichnis
C) Zeitplan der Gruppe
D) Projekttagebuch
...
G) Quellenangabe
F) Materialien
E) Fazit/ Reflexion

b) Überlegt, inwiefern die Bestandteile D bis G für die Beurteilung der Einzelleistung wichtig sein können.

**2** Betrachte die folgenden Seiten von Nathalies Portfolio.

AT → S. 297

*ein Quellenverzeichnis erstellen*

a) Leite Regeln ab, welche Informationen auf ein Deckblatt kommen und was man bei dem Inhaltsverzeichnis beachten muss.

b) Beurteile, ob Anzahl und Qualität der Quellen angemessen sind.

---

Schuljahr 2022/23

**Projektpräsentation**
zum Thema

*Ideas for future*

Gruppe: Schule der Zukunft

von Nathalie Kobl
Klasse 9c

Erich-Kästner-Realschule
Schulstraße 8
82654 Haselschwang

---

| Inhalt | Seite |
|---|---|
| 1. Zeitplan | 3 |
| 2. Projekttagebuch | 4 |
| 3. Reflexion | 8 |
| 4. Materialien | 9 |
| 4.1 Handout | 9 |
| 4.2 Präsentationsfolien | 11 |
| 4.3 Interview | 13 |
| ... | ... |
| 5. Quellenverzeichnis | 18 |
| 5.1 Literatur | 18 |
| 5.2 Internetlinks | 18 |
| 5.3 Bildquellen | 19 |
| ... | ... |

---

**Quellenverzeichnis**

Bücher
- Flessner, Bernd: WAS IST WAS Band 140 Zukunft. Tesslof, Nürnberg: 2018. S. 13-28.

Zeitungen und Zeitschriften
- Iberl, Max: „Die digitale Schule", in: GEOlino (03/21), S. 24.
- Kolb, Adrian: „Unsere Schüler verblöden!", in: BILD-Zeitung (22.03.2021), S. 3.

Internetlinks
- o.A.: „Digitalisierung", in: Wikipedia, URL: <de.wikipedia. org/wiki/Digitalisierung>
- o.A.: „Schule", in: Wikipedia, URL: <de.wikipedia.org/wiki/ Schule>

---

*3.1 Zur Dokumentation von Arbeitsprozessen und -ergebnissen Projekttagebücher und Portfolios normgerecht erstellen*

## Einen Zeitplan und ein Projekttagebuch erstellen

Um zum festgelegten Präsentationstermin fertig zu werden, sollte sich eure Gruppe im Vorfeld Gedanken machen, wie ihr die mehrwöchige Vorlaufzeit sinnvoll einteilt.

**1** Im Folgenden seht ihr, wie ein solcher grober Zeitplan, der auch in eurem Portfolio auftauchen sollte, aussehen kann.

a) Werft einen Blick auf die Aufgabenverteilung und begründet, welche Vorteile ein solcher Plan bietet.

| Zeitplan für die Projektpräsentation „Schule der Zukunft" | | | |
|---|---|---|---|
| Zeitraum | Aufgaben | Beteiligte | Anmerkungen/Medien |
| 1. Woche (13.03.-19.03.) | – Material suchen und sortieren<br>– … | alle | Internet/ Stadtbücherei |
| 2. Woche (20.03.-26.03.) | – Entwerfen eines Umfragebogens (Zufriedenheit von Schülerinnen und Schülern)<br>– … | Marco + Hannes<br><br>Romina + Nathalie | Laptop |

 **Tipp**

*Der Zeitplan sollte gleich zu Beginn oder am Ende der Bearbeitung abgetippt und an die Gruppenmitglieder verteilt werden, da er Teil des Portfolios ist.*

b) Erklärt, bei welcher Art von Aufgaben alle Gruppenmitglieder gleichzeitig beteiligt sein sollten und wann sich Arbeitsteilung anbietet.

c) Erläutert, zu welchem Zeitpunkt eures 6-wöchigen Projektzeitraums ihr euch mit folgenden Aufgaben auseinandersetzen solltet:
   • *Erstellen eines genauen Ablaufplans der Präsentation mit Zeitangaben*
   • *Entwerfen eines fiktiven Interviews*
   • *Bauen eines Modells*
   • *Strukturieren der Präsentation (Einstieg/ Hauptteil/Schluss)*
   • *Drehen eines Erklärvideos*

d) Stellt Vermutungen an, wie die Planung für die letzte Woche vor einer Projektpräsentation aussehen könnte.

**2** Schaut euch nun den Ausschnitt aus Marcos Projekttagebuch an und erläutert, inwiefern sich sein Bericht von dem Zeitplan unterscheidet und worüber er informiert.

| Projekttagebuch von Marco Reindl | | |
|---|---|---|
| Datum | Bericht | Stimmungsbarometer ☺ ☺ ☹ |
| 13.03. | Eigentlich wollten wir uns heute einen ersten Überblick über das gesammelte Material verschaffen, aber einige in unserer Gruppe hatten ihre Ausdrucke vergessen oder konnten nichts ausdrucken, weil ihre Druckerpatrone leer war. Sie suchten daraufhin noch etwas im Internet, aber das dauerte länger und so kamen wir fast gar nicht voran. | |

 **Tipp**

*Ergänzt euer Projekttagebuch täglich.*

**Sprechen und Zuhören**

Präsentation eines Projekts

# Materialien sammeln und eine Präsentation strukturieren

Romina, Hannes, Marco und Nathalie nutzen eine Projektstunde dazu, Materialien zu ihrem Thema, die sie von zu Hause mitgebracht haben, zu sichten und neue Materialien zu finden.

1 Betrachtet das Bild.
   a) Beschreibt, welche Medien die Schülerinnen und Schüler nutzen.
   b) Vergleicht die verschiedenen Medien und nennt Vor- und Nachteile.
   c) Erläutert, inwiefern es problematisch sein kann, Interneteinträge ohne Blick auf Verfasser/-innen bzw. Eigentümer/-innen zu übernehmen, und warum es ratsam ist, unterschiedliche Quellen heranzuziehen.

 **Tipp**

*Erklärvideos auf Videoportalen solltest du schon aus rechtlichen Gründen nicht einfach übernehmen. Erstelle stattdessen selbst eines.*

2 Bei seiner Recherche ist Marco auf folgende Medien und Inhalte gestoßen. Tauscht euch darüber aus, an welcher Stelle der Präsentation sie zum Einsatz kommen könnten. Berücksichtigt dabei auch den Merkkasten.

*Bilder über die Schule im 19. Jahrhundert – Übersicht neuer Unterrichtsmedien – aktuelle Schlagzeile zum Lehrkräftemangel – Erklärvideo zur Digitalisierung im schulischen Bereich – Bericht über Schulen in Skandinavien – Film über Unterrichtsmethoden von 1960 – Schulbuch*

## ⚠ Eine Präsentation strukturieren

Ein Vortrag gliedert sich allgemein in Einstieg, Hauptteil (Informationsteil) und Schluss. Mit dem **Einstieg** führt ihr zum Thema hin. Versucht dabei **die Neugier** eures Publikums **zu wecken**, z. B. durch eine Schlagzeile, einen Gegenstand, ein Bild, ein Zitat, ein Rollenspiel, einen Filmausschnitt, ein Rätsel oder einen Hörbeitrag. Ein einfallsloser Beginn wie *„Heute möchten wir euch eine Präsentation zum Thema … vorstellen"* erfüllt diese Anforderung nicht. Im **Hauptteil**, dem Informationsteil, müsst ihr **die Sachinformationen sinnvoll gliedern**. Häufig vorkommende Teilbereiche sind z. B. *Begriffserklärung – Lage – Aufbau – Bedeutung – Vorkommen – Entstehung – historischer Hintergrund – Gründe – Ablauf – Beispiele – Gefahren – Besonderheiten – Folgen – Maßnahmen*. Je nach Thema und beteiligten Fächern werden in einer Präsentation mehrere dieser Punkte angesprochen.
Zum **Schluss** sollt ihr **das Thema abrunden**, z. B. indem ihr noch einmal einen Bezug zum Einstieg herstellt. Am Ende eines Vortrags gibt es noch die Gelegenheit, Fragen zu stellen, und man bedankt sich abschließend für die Aufmerksamkeit.

*1.2 Zur Veranschaulichung von Zusammenhängen, Erlangung von Aufmerksamkeit oder Hervorhebung wichtiger Teilaspekte geeignete Medien sinnvoll in Präsentationen einbinden*
*3.2 Material zusammenstellen und Informationsquellen selbstständig nutzen*

Präsentation eines Projekts

# Präsentations- und Visualisierungsmethoden nutzen

*Präsentieren* bedeutet, etwas zu zeigen oder vorzuführen. Damit unterscheidet sich eine Projektpräsentation klar von einem Referat. Ein einfacher Vortrag reicht also nicht. Ihr solltet weitere, z. T. kreative Elemente einbauen, um eure Inhalte anschaulich und nachvollziehbar zu vermitteln. Dabei stehen euch eine Reihe von Methoden zur Verfügung.

## Eine digitale Präsentation erstellen

Digitale Präsentationen bieten bei Referaten und der Projektpräsentation viele Möglichkeiten. Allerdings kann man bei der Foliengestaltung einige Fehler machen.

**1** Beurteilt die vier Präsentationsfolien zum Thema „Schule der Zukunft".
   a) Äußert Kritik an den einzelnen Folien.
   b) Erstellt eine Liste von Regeln, die bei der Foliengestaltung zu beachten sind.
      Beachtet dabei auch den Tipp in der Randspalte.

 **Tipp**

*Texte auf Folien werden nicht wörtlich abgelesen, stattdessen werden die Stichpunkte mit eigenen Worten frei formuliert. Eine Folie sollte mind. 1 Min. zu sehen sein, damit das Publikum Zeit zum Lesen hat.*

 S. 309
*Präsentationsprogramm*

*3.1 Gezielt Layoutmöglichkeiten nutzen, um Informationen für Präsentationen prägnant und anschaulich darzustellen*

**Sprechen und Zuhören**

# Eine Umfrage durchführen und die Ergebnisse darstellen

Nathalie und Romina möchten herausfinden, wie ihre Mitschülerinnen und Mitschüler zum Thema „Schule der Zukunft" stehen. Zu diesem Zweck haben sie einen Fragebogen erstellt.

**1** Betrachtet diesen genauer.
  a) Beschreibt mithilfe des Merk-kastens, welche verschiedenen Fragetypen gewählt wurden.
  b) Bewertet, ob die Fragestellungen und der verwendete Fragetyp sinnvoll sind.
  c) Macht Vorschläge für weitere Fragen und dafür, in welchem Rahmen die Befragung statt-finden könnte.

**2** Für die Darstellung der Umfrage-ergebnisse stehen dir verschiedene Möglichkeiten zur Verfügung.
  a) Begründe, welche Diagramm-form aus der Randspalte du jeweils für die Ergebnisse der 1.–5. Frage bevorzugen würdest.
  b) Erkläre, welche Probleme bei der Darstellung der Umfrage-ergebnisse von Frage 6 auf-tauchen könnten.

Kreisdiagramm

Balkendiagramm

Kurvendiagramm

Säulendiagramm

---

**Umfrage zum Thema „Schule der Zukunft"**

1. **Wie wohl fühlst du dich in deiner Schule?**
   **(1 = gar nicht, 10 = sehr)?**
   1  2  3  4  5  6  7  8  9  10

2. **Was schätzt du an deiner Schule besonders?**
   **(Mehrfachnennung möglich)**
   O das schöne Schulgebäude
   O das gute Schulklima
   O die netten Lehrerinnen und Lehrer
   O die Medienausstattung
   O nichts
   O _____

3. **Mit welchem Medium arbeitest du lieber?**
   O Tablet     O gedrucktes Schulbuch
   O _____

4. **Besitzt du ein eigenes Tablet?**
   O ja     O nein

5. **Würdest du gerne einen Roboter als Lehr-kraft haben?**
   O ja     O unter Umständen     O nein

6. **Was könnte man tun, um den Unterricht für Schüler/-innen angenehmer zu gestalten?**
   _____

---

## ⓘ Eine Umfrage durchführen

Bei einer Umfrage sind folgende Schritte zu beachten:

1. **Ziel festlegen:** Macht euch klar, was ihr durch eure Umfrage herausfinden wollt und was mit dem Ergebnis passieren soll. Bestimmt auch, welche Zielgruppe befragt werden soll.
2. **Fragebogen erstellen:** Wählt einen oder unterschiedliche Fragetypen, z. B. Entschei-dungsfragen (ja/nein bzw. Auswahlmöglichkeiten), Bewertungsfragen mit einer Skala, offene Fragen mit Platz zum Schreiben, aus und formuliert passende Fragen zum Thema.
3. **Umfrage durchführen:** Einigt euch auf einen Zeitraum und den Ort für die Befragung. Die Befragten können dabei den Bogen auch selbstständig ausfüllen.
4. **Fragebögen auswerten und Schlüsse ziehen:** Zählt z. B. die Kreuzchen oder notiert häufig vorkommende Antworten und haltet die Ergebnisse fest.
5. **Ergebnisse präsentieren:** Entscheidet, in welcher Form ihr eure Erkenntnisse präsentiert, z. B. als Diagramm.

## Ein Interview führen und präsentieren

Um ihre Präsentation zum Zukunftsthema „Schule" aufzulockern, will Rominas Gruppe ein fiktionales Interview einbauen, in dem wichtige Themen angesprochen werden.

 S. 312
*Interview*

**1** Als Interviewpartnerinnen und -partner könnten grundsätzlich verschiedene Personen Rede und Antwort stehen.

a) Wirf einen Blick auf die verschiedenen Optionen und erläutere, inwiefern ein Interview mit diesen Personen eine Präsentation interessanter machen kann.

historische / bekannte
Persönlichkeit

*Experte / Expertin
Wissenschaftler / -in*

Betroffene
normale Mitmenschen

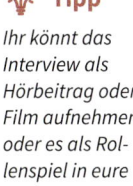

☼ **Tipp**

*Ihr könnt das Interview als Hörbeitrag oder Film aufnehmen oder es als Rollenspiel in eure Präsentation einbauen.*

b) Mache Vorschläge, welche Interviewpartnerinnen und -partner jeweils konkret beim Thema „Schule der Zukunft" denkbar wären und in welchem Zusammenhang man das Interview in den Vortrag einbauen könnte.

c) Erstellt Tipps, was Rominas Gruppe bei der Ausdrucksweise und dem Outfit der verschiedenen Personen beachten müsste, damit die Darstellung glaubwürdig wird.

**2** Für das Interview hat die Gruppe sich für eine historische Persönlichkeit, die italienische Pädagogin Maria Montessori, entschieden.

a) Erkläre mithilfe des nebenstehenden Interviewauszugs, wie Hannes das Interview beginnt.

b) Formuliert zwei weitere Interviewfragen und antwortet im Sinn der Pädagogin. Baut dabei Informationen aus dem folgenden Text ein.

> **Hannes:** Guten Tag, Frau Montessori, vielen Dank, dass Sie sich zu diesem Interview zum Thema „Die Schule der Zukunft" mit unserem Forschungsinstitut bereit erklärt haben.
> **Montessori:** Das mache ich gerne, das Thema Schule beschäftigt mich schon mein ganzes Leben.
> **Hannes:** …

Maria Montessori (1870–1952) war eine italienische Ärztin und Reformpädagogin, die sich auf die Kinderheilkunde spezialisierte und sich für den würdevollen Umgang mit behinderten Kindern einsetzte. Sie ist außerdem Begründerin der Montessori-Pädagogik. Bei diesem pädagogischen Konzept geht es darum, Kinder durch offenen Unterricht und Freiarbeit optimal zu fördern. Lerninhalte werden dementsprechend nicht durch Frontalunterricht vermittelt. Die Lehrkraft hat vielmehr die Rolle einer Lernbegleitung, die den Schülerinnen und Schülern hilft, selbstständig zu Erkenntnissen zu gelangen und Fertigkeiten zu erwerben – ganz nach dem Grundsatz: „Hilf mir, es selbst zu tun."

## Ein Rollenspiel oder szenisches Spiel einbauen

Bei einem Rollenspiel übernehmen die Spielenden die Rollen realer Menschen oder fiktionaler Figuren, die bestimmte Situationen oder Textvorlagen nachstellen.

 **S. 316**

*szenisches Spiel*

**1** Rominas Gruppe hat sich überlegt, den Schauplatz ihrer Präsentation in ein Klassenzimmer der Zukunft zu verlegen. Dazu haben sie gemeinsam ein Drehbuch erstellt.

a) Erklärt anhand des Drehbuchs, wie die Gruppe möglicherweise vorgegangen ist.

---

### Drehbuch für die Projektpräsentation „Schule der Zukunft"

<u>Personen</u>: Roboterlehrer (Marco), Schülerinnen und Schüler (Hannes, Nathalie, Romina)

<u>Kostüme</u>: „Roboter" (Karton), ⭐

<u>Requisiten</u>: 3D-Brille, ⭐

<u>Hintergrundbild</u>: weißer, moderner Raum (vom Beamer)

*Der Roboterlehrer Marco kommt mit mechanischen Schritten in den Raum, die Schüler stehen zur Begrüßung auf.*

Marco (⭐ *sprechend*): Gu-ten Mor-gen, Schü-ler. Hin-setzen. Nummer 8, wo hast du dei-ne 3D-Bril-le? Schon wie-der ver-ges-sen?

Romina (⭐): …

---

**💡 Tipp**

*Ihr könnt auch die ganze Projektpräsentation als Rollenspiel gestalten. Achtet dabei auf eine passende Rahmenhandlung und nutzt abwechslungsreiche Methoden (z. B. Filmeinspieler, Expertenvortrag, Interview …).*

**AT → S. 303**

*filmische Gestaltungsmittel erkennen und beurteilen*

b) Macht Vorschläge, welche weiteren Angaben man anstelle der ⭐ im Drehbuch ergänzen könnte.

c) Sammelt Ideen, wie Rominas Gruppe ihre Vorstellungen der Schule der Zukunft im weiteren Verlauf des Rollenspiels einbauen könnte.

d) Begründet, warum es sinnvoll ist, ein Drehbuch anzulegen, statt zu improvisieren.

e) Marco schlägt vor, die Szene im Klassenzimmer zu filmen. Erkläre mithilfe des Merkkastens, welche Vor- und Nachteile dies hätte.

---

### ⚠ Eine Szene filmen

Beim Drehen einer Szene stehen einige **filmische Mittel** zur Auswahl, z. B.

– verschiedene **Kameraeinstellungen**: z. B. Totale (sichtbare Umgebung), Nahaufnahmen (Oberkörper und Kopf), Großaufnahmen (Gesicht). Abwechslung ist hier sinnvoll.

– unterschiedliche **Perspektiven**: Froschperspektive (Sicht von unten), Normalsicht (auf Augenhöhe), Vogelperspektive (Sicht von oben).

Gedreht wird immer im **Querformat**. Um ein wackliges Bild zu vermeiden, sollte ein **Stativ** oder ein stabiler Kamerastandort gewählt werden. Wichtig ist auch, dass der Drehort nicht zu viele **Nebengeräusche** hat, die die Sprechenden übertönen.

Filmt euer Rollenspiel, schaut es euch anschließend gemeinsam an und beachtet dabei **Gestik, Mimik, Sprechweise und -lautstärke**. Gebt einander ein Feedback und wiederholt gegebenenfalls die Aufnahme.

---

*1.2 Zur Veranschaulichung von Zusammenhängen, Erlangung von Aufmerksamkeit oder Hervorhebung wichtiger Teilaspekte geeignete Medien sinnvoll in Präsentationen einbinden*

*1.4 Geeignete Thematiken gestalterisch umsetzen*

Präsentation eines Projekts

# Einen Vortrag frei halten

Jan und Romina haben während ihrer Vorträge unterschiedliche Wirkung auf ihr Publikum.

**1** Vergleiche die Gestik und Mimik der beiden und erkläre, warum es Romina gelingt, das Interesse ihres Publikums zu wecken, während Jan weniger Erfolg hat. Leite davon Regeln für den Vortrag ab.

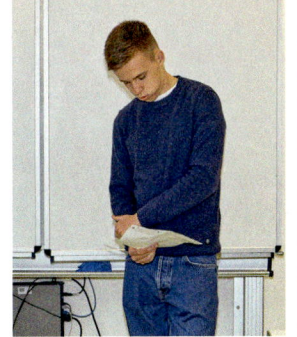

**2** Die meisten Menschen kostet es viel Überwindung, vor anderen zu sprechen. Ein völlig freier Vortrag ist dabei eine noch größere Herausforderung. Im Rahmen eines Projekts haben sich Schüler-/innen Fragen an einen Fachmann ausgedacht und hoffen, dass er ihnen gute Tipps geben kann.

a) Lest den Interviewausschnitt zwischen einem der Schüler und dem Rhetorikcoach Finn Arnoldsen mit verteilten Rollen.

**Schüler:** Herr Arnoldsen, was hilft denn am besten gegen Lampenfieber?

**Arnoldsen:** Lampenfieber sollte man zulassen, denn der Körper sagt einem durch die hohe Anspannung und Konzentration, dass man zu etwas bereit ist. Wird die Muskelanspannung zu groß, kann man durch das Ballen und Lockerlassen der
5 Fäuste diese abbauen und sich von seiner Angst ablenken.

**Schüler:** Was kann ich noch tun, um weniger nervös zu sein?

**Arnoldsen:** Sich gut vorbereiten. Wer weiß, dass er seinen Vortrag beherrscht, da er ihn mehrmals geübt hat, fühlt sich sicherer. Dabei sollte man den Vortrag beim Proben auch öfter laut vor sich hinsprechen, da sich über das Hören Sätze einprägen.

10 **Schüler:** Trotzdem bleibt bei manchen die Angst vor einem „Blackout".

**Arnoldsen:** Das ist wohl wahr. Aber manche malen sich auch bereits im Vorfeld ein Horrorszenario aus und fühlen sich bestätigt, sobald sie jemand hämisch angrinst oder flüstert. Aber es gibt auch immer Personen, die einen anlächeln. Sie können wie ein „Fels in der Brandung" sein, wenn man anfängt, an sich zu zweifeln oder zu stocken.

15 **Schüler:** Kann ich nicht zur Sicherheit Karteikarten verwenden?

**Arnoldsen:** Für die Wiedergabe von Zahlen kann das hilfreich sein, aber viele lesen dann trotzdem nur ab. Oft ist eine digitale Präsentation der bessere Stichwortgeber.

**Schüler:** Sollte ich bei meinem Vortrag hochdeutsch sprechen?

**Arnoldsen:** Nicht unbedingt. Manche Schüler machen den Fehler, komplette Sätze aus
20 Artikeln, inklusive komplizierter Fremd- und Fachwörter, auswendig zu lernen, das wirkt dann oft übertrieben und unecht. Wichtiger ist es, Informationen natürlich vorzutragen, allerdings sollte man nicht zu stark in einen Dialekt verfallen.

S. 309
*mündlicher Vortrag*

b) Notiert die wichtigsten Tipps aus dem Text und berücksichtigt sie bei eurem Vortrag.

*1.2 Informationen unter Einsatz von Rhetorik mit eigenen gedanklichen Strukturen und außersprachlichen Mitteln verknüpfen und paraverbale Mittel gezielt einsetzen*

**Sprechen und Zu-hören**

Präsentation eines Projekts

# Das Projekt und die Eigenleistung bewerten

**1** Nach seinem Vortrag soll Tom in Form einer schriftlichen Reflexion sowohl die Leistung seiner Gruppe als auch seinen eigenen Beitrag zum Projekt kritisch beurteilen.

a) Lies, welche Fragen er sich dazu stellt.

> *Habe ich während der Projektphase konzentriert und effektiv gearbeitet?*
>
> *War ich kompromissbereit und habe die Meinung anderer akzeptiert?*
>
> *Habe ich Ideen mit-eingebracht und mich um Materialien bemüht?*
>
> *Habe ich mich an Regeln, Absprachen und Termine gehalten?*
>
> *Was könnte ich beim nächsten Mal anders / besser machen?*
>
> *Was habe ich durch das Projekt gelernt?*
>
> *Hat mir die Projektarbeit Spaß gemacht und war ich mit dem Ergebnis zufrieden? Warum (nicht)?*
>
> *?*

b) Sammelt Vorschläge für weitere Fragen.

**2** Beurteile, ob die folgenden Aussagen aus unterschiedlichen Reflexionen ausreichend auf den Inhalt der Präsentation eingehen und sprachlich angemessen sind.

> *Mit der Leistung meiner Gruppe war ich so was von überhaupt nicht zufrieden. Die Mädchen waren zu faul, ihren Text richtig zu lernen. Ich war der Einzige, der schon zwei Wochen vorher alles auswendig konnte, und Nathalie hat erst am Sonntag vor der Präsentation mit Lernen angefangen.*

> *Ich habe in dem Projekt nichts gelernt. Das war reine Zeitverschwendung und ich finde, dass man das wieder abschaffen und stattdessen richtigen Unterricht machen soll.*

> *Also besser als wir kann man das echt nicht machen. Und wer das Gegenteil meint, der soll sich mal da vorne hinstellen und erst mal so eine super Performance abliefern. Wir waren eindeutig die beste Gruppe der Klasse, finde ich.*

> *Wir hatten viel zu wenig Zeit für das Projekt. Dass dann auch noch zwei Wochen Ferien dazwischenkamen, war auch blöd, weil in den Ferien will ja keiner was machen. Wenn wir zwei Wochen mehr Zeit gehabt hätten, wär's viel, viel besser geworden. Ich habe aber auch nicht so viele Ideen miteingebracht, weil mir nichts eingefallen ist.*

*1.1 Vorträge kritisch beurteilen*
*3.2 Gedanken, Gefühle und Wertungen reflektieren*

Präsentation eines Projekts

# Überprüfe dein Wissen und Können

**1**  Nenne die drei Teile, aus denen Vorträge und insbesondere Präsentationen bestehen sollten, und notiere, was diese jeweils beinhalten müssen.

**2**  Beurteile die folgende Präsentationsfolie und mache Verbesserungsvorschläge.

## Wasser – unser höchstes Gut

– Wasser, auch $H_2O$ genannt, ist eine chemische Verbindung aus Sauerstoff (O) und Wasserstoff (H) und kommt in zwei Isomerem (para- und ortho-Wasser) vor. Es ist eine durchsichtige, farb-, geruch- und geschmacklose Flüssigkeit.
– In der Natur kann sie als einzige chemische Verbindung weltweit fest, flüssig oder gasförmig vorkommen. Wenn man von Wasser spricht, meint man den flüssigen Aggregatzustand. Die feste Form nennt man Eis, die gasförmige Wasserdampf.
– Es bildet die Grundlage allen Lebens auf der Erde und kommt in der Natur selten rein vor. Meist enthält es gelöste Salze und Mineralien.

**3**  Nenne drei unterschiedliche Interviewpartnerinnen und -partner, die bei einer Projektpräsentation zum Thema Klimawandel denkbar wären.

**4**  Lies dir folgende Notizen einer Lehrkraft zu einer Präsentation durch und entscheide, ob es sich jeweils um eine positive (+), eine neutrale (o) oder eine negative (–) Beurteilung handelt. Notiere jeweils Gruppe und Bewertung, z. B. *Gruppe 1: –*.

| |
|---|
| *Gruppe 1: Zeit wurde erheblich überzogen (+ 10 Min.)* |
| *Gruppe 2: langweilige Präsentationsformen (nur Vortrag)* |
| *Gruppe 3: Sprech- / Aktionsrollen gleichmäßig verteilt* |
| *→ sehr gutes Zusammenspiel der Gruppe* |
| *Gruppe 4: kein Einstieg erkennbar, magere Vorstellung und Begrüßung* |
| *Gruppe 5: teilweise unsicher in der Abfolge der Aktionen* |
| *Gruppe 6: Standardschluss („Wir hoffen, euch hat unsere Präsentation gefallen")* |
| *→ angemessen, aber etwas fad* |

**5**  Wie würden jeweils die bestmöglichen Kommentare zu den Gruppen aus Aufgabe 4 lauten? Formuliere die optimale Bewertung, z. B. *Gruppe 2: sehr abwechslungsreiche Präsentationsformen*.

**Portal**

**6**  Formuliere drei Tipps, wie man sich auf einen freien Vortrag vorbereiten kann.

WES-122965-010

*1.1 Vorträge kritisch beurteilen   1.2 Zur überzeugenden Präsentation von Themengebieten oder Projektergebnissen ausgewählte Aspekte komplexer Sachverhalte strukturieren   3.1 Layoutmöglichkeiten nutzen*

# Eine Debatte führen

Die folgenden Fotos sind im Zusammenhang mit dem Wettbewerb „Jugend debattiert" entstanden.

**1** Betrachtet zunächst die Fotos.
a) Erklärt, was darauf zu sehen ist.

b) Sammelt mithilfe der vier Fotos alle Informationen über die Debatte, die euch aus der 8. Klasse noch im Gedächtnis sind.

**In diesem Kapitel lernst du, …**
- *die Themafrage der Debatte zu erschließen.*
- *das Thema genau festzulegen.*
- *wie eine Debatte aufgebaut ist.*
- *eine eigene Debatte durchzuführen.*

Eine Debatte führen

# Das Thema der Debatte gemeinsam festlegen

Die Klasse 9a will in den nächsten Deutschstunden über das Thema **„Sollen straffällige Jugendliche in Bootcamps untergebracht werden?"** debattieren. Dafür ist es notwendig, sich im Vorfeld genauer mit der Themafrage auseinanderzusetzen.

**1** Um das Debattenthema eindeutig festzulegen, hat die Klasse das Thema in Teilfragen zerlegt.
 a) Lies dir die Teilfragen genau durch.

Jugendliche welchen Alters sind gemeint?

Was ist mit „straffällige Jugendliche" gemeint?

Sollen straffällige Jugendliche in Bootcamps untergebracht werden?

Was versteht man unter „Bootcamp"?

Wie definieren wir „untergebracht werden"?

 b) Suche auf jede Teilfrage eine Antwort und notiere sie gemeinsam mit der Frage.
 c) Vergleiche deine Lösung mit denen deiner Mitschülerinnen und Mitschüler.
 d) Sprecht darüber, warum es wichtig ist, das Thema vor dem Debattieren gemeinsam festzulegen. Der Merkkasten auf Seite 36 hilft euch dabei.
 e) Einigt euch auf eine gemeinsame Festlegung des Themas.

**2** Im Folgenden findest du weitere Themen, die sich für eine Debatte eignen.
 a) Lies die Themen zunächst.

> Sollte es nach dem Schulabschluss ein verpflichtendes soziales Jahr geben?

> Soll das Sitzenbleiben an Schulen abgeschafft werden?

> Sollen bereits Grundschulkinder ein Smartphone haben?

 b) Zerlege die Themafragen in Teilfragen und notiere diese untereinander.
 c) Suche auf jede Teilfrage eine passende Antwort und schreibe diese dazu.
 d) Vergleiche auch hier deine Lösung mit denen deiner Mitschülerinnen und Mitschüler.
 e) Einigt euch im Anschluss auf eine gemeinsame Festlegung des Themas.

**Sprechen und Zu-hören**

**3** Die Klasse 9a hat die Teilfragen zum Thema unterschiedlich beantwortet.
a) Lest euch die Antworten der Klasse durch.

*ab 12 Jahren*

*ab 16 Jahren*

*ab 14 Jahren*

Jugendliche welchen Alters sind gemeint?

*alle Jugendlichen, die irgendeine Straftat begangen haben*

*die Jugendlichen, die eine schwere Straftat begangen haben*

Was ist mit „straffällige Jugendliche" gemeint?

*die Jugendlichen, die sich mehrfach etwas zuschulden kommen lassen haben*

**Sollen straffällige Jugendliche in Bootcamps untergebracht werden?**

*ein Erziehungscamp, das Disziplin und einen geregelten Tagesablauf vermittelt*

Was versteht man unter „Bootcamp"?

Wie definieren wir „untergebracht werden"?

*ein Camp wie in Amerika, wo die Jugendlichen mit Drill und Erniedrigung erzogen werden sollen*

*sie verbringen dort mehrere Monate ohne ihre Familie*

*sie sind dort mit anderen Straffälligen*

b) Die Schülerinnen und Schüler haben ausgehend von ihren Antworten das Thema gemeinsam festgelegt. Lest euch ihr Ergebnis durch und sprecht darüber, auf welche Antworten sie sich geeinigt haben.

*Wir haben uns auf folgende Festlegung des Debattenthemas geeinigt: Jugendliche ab einem Alter von 14 Jahren, die eine schwere Straftat begangen haben oder sich schon öfter etwas zuschulden kommen lassen haben, sollen über einen Zeitraum von mehreren Monaten in einem Erziehungscamp untergebracht werden. Sie verbringen die Zeit dort ohne ihre Familie. In dem Erziehungscamp sollen die Jugendlichen Disziplin lernen und sich an einen geregelten Tagesablauf gewöhnen.*

c) Überlegt, wo in der Debatte die genaue Festlegung des Themas auftauchen muss, und begründet eure Meinung. Der Merkkasten hilft euch dabei.

**4** Formuliere für die drei Themen aus Aufgabe 2a) von Seite 35 ebenfalls einen kurzen Text, in dem du das Thema genau festlegst.

**Tipp**

*Sprecht, bevor ihr euch auf eine Debatte vorbereitet, darüber, wie ihr das Thema festlegen wollt.*

## ⓘ Das Thema gemeinsam festlegen

Nachdem ihr das Debattenthema erschlossen habt, indem ihr es **in Teilfragen zerlegt** und auf jede Frage **eine passende Antwort** gefunden habt, legt ihr **mithilfe dieser Antworten** das **Thema** genau **fest**. So vermeidet ihr, dass ihr das Thema unterschiedlich interpretiert, und könnt **sinnvoll debattieren**. Die Festlegung des Debattenthemas wird später in der Debatte vom ersten Redner bzw. der ersten Rednerin **in der Eröffnungsrede präsentiert**.

Eine Debatte führen

# Eine Debatte vorbereiten und durchführen

In der heutigen Deutschstunde befasst sich die Klasse 9a mit dem Aufbau der Debatte. Dazu hat sie im Internet ein Video von *Jugend debattiert* gefunden.

**1** Sieh dir das Video „Jugend debattiert: So läuft eine Debatte ab" im Internet an.
   a) Notiere dabei die wichtigsten Informationen über die Debatte (z. B. aus welchen drei Teilen sich die Debatte zusammensetzt, die Dauer einer Debatte, die Anzahl und Reihenfolge der Rednerinnen und Redner …).
   Im Portal findest du dafür einen Beobachtungsbogen.
   b) Vergleiche deine Aufzeichnungen mit denen deiner Mitschülerinnen und Mitschüler.

 **Tipp**

*Verwendet die Suchbegriffe **Jugend debattiert + Ablauf der Debatte + Video**, um das Video zu finden.*

 **Portal**

*WES-122965-011*

 **Tipp**

*Verwende die Suchbegriffe **explainity clip + Nachhaltigkeit + Video**, um ein Beispiel für ein Erklärvideo mit Legetechnik zu finden.*

**AT →  S. 301 f.**

*ein Erklärvideo erstellen*

✳ **2** Erstellt mithilfe eurer Notizen und des Merkkastens in Kleingruppen ein Erklärvideo über den Aufbau der Debatte mithilfe der Legetechnik. Im Portal findet ihr passende Zeichnungen, die ihr hierfür nutzen könnt.
Sollte euch ausreichend Zeit zur Verfügung stehen, könnt ihr auch eigene Zeichnungen erstellen.

**Portal**

*WES-122965-012*

---

## ! **Der Aufbau einer Debatte**

Eine Debatte ist ein **Gespräch**, das **festen Regeln** folgt.
**Ziel** der Debatte ist es, eine **Entscheidungsfrage** zu **beantworten**. Unter einer Entscheidungsfrage versteht man eine Frage, auf die man nur mit „Ja" oder „Nein" antworten kann.
Die **Personen, die mit „Ja" antworten**, sprechen sich für das Gefragte aus. Sie **vertreten die Pro-Position**. Im Gegensatz dazu vertreten **diejenigen, die die Frage mit „Nein" beantworten, die Kontra-Position**.

Die Debatte besteht aus **drei Teilen**:
1. **Eröffnungsrunde (pro Person max. 2 Min.)**
2. **Freie Aussprache (Gesamtdauer: 12 Min.)**
3. **Schlussrunde (pro Person 1 Min.)**

## Sprechen und Zu- hören

))) **Portal**
WES-122965-013

# 1. Eröffnungsrunde

**1** Lest die Eröffnungsreden von Emma und Jan mit verteilten Rollen oder hört euch die Audiodatei an.

*Laut einer Statistik hat in Deutschland die Zahl der schweren Körperverletzungsdelikte junger Täterinnen und Täter in den letzten Jahren zugenommen. Deshalb werden in der Bevölkerung und in der Politik immer wieder Stimmen laut, die fordern, dass verurteilte Jugendliche in Erziehungscamps, auch „Bootcamps" genannt, geschickt werden sollen. Daher stellen wir uns heute die Frage: „Sollen straffällige Jugendliche in Bootcamps untergebracht werden?"*

*Wir haben das Thema folgendermaßen festgelegt: Jugendliche ab einem Alter von 14 Jahren, die eine schwere Straftat begangen haben oder regelmäßig Straftaten begehen, sollen über einen Zeitraum von mehreren Monaten in einem Erziehungscamp untergebracht werden. Sie verbringen die Zeit dort ohne ihre Familie. In dem Erziehungscamp sollen die Jugendlichen Disziplin lernen und sich an einen geregelten Tagesablauf gewöhnen.*

*Für eine solche Unterbringung spricht, dass sie geringere Kosten verursacht als ein Gefängnisaufenthalt. Denn oft kann eine mehrjährige Gefängnisstrafe durch wenige Monate Aufenthalt in einem Erziehungscamp ersetzt werden. Die Allgemeinheit muss dann lediglich die Kosten für einen mehrmonatigen Bootcamp-Aufenthalt zahlen. Beispielsweise konnten in Deutschland schon Jugendstrafen durch einen sechs Monate dauernden Aufenthalt im Erziehungscamp von Lothar Kannenberg im hessischen Diemelstadt-Rhoden ersetzt werden. Auch wenn die Unterbringung in einem deutschen Bootcamp pro Tag wahrscheinlich teurer wäre als 130 Euro, die ein Tag Gefängnis hierzulande durchschnittlich kostet, wären durch die kürzere Dauer der Unterbringung die finanziellen Aufwendungen am Ende niedriger.*

*Deshalb sollten in Deutschland straffällige Jugendliche in Bootcamps untergebracht werden.*

**Emma**
*Pro 1*

 **Tipp**

*Berücksichtigt bei eurer Debatte, dass seit der Schließung des Erziehungscamps von Lothar Kannenberg im Jahr 2017 in Deutschland keine Erziehungscamps dieser Art mehr existieren. Zu den Kosten, die bei einem Aufenthalt in einem solchen Camp entstehen würden, können deshalb nur ungefähre Angaben gemacht werden.*

Zuerst kommt Redner/-in Pro 1 zu Wort.
Redner/-in Pro 1 beginnt mit einem Einleitungsgedanken:
**„Jeder weiß …"/ „Laut einer Statistik …"**

Anschließend wird die Themafrage gestellt:
**„Soll / Sollen …"**

Jetzt folgt die genaue Festlegung des Themas:
**„Wir schlagen vor, dass …"**
**„Wir haben das Thema folgendermaßen festgelegt: …"**

Nun wird ein Pro-Argument angeführt und begründet:
**„Dafür spricht …"**

Die Eröffnungsrede beendet Redner/-in Pro 1 mit der Antwort:
**„Deshalb soll / sollen …"**

*Das Thema der Debatte lautet: „Sollen straffällige Jugendliche in Bootcamps geschickt werden?"*

*Emma, du vertrittst die Meinung, dass durch den vergleichsweise kürzeren Aufenthalt in einem Erziehungscamp Kosten reduziert werden können. Das mag vielleicht richtig sein. Allerdings fallen dort deutlich höhere Kosten für die Betreuung der Jugendlichen an. Die jugendlichen Straftäterinnen und Straftäter werden im Camp von Fachkräften, Therapeutinnen und Therapeuten, Lehrkräften sowie Ausbilderinnen und Ausbildern betreut. Diese müssen ebenfalls von den Steuerzahlern finanziert werden. Deshalb sollten straffällige Jugendliche nicht in Erziehungscamps untergebracht werden.*

**Jan**
*Kontra 1*

Redner/-in Kontra 1 stellt die Themafrage:
**„Soll / Sollen …"**

Jetzt folgt ein begründetes Kontra-Argument:
**„Dagegen spricht …"**

Redner/-in Kontra 1 schließt die Rede mit der Antwort ab:
**„Deshalb soll / sollen …"**

**2** Vergleicht den Aufbau von Emmas und Jans Reden miteinander und sprecht darüber, inwiefern sich die beiden Eröffnungsreden unterscheiden. Die Infokästen neben den Aussagen der beiden und der Merkkasten auf Seite 40 helfen euch dabei.

**3** Markiert nun auf einer Kopie der Buchseite oder der Vorlage aus dem Portal die einzelnen Bestandteile der Reden von Emma und Jan mit unterschiedlichen Farben.

**Portal**

WES-122965-014

**4** Jan drückt in seiner Eröffnungsrede nicht nur seine eigene Meinung zum Thema aus, sondern nimmt auch auf die Aussagen Emmas Bezug. Kreise diese Stelle ein.

**5** Emma beginnt ihre Eröffnungsrede als Rednerin Pro 1 mit einem Einleitungsgedanken.
   a) Lest die folgenden Einleitungsmöglichkeiten und bestimmt, welche Variante Emma gewählt hat.

| geschichtlicher Rückblick | Zitat/Sprichwort | Statistik |

| persönliches Erlebnis | Begriffsdefinition | aktuelles Ereignis |

   b) Schreibe einen alternativen Einleitungsgedanken für Emma. Verwende dabei die folgenden Materialien.

**Material 1**

Den Begriff *Bootcamp* gibt es ungefähr seit dem Jahr 1991. Damit wird ein Lager bezeichnet, in dem Straftäterinnen und Straftäter mit dem Ziel untergebracht werden, dass sie nach ihrem Aufenthalt schneller ein normales Leben führen können. Insbesondere straffällig gewordene Jugendliche werden in solche Camps geschickt.
Die Bezeichnung *Bootcamp* ist nur in den USA gebräuchlich. Bootcamps werden dort sowohl vom Staat als auch von Privatpersonen betrieben. Statt eine zwei- bis dreijährige Haftstrafe in einem Gefängnis abzusitzen, können jugendliche Straftäterinnen und Straftäter für vier Monate in einem Erziehungslager untergebracht werden. Die Jugendlichen sind dort großer physischer und psychischer Beanspruchung ausgesetzt, haben dafür aber die Chance, nach relativ kurzer Zeit wieder zurück in die Freiheit zu gelangen. In Deutschland existieren kaum Einrichtungen, die sich mit amerikanischen Bootcamps vergleichen lassen.

**Material 2**

**Boot|camp, das** Eine soziale Einrichtung für verurteilte jugendliche Straftäterinnen und Straftäter. Straffällige Jugendliche lernen, mit ihren Aggressionen umzugehen und anderen Menschen mit Respekt zu begegnen. Die Unterbringung in einer solchen Einrichtung kann als Alternative zu einer Unterbringung im Jugendarrest richterlich angeordnet werden.

   c) Gib auch hier an, um welche Art von Einleitungsgedanken es sich handelt.

*1.1 Das Gespür für die Qualität von Redebeiträgen schärfen und das eigene Redeverhalten verbessern*
*1.2 Vorgegebene Informationen verwenden, um in Debatten und Diskussionen die eigene Sichtweise zu verdeutlichen, andere davon zu überzeugen und sie zu aktivieren*

**Sprechen und Zuhören**

**6** Die Eröffnungsreden von Hannah und Niklas fehlen.

> **Redner/-in Pro 2 stellt die Thema-Frage:**
> „Soll / Sollen …"
>
> Ein Pro-Argument wird angeführt, das begründet wird:
> **„Dafür spricht …"**
>
> Es folgt die Antwort von Redner/-in Pro 2:
> **„Deshalb soll / sollen …"**

> **Redner/-in Kontra 2 stellt die Thema-Frage:**
> „Soll / Sollen …"
>
> Es folgt ein begründetes Kontra-Argument:
> **„Dagegen spricht …"**
>
> Die Eröffnungsrunde endet mit der Antwort von Kontra 2:
> **„Deshalb soll / sollen …"**

**Hannah**
*Pro 2*

**Niklas**
*Kontra 2*

AT → S. 296

*zitierte Quellen richtig angeben*

a) Geht in Zweiergruppen zusammen. Entscheidet, wer Hannahs und wer Niklas' Rede verfasst. Formuliert die jeweilige Rede schriftlich. Verwendet dafür Material 3 und 4.

**Material 3**

*http://www...*

### Sollen kriminelle Jugendliche ins Bootcamp?

**Marlies63**

Erziehungscamps dienen der Abschreckung. Jemand, der mal im Bootcamp war, will dort garantiert nicht mehr hin und verhält sich in Zukunft besser. In den Camps gibt es auch keine Möglichkeit, mit Drogen oder so in Kontakt zu kommen, anders als im Gefängnis.

**MickP.**

Von wegen Abschreckung! Das wird doch total überschätzt! Auch bei denen, die mal in einem Erziehungscamp waren, gibt es eine hohe Rückfallquote.

**LauraSonnenschein**

Sollten wir uns nicht lieber mal darum kümmern, dass nicht so viele Jugendliche straffällig werden, statt zu diskutieren, welche Bestrafung die beste ist?

*Quelle: Diskussionsforum im Internet*

### ⓘ Die Eröffnungsrunde

Die **Reihenfolge** der Rednerinnen und Redner ist **fest vorgegeben** (Pro 1, Kontra 1, Pro 2 und **zuletzt Kontra 2**). Jede Person spricht maximal 2 Minuten.
Die **Eröffnungsrede von Pro 1 unterscheidet sich** von den anderen Eröffnungsreden. Pro 1 beginnt die Rede mit einem **Einleitungsgedanken**. Auch die **genaue Festlegung des Themas** wird von Redner/-in Pro 1 präsentiert. Vertrittst du die Position **Kontra 1, Pro 2 oder Kontra 2,** ist es wichtig, dass du auch auf vorangegangene Redebeiträge **Bezug nimmst**.

**Material 4**

17. Mai 2010

## „Wir holen nach, was sonst im Vorschulalter vermittelt wird"

**Lothar Kannenberg, Gründer der erfolgreichen Jugendhilfeeinrichtung „Boxcamp", über die Debatte zur Verschärfung des Jugendstrafrechts und den richtigen Umgang mit jugendlichen Intensivtätern.**

*Gökalp Babayigit*

**sueddeutsche.de:** In der Debatte um die Verschärfung des Jugendstrafrechts kam auch die Idee des Warnschussarrests auf. Ist das ein Mittel, mit dem die Jugendkriminalität eingedämmt werden kann?

**Kannenberg:** Bei manchen Jugendlichen würde das funktionieren, aber die, die wirklich Dreck am Stecken haben, denken sich: „Naja, dann gehe ich halt mal vier Wochen zur Erholung, is' ja nix Neues" – und wenn sie wieder rauskommen, geht es weiter. Es kommt also auf die Jugendlichen an: Bei jungen Menschen, die sich als Mitläufer einer Gang anschließen, könnte das funktionieren. Bei den Anführern reicht das nicht.

**sueddeutsche.de:** Wenn man das Wort Erziehungscamp hört, dann hat man auch die Bootcamps in den USA im Kopf, in denen durch Drill und Erniedrigung der Wille der Jugendlichen gebrochen werden soll. Wie unterscheidet sich Ihre Einrichtung von den amerikanischen Modellen?

**Kannenberg:** Wir haben ein anderes Motto, es lautet: „aktiv sein". Aktive Lebensführung ist bei uns der Schlüssel. Von morgens um fünf vor sechs bis abends um 22.30 haben wir einen durchstrukturierten Tagesplan. Dieser Tagesplan ist genau das, was den Jugendlichen hilft, wieder klarzukommen. Das Wort Freizeit ist gestrichen. Jugendlichen, die nicht wissen, was sie mit sich anfangen sollen, ist spätestens nach einer Stunde langweilig. Und dann kommt nur Scheiß raus. In dem halben Jahr, das die Jugendlichen hier sind, begehen sie keine Straftat. Das unterscheidet uns von fast allen anderen Einrichtungen, die es sonst gibt.

**sueddeutsche.de:** Und das Prinzip funktioniert bei Ihnen?

**Kannenberg:** Von allen Teilnehmern am Trainingscamp, das es seit drei Jahren gibt, befinden sich noch 80 Prozent in weiteren Maßnahmen, also in Langzeitheimen, bei Pflegeeltern, in der Schule und so weiter. Nur 20 Prozent sind wieder rückfällig geworden und sitzen heute im Knast. Das ist ein superguter Wert. Einige glauben uns diese Zahlen nicht, weswegen wir uns das in diesem Jahr in einer Langzeitstudie wissenschaftlich belegen lassen. *Text gekürzt.*

b) Tragt euch gegenseitig eure Ergebnisse vor. Während eine Person vorträgt, hört die andere konzentriert zu und gibt mithilfe des Feedbackbogens aus dem Portal eine kurze Rückmeldung.

 **Portal**

*WES-122965-015*

✳ **7** Führt die Eröffnungsrunde in Vierergruppen durch. Zwei Paare, die bei Aufgabe 6 zusammengearbeitet haben, bilden eine Viererppe. Im ersten Durchgang liest das eine Paar die Reden von Emma und Jan vor, während die anderen beiden die Rollen von Hannah und Niklas übernehmen und ihre Reden aus Aufgabe 6 vortragen. Dann werden die Rollen getauscht.

*1.2 Vorgegebene Informationen verwenden, diese unter Einsatz von Rhetorik mit eigenen gedanklichen Strukturen und außersprachlichen Mitteln verknüpfen, um in Debatten die eigene Sichtweise zu verdeutlichen*
*1.3 In Debatten und Diskussionen unterschiedliche Standpunkte und Rollen einnehmen*

## 2. Freie Aussprache

**1** Lest den Ausschnitt aus der freien Aussprache der Debatte mit verteilten Rollen oder hört euch die Audiodatei im Portal an.

))) **Portal**
*WES-122965-016*

**Hannah**
*Pro 2*

> *Jan, du hast in deiner Eröffnungsrede angesprochen, dass eine Unterbringung von jugendlichen Straftäterinnen und Straftätern in Erziehungscamps hohe Kosten für die Betreuung durch Fachkräfte, wie zum Beispiel Therapeutinnen und Therapeuten, mit sich bringt. Das mag vielleicht sein.*
> *Dafür werden die Jugendlichen aber in den Erziehungscamps von Fachpersonal betreut. Diese haben viel Erfahrung im Umgang mit schwer erziehbaren und kriminellen jungen Menschen. Aufgrund dessen können sie auch besser auf die speziellen Probleme reagieren. So sind die Chancen gut, dass es diesen Fachkräften gelingt, die Jugendlichen wieder auf den rechten Weg zu bringen. Ein Ausbilder zum Beispiel, der Betroffene bei der Berufswahl berät und ihnen beim Start ins Berufsleben zur Seite steht, kann es schaffen, dass die jungen Menschen einen Sinn in ihrem Leben erkennen, sich deshalb ändern und in Zukunft keine Straftaten mehr begehen.*

**Jan**
*Kontra 1*

> *Schon möglich, dass es den Betreuerinnen und Betreuern in den Erziehungscamps gelingt, dass ein Teil der Jugendlichen nicht mehr rückfällig wird und ihr Leben auf die Reihe bekommt. Auf alle, die in einem solchen Camp untergebracht werden, trifft dies allerdings nicht zu. Einige begehen auch nach der Unterbringung im Erziehungscamp weiterhin Straftaten. Denn nicht alle Jugendlichen hören auf Ratschläge von Erwachsenen oder nehmen deren Hilfe an. Es gibt auch solche, die aus einem guten Elternhaus stammen und Eltern haben, die sich um sie kümmern und in der Erziehung das meiste richtig machen. Und dennoch kommt es vor, dass auch deren Kinder straffällig werden. Diese Jugendlichen werden sich wahrscheinlich auch nichts von den Lehr- oder Fachkräften in den Erziehungscamps sagen lassen oder deren Hilfe annehmen. Nach dem Aufenthalt im Erziehungscamp ist dann die Wahrscheinlichkeit für einen Rückfall groß.*

**Emma**
*Pro 1*

> *Jan, das, was du sagst, stimmt schon. Nicht alle Straffälligen, die in ein Erziehungscamp geschickt werden, verlassen dieses am Ende als neue Menschen und haben ihr Leben nun im Griff. Aber es ist ja auch nicht so, dass alle jungen Menschen, die eine Zeit lang im Gefängnis waren, danach nie wieder eine Straftat begehen. Auch da hat man eine gewisse Rückfallquote. Die Erfahrung zeigt allerdings, dass die Rückfallquote bei den Jugendlichen, die in einem Erziehungscamp untergebracht waren, niedriger ist als diejenige derer, die eine Gefängnisstrafe zu verbüßen hatten. Das liegt daran, dass man sich in den Camps intensiver mit den jungen Menschen auseinandersetzt und diese nicht einfach wegsperrt wie im Gefängnis.*

**2** Sprecht darüber, inwiefern sich die freie Aussprache von der Eröffnungsrunde unterscheidet. Die Merkkästen auf Seite 40 und 43 helfen euch dabei.

**Portal**
*WES-122965-017*

**3** Markiere auf einer Kopie der Buchseite oder der Vorlage im Portal alle Behauptungen, die die Jugendlichen aufstellen.

*1.1 Angemessen reagieren (z. B. durch Gegenargumente) und das Gespür für die Qualität von Redebeiträgen schärfen und das eigene Redeverhalten verbessern*

**4** Auch in der freien Aussprache sollte man nicht nur seine eigene Position vertreten, sondern auf die Aussagen der Vorrednerin bzw. des Vorredners Bezug nehmen. Kennzeichne auf der Kopie der Buchseite oder der Vorlage im Portal die Stellen, an denen die Jugendlichen auf Aussagen ihrer Vorrednerinnen und Vorredner eingegangen sind.

**Portal**
*WES-122965-017*

**5** In den folgenden Sprechblasen findest du weitere Ideen der Schülerinnen und Schüler, die sie als Argumente in der freien Aussprache anführen wollen.
a) Lies zunächst die Behauptungen in den Sprechblasen.

*Erziehungscamps können eine psychische Belastung für die Jugendlichen sein.*

*Erziehungscamps unterstützen die mit ihren straffälligen Kindern überforderten Eltern.*

*Straffällige Jugendliche lernen Disziplin, die sie zu Hause nicht beigebracht bekommen haben.*

**Niklas**
*Kontra 2*

**Emma**
*Pro 1*

**Hannah**
*Pro 2*

b) Vervollständige die aufgestellten Behauptungen durch Begründungen und Beispiele. Schreibe deine Lösung stichpunktartig auf.

**S. 308**
*Argument*

c) Bildet Dreiergruppen und setzt die freie Aussprache mit den Reden von Niklas, Hannah und Emma fort. Eure Notizen, die folgenden Formulierungen aus dem *Wortspeicher* und der Merkkasten helfen euch dabei.

*Du sagst / hast gesagt, dass …*
*Du wendest ein, dass …*
*Du bist der Ansicht, dass …*
*Du vertrittst die Meinung, dass …*

*Du schlägst vor, dass …*
*Ihr seid euch einig darüber, dass …*
*Das, was … gesagt hat, …*
*Du findest, dass…*

## ⓘ Freie Aussprache

Nach der Eröffnungsrunde folgt die freie Aussprache. Im Gegensatz zur Eröffnungsrunde ist hier die **Reihenfolge** der Rednerinnen und Redner **nicht festgelegt**. Es gibt **keine feste Redezeit**. Die freie Aussprache sollte **insgesamt 12 Minuten** dauern. Achte darauf, dass du häufiger das Wort ergreifst, damit dein Redeanteil nicht zu gering ausfällt.

**Beachte:**
Auch bei der freien Aussprache musst du – wie schon in der Eröffnungsrunde – **zuerst auf die Aussage deiner Vorrednerin bzw. deines Vorredners Bezug nehmen, bevor du ein neues Argument anführst.**

*1.1 Das Gespür für die Qualität von Redebeiträgen schärfen und das eigene Redeverhalten verbessern*
*1.3 In Debatten und Diskussionen unterschiedliche Standpunkte und Rollen einnehmen, Argumentationstechniken erproben*

**Sprechen und Zuhören**

**Portal**

WES-122965-018

## 3. Schlussrunde

**1** Lest die Schlussreden von Emma und Jan mit verteilten Rollen oder hört euch die Audiodatei an.

> *Wir haben heute darüber debattiert, ob straffällige Jugendliche in Bootcamps untergebracht werden sollen. Am meisten überzeugt hat mich das Argument, dass es in Erziehungscamps ein Team von Expertinnen und Experten gibt, das sich um die Jugendlichen kümmert. In solchen Camps stehen den jungen Menschen Lehrkräfte, pädagogische Fachkräfte, Ausbilderinnen und Ausbilder sowie Therapeutinnen und Therapeuten zur Seite, die sie dabei unterstützen, wieder ein normales Leben ohne weitere Straftaten zu führen. So können die Jugendlichen z. B. mit Therapeutinnen sprechen, die sich mit ihren Problemen auskennen und Lösungen vorschlagen; pädagogische Fachkräfte sorgen dafür, dass die Jugendlichen einen Schulabschluss haben und eine Ausbildungsstelle bekommen. Deshalb bleibe ich bei meiner Meinung, dass es sinnvoll ist, dass jugendliche Straftäterinnen und Straftäter in Bootcamps untergebracht werden.*

**Emma**
*Pro 1*

> Redner/-in Pro 1 stellt die Themafrage:
> **„Wir haben darüber debattiert, ob … soll / sollen."**
>
> Das überzeugendste Argument wird angeführt:
> **„Entscheidend ist für mich …"**
> **„Am meisten überzeugt hat mich …"**
>
> Am Ende wird die Themafrage beantwortet:
> **„Deshalb sage ich / bleibe ich bei meiner Meinung / habe ich meine Meinung geändert…"**

> *In unserer Debatte ging es heute um die Frage: „Sollen straffällige Jugendliche in Bootcamps untergebracht werden?" Entscheidend ist für mich, dass die Rückfallquote der Jugendlichen, die statt Jugendarrest in einem Erziehungscamp waren, scheinbar geringer ist als diejenige der Jugendlichen, die eine Gefängnisstrafe verbüßen mussten. Ein Großteil der jugendlichen Verurteilten begeht nach dem Campaufenthalt keine Straftaten mehr, weil dieser einen positiven Einfluss hatte. Lothar Kannenberg hat in einem Interview gesagt, dass nur circa 20 % der Teilnehmerinnen und Teilnehmer an seinem Trainingscamp wieder rückfällig werden. Deshalb habe ich meine Meinung geändert und spreche mich nun für die Unterbringung von straffälligen Jugendlichen in Erziehungscamps aus.*

**Jan**
*Kontra 1*

> Redner/-in Kontra 1 stellt die Themafrage:
> **„In unserer Debatte ging es darum: Soll / Sollen …?"**
>
> Das überzeugendste Argument wird angeführt:
> **„Entscheidend ist für mich …"**
> **„Am meisten hat mich das Argument … überzeugt."**
>
> Am Ende wird die Themafrage beantwortet:
> **„Deshalb bleibe ich bei meiner Meinung / habe ich meine Meinung geändert …"**

**Hannah**
*Pro 2*

> Redner/-in Pro 2 stellt die Themafrage:
> **„Wir haben uns in der Debatte damit befasst: Soll / Sollen …?"**
>
> Das überzeugendste Argument wird angeführt:
> **„Für mich war das ausschlaggebendste Argument, dass …"**
>
> Am Ende wird die Themafrage beantwortet:
> **„Deshalb spreche ich mich dafür / dagegen aus, dass …"**

**Niklas**
*Kontra 2*

Redner/-in Kontra 2 stellt die Themafrage:
**„Thema unserer Debatte war: Soll / Sollen …?"**

Das überzeugendste Argument wird angeführt:
**„Das Argument, dass …, hat mich am meisten überzeugt."**

Am Ende wird die Themafrage beantwortet:
**„Deshalb soll / sollen …"**

**2** Kennzeichne mithilfe des Merkkastens auf einer Kopie der Buchseite oder der Vorlage aus dem Portal die einzelnen Bestandteile der Aussagen von Emma und Jan farbig. Die Infokästen neben den Sprechblasen der Jugendlichen helfen dir dabei.

**Portal**
*WES-122965-019*

**3** Hannahs und Niklas' Schlussreden fehlen.
a) Geht in Zweiergruppen zusammen. Entscheidet, wer Hannahs und wer Niklas' Rede verfasst. Formuliert die jeweilige Rede schriftlich.
b) Tragt euch gegenseitig eure Schlussreden vor. Während eine Person vorträgt, hört die andere konzentriert zu und gibt mithilfe des Feedbackbogens aus dem Portal eine kurze Rückmeldung.

**Portal**
*WES-122965-020*

✳ **4** Führt die Schlussrunde in Vierergruppen durch. Zwei Paare, die bei Aufgabe 3 zusammengearbeitet haben, bilden eine Vierergruppe.
Im ersten Durchgang liest das eine Paar die Reden von Emma und Jan vor, während die anderen beiden die Rollen von Hannah und Niklas übernehmen und ihre Reden aus Aufgabe 3 vortragen. Dann werden die Rollen getauscht.

---

ⓘ **Schlussrunde**

Die **Reihenfolge der Rednerinnen und Redner** ist – wie in der Eröffnungsrunde – **fest vorgegeben**: Zuerst spricht **Pro 1**, es folgt **Kontra 1**, anschließend **Pro 2** und zuletzt **Kontra 2**.
Jede Person hat eine festgelegte Redezeit von **1 Minute**.
Bei allen vier Personen hat die Rede der Schlussrunde die gleiche Struktur: Sie besteht aus **Frage, Grund** und **Antwort**.

**Beachte:**
In der Schlussrunde hast du die **Möglichkeit, deine Meinung zu ändern**, wenn dich die Argumente der Gegenseite mehr überzeugt haben. Du musst nicht bei deiner ursprünglichen Position bleiben. **Neue Argumente** dürfen aber **nicht** angeführt werden!

---

*1.1 Das Gespür für die Qualität von Redebeiträgen schärfen und das eigene Redeverhalten verbessern*
*1.3 In Debatten und Diskussionen unterschiedliche Standpunkte und Rollen einnehmen, Argumentationstechniken erproben*

**Sprechen und Zu-hören**

Eine Debatte führen

# Eine eigene Debatte durchführen

Die Klasse 9a soll nun selbst eine vollständige Debatte durchführen. Das Thema lautet:

> **Sollten wir in Zukunft auf Fleisch verzichten?**

**1** Lest die folgenden Texte und betrachtet die Fotos sowie die Statistik.

### Material 1

Auf 60 Prozent der deutschen Ackerfläche werden Futtermittel angebaut.
*Quelle: Greenpeace e.V.*

### Material 2

2018 produzierten deutsche Schlachtbetriebe mehr als acht Millionen Tonnen Fleisch. Die meisten der geschlachteten Tiere stammen aus großen Mastbetrieben.
*Quelle: Das Landwirtschaftsmagazin (03/2021)*

### Material 3

**Vor- und Nachteile der Fleischnahrung:**

**Pro:**
- Fleisch liefert hochwertiges Eiweiß, es besteht zu rund 20 Prozent daraus. Der Mensch braucht Eiweiß zum Leben, etwa zur Erzeugung von Energie und für viele Körperfunktionen.
- Auch wichtige Vitamine wie A und jene der B-Gruppe sind im Fleisch enthalten. Ein Mangel dieser Vitamine kann zu Muskelschwund und Herzinsuffizienz, Schlafstörungen, Appetitlosigkeit oder Blutarmut führen.
- Fleisch ist wichtig, weil es uns mit Mineralstoffen, allen voran Eisen, versorgt. Ohne Eisen ist der Mensch antriebslos, müde, das Immunsystem wird geschwächt.
- Der Mensch hat schon immer Fleisch gegessen, es liegt in seiner Natur.
- Für viele Landwirte stellt die Fleischproduktion eine Lebensgrundlage dar.

**Kontra:**
- Ein großer Teil des von uns verzehrten Fleisches stammt aus Massentierhaltung, das heißt keine Sonne, keine Wiese, keinen Misthaufen für die Tiere.
- Immer wieder kommt es zu Skandalen, Stichwörter dafür sind BSE, Dioxin, Gammelfleisch.
- Fleisch enthält viel Fett, vor allem gesättigte Fettsäuren, die das schlechte Cholesterin ansteigen lassen.
- Vor allem Schweinefleisch enthält oft Antibiotika, dadurch können sich Resistenzen im Körper entwickeln. Werden Antibiotika im Krankheitsfall eingenommen, laufen sie Gefahr, wirkungslos zu sein.

*Quelle: Wien Energie Vertrieb GmbH & Co KG. Text verändert und gekürzt.*

## Material 4

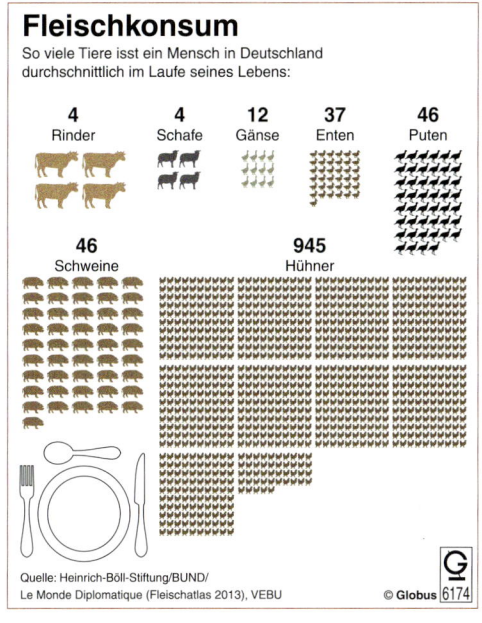

### Fleischkonsum

So viele Tiere isst ein Mensch in Deutschland durchschnittlich im Laufe seines Lebens:

Quelle: Heinrich-Böll-Stiftung/BUND/
Le Monde Diplomatique (Fleischatlas 2013), VEBU
© Globus 6174

## Material 5

**Dauerbrenner:**

**Fleisch essen – ja oder nein?**

Fleisch essen oder nicht? Ein Thema, das Menschen in Wallung bringt. Die einen pochen auf ihre Freiheit. Sie wollen sich durch moralische Bedenken den Fleischkonsum nicht verbieten lassen. Nach dem Motto des Philosophen Adorno: „Es gibt kein richtiges Leben im falschen." Als Menschen können wir kein ideales Leben führen – ob wir nun Fleisch essen oder nicht.

Die anderen sind entschiedene Gegner des Fleischkonsums, oftmals nicht nur für sich selbst. Als selbsternannte moralische Instanz würden sie am liebsten alle Menschen auf den Pfad der Tugend bringen. Sie verweisen auf die furchtbaren Zustände in der Massentierhaltung, das Leiden der Tiere und was es sonst noch an schädlichen Wirkungen des Fleischkonsums gibt.

*Quelle: Netzwerk Ethik heute, 01.08.2016*

## Material 6

Der Appetit auf Fleisch wächst: Von 1980 bis 2008 erhöhte sich der Fleischverzehr pro Kopf weltweit um 40 Prozent. Der Konsum ist allerdings ungleich verteilt: Während ein Inder durchschnittlich unter zehn Kilogramm Fleisch pro Jahr zu sich nimmt, sind es bei einem Amerikaner über 120 Kilogramm. Bei den Deutschen stagniert der Konsum auf hohem Niveau, vor allem die Mittelschichten Chinas und Indiens holen auf. Laut Prognosen soll sich die Fleischproduktion bis 2050 weltweit nochmals verdoppeln, gemessen am Wert von 2006.

*Quelle: Netzwerk Ethik heute, 01.08.2016*

**2** Erschließt das Thema und legt es genau fest.

**3** Lest euch das Material ein weiteres Mal durch.
  a) Markiert dabei auf einer Kopie der Buchseiten oder der Vorlage im Portal alle Informationen, die ihr für die Debatte verwenden könnt.
  b) Notiert neben den Markierungen, an welcher Stelle der Debatte ihr die Materialien einsetzen könnt (z. B. Einleitungsgedanke , Pro-Argument, Kontra-Argument ...).

 **Portal**

*WES-122965-021*

✳ **4** Recherchiert im Internet nach weiterem Material, das ihr für eure Debatte nutzen könnt.

**AT → S. 298 f.**

*selbstständig Material recherchieren*

**5** Teilt die Klasse in Vierergruppen auf. Jede Vierergruppe legt fest, welche beiden Schülerinnen und Schüler in der Debatte die Pro- und welche die Kontra-Position vertreten.

**6** Formuliert mithilfe des Materials abhängig von eurer Position mindestens vier überzeugende Argumente und schreibt diese stichpunktartig auf.

**S. 308**

*Argument*

---

*1.2 Vorgegebene Informationen verwenden, diese Informationen unter Einsatz von Rhetorik mit eigenen gedanklichen Strukturen und außersprachlichen Mitteln verknüpfen, um in Debatten und Diskussionen die eigene Sichtweise zu verdeutlichen, andere davon zu überzeugen und sie zu aktivieren*

**Sprechen und Zuhören**

**Portal**

*WES-122965-022*

**7** Führt nun in der Klasse eine 20- bis 24-minütige Debatte bestehend aus Eröffnungs-
runde, freier Aussprache und Schlussrunde durch.
Diejenigen, die gerade nicht debattieren, teilen sich in vier Gruppen auf und bewerten
beim Anschauen der Debatte die Leistung der Redner/-innen.
– **Gruppe 1** bewertet die **Sachkenntnis**,
– **Gruppe 2** das **Ausdrucksvermögen**,
– **Gruppe 3** die **Gesprächsfähigkeit** und
– **Gruppe 4** die **Überzeugungskraft**.
Nehmt dafür eine Kopie des folgenden
Feedbackbogens oder die Vorlage aus
dem Portal zu Hilfe.

**Sachkenntnis: Weiß der Redner / die Rednerin, worum es geht?**
– Kennt er / sie sich mit dem Thema aus (Tatsachen, Probleme,
  bisherige Regelung)?                                                  ☹ 😐 ☺
– Sind alle Angaben richtig und auch aktuell?                          ☹ 😐 ☺
– Wird die Position durchgehend beibehalten (außer in der
  Schlussrunde, wo die Meinung geändert werden darf)?                 ☹ 😐 ☺

**Ausdrucksvermögen: Wie wurden die Redebeiträge sprachlich gestaltet?**
– Sind Gestik, Mimik und Stimme lebendig?                             ☹ 😐 ☺
– Ist die Aussprache deutlich?                                         ☹ 😐 ☺
– Ist der Vortrag flüssig?                                             ☹ 😐 ☺
– Ist der Satzbau verständlich?                                        ☹ 😐 ☺
– Wird eine angemessene Wortwahl verwendet?                           ☹ 😐 ☺

**Gesprächsfähigkeit: Hat er / sie zugehört und die anderen berücksichtigt?**
– Kann er / sie gut zuhören und andere ausreden lassen (keine
  unpassenden Unterbrechungen)?                                        ☹ 😐 ☺
– Wurde an die vorherigen Aussagen angeknüpft?                        ☹ 😐 ☺
– Lässt er / sie auch die anderen zu Wort kommen?                     ☹ 😐 ☺
– Greift er / sie gegnerische Schwachstellen an (konsequent, aber fair)? ☹ 😐 ☺
– Zeigt er / sie Bereitschaft, bei besseren Argumenten einzulenken?   ☹ 😐 ☺

**Überzeugungskraft: Wurde das Gesagte gut begründet?**
– Sind die Argumente nachvollziehbar und überzeugend?                ☹ 😐 ☺
– Wird die eigene Position begründet und nicht bloß eine Be-
  hauptung aufgestellt?                                                ☹ 😐 ☺
– Wird auf Wichtigkeit und Gewichtung der vorgetragenen Argu-
  mente geachtet?                                                      ☹ 😐 ☺
– Hat er / sie einen Blick für das Wesentliche und schweift nicht ab? ☹ 😐 ☺

**Tipp**

*Filmt eure
Debatte, wenn
möglich, sodass
ihr euer Feed-
back anhand des
Films besprechen
könnt.*

**8** Gebt den Teilnehmerinnen und Teilnehmern im Anschluss eine kurze Rückmeldung.

*1.1 Angemessen reagieren (z. B. durch Gegenargumente)   1.2 Beim Argumentieren und Appellieren gemeinsam
erarbeitete Kriterien einhalten   1.3 Kommunikative Strategien und Argumentationstechniken verwenden, andere
überzeugen und sie für die vorgetragene Position gewinnen*

Eine Debatte führen

# Überprüfe dein Wissen und Können

**1** Lies die folgenden Aussagen zum Aufbau der Debatte. Übernimm die richtigen und schreibe die falschen verbessert auf.

A) Eine Debatte besteht aus drei Teilen: Eröffnungsrunde, freie Aussprache und Schlussrunde.

B) Am längsten dauert die Eröffnungsrunde.

C) Die Reden von Pro 1, Kontra 1, Pro 2 und Kontra 2 sind in der Eröffnungsrunde und der Schlussrunde gleich aufgebaut.

D) Während der ganzen Debatte gibt es eine feste Reihenfolge der Redner/-innen: Zuerst spricht Pro 1, dann kommt Kontra 1 zu Wort, anschließend Pro 2 und am Ende Kontra 2.

E) In der Schlussrunde dürfen keine neuen Argumente mehr angeführt werden.

F) Die Rednerinnen und Redner können in der Schlussrunde ihre Meinung ändern, wenn die Gegenseite sie mit ihren Argumenten überzeugt hat.

**2** Beim Debattieren ist es sehr wichtig, dass man nicht nur überzeugende Argumente anführt, sondern auch auf das eingeht, was zuvor gesagt wurde.

a) Lies den Auszug aus der freien Aussprache zum Thema „Sollen die Sommerferien gekürzt werden?"

*Die Sommerferien sollen weiterhin sechs Wochen dauern. Wie sollen sich die Schülerinnen und Schüler denn sonst von dem vorhergehenden Schuljahr richtig erholen? Also ich brauche sechs Wochen Ferien und nicht drei oder vier, um mal richtig zu chillen.*

**Fiona**
*Kontra 2*

*Wenn man die Sommerferien kürzen würde, wäre vielen Jugendlichen nicht so langweilig. Denn zum Ende der Sommerferien wissen eigentlich viele Schülerinnen und Schüler gar nicht mehr, was sie noch unternehmen könnten. Alles, was sie sich für die Sommerferien vorgenommen haben, ist schon erledigt. Der Urlaub mit der Familie ist vorbei und sie haben schon viel mit ihren Freundinnen und Freunden unternommen. Viele freuen sich schon auf die Schule und würden lieber schon wieder in die Schule zu gehen, als gelangweilt zu Hause zu sitzen und nicht zu wissen, wie sie die restliche freie Zeit noch herumbringen könnten.*

**Levi**
*Pro 2*

*Außerdem vergisst man in den sechs Wochen Sommerferien viel Unterrichtsstoff aus dem letzten Schuljahr. Denn in den Ferien befassen sich die meisten Schülerinnen und Schüler nicht mit Unterrichtsstoff. Und wenn manche Themen nicht regelmäßig geübt werden, bleiben sie über eine so lange Zeit nicht im Gedächtnis. Kommen die Jugendlichen dann nach sechs Wochen Ferien zurück an die Schule, haben sie einen Teil des im Vorjahr Gelernten bereits wieder vergessen.*

**Johanna**
*Pro 1*

b) Fionas Argument ist nicht besonders gut gelungen. Verbessere es schriftlich.

c) Schreibe die Aussagen von Levi und Johanna so um, dass sie auf die vorhergehende Rede Bezug nehmen.

**Portal**

*WES-122965-023*

*1.3 Äußerungen anderer als Anknüpfungspunkte für eigene Statements und Gesprächsbeiträge aufnehmen, Argumentationstechniken erproben*

**Lesen –**
Umgang mit
**Texten**
und **Medien**

# Literarische Zeitreise – Romantik

Ferdinand ist auf der Suche nach einem Geburtstagsgeschenk für seine Freundin Sina. Da sie ihm immer vorwirft, dass er so unromantisch sei, versucht er nun, ihr das Gegenteil zu beweisen. Als er auf der Suche nach Inspiration den Begriff *Romantik* in die Suchleiste seines Browsers eingibt, werden folgende Ergebnisse angezeigt.

**1** Werft einen Blick auf die Bilder und Texte und erklärt, inwiefern die Abbildungen und Inhalte romantisch sind.

**Novalis**
Ich sehe dich in tausend Bildern,
Maria, lieblich ausgedrückt,
Doch keins von allen
kann dich schildern,
Wie meine Seele dich erblickt.

**Gutschein**
für ein Romantik-Wochenende in Paris

Es erwarten Sie zwei Nächte in der Honeymoon-Suite, ein exklusives Candlelight-Dinner und eine Fahrt in den Sonnenuntergang auf der Seine.

romantic love songs

Nilay Bott    Daniel Zelnik
**BLEIB NICHT WIE DU BIST**
Ab 01.11. im Kino!

Diese drei Worte, dieser magische Satz.
Den sag ich dir ganz oft, mein Schatz.
Denn ein jedes Mal, wenn ich dich so sehe, bin ich froh,
dass ich mich mit dir so gut verstehe.
Drum komm her, mein kleiner Teddybär, zusammen ist
das Leben viel schöner und gar nicht mehr schwer.

**2** Tauscht euch darüber aus, ob diese Suchergebnisse auch eurer Vorstellung von Romantik entsprechen.

**3** Sammelt eigene Beispiele für romantische Symbole, Aktionen oder Schauplätze.

**In diesem Kapitel lernst du, …**

- *Grundlagen der Romantik kennen.*
- *Motive und Bilder der Romantik zu erkennen.*
- *die Sprache der Romantik zu beschreiben.*
- *romantische Songlyrik zu erschließen.*
- *fantastische und irreale Elemente in der Romantik zu entdecken.*
- *Sehnsüchte in Romantik und Gegenwart zu vergleichen.*
- *ein romantisches Gedicht zu erstellen.*

Literarische Zeitreise – Romantik

# Grundlagen der Romantik kennenlernen

Bei seiner Recherche entdeckt Ferdinand nicht nur Novalis' Gedicht von der Auftaktseite, sondern auch, dass es in der deutschen Literatur ein ganzes Zeitalter der Romantik gab.

**1** Er entscheidet sich, dem Dichter Novalis einen Besuch abzustatten, um mehr über die Romantik zu erfahren, und reist dafür ins Jahr 1760.

a) Lest euch Ferdinands Frage und Novalis' Antworten durch.

*Novalis*
*(1722 – 1801),*
eigentlich Georg
Philipp Friedrich
von Hardenberg,
ist ein wichtiger
Vertreter der
Romantik.

> *Ich glaube, ich brauche ein bisschen Nachhilfe im Bereich „Romantik". Also, was ist euch Romantikern eigentlich wichtig?*

> *Wir möchten, dass es auf der Welt noch etwas Geheimnisvolles und Unerklärliches gibt. Der Mensch soll sich seine Träume und seine Fantasie bewahren. Hast du nicht auch als Kind gerne Märchen gelesen? Und willst du nicht auch Abenteuer erleben?*

> *Wir leben im 18. Jahrhundert in einer Zeit, die immer technischer und wissenschaftlicher wird. Jedes Rätsel und jeder Mythos werden hinterfragt und naturwissenschaftlich geklärt. Jeder strebt nach Gewinn und Fortschritt, alles muss einen Nutzen haben. Nicht einmal vor der wunderbaren, wilden Natur wird haltgemacht. Das gefällt uns Romantikern nicht.*

> *Ich weiß, das klingt etwas, als wären wir realitätsfremde Spinner. Wir akzeptieren technische Neuerungen, das Streben nach Reichtum und Fortschritt, aber man muss doch auch hinterfragen, ob das der Sinn des Lebens ist. Sollen wir immer vernünftig sein und alle als Spießer enden?*

b) Fasst mit eigenen Worten zusammen, was Romantikerinnen und Romantiker ablehnen und was sie schätzen.

✳ c) Ferdinand erinnert sich noch an die Interviews mit Vertreterinnen und Vertretern der Aufklärung, des Sturm und Drangs und der Klassik. Erläutere, welche der drei Epochen der Romantik nähersteht und welche nicht.

 S. 309
*Aufklärung*

S. 313
*Klassik*

S. 316
*Sturm und Drang*

**2** Vergleiche die von Novalis geschilderten Entwicklungen im 18. Jahrhundert mit der heutigen Situation und erläutere, inwiefern die Grundgedanken der Romantik immer noch aktuell erscheinen.

*2.2 Verschiedenartige Formen von Gesellschaftskritik in ausgewählten literarischen Werken des 19. Jahrhunderts literaturgeschichtlich richtig einordnen und Darstellung von Fantasien, Sehnsüchten, Träumen und Irrealem in Texten der literarischen Tradition beschreiben*

**3** In folgendem Gedicht von Novalis kommt die romantische Weltsicht besonders gut zum Ausdruck.

a) Lest es euch durch oder hört euch die Audiodatei an.

**Portal**
*WES-122965-024*

# Wenn nicht mehr Zahlen und Figuren

*Novalis*

> Manche Leute sind faul, halten sich aber für schlau, obwohl sie keine Ahnung von Naturwissenschaften haben.

Wenn nicht mehr Zahlen und Figuren
Sind Schlüssel aller Kreaturen
Wenn die, so singen oder küssen,
Mehr als die Tiefgelehrten wissen,

> Statt die Welt mathematisch und verstandesgemäß zu erfassen, sollte man sich auch auf seine Gefühle verlassen und Freude am Leben haben.

> Licht und Schatten gehören zusammen. Die Dunkelheit bietet Platz für Mystisches und eine tiefere Erkenntnis.

5 Wenn sich die Welt ins freie Leben
Und in die Welt wird zurückbegeben,
Wenn dann sich wieder Licht und Schatten
Zu echter Klarheit werden gatten,

> Man muss klar und strukturiert denken, dann haben Irrtümer und Aberglauben keine Chance.

*gatten*
sich vereinen

Und man in Märchen und Gedichten
10 Erkennt die wahren Weltgeschichten,
Dann fliegt vor Einem geheimen Wort
Das ganze verkehrte Wesen fort.

> In Märchen werden Stärken und Schwächen deutlich, die auch Menschen unserer Zeit ausmachen.

> Man muss aus historischen Ereignissen lernen, was man in Zukunft besser machen kann.

b) In den Aussagen neben dem Gedicht wird der Inhalt einzelner Doppelverse gedeutet. Wähle diejenige aus, die am ehesten der Romantik entspricht, und begründe deine Wahl. Novalis' Aussagen auf Seite 51 und der Merkkasten helfen dir.

☀ **Tipp**
*Verwende die Suchbegriffe* **blaue Blume** *+* **Romantik.**

 **4** Der Schriftsteller hält auf Seite 51 ein wichtiges Symbol der Romantik, eine blaue Blume, in der Hand. Recherchiere im Internet, was es damit auf sich hat.

---

## ① Die Romantik

Der Begriff *romantisch* bedeutet ursprünglich, dass etwas **sinnlich, wunderbar, abenteuerlich, erfunden** und **fantastisch** ist. So steht auch in der Epoche der Romantik, die man **Ende des 18. Jahrhunderts bis ins späte 19. Jahrhundert** einordnet und die neben **Literatur** auch die Bereiche **Musik** und **Malerei** umfasste, das **Traumhafte, Unterbewusste** und die **Hinwendung zur Natur** im Vordergrund. Dabei soll der Mensch die Grenzen des Verstandes überwinden **und zu sich selbst finden**. Dieses Zeitalter erscheint als eine Art Reaktion auf die technischen Neuerungen, das Streben nach Gewinn und die Spießigkeit mancher Menschen. Man flüchtete sich in die mystische Welt des **Mittelalters** und der **Märchen**.

*2.2 Verschiedenartige Formen von Gesellschaftskritik in ausgewählten literarischen Werken des 19. Jahrhunderts literaturgeschichtlich richtig einordnen und Darstellung von Fantasien, Sehnsüchten, Träumen und Irrealem in Texten der literarischen Tradition beschreiben*

Literarische Zeitreise – Romantik

# Motive und Bilder der Romantik erkennen

Nach seinem Gespräch mit Novalis nimmt Ferdinand sich dessen Gedicht von der Auftaktseite noch einmal genauer vor.

**1** Lest das Gedicht von Novalis.

## Ich sehe dich …

*Novalis*

Ich sehe dich in tausend Bildern,
Maria, lieblich ausgedrückt,
Doch keins von allen kann dich schildern,
Wie meine Seele dich erblickt.

5 Ich weiß nur, dass der Welt Getümmel
Seitdem mir wie ein Traum verweht,
Und ein unnennbar süßer Himmel
Mir ewig im Gemüte steht.

**2** Beschreibt die Grundstimmung in Novalis' Gedicht und erklärt, was er mit der zweiten Strophe ausdrückt.

**3** Ferdinand würde das Gedicht gerne für seine Freundin Sina umschreiben. Hilf ihm, indem du eine zeitgemäße Version des Gedichts formulierst. Das Ergebnis muss sich nicht reimen. Du kannst so beginnen: „Ich sehe dich auf tausend Fotos …".

## Erstarrung

*Wilhelm Müller*

Ich such' im Schnee vergebens
Nach ihrer Tritte Spur,
Hier, wo wir oft gewandelt
Selbander durch die Flur.

5 Ich will den Boden küssen,
Durchdringen Eis und Schnee
Mit meinen heißen Thränen,
Bis ich die Erde seh'.

Wo find' ich eine Blüthe,
10 Wo find' ich grünes Gras?
*Die Blumen sind erstorben,*
Der Rasen sieht so blaß.

Soll denn kein Angedenken
Ich nehmen mit von hier?
15 *Wenn meine Schmerzen schweigen,*
Wer sagt mir dann von ihr?

*Mein Herz ist wie erstorben,*
*Kalt starrt ihr Bild darin:*
*Schmilzt je das Herz mir wieder,*
20 *Fließt auch das Bild dahin.*

**Selbander**
*zu zweit*

**Flur**
hier: *Natur /*
*Landschaft*

**4** Lest nun das Gedicht „Erstarrung".

**5** In Müllers Gedicht spielt die Natur eine wichtige Rolle.
a) Überlege, zu welcher Jahreszeit die Handlung von „Erstarrung" stattfindet und warum der Dichter diese gewählt hat.

S. 315
*sprachliches Mittel*

b) Erkläre, inwiefern der Titel des Gedichts von Wilhelm Müller mehrdeutig ist.

c) Im Text sind einige Textstellen kursiv gedruckt. Schreibe die darin enthaltenen sprachlichen Mittel heraus und versuche, sie sinngemäß zu übersetzen. Lege dazu eine Tabelle nach folgendem Muster an:

| sprachliches Mittel | Textbeleg | Erklärung |
|---|---|---|
| Personifikation | „Die Blumen sind erstorben" | … |

d) Begründe, warum der Autor diese sprachlichen Mittel gewählt hat.

**6** Finde Gemeinsamkeiten und Unterschiede zwischen den beiden Gedichten. Gehe dabei auf das Grundthema, die Stimmung und die verwendeten Bilder ein. Der Merkkasten hilft dir dabei.

✳ **7** Im Folgenden siehst du weitere Beispiele für Gedichte aus der Zeit der Romantik. Lies sie dir durch und belege anhand von Textbeispielen, welche Motive der Romantik jeweils aufgegriffen wurden. Der Merkkasten hilft dir dabei.

## Die Nachtblume

*Joseph von Eichendorff*

Nacht ist wie ein stilles Meer,
Lust und Leid und Liebesklagen
Kommen so verworren her
In dem linden Wellenschlagen.

5 Wünsche wie die Wolken sind,
Schiffen durch die stillen Räume,
Wer erkennt im lauen Wind,
Ob's Gedanken oder Träume? –

Schließ ich nun auch Herz und Mund,
10 Die so gern den Sternen klagen;
Leise doch im Herzensgrund
Bleibt das linde Wellenschlagen.

## Septembermorgen

*Eduard Mörike*

Im Nebel ruhet noch die Welt.
Noch träumen Wald und Wiesen:
Bald siehst du, wenn der Schleier fällt,
Den blauen Himmel unverstellt,
5 Herbstkräftig die gedämpfte Welt
In warmem Golde fließen.

---

### ⓘ Motive der Romantik

Bevorzugt verwendete man in der Romantik Motive, die den Übergang zwischen zwei Zuständen zeigten, wie etwa die **Dämmerung**, das **Zwielicht**, den **Mondschein**, den **Wechsel der Jahreszeiten** oder den **sehnsuchtsvollen Blick** in die Ferne. Auch **Reisemotive**, das Suchen eines Abenteuers oder das Unbekannte, und vor allem **Naturerfahrungen** sowie das **Motiv der Liebe** finden sich häufig. Gefühle, Hoffnungen und Träume stehen im Fokus.

Literarische Zeitreise – Romantik

# Fantastische und irreale Elemente entdecken

Novalis hat Ferdinand erzählt, dass in der Zeit der Romantik auch einige fantastische und gruselige Erzählungen entstanden sind. Er empfiehlt dem Zeitreisenden eine Geschichte von Wilhelm Hauff mit folgendem Inhalt:

*Nach dem Tod seines Vaters heuert der 18-jährige Achmet mit seinem Diener Ibrahim auf einem Schiff Richtung Indien an. Nach 15 Tagen auf See zieht ein Sturm auf …*

**1** Lest, wie die Geschichte weitergeht.

# Die Geschichte von dem Gespensterschiff

*Wilhelm Hauff*

[…] Die Nacht war angebrochen, war hell und kalt, und der Kapitän glaubte schon, sich in den Anzeichen des Sturmes getäuscht zu haben. Auf einmal schwebte ein Schiff, das wir vorher nicht gesehen hatten, dicht an dem unsrigen vorbei. Wildes Jauchzen und Geschrei scholl aus dem Verdeck herüber, worüber ich mich in dieser angstvollen
5 Stunde vor einem Sturm nicht wenig wunderte. Aber der Kapitän an meiner Seite wurde blass wie der Tod. „Mein Schiff ist verloren", rief er, „dort segelt der Tod!" Ehe ich ihn noch über diesen sonderbaren Ausruf befragen konnte, stürzten schon heulend und schreiend die Matrosen herein. „Habt ihr ihn gesehen?", schrien sie. „Jetzt ist's mit uns vorbei!" – Der Kapitän aber ließ Trostsprüche aus dem Koran vorlesen und setz-
10 te sich selbst ans Steuerruder. Aber vergebens! Zusehends brauste der Sturm herauf, und ehe eine Stunde verging, krachte das Schiff und blieb sitzen. Die Boote wurden ausgesetzt, und kaum hatten sich die letzten Matrosen gerettet, so versank das Schiff vor unsern Augen, und als Bettler fuhr ich in die See hinaus. Aber der Jammer hatte noch kein Ende. Fürchterlich tobte der Sturm, das Boot war nicht mehr zu regieren. Ich
15 hatte meinen alten Diener fest umschlungen, und wir versprachen uns, nie voneinander zu weichen. Endlich brach der Tag an, aber mit dem ersten Blick der Morgenröte fasste der Wind das Boot, in dem wir saßen, und stürzte es um. Ich habe keinen der Schiffsleute mehr gesehen. Der Sturm hatte mich betäubt, und als ich aufwachte, befand ich mich in den Armen meines treuen Dieners, der sich auf das umgeschlagene
20 Boot gerettet und mich nachgezogen hatte. Der Sturm hatte sich gelegt. Von unserem Schiff war nichts mehr zu sehen, wohl aber entdeckten wir nicht weit von uns ein anderes Schiff, auf das die Wellen uns hintrieben. Als wir näher kamen, erkannte ich das Schiff als dasselbe, das in der Nacht an uns vorbeifuhr und das den Kapitän so sehr in Schrecken versetzt hatte. Ich empfand ein sonderbares Grauen vor diesem Schiff.

**Wilhelm Hauff
(1802 – 1827)**
*war ein deutscher Schriftsteller der Romantik. Bekannt wurde er vor allem durch seine Märchensammlungen.*

Lesen –
Umgang mit
**Texten**
und Medien

25 Die Äußerung des Kapitäns, die sich so furchtbar bestätigt hatte, das öde Aussehen des Schiffes, auf dem sich – so nah wir auch herankamen, so laut wir schrien – niemand zeigte, erschreckten mich. Doch es war unser einziges Rettungsmittel, darum priesen wir den Propheten, der uns so wunderbar erhalten hatte.

Am Vorderteil des Schiffes hing ein langes Tau herab. Mit Händen und Füßen ruder-
30 ten wir darauf zu, um es zu erfassen. Endlich glückte es. Noch einmal erhob ich meine Stimme, aber es blieb still auf dem Schiff. Da klommen wir an dem Tau hinauf, ich als der Jüngste voran. Aber Entsetzen! Welches Schauspiel stellte sich meinem Auge dar, als ich das Verdeck betrat! Der Boden war von Blut gerötet, zwanzig bis dreißig Leich-name in türkischen Kleidern lagen auf dem Boden, am mittleren Mastbaum stand ein
35 Mann, reich gekleidet, den Säbel in der Hand. Aber das Gesicht war blass und verzerrt, durch die Stirn ging ein großer Nagel, der ihn an den Mastbaum heftete, auch er war tot. Schrecken fesselte meine Schritte, ich wagte kaum zu atmen. Endlich war auch mein Begleiter heraufgekommen. Auch ihn überraschte der Anblick des Verdecks, das gar nichts Lebendiges, nur so viele schreckliche Tote zeigte. Wir wagten es endlich,
40 nachdem wir in unserer Seelenangst zum Propheten gefleht hatten, weiter voranzu-schreiten. Bei jedem Schritt sahen wir uns um, ob nicht etwas Neues, noch Schreckli-cheres sich darbiete. Aber es blieb alles, wie es war, weit und breit nichts Lebendiges als wir und das Weltmeer. Nicht einmal laut zu sprechen wagten wir, aus Furcht, der tote, am Mast aufgespießte Kapitän möchte seine starren Augen nach uns hindrehen oder
45 einer der Getöteten möchte seinen Kopf umwenden. Endlich waren wir bis an eine Treppe gekommen, die in den Schiffsraum führte. Unwillkürlich machten wir dort halt und sahen einander an, denn keiner wagte es recht, seine Gedanken zu äußern.

„O Herr", sprach mein treuer Diener, „hier ist etwas Schreckliches geschehen. Doch wenn auch das Schiff da unten voll Mörder steckt, so will ich mich ihnen doch
50 lieber auf Gnade und Ungnade ergeben, als längere Zeit unter diesen Toten zubrin-gen." Ich dachte wie er, wir fassten uns ein Herz und stiegen voll Erwartung hinunter. Totenstille war auch hier, und nur unsere Schritte hallten auf der Treppe. Wir stan-den an der Tür der Kajüte. Ich legte mein Ohr an die Tür und lauschte, es war nichts zu hören. Ich machte auf. Das Gemach bot einen unordentlichen Anblick, Kleider,
55 Waffen und anderes Gerät lag untereinander. Nichts war in Ordnung. Die Mann-schaft oder wenigstens der Kapitän mussten vor Kurzem gezecht haben, denn es lag noch alles umher. Wir gingen weiter von Raum zu Raum, von Gemach zu Gemach. Überall fanden wir herrliche Vorräte in Seide, Perlen, Zucker und anderem. Ich war vor Freude über diesen Anblick außer mir, denn da niemand auf dem Schiff war,
60 glaubte ich, mir alles aneignen zu dürfen. Ibrahim aber machte mich darauf auf-merksam, dass wir wahrscheinlich noch sehr weit vom Lande seien, wohin wir allein und ohne menschliche Hilfe nicht kommen könnten.

**2** Fasst zusammen, was mit dem Schiff, auf dem der 18-jährige Achmet und sein Diener Ibrahim angeheuert haben, passiert ist.

**3** Erklärt, inwiefern der Erzähler und sein Diener sich in einer misslichen Lage befinden, und sammelt Vorschläge, was sie nun tun könnten.

**4** Im Folgenden erfahrt ihr, wie es weitergeht.

a) Lest die Zusammenfassung und den anschließenden Textausschnitt.

*Achmet und sein Diener beschließen, vorerst auf dem Schiff zu bleiben, da es dort Vorräte gibt und sie sich auf dem großen Schiff im Meer sicherer fühlen. Allerdings wollen sie die Leichen über Bord werfen. Diese lassen sich aber nicht bewegen. In der Nacht kommt es dann zu unheimlichen Vorkommnissen. Während Achmet glaubt, nur zu träumen, dass sich Männer auf dem Schiff bewegen, sieht Ibrahim unter Deck die totgeglaubte Mannschaft, wie sie fröhlich feiert. Beiden graut es vor der Vorstellung, auf einem verzauberten Schiff mit Untoten zu sein. Mit Sprüchen aus dem Koran hofft Ibrahim in der Nacht, den Zauber zu brechen.*

Mehrere Minuten hatten wir so in gespannter Erwartung gesessen, da hörten wir etwas die Treppe der Kajüte heraufkommen. Als dies der Alte hörte, fing er an, seinen
65 Spruch, den ihn sein Großvater gegen Spuk und Zauberei gelehrt hatte, herzusagen:

"Kommt ihr herab aus der Luft,
Steigt ihr aus tiefem Meer,
Schlieft ihr in dunkler Gruft,
Stammt ihr vom Feuer her:
70 Allah ist euer Herr und Meister,
Ihm sind gehorsam alle Geister."

Ich muss gestehen, ich glaubte gar nicht recht an diesen Spruch, und mir stieg das Haar zu Berge, als die Tür aufflog. Herein trat jener große, stattliche Mann, den ich am Mastbaum angenagelt gesehen hatte. Der Nagel ging ihm auch jetzt mitten
75 durchs Hirn, das Schwert aber hatte er in die Scheide gesteckt. Hinter ihm trat noch ein anderer herein, weniger kostbar gekleidet. Auch ihn hatte ich oben liegen sehen. Der Kapitän – denn dies war unverkennbar – hatte ein bleiches Gesicht, einen großen, schwarzen Bart, wildrollende Augen, mit denen er sich im ganzen Gemach umsah. Ich konnte ihn ganz deutlich sehen, als er an unserer Tür vorüberging, er
80 aber schien gar nicht auf die Tür zu achten, die uns verbarg. Beide setzten sich an den Tisch, der in der Mitte der Kajüte stand, und sprachen laut und fast schreiend miteinander in einer unbekannten Sprache. Sie wurden immer lauter und eifriger, bis endlich der Kapitän mit geballter Faust auf den Tisch schlug, dass das Zimmer dröhnte. Mit wildem Gelächter sprang der andere auf und winkte dem Kapitän, ihm
85 zu folgen. Dieser stand auf, riss seinen Säbel aus der Scheide, und beide verließen das Gemach. Wir atmeten freier, als sie weg waren. Aber unsere Angst hatte noch lange kein Ende. Immer lauter und lauter wurde es an Deck. Man hörte eilends hin und her laufen und schreien, lachen und heulen. Endlich ging ein wahrhaft höllischer Lärm los, so dass wir glaubten, das Verdeck mit allen Segeln komme zu uns herab – Waf-
90 fengeklirr und Geschrei, auf einmal aber tiefe Stille. Als wir es nach vielen Stunden wagten, hinaufzugehen, trafen wir alles wie sonst. Nicht einer lag anders als früher. Alle waren steif wie Holz. So waren wir mehrere Tage auf dem Schiff.

b) Fasst zusammen, was die beiden Schiffbrüchigen an Bord beobachten.

Lesen –
Umgang mit
**Texten**
und Medien

**5** Lest die Zusammenfassung und den folgenden Textauszug.

*Sieben Tage später gehen Achmet und Ibrahim in einer indischen Stadt von Bord. Da der Junge das „Geisterschiff" mit seiner edlen Fracht aber nicht einfach aufgeben, sondern stattdessen von den Untoten befreien will, wendet er sich vor Ort an einen weisen Mann namens Muley. Dieser erklärt ihm, dass er die verzauberten Seeleute erlösen könne, wenn er sie an Land brächte. Dazu müsse er die Bretter unter den Leichen absägen und die Männer wie auf einer Bahre an Land tragen. Muley bietet dem Kaufmannssohn gegen eine kleine Belohnung seine Unterstützung an und stellt ihm einige Sklaven zur Verfügung.*

**Nachen**
kleines Boot

**Zante**
Zakynthos, eine
griechische Insel

**Derwisch**
Mitglied eines
islamischen
religiösen Ordens

**verweisen**
vorwerfen,
verbieten

Es war noch ziemlich früh am Tage, als wir beim Schiff ankamen. Wir machten uns alle sogleich ans Werk, und in einer Stunde schon lagen vier in dem Nachen. Einige
95 der Sklaven mussten sie ans Land rudern, um sie dort zu verscharren. Sie erzählten, als sie zurückkamen, die Toten hätten ihnen die Mühe des Begrabens erspart, indem sie, sowie man sie auf die Erde gelegt habe, zu Staub zerfallen seien. Wir fuhren fort, die Toten abzusägen, und bis zum Abend war endlich keiner mehr an Bord als der, welcher am Mast angenagelt war. Umsonst versuchten wir den Nagel aus dem Holz
100 zu ziehen, keine Gewalt vermochte ihn auch nur um Haaresbreite zu verrücken. Ich wusste nicht, was anzufangen war, man konnte doch nicht den Mastbaum abhauen, um ihn ans Land zu führen. Doch aus dieser Verlegenheit half Muley. Er ließ schnell einen Sklaven ans Land rudern, um einen Topf mit Erde zu bringen. Als dieser herbeigeholt war, sprach der Zauberer geheimnisvolle Worte darüber und schüttete die
105 Erde auf das Haupt des Toten. Sogleich schlug dieser die Augen auf, holte tief Atem, und die Wunde des Nagels in seiner Stirn fing an zu bluten. Wir zogen den Nagel jetzt leicht heraus, und der Verwundete fiel einem der Sklaven in die Arme. – „Wer hat mich hierher geführt?", sprach er, nachdem er sich ein wenig erholt zu haben schien. Muley zeigte auf mich, und ich trat zu ihm. „Dank dir, unbekannter Fremd-
110 ling, du hast mich von langen Qualen errettet! Seit fünfzig Jahren schifft mein Leib durch diese Wogen, und mein Geist war verdammt, jede Nacht in ihn zurückzukehren. Aber jetzt hat mein Haupt die Erde berührt, und ich kann versöhnt zu meinen Vätern gehen." – Ich bat ihn, uns doch zu sagen, wie er zu diesem schrecklichen Zustand gekommen sei, und er sprach: „Vor fünfzig Jahren war ich ein mächtiger, ange-
115 sehener Mann und wohnte in Algier. Die Sucht nach Gewinn trieb mich, ein Schiff auszurüsten und Seeraub zu treiben. Ich hatte dieses Geschäft schon einige Zeit fortgeführt, da nahm ich einmal auf Zante einen Derwisch an Bord, der umsonst reisen wollte. Ich und meine Gesellen waren rohe Leute und achteten nicht auf die Heiligkeit des Mannes, vielmehr trieb ich mein Gespött mit ihm. Als er mir einst in
120 heiligem Eifer meinen sündigen Lebenswandel verwiesen hatte, übermannte mich nachts in meiner Kajüte, als ich mit meinem Steuermann zu viel getrunken hatte, der Zorn. Wütend über das, was mir der Derwisch gesagt hatte und was ich mir von keinem Sultan hätte sagen lassen, stürzte ich aufs Deck und stieß ihm meinen Dolch in die Brust. Sterbend verwünschte er mich und meine Mannschaft, nicht sterben und
125 nicht leben zu können, bis wir unser Haupt auf die Erde legten. Der Derwisch starb

*2.2 Sinn und Struktur anspruchsvollerer literarischer Texte in Auszügen erschließen*

und wir verlachten seine Drohungen und warfen ihn in die See. Aber noch in derselben Nacht erfüllten sich seine Worte. Ein Teil meiner Mannschaft empörte sich
gegen mich. Mit fürchterlicher Wut wurde gestritten, bis meine Anhänger unterlagen und ich an den Mast genagelt wurde. Aber auch die Empörer unterlagen ihren
130 Wunden, und bald war mein Schiff nur ein großes Grab. Auch mir brachen die Augen, mein Atem hielt an und ich meinte zu sterben. Aber es war nur eine Erstarrung,
die mich gefesselt hielt. In der nächsten Nacht, zur gleichen Stunde, da wir den Derwisch in die See geworfen, erwachten ich und alle meine Genossen. Das Leben war
zurückgekehrt, aber wir konnten nichts tun und sprechen, als was wir in jener Nacht
135 getan und gesprochen hatten. So segeln wir seit fünfzig Jahren, können nicht leben,
nicht sterben, denn wie konnten wir das Land erreichen? Mit toller Freude segelten
wir allemal mit vollen Segeln in den Sturm, weil wir hofften, endlich an einer Klippe
zu zerschellen und das müde Haupt auf dem Grund des Meeres zur Ruhe zu legen.
Es ist uns nicht gelungen. Jetzt aber werde ich sterben. Noch einmal meinen Dank,
140 unbekannter Retter! Wenn Schätze dich belohnen können, so nimm mein Schiff als
Zeichen meiner Dankbarkeit!"

Der Kapitän ließ sein Haupt sinken, als er so gesprochen hatte, und verschied. Sogleich zerfiel auch er, wie seine Gefährten, zu Staub. Wir sammelten diesen in ein
Kästchen und begruben ihn an Land. Aus der Stadt nahm ich aber Arbeiter, die mir
145 mein Schiff in guten Zustand setzten. Nachdem ich die Waren, die ich an Bord hatte, gegen andere mit großem Gewinn eingetauscht hatte, mietete ich Matrosen, be-
schenkte meinen Freund Muley reichlich und schiffte mich nach meinem Vaterland
ein. Ich machte aber einen Umweg, indem ich an vielen Inseln und Ländern landete
und meine Waren zu Markt brachte. Der Prophet segnete mein Unternehmen. Nach
150 dreiviertel Jahren lief ich, noch einmal so reich, als mich der sterbende Kapitän gemacht hatte, in Balsora ein. Meine Mitbürger waren erstaunt über meine Reichtü-
mer und mein Glück und glaubten nicht anders, als dass ich das Diamantental des
berühmten Reisenden Sindbad gefunden hätte. Ich ließ sie bei ihrem Glauben. Von
nun an aber mussten die jungen Leute von Balsora, wenn sie kaum achtzehn Jahre alt
155 waren, in die Welt hinaus, um gleich mir ihr Glück zu machen. Ich aber lebte ruhig
und in Frieden, und alle fünf Jahre mache ich eine Reise nach Mekka, um dem Herrn
an heiliger Stätte für seinen Segen zu danken und für den Kapitän und seine Leute zu
bitten, dass er sie in sein Paradies aufnehme.

**Balsora**
*Stadt im
heutigen Irak*

**Diamantental**
*Der Seefahrer
Sindbad, eine
Figur aus den
Märchen aus
1001 Nacht, ent-
deckt auf einer
seiner Reisen ein
Tal voller Dia-
manten.*

**6** Überprüfe die folgenden Aussagen. Notiere die richtigen und schreibe die falschen
verbessert auf.
A) Die toten Seemänner zerfielen zu Staub, sobald man sie berührte.
B) Der Kapitän war ein Seeräuber aus Algerien.
C) Verflucht wurde er von einem Derwisch, den er erwürgt hatte.
D) Die Seemänner konnten keine Ruhe finden und sehnten sich nach dem Tod.
E) Achmet erhält das Piratenschiff als Geschenk.

*Ich finde die
Geschichte echt
gruselig und span-
nend, aber mit
Romantik hat das
ja wohl gar nichts
mehr zu tun.*

**7** Begründe anhand von Textstellen, ob du Ferdinands Meinung teilst. Zeige dabei
mithilfe des Merkkastens von Seite 54 auch romantische Elemente der Erzählung auf.

Literarische Zeitreise – Romantik

## Sehnsüchte in Romantik und Gegenwart vergleichen

Zurück in der Gegenwart sucht Ferdinand weitere romantische Horrorgeschichten. Statt einer Gruselerzählung entdeckt er allerdings einen Roman mit vielversprechendem Titel.

**1**    Lest den Anfang des Romans.

# Aus dem Leben eines Taugenichts

*Joseph von Eichendorff*

**Adjes**
*Adieu, Ade*

Das Rad an meines Vaters Mühle brauste und rauschte schon wieder recht lustig, der Schnee tröpfelte emsig vom Dache, die Sperlinge zwitscherten und tummelten sich dazwischen; ich saß auf der Türschwelle und wischte mir den Schlaf aus den Augen; mir war so recht wohl in dem warmen Sonnenscheine. Da trat der Vater aus dem Hau-

5   se; er hatte schon seit Tagesanbruch in der Mühle rumort und die Schlafmütze schief auf dem Kopfe, der sagte zu mir: „Du Taugenichts! Da sonnst du dich schon wieder und dehnst und reckst dir die Knochen müde und lässt mich alle Arbeit allein tun. Ich kann dich hier nicht länger füttern. Der Frühling ist vor der Tür, geh auch einmal hinaus in die Welt und erwirb dir selber dein Brot." – „Nun", sagte ich, „wenn ich ein Taugenichts

10   bin, so ists gut, so will ich in die Welt gehen und mein Glück machen." Und eigentlich war mir das recht lieb, denn es war mir kurz vorher selber eingefallen, auf Reisen zu gehen, da ich die Goldammer, welche im Herbst und Winter immer betrübt an unserm Fenster sang: „Bauer, miet mich, Bauer, miet mich!" nun in der schönen Frühlingszeit wieder ganz stolz und lustig vom Baume rufen hörte: „Bauer, behalt deinen Dienst!"

15   Ich ging also in das Haus hinein und holte meine Geige, die ich recht artig spielte, von der Wand, mein Vater gab mir noch einige Groschen Geld mit auf den Weg, und so schlenderte ich durch das lange Dorf hinaus. Ich hatte recht meine heimliche Freude, als ich da alle meine alten Bekannten und Kameraden rechts und links, wie gestern und vorgestern und immerdar, zur Arbeit hinausziehen, graben und pflügen sah, während

20   ich so in die freie Welt hinausstrich. Ich rief den armen Leuten nach allen Seiten stolz und zufrieden Adjes zu, aber es kümmerte sich eben keiner sehr darum. Mir war es wie ein ewiger Sonntag im Gemüte. Und als ich endlich ins freie Feld hinauskam, da nahm ich meine liebe Geige vor und spielte und sang, auf der Landstraße fortgehend:

     Wem Gott will rechte Gunst erweisen,

25      Den schickt er in die weite Welt,
     Dem will er seine Wunder weisen
     In Berg und Wald und Strom und Feld.
     Die Trägen, die zu Hause liegen,
     Erquicket nicht das Morgenrot,

30      Sie wissen nur vom Kinderwiegen,
     Von Sorgen, Last und Not um Brot.

*2.2 Die Darstellung von Fantasien, Sehnsüchten, Träumen und Irrealem in Texten der literarischen Tradition beschreiben*

**2** Beschreibe zunächst, welche Grundstimmung zu Beginn des Romans herrscht. Berücksichtige dabei auch, wie die Natur beschrieben wird.

**3** Begründe anhand des Textes, warum der Müller seinen Sohn hinauswirft.

**4** Eichendorff hat bewusst eine bestimmte Jahreszeit, in der seine Geschichte spielt, gewählt. Nenne sie und erkläre, inwiefern sie zu der Ausgangssituation des „Taugenichts" passt.

**5** Beschreibe, wie sich der Müllerssohn verhält, nachdem ihn sein Vater vor die Tür gesetzt hat, und wonach er sich sehnt.

**W 6** Wähle im Folgenden zwischen a) und b).
a) Modernisiere Eichendorffs Text, indem du die verwendete Sprache und die Ausgangssituation an die heutige Zeit anpasst.
b) Lass den „Taugenichts" nach zehn Jahren als reichen Mann zurückkehren und seinem Vater von seinen Reisen berichten. Denke dir dabei eine interessante Geschichte aus, wie der Müllerssohn zu seinem Reichtum gekommen ist, und formuliere sie im Stil der Romanvorlage aus.

**S. 314**
*Paralleltext*

**7** Finde mithilfe des Merkkastens auf Seite 54 typische Motive der Romantik in dieser Geschichte.

**8** Das schwierige Vater-Sohn-Verhältnis im Text über den „Taugenichts" erinnert Ferdinand an einen Song von Clueso. Lest dazu den Songtext oder hört euch das Lied im Internet an.

🔆 **Tipp**

*Verwende die Suchbegriffe „Clueso" + „Pack meine Sachen".*

## Pack meine Sachen

*Clueso*

Auf dem Hügel steht ein Grab
Keine Ahnung wer hier starb
Manchmal
Hängen wir hier oben ab und toben rum
5 Ein Blick über die Stadt
Hunde bellen in der Nachbarschaft
Klare warme Nacht
Ein Vogel singt ein Vogel summt

Mein Bett war schon gemacht
10 Jetzt bin ich munter und hellwach
Ich hatt's mir vorher schon gedacht
Geahnt doch ich blieb stumm

*Clueso (* 1980)* heißt mit bürgerlichem Namen Thomas Hübner. Er ist Sänger, Rapper, Songwriter, Produzent und Autor.

Ich bin geflohen vor all dem Krach
In meinem Haus unter meinem Dach
15  Klare warme Nacht
Ein Vogel singt ein Vogel summt

Ich hab da ne Idee
Ihr werdet ausflippen
Pack meine Sachen und geh meinen Weg
20  Und komm nie wieder
Kein Bock mehr auf Krawall
Ich zieh los sing meine Lieder
Liebe gibt es überall

Platzt die Geduld kommt man in Fahrt
25  Der Faden reißt Feuer entfacht
Keiner gibt auf den Segen acht
Erst hängt er schief dann kippt er um
Ein Haus in dem niemand mehr lacht
Gratulier ihr habt es geschafft
30  Lauf durch die Scherben in die Nacht
Ein Vogel singt ein Vogel summt

Ich hab da ne Idee
Ihr werdet ausflippen
Pack meine Sachen und geh meinen Weg
35  Ich hab da ne Idee
Ihr werdet ausflippen
Pack meine Sachen und geh meinen Weg
Und komm nie wieder
Kein Bock mehr auf Krawall
40  Ich zieh los sing meine Lieder
Liebe gibt es überall

*Melodie und Text: Thomas Hübner*

**9** Das lyrische Ich im Songtext beschließt, seine Sachen zu packen und von zu Hause auszureißen.

a) Stelle Vermutungen an, was der Grund hierfür sein könnte.

b) Vergleiche das lyrische Ich in Cluesos Lied mit dem Müllerssohn in Eichendorffs Roman und finde Gemeinsamkeiten.

*2.2 Die Darstellung von Fantasien, Sehnsüchten, Träumen und Irrealem in Texten der literarischen Tradition sowie der Gegenwart beschreiben*

**10** Im Songtext heißt es *„Ein Haus in dem niemand mehr lacht / Gratulier ihr habt es geschafft"* (V. 28 f.).

a) Erkläre, was damit gemeint ist und wen das lyrische Ich hier anspricht.

b) Notiere anschließend, was man über die Familie des lyrischen Ichs erfährt, oder markiere entsprechende Textstellen auf der Vorlage im Portal.

c) Baut ein Standbild, aus dem hervorgeht, wie das lyrische Ich vermutlich zu seiner Familie steht. Verdeutlicht dies auch durch Gestik und Mimik.

**Portal**

*WES-122965-025*

**S. 315**

*Standbild*

**11** Im Songtext spielt Clueso mit den Redensarten „Der Geduldsfaden reißt" und „Der Haussegen hängt schief".

a) Erläutert, was mit diesen Formulierungen gemeint ist.

b) Werft einen Blick auf die Zeilen 24 – 27 und erläutert, wie Clueso diese Redensarten noch ergänzt hat und inwiefern dies die Situation im Elternhaus des lyrischen Ichs treffend beschreibt.

**12** Clueso schildert in seinem Song die verschiedenen Gefühle des Jungen.

a) Ordne diese den einzelnen Strophen zu. Manche Gefühle lassen sich mehrfach zuordnen.

*Angst – Hoffnung – Verzweiflung – Wut – Enttäuschung – Freiheit –*
*Glück – Einsamkeit – Scham – Geborgenheit – Zufriedenheit*

b) Im Songtext heißt es: „Ich bin geflohn vor all dem Krach / in meinem Haus unter meinem Dach". Stelle Vermutungen an, was das lyrische Ich hier mit „meinem Haus" meint oder wo der Ort ist, an dem es sich wohlfühlt.

c) Manche Jugendliche hegen wie das lyrische Ich insgeheim den Wunsch, von zu Hause auszureißen. Tauscht euch darüber aus, was diese dann meistens doch davon abhält, ihren Plan in die Tat umzusetzen.

**13** Im Lied „Pack meine Sachen" geht es auch um Träume und Sehnsüchte, die in der Romantik eine wichtige Rolle spielen.

a) Beschreibe mit eigenen Worten, was du unter dem Begriff „Sehnsucht" verstehst.

b) Erkläre, wonach sich das lyrische Ich am meisten sehnt.

c) Finde in Cluesos Songtext weitere Motive und Begriffe, die typisch für die Romantik sind.

**w 14** Wähle im Folgenden zwischen a) und b).

a) Schreibe einen Abschiedsbrief aus der Sicht des lyrischen Ichs und erkläre darin, warum du dein Zuhause verlassen hast.

b) Formuliere einen inneren Monolog aus der Sicht der Mutter, als diese eines Morgens entdeckt, dass ihr Kind seine Sachen gepackt hat und ausgerissen ist.

Literarische Zeitreise – Romantik

## Ⓒ Ein romantisches Gedicht verfassen

**1** Im Anschluss findest du vier Bilder, deren Bildinhalt dich zu einem romantischen Gedicht inspirieren kann. Wähle eines aus und mache dir zunächst Notizen:
   – Nenne die Grundstimmung, die auf dem Bild herrscht (z. B. *fröhlich, bedrohlich …*).
   – Beschreibe, welche Farben dominieren (z. B. *warme, kühle, leuchtende, blasse …*).
   – Schreibe auf, was konkret zu sehen ist, und verwende dabei anschauliche Adjektive (z. B. *leuchtend rote Laubblätter*).
   – Notiere, was das lyrische Ich zusätzlich hören und spüren könnte.
   – Ergänze Verben, die zu den Bildelementen passen (z. B. *salzige Tränen kullern*). Du kannst dabei auch Personifikationen formulieren.
   – Veranschauliche einzelne Begriffe zusätzlich durch Vergleiche (z. B. *Die dunkelgrauen Bäume stehen da wie Wächter*).

**2** Überlege dir, wie du deine Notizen anordnen könntest. Hier gibt es verschiedene Möglichkeiten, z. B.:
   **1. Strophe:** Was sehe / höre ich als lyrisches Ich?
   **2. Strophe:** Was fühle ich in dem Moment?
   **3. Strophe:** Was wünsche ich mir als lyrisches Ich? Was tue ich?

📄 S. 315
*Reimschema*

*Poetry Slam*
*Wettbewerb, bei dem die Teilnehmer/-innen ihre eigenen Texte vortragen*

**3** Formuliere ein Gedicht aus drei Strophen mit je vier Zeilen. Das Ergebnis muss sich nicht reimen, kann aber einem gängigen Reimschema folgen (aabb, abba, abab).

**4** Tragt eure Gedichte in einem passenden Rahmen vor, z. B. bei einem klassen-internen Poetry Slam.

*2.2 Die Darstellung von Fantasien, Sehnsüchten, Träumen und Irrealem in Texten der literarischen Tradition sowie der Gegenwart beschreiben, typische Motive erkennen und zur Vertiefung des Textverständnisses und zur Erlangung von Erkenntnissen für die eigene Persönlichkeitsentwicklung selbstständig produktive Methoden anwenden*

Literarische Zeitreise – Romantik

# Überprüfe dein Wissen und Können

**1** Entscheide, welche der folgenden Aussagen von einer Vertreterin oder einem Vertreter der Romantik stammen könnte, und begründe deine Wahl.

> *Der Mensch sollte viel für die Natur tun und sie sinnvoll gestalten.*

> *Nur in meinen Träumen bin ich frei.*

> *Man sollte sich an Regeln halten. Es geht nicht, dass jeder tut und lässt, was er will.*

**2** Beim nachfolgenden romantischen Gedicht sind die Strophen durcheinandergeraten.

a) Lies dir die einzelnen Strophen A – F durch und bringe sie in eine sinnvolle Reihenfolge. Notiere dazu die Anfangsbuchstaben: *F …*

## Lebe wohl

*Adelbert von Chamisso*

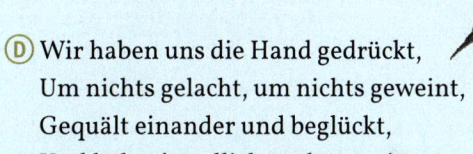

**A** Dann kam der Herbst, der Winter gar,
Die Schwalbe zog, nach altem Brauch,
Und: lieben? – lieben immerdar?
Es wurde kalt, es fror uns auch.

**B** Der erste Gruß, den ich dir bot,
Macht' uns auf einmal beide reich;
Du wurdest, als ich kam, so rot,
du wurdest, als ich ging, so bleich.

**C** Ich werde geh'n ins fremde Land,
Du sagst mir höflich: Lebe wohl.
Ich küsse höflich dir die Hand,
Und nun ist alles wie es soll.

**D** Wir haben uns die Hand gedrückt,
Um nichts gelacht, um nichts geweint,
Gequält einander und beglückt,
Und haben's redlich auch gemeint.

*redlich*
ehrlich

**E** Nun kam ich auch Tag aus, Tag ein,
Es ging uns beiden durch den Sinn;
Bei Regen und bei Sonnenschein
Schwand bald der Sommer uns dahin.

**F** Wer sollte fragen: wie's geschah?
Es geht auch andern eben so.
Ich freute mich, als ich dich sah,
Du warst, als du mich sahst, auch froh.

b) Im Gedicht wird die Entwicklung einer Liebesbeziehung beschrieben. Fasse die einzelnen Stationen mit eigenen Worten zusammen.

c) Benenne außer der Liebe ein weiteres Motiv der Romantik, das im Gedicht vorkommt, und begründe, inwiefern es zu der beschriebenen Entwicklung passt.

d) Stelle Vermutungen an, was der Dichter mit dem letzten Satz, „*Und nun ist alles wie es soll*", meint.

 **Portal**

*WES-122965-026*

*2.2 Die Darstellung von Fantasien, Sehnsüchten, Träumen und Irrealem in Texten der literarischen Tradition sowie der Gegenwart beschreiben, wesentliche Elemente von Texten erfassen und typische Motive erkennen*

**Lesen –
Umgang mit
Texten
und Medien**

# Literarische Zeitreise – Realismus

**1** Im Unterricht behandelt Ferdinands Klasse in den kommenden Stunden die Epoche des Poetischen Realismus. Dazu kann die Klasse entscheiden, welches Buch sie aus dieser Zeit lesen möchte.

a) Seht euch zunächst die folgenden Buchcover genau an.

b) Vermutet anhand der Coverbilder und der Titel, …
- ob es sich um eher ernste, lustige, spannende, traurige usw. Themen handelt.
- worum sich die Geschichten drehen könnten (z. B. Liebe, Familie, Tod …).

**2** Begründet nun, für welches Buch ihr euch entscheiden würdet. Geht dabei auf die Coverbilder, die Buchtitel und eure Vermutungen aus Aufgabe 1b) ein.

✳ **3** Recherchiert im Internet, ob ihr mit euren Vermutungen in Aufgabe 1b) richtiggelegen habt. Tauscht euch dann darüber aus, ob ihr eure Buchwahl noch einmal ändern würdet.

**In diesem Kapitel lernst du, …**
- *die Textsorte Novelle kennen.*
- *Merkmale der Literatur dieser Epoche zu erkennen und zu verstehen.*
- *gesellschaftliche Hintergründe der Epoche des Realismus kennen.*
- *wie sich die Autoren kritisch mit ihrer Zeit auseinandergesetzt haben.*

Literarische Zeitreise – Realismus

# Den Beginn einer Novelle lesen und verstehen

Ferdinands Klasse entscheidet sich letztendlich dafür, das Buch „Kleider machen Leute" von Gottfried Keller zu lesen, in dem es um den Schneidergesellen Wenzel Strapinksi geht.

**1** Lest zunächst den Anfang der Geschichte, in dem der Schneider vorgestellt wird.

An einem unfreundlichen Novembertage wanderte ein armes Schneiderlein auf der Landstraße nach Goldach, einer kleinen reichen Stadt, die nur wenige Stunden von Seldwyla entfernt ist. Der Schneider trug in seiner Tasche nichts als einen Finger-hut, welchen er, in Ermangelung irgendeiner Münze, unablässig zwischen den Fin-
5 gern drehte, wenn er der Kälte wegen die Hände in die Hosen steckte, und die Finger schmerzten ihm ordentlich von diesem Drehen und Reiben. Denn er hatte wegen des Fallimentes irgendeines Seldwyler Schneidermeisters seinen Arbeitslohn mit der Arbeit zugleich verlieren und auswandern müssen. Er hatte noch nichts gefrühstückt als einige Schneeflocken, die ihm in den Mund geflogen, und er sah noch weniger ab,
10 wo das geringste Mittagbrot herwachsen sollte. Das Fechten fiel ihm äußerst schwer, ja schien ihm gänzlich unmöglich, weil er über seinem schwarzen Sonntagskleide, welches sein einziges war, einen weiten dunkelgrauen Radmantel trug, mit schwar-zem Sammet ausgeschlagen, der seinem Träger ein edles und romantisches Ausse-hen verlieh, zumal dessen lange schwarze Haare und Schnurrbärtchen sorgfältig
15 gepflegt waren und er sich blasser, aber regelmäßiger Gesichtszüge erfreute.

Solcher Habitus war ihm zum Bedürfnis geworden, ohne dass er etwas Schlimmes oder Betrügerisches dabei im Schilde führte; vielmehr war er zufrieden, wenn man ihn nur gewähren und im Stillen seine Arbeit verrichten ließ; aber lieber wäre er ver-hungert, als dass er sich von seinem Radmantel und von seiner polnischen Pelzmüt-
20 ze getrennt hätte, die er ebenfalls mit großem Anstand zu tragen wusste.

*Gottfried Keller (1819 – 1890)*

*Falliment* Bankrott

*fechten* betteln

*Sammet* Samt

*Habitus* Erscheinungs-bild, Auftreten

a) Unterstreiche in der Vorlage aus dem Portal oder auf einer Kopie der Buchseite alle Stellen, in denen man etwas über Aussehen und Charakter des Schneidergesellen Wenzel Strapinski erfährt.
b) Verfasse anschließend einen Steckbrief zu dem Schneidergesellen. Gehe dabei sowohl auf sein Äußeres, als auch auf seine Charakterzüge ein.

 **Portal**

WES-122965-027

 S. 311
Figur
↳ einen Steck-brief zu einer Figur erstellen

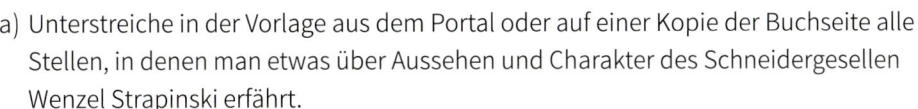

**2** Im weiteren Verlauf des Textes wird Wenzel Strapinski von einem Kutscher mitgenommen, der ihn zu einem Wirtshaus im Ort Goldach fährt.
a) Lest, wie es dem Schneidergesellen dort ergeht.

*2.2 Sinn und Struktur anspruchsvollerer literarischer Texte in Auszügen erschließen und zur Vertiefung des Text-verständnisses selbstständig produktive Methoden anwenden*

Vor dem ersten Gasthofe, ‚Zur Waage' genannt, hielt das vornehme Fuhrwerk plötzlich, und also gleich zog der Hausknecht so heftig an der Glocke, dass der Draht beinahe entzweiging. Da stürzten Wirt und Leute herunter und rissen den Schlag auf;

25 Kinder und Nachbarn umringten schon den prächtigen Wagen, neugierig, welch ein Kern sich aus so unerhörter Schale enthüllen werde; und als der verdutzte Schneider endlich hervorsprang in seinem Mantel, blass und schön und schwermütig zur Erde blickend, schien er ihnen wenigstens ein geheimnisvoller Prinz oder Grafensohn zu sein. Der Raum zwischen dem Reisewagen und der Pforte des Gasthauses war

30 schmal und im Übrigen der Weg durch die Zuschauer ziemlich gesperrt. Mochte es nun der Mangel an Geistesgegenwart oder an Mut sein, den Haufen zu durchbrechen und einfach seines Weges zu gehen – er tat dieses nicht, sondern ließ sich willenlos in das Haus und die Treppe hinangeleiten und bemerkte seine neue seltsame Lage erst recht, als er sich in einen wohnlichen Speisesaal versetzt sah und ihm sein ehrwür-

35 diger Mantel dienstfertig abgenommen wurde.

„Der Herr wünscht zu speisen?", hieß es. „Gleich wird serviert werden, es ist eben gekocht!"

Ohne eine Antwort abzuwarten, lief der Waagwirt in die Küche und rief: „In's drei Teufels Namen! Nun haben wir nichts als Rindfleisch und die Hammelkeule! Die

40 Rebhuhnpastete darf ich nicht anschneiden, da sie für die Abendherren bestimmt und versprochen ist. So geht es! Den einzigen Tag, wo wir keinen Gast erwarten und nichts da ist, muss ein solcher Herr kommen! Und der Kutscher hat ein Wappen auf den Knöpfen, und der Wagen ist wie der eines Herzogs! Und der junge Mann mag kaum den Mund öffnen vor Vornehmheit!" […]

b) Erkläre anhand des obigen Textauszugs, was passiert, als Wenzel in Goldach eintrifft.

c) Lest, wie es weitergeht, oder hört euch die Audiodatei an.

45 Dort (im Saal) wurde er ohne ferneres Verweilen an den Tisch gebeten, der Stuhl zurechtgerückt, und da der Duft der kräftigen Suppe, dergleichen er lange nicht gerochen, ihn vollends seines Willens beraubte, so ließ er sich in Gottes Namen nieder und tauchte sofort den schweren Löffel in die braungoldene Brühe. In tiefem Schweigen erfrischte er seine matten Lebensgeister und wurde mit achtungsvoller

50 Stille und Ruhe bedient.

Als er den Teller geleert hatte und der Wirt sah, dass es ihm so wohl schmeckte, munterte er ihn höflich auf, noch einen Löffel voll zu nehmen, das sei gut bei dem rauhen Wetter.

Nun wurde die Forelle aufgetragen, mit Grünem bekränzt, und der Wirt legte ein

55 schönes Stück vor. Doch der Schneider, von Sorgen gequält, wagte in seiner Blödigkeit nicht, das blanke Messer zu brauchen, sondern hantierte schüchtern und zimperlich mit der silbernen Gabel daran herum. Das bemerkte die Köchin, welche zur Türe hereinguckte, den großen Herrn zu sehen, und sie sagte zu den Umstehenden: „Gelobt sei Jesus Christ! Der weiß noch einen feinen Fisch zu essen, wie es sich ge-

60 hört, der sägt nicht mit dem Messer in dem zarten Wesen herum, wie wenn er ein Kalb schlachten wollte. Das ist ein Herr von großem Hause, darauf wollt' ich schwö-

ren, wenn es nicht verboten wäre! Und wie schön und traurig er ist! Gewiss ist er in ein armes Fräulein verliebt, das man ihm nicht lassen will! Ja, ja, die vornehmen Leute haben auch ihre Leiden!"

65 Inzwischen sah der Wirt, dass der Gast nicht trank, und sagte ehrerbietig: „Der Herr mögen den Tischwein nicht; befehlen Sie vielleicht ein Glas guten Bordeaux, den ich bestens empfehlen kann?"

Da beging der Schneider den zweiten selbsttätigen Fehler, indem er aus Gehorsam ja statt nein sagte, und alsobald verfügte sich der Waagwirt persönlich in den Keller, 70 um eine ausgesuchte Flasche zu holen; denn es lag ihm alles daran, dass man sagen könne, es sei etwas Rechtes im Ort zu haben. Als der Gast von dem eingeschenkten Weine wiederum aus bösem Gewissen ganz kleine Schlücklein nahm, lief der Wirt voll Freuden in die Küche, schnalzte mit der Zunge und rief: „Hol' mich der Teufel, der versteht's, der schlürft meinen guten Wein auf die Zunge, wie man einen Duka- 75 ten auf die Goldwaage legt!"

„Gelobt sei Jesus Christ!" sagte die Köchin. „Ich hab's ja behauptet, dass er's versteht!" […] Abermals lief der Wirt in die Küche und rief: „Köchin! Er isst die Pastete auf, während er den Braten kaum berührt hat! Und den Bordeaux trinkt er in halben Gläsern!"

„Wohl bekomm' es ihm", sagte die Köchin, „lassen Sie ihn nur machen, der weiß, was 80 Rebhühner sind! Wär' er ein gemeiner Kerl, so hätte er sich an den Braten gehalten!"

„Ich sag's auch", meinte der Wirt, „es sieht sich zwar nicht ganz elegant an, aber so hab' ich, als ich zu meiner Ausbildung reiste, nur Generäle und Kapitelsherren essen sehen!"

**3** In dem Textauszug werden an einigen Stellen Strapinskis Unentschlossenheit und seine nichtadelige Herkunft deutlich.
  a) Unterstreiche diese Stellen auf einer Kopie oder der Vorlage aus dem Portal.
  b) Gib in eigenen Worten wieder, wie der Wirt und die Köchin Strapinskis unangemessenes Verhalten interpretieren.

**Portal**
*WES-122965-028*

**4** Der Spruch „Kleider machen Leute" hat heute zwei Bedeutungen.
  a) Tauscht euch zunächst darüber aus, welche beiden Bedeutungen dies sein könnten. Überprüft anschließend eure Vermutungen mittels einer Internetrecherche.
  b) Begründet anhand der vorangehenden Textauszüge, wieso der Titel des Buches passend ist.

→ **S. 18**
*ein Vorstellungs-gespräch führen*

✳ c) Diskutiert, inwiefern der Spruch auch heute noch zutreffend ist. Bezieht auch die Fotos aus dem Kapitel „Mit anderen kommunizieren" in eure Überlegungen ein.

S. 316
*szenisches Spiel*

**5** Der Ausschnitt aus der Novelle eignet sich gut, um ihn nachzuspielen. Setzt die Text-stelle in Vierergruppen in einem szenischen Spiel um. Geht dabei folgendermaßen vor:
  • Verteilt zunächst die Rollen und überlegt, welche Requisiten ihr benötigt.
  • Schreibt eine Art Drehbuch, in dem deutlich wird, wer wann spricht.
  • Macht euch Gedanken über Sprechweise, Mimik und Gestik der Figuren.
  • Achtet darauf, die Gefühle der Figuren deutlich darzustellen.
  • Spielt die Szene vor und gebt euch anschließend gegenseitig Rückmeldung.

→ **S. 149 f.**
*ein Drehbuch analysieren und erstellen*

*1.4 Geeignete Thematiken gestalterisch umsetzen und die szenische Darstellung reflektieren*
*2.2 Unterschiedliche Werthaltungen und Lebenseinstellungen reflektierend mit den eigenen vergleichen und zur Vertiefung des Textverständnisses selbstständig produktive Methoden anwenden*

Literarische Zeitreise – Realismus

# Merkmale der Textsorte Novelle kennenlernen

**1** Im folgenden Textausschnitt erfährst du, wie es mit Wenzel Strapinski weitergeht.
a) Lest euch zuerst die Zusammenfassung durch und im Anschluss daran einen weiteren Textauszug aus der Novelle.

*Im weiteren Verlauf der Geschichte wird Wenzel Strapinski in die gehobene Goldacher Gesellschaft eingeführt, welche auch keinen Zweifel daran hat, dass es sich bei ihm um einen polnischen Grafen handelt, auch weil der Kutschfahrer dies nicht abstreitet, um sich einen Spaß zu erlauben. Strapinski, durch Lotterielose zu etwas Geld gekommen, überlegt des Öfteren, zu fliehen und aus der Ferne seine Schulden bei den Goldachern zu begleichen, aber er verliebt sich in Nettchen, die Tochter des Amtsrates.*

An demselben Tage nun begab sich Strapinski auf einen stattlichen Ball, zu dem er geladen war. In tiefes, einfaches Schwarz gekleidet erschien er und verkündete sogleich den ihn Begrüßenden, dass er genötigt sei, zu verreisen.

In zehn Minuten war die Nachricht der ganzen Versammlung bekannt, und Nett-
5  chen, deren Anblick Strapinski suchte, schien, wie erstarrt, seinen Blicken auszuweichen, bald rot, bald blass werdend. Dann tanzte sie mehrmals hintereinander mit jungen Herren, setzte sich zerstreut und schnell atmend und schlug eine Einladung des Polen, der endlich herangetreten war, mit einer kurzen Verbeugung aus, ohne ihn anzusehen.

10  […] Es wurde ihm nun klar, dass er eigentlich nur dieses Wesens halber so lange dageblieben sei, dass die unbestimmte Hoffnung, doch wieder in ihre Nähe zu kommen, ihn unbewusst belebte, dass aber der ganze Handel eben eine Unmöglichkeit darstelle von der verzweifeltsten Art.

Wie er so dahinschritt, hörte er rasche Tritte hinter sich, leichte, doch unruhig be-
15  wegte. Nettchen ging an ihm vorüber und schien, nach einigen ausgerufenen Worten zu urteilen, nach ihrem Wagen zu suchen […]. Dann kam sie wieder zurück, und da er jetzt mit klopfendem Herzen ihr im Wege stand und bittend die Hände nach ihr ausstreckte, fiel sie ihm ohne Weiteres um den Hals und fing jämmerlich an zu weinen. Er bedeckte ihre glühenden Wangen mit seinen fein duftenden dunklen Locken, und
20  sein Mantel umschlug die schlanke, stolze, schneeweiße Gestalt des Mädchens wie mit schwarzen Adlerflügeln; es war ein wahrhaft schönes Bild, das seine Berechtigung ganz allein in sich selbst zu tragen schien.

**Strapinski aber verlor in diesem Abenteuer seinen Verstand und gewann das Glück, das öfter den Unverständigen hold ist.** Nettchen eröffnete ihrem Vater
25  noch in selbiger Nacht beim Nachhausefahren, dass kein anderer als der Graf der Ihrige sein werde; dieser erschien am Morgen in aller Frühe, um bei dem Vater liebenswürdig schüchtern und melancholisch, wie immer, um sie zu werben, und der Vater hielt folgende Rede: „So hat sich denn das Schicksal und der Wille dieses törichten

*töricht*
*unvernünftig*

Mädchens erfüllt! Schon als Schulkind behauptete sie fortwährend, nur einen Ita-
30 liener oder einen Polen, einen großen Pianisten oder einen Räuberhauptmann mit
schönen Locken heiraten zu wollen, und nun haben wir die Bescherung! Alle inlän-
dischen wohlmeinenden Anträge hat sie ausgeschlagen, noch neulich musste ich den
gescheiten und tüchtigen Melchior Böhni heimschicken, der noch große Geschäfte
machen wird, und sie hat ihn noch schrecklich verhöhnt, weil er nur ein rötliches Ba-
35 ckenbärtchen trägt und aus einem silbernen Döschen schnupft! Nun, Gott sei Dank,
ist ein polnischer Graf da aus wildester Ferne! Nehmen Sie die Gans, Herr Graf, und
schicken Sie mir dieselbe wieder, wenn sie in Ihrer Polackei friert und einst unglücklich wird und heult! Nun, was würde die selige Mutter für ein Entzücken genießen,
wenn sie noch erlebt hätte, dass das verzogene Kind eine Gräfin geworden ist!"

**Polackei**
*(abwertend)*
*Polen*

b) Fasse kurz zusammen, welche Wendung die Geschichte hier nimmt.
c) Erkläre, was der Erzähler mit der Aussage *„Strapinski aber verlor in diesem Abenteuer seinen Verstand und gewann das Glück, das öfter den Unverständigen hold ist"* (Z. 23 f.)
meint.
d) Nettchens Vater stimmt der Heirat mit Strapinski zu, ist aber dennoch nicht vollkommen glücklich mit der Entscheidung. Begründe dies mithilfe des Textes.

**2** Lies zunächst die folgende Zusammenfassung. Vermute, wie die Geschichte weitergehen könnte, nachdem die Seldwyler merken, dass der Schneidergeselle Strapinski
als polnischer Graf unter den Goldachern Verlobung feiert.

*Nach dem Heiratsantrag wird eine Verlobungsfeier organisiert, bei der die Goldacher mit
Schlitten zu einem Gasthof fahren. Gleichzeitig macht sich aus Seldwyla, der Heimat Stra-
pinskis, eine verkleidete Gesellschaft auf den Weg zum selben Gasthof, um Fastnacht zu feiern.
Der Einzige, der weiß, woher diese Gesellschaft kommt und der auch Zweifel an der Identität
Strapinskis hat, ist Melchior Böhni, welchen Nettchen abgewiesen hatte. So kommt es dazu,
dass die beiden Gesellschaften im Gasthof aufeinandertreffen und die Seldwyler dort Wenzel
Strapinski als vermeintlichen Grafen entdecken.*

**3** Lest den folgenden Textauszug und überprüft eure Vermutungen aus Aufgabe 2.

40 Wie nun aber alles im Kreise stand und sich zum Reigen ordnen wollte, erschien eine
Gesandtschaft der Seldwyler, welche das freundnachbarliche Gesuch und Anerbieten vortrug, den Herren und Frauen von Goldach einen Besuch abstatten zu dürfen
und ihnen zum Ergötzen einen Schautanz aufzuführen. Dieses Anerbieten konnte nicht wohl zurückgewiesen werden; auch versprach man sich von den lustigen
45 Seldwylern einen tüchtigen Spaß und setzte sich daher nach der Anordnung der
besagten Gesandtschaft in einen großen Halbring, in dessen Mitte Strapinski und
Nettchen glänzten gleich fürstlichen Sternen.
    Nun traten allmählich jene besagten Schneidergruppen nacheinander ein. Jede
führte in zierlichem Gebärdenspiel den Satz ›Leute machen Kleider‹ und dessen

---

*1.4 Mittels Reflektion Handlungsmotive von Figuren erkennen, deren Denkweisen erklären*
*2.2 Wesentliche Elemente von Texten erfassen und unter Verwendung von Fachbegriffen die Beziehungen zwischen
    Figuren herausarbeiten*

50 Umkehrung durch, indem sie erst mit Emsigkeit irgendein stattliches Kleidungs-
stück, einen Fürstenmantel, Priestertalar und dergleichen anzufertigen schien und
sodann eine dürftige Person damit bekleidete, welche, urplötzlich umgewandelt,
sich in höchstem Ansehen aufrichtete und nach dem Takte der Musik feierlich ein-
herging. [...] In diesem Augenblicke ging die Musik in eine wehmütige ernste Weise
55 über, und zugleich beschritt eine letzte Erscheinung den Kreis, dessen Augen sämt-
lich auf sie gerichtet waren. Es war ein schlanker junger Mann in dunklem Mantel,
dunkeln schönen Haaren und mit einer polnischen Mütze; es war niemand anders
als der Graf Strapinski, wie er an jenem Novembertage auf der Straße gewandert
und den verhängnisvollen Wagen bestiegen hatte.

60 Die ganze Versammlung blickte lautlos gespannt auf die Gestalt, welche feierlich
schwermütig einige Gänge nach dem Takte der Musik umhertrat [...]. Er zog einen
beinahe fertigen Grafenrock hervor, ganz wie ihn Strapinski in diesem Augenblicke
trug, nähete mit großer Hast und Geschicklichkeit Troddeln und Schnüre darauf und
bügelte ihn schulgerecht aus, indem er das scheinbar heiße Bügeleisen mit nassen
65 Fingern prüfte. Dann richtete er sich langsam auf, zog seinen fadenscheinigen Rock
aus und das Prachtkleid an, nahm ein Spiegelchen, kämmte sich und vollendete seinen Anzug, dass er endlich als das leibhaftige Ebenbild des Grafen dastand. [...] „Ei,
ei, ei, ei", rief er mit weithin vernehmlicher Stimme und reckte den Arm gegen den
Unglücklichen aus, „Sieh da den Bruder Schlesier, den Wasserpolacken! Der mir aus
70 der Arbeit gelaufen ist, weil er wegen einer kleinen Geschäftsschwankung glaubte,
es sei zu Ende mit mir. Nun, es freut mich, dass es Ihnen so lustig geht und Sie hier so
fröhliche Fastnacht halten! Stehen Sie in Arbeit zu Goldach?" Zugleich gab er dem
bleich und lächelnd dasitzenden Grafensohn die Hand, welche dieser willenlos er-
griff wie eine feurige Eisenstange [...]

75 Nun kamen die Seldwyler Leute alle herbei und drängten sich um Strapinski und
seinen ehemaligen Meister, indem sie ersterm treuherzig die Hand schüttelten, dass
er auf seinem Stuhle schwankte und zitterte. [...]

Nettchen, weiß wie Marmor, wendete das Gesicht langsam nach ihrem Bräutigam
und sah ihn seltsam von der Seite an. Da stand er langsam auf und ging mit schwe-
80 ren Schritten hinweg, die Augen auf den Boden gerichtet, während große Tränen aus
denselben fielen. [...] Er ging auch zwischen den zur Abfahrt gerüsteten Schlitten
und Pferden von Goldach hindurch, indessen die Seldwyler sich in ihrem Quartiere
erst noch recht belustigten, und er wandelte halb unbewusst, nur in der Meinung,
nicht mehr nach Goldach zurückzukommen, dieselbe Straße gegen Seldwyla hin,
85 auf welcher er vor einigen Monaten hergewandert war. Bald verschwand er in der
Dunkelheit des Waldes, durch welchen sich die Straße zog.

**4** Gib in eigenen Worten wieder, wie die falsche Identität Wenzel Strapinskis aufgedeckt
wird und wie dieser darauf reagiert.

**5** Erkläre, weshalb dieses Ereignis einen Wendepunkt in Kellers Novelle darstellt.

*1.4 Mittels Reflexion Handlungsmotive von Figuren erkennen, deren Denkweisen erklären*
*2.2 Wesentliche Elemente von Texten erfassen und unter Verwendung von Fachbegriffen die Beziehungen zwischen*
*Figuren herausarbeiten*

**6** Weise anhand der Textauszüge und mithilfe des Merkkastens nach, dass „Kleider machen Leute" eine Novelle ist. Vervollständige dazu die folgende Tabelle.

| Textsortenmerkmal | Textbeleg (ggf. mit Zeilenangabe) |
| --- | --- |
| keine Nebenhandlungen | *Es geht um einen Schneidergesellen, der fälschlicherweise für einen Grafen gehalten wird. Dieser will die Tochter des Amtsrates heiraten, als seine wahre Identität auffliegt.* |
| wenige für die Handlung wesentliche Figuren | ... |

✳ **7** Der Literaturwissenschaftler Klaus Jeziorkowski schreibt zur Entlarvung Strapinskis:

*Ich selbst fürchte mich bei jeder Lektüre vor dieser Stelle, weil hier unter der vergoldeten Welt ein bodenloses Loch, ein durch nichts zu schließender Höllen- und Eisesabgrund sich auftut. Der Maskentanz der Seldwyler ist Toten- und Gespenstertanz einer Gesellschaft, die aufgrund ihrer Trivial- und Boulevardklischees zunächst einen Schneider in eine Grafenrolle hineindrängt und ihn dann durch strafende Entlarvung foltert und fallen lässt – nicht anders als unsere ‚gute' Gesellschaft mit zunächst ‚hochgejubelten' und hofierten Schwindelexistenzen es heute noch tut, ohne zu sehen, wie sie in solchen Totentänzen sich selbst darstellt und richtet.*  Text verändert und gekürzt.

*Trivial- und Boulevard-klischees*
hier: überkommene Vorstellungen der Gesellschaft

a) Gib die Ansicht des Literaturwissenschaftlers in eigenen Worten wieder.
b) Jeziorkowski begründet die Aktualität des Buches damit, dass auch in unserer Gesellschaft die Beliebtheit von Menschen von ihrem Erfolg abhängt. Nenne Beispiele dafür und diskutiert eure Meinungen dazu.

**W** **8** Wenzel Strapinski verlässt seine Verlobungsfeier und geht in eisiger Kälte auf dem Waldweg nach Seldwyla. Wähle im Folgenden zwischen a) und b).
a) Die Geschichte endet tragisch. Verfasse eine Zeitungsmeldung über die Ereignisse.
b) Lasse die Geschichte gut enden. Verfasse eine Zeitungsmeldung über die Ereignisse.

 **Tipp**
*Denk daran, dass der Konflikt am Ende einer Novelle gelöst wird.*

## ⓘ Die Novelle

Die Novelle ist eine **kurze Erzählung**. Der Begriff stammt aus dem Lateinischen (*novella* = Neuigkeit). Eine Novelle zeichnet sich durch folgende Merkmale aus:
- **keine Nebenhandlungen**, sondern straffe Erzählweise
- **wenige** für die Handlung wesentliche **Figuren**
- **Hauptfigur** ist **oft einsam**, wird ausgegrenzt
- **außergewöhnliches Ereignis** steht im Mittelpunkt, die **Handlung** ist trotzdem **glaubhaft**
- **problematische, bedeutungsvolle Situation** im Leben eines Menschen
- **Wendepunkt**, der alles verändert
- **Konflikt wird am Ende gelöst** (entweder durch Tragödie oder Auflösung)

*1.4 Mittels Reflektion Handlungsmotive von Figuren erkennen, deren Denkweisen erklären*
*2.2 Wesentliche Elemente von Texten erfassen und unter Verwendung von Fachbegriffen die Beziehungen zwischen Figuren herausarbeiten*

Lesen –
Umgang mit
**Texten**
und **Medien**

Literarische Zeitreise – Realismus

# Die Novelle in die Epoche des Realismus einordnen

**1** Nachdem Wenzel Strapinski von seiner Verlobungsfeier geflohen ist, geht er ziellos durch den Wald. Lest, was über ihn in der Novelle geschrieben wird.

*Güter seiner Pfründe*
Unterhaltszahlung der Kirche an ihre Priester, die auch Speisen beinhalten konnte

Wenn ein Fürst Land und Leute nimmt; wenn ein Priester die Lehre seiner Kirche ohne Überzeugung verkündet, aber die Güter seiner Pfründe mit Würde verzehrt […]; wenn ein Künstler ohne Tugend, mit leichtfertigem Tun und leerer Gaukelei sich in Mode bringt und Brot und Ruhm der wahren Arbeit vorwegstiehlt, oder wenn
5 ein Schwindler, der einen großen Kaufmannsnamen geerbt oder erschlichen hat, durch seine Torheiten und Gewissenlosigkeiten Tausende um ihre Ersparnisse und Notpfennige bringt: so weinen alle diese nicht über sich, sondern erfreuen sich ihres Wohlseins und bleiben nicht einen Abend ohne aufheiternde Gesellschaft und gute Freunde.
10     Unser Schneider aber weinte bitterlich über sich, […] von der Kälte wie von den erst genossenen feurigen Getränken und seiner gramvollen Dummheit übermannt, streckte unvermerkt seine Glieder aus und schlief ein auf dem knisternden Schnee, während ein eiskalter Hauch von Osten heranzuwehen begann.

**2** Ein Merkmal der Literatur des Poetischen Realismus ist die objektive und zurückhaltende Erzählweise, ohne dass für einzelne Figuren Partei ergriffen wird. Erkläre anhand der obigen Textstelle, wieso dies hier **nicht** zutrifft.

**3** Lest die folgende Zusammenfassung und anschließend, wie das Aufeinandertreffen zwischen Nettchen und ihrem Vater abläuft.

*Im weiteren Verlauf der Novelle folgt Nettchen Strapinski und rettet ihn vor dem Erfrieren. Sie erklärt ihm, dass sie ihn auch ohne Adelstitel heiraten will. Beide begeben sich daraufhin nach Seldwyla, um ihre bevorstehende Hochzeit zu verkünden und es so den Seldwylern heimzuzahlen. Am kommenden Tag erreicht auch der Amtsrat Seldwyla und trifft sich mit seiner Tochter.*

Allein mit Ruhe und sanfter Festigkeit trat ihm Nettchen entgegen. Sie dankte ihrem
15 Vater mit Rührung für alle ihr bewiesene Liebe und Güte und erklärte sodann in bestimmten Sätzen: erstens, sie wolle nach dem Vorgefallenen nicht mehr in Goldach leben, wenigstens nicht die nächsten Jahre; zweitens wünsche sie ihr bedeutendes mütterliches Erbe an sich zu nehmen, welches der Vater ja schon lange für den Fall ihrer Verheiratung bereitgehalten; drittens wolle sie den Wenzel Strapinski heiraten,
20 woran vor allem nichts zu ändern sei; viertens wolle sie mit ihm in Seldwyla wohnen und ihm da ein tüchtiges Geschäft gründen helfen, und fünftens und letztens werde alles gut werden; denn sie habe sich überzeugt, dass er ein guter Mensch sei und sie glücklich machen werde.

*1.4 Mittels Reflexion Handlungsmotive von Figuren erkennen, deren Denkweisen erklären*
*2.2 Wesentliche Elemente von Texten erfassen und unter Verwendung von Fachbegriffen die Beziehungen zwischen Figuren herausarbeiten*

[…] Dann aber schilderte er [der Amtsrat] mit aller Bekümmernis, die ihn seit der
25 ersten Kunde von der schrecklichen Katastrophe erfüllte, das Unmögliche des Ver-
hältnisses, das sie festhalten wolle, und schließlich zeigte er das große Mittel, durch
welches sich der schwere Konflikt allein würdig lösen lasse. Herr Melchior Böhni sei
es, der bereit sei, durch augenblickliches Einstehen mit seiner Person den ganzen
Handel niederzuschlagen und mit seinem unantastbaren Namen ihre Ehre vor der
30 Welt zu schützen und aufrechtzuhalten. Aber das Wort Ehre brachte nun doch die
Tochter in größere Aufregung. Sie rief, gerade die Ehre sei es, welche ihr gebiete, den
Herrn Böhni nicht zu heiraten, weil sie ihn nicht leiden könne, dagegen dem armen
Fremden getreu zu bleiben, welchem sie ihr Wort gegeben habe und den sie auch leiden könne!
35 Es gab nun ein fruchtloses Hin- und Widerreden, welches die standhafte Schöne
endlich doch zum Tränenvergießen brachte.

a) Gib wieder, was Nettchen ihrem Vater berichtet und wie dieser darauf reagiert.
b) In Werken des Poetischen Realismus steht der Einzelne oft in Konflikt mit der Gesellschaft und deren Regeln. Erkläre dies am vorangehenden Textauszug.

**4** Lest das Ende der Novelle.

In der Stadt, wo der Anwalt ein paar Worte verlauten ließ von einem großen Vermögen, welches vielleicht nach Seldwyla käme durch diese Geschichte, entstand nun
ein großer Lärm. Die Stimmung der Seldwyler schlug plötzlich um zugunsten des
40 Schneiders und seiner Verlobten, und sie beschlossen, die Liebenden zu schützen
mit Gut und Blut und in ihrer Stadt Recht und Freiheit der Person zu wahren. Als daher das Gerücht ging, die Schöne von Goldach solle mit Gewalt zurückgeführt werden, rotteten sie sich zusammen […]. Der erschreckte und gereizte Amtsrat schickte
seinen Böhni nach Goldach um Hilfe. Der fuhr im Galopp hin, und am nächsten Tage
45 fuhren eine Anzahl Männer mit einer ansehnlichen Polizeimacht von dort herüber,
um dem Amtsrat beizustehen, und es gewann den Anschein, als ob Seldwyla ein
neues Troja werden sollte. Die Parteien standen sich drohend gegenüber […]. Da kamen höhere Amtspersonen, geistliche und weltliche Herren, auf den Platz, und die
Unterhandlungen, welche allseitig gepflogen wurden, ergaben endlich, da Nettchen
50 fest blieb und Wenzel sich nicht einschüchtern ließ, aufgemuntert durch die Seldwyler, dass das Aufgebot ihrer Ehe nach Sammlung aller nötigen Schriften förmlich
stattfinden und dass gewärtig werden solle, ob und welche gesetzliche Einsprachen
während dieses Verfahrens dagegen erhoben würden und mit welchem Erfolge.
Solche Einsprachen konnten bei der Volljährigkeit Nettchens einzig noch erhoben
55 werden wegen der zweifelhaften Person des falschen Grafen Wenzel Strapinski.
Allein der Rechtsanwalt, der seine und Nettchens Sache nun führte, ermittelte,
dass den fremden jungen Mann weder in seiner Heimat noch auf seinen bisherigen
Fahrten auch nur der Schatten eines bösen Leumunds getroffen habe und von überall her nur gute und wohlwollende Zeugnisse für ihn einliefen. […] So endigte denn
60 der Krieg mit einer Hochzeit […]. Der Amtsrat gab Nettchen ihr ganzes Gut heraus,

*gewärtig wer-
den*
*sich auf etwas
(Unangenehmes)
einstellen; auf
etwas (Unange-
nehmes) vorbe-
reitet sein*

*Leumund*
*Ruf einer Person*

*1.4 Mittels Reflektion Handlungsmotive von Figuren erkennen, deren Denkweisen erklären*
*2.2 Wesentliche Elemente von Texten erfassen und unter Verwendung von Fachbegriffen die Beziehungen zwischen
Figuren herausarbeiten*

**Marchand-
Tailleur**
*Schneider, der
ein Stofflager
hält*

**Stüber**
*Münze mit klei-
nem Wert*

**Portal**
WES-122965-029

und sie sagte, Wenzel müsse nun ein großer Marchand-Tailleur und Tuchherr werden in Seldwyla […].

Das geschah denn auch, aber in ganz anderer Weise, als die Seldwyler geträumt
hatten. Er war bescheiden, sparsam und fleißig in seinem Geschäfte, welchem er ei-
65 nen großen Umfang zu geben verstand. Er machte ihnen ihre veilchenfarbigen oder
weiß und blau gewürfelten Sammetwesten, ihre Ballfräcke mit goldenen Knöpfen,
ihre rot ausgeschlagenen Mäntel, und alles waren sie ihm schuldig, aber nie zu lange Zeit. Denn um neue, noch schönere Sachen zu erhalten, welche er kommen oder
anfertigen ließ, mussten sie ihm das Frühere bezahlen, so dass sie untereinander
70 klagten, er presse ihnen das Blut unter den Nägeln hervor. Dabei wurde er rund und
stattlich und sah beinah gar nicht mehr träumerisch aus; er wurde von Jahr zu Jahr
geschäftserfahrener und gewandter und wusste in Verbindung mit seinem bald ver-
söhnten Schwiegervater, dem Amtsrat, so gute Spekulationen zu machen, dass sich
sein Vermögen verdoppelte und er nach zehn oder zwölf Jahren mit ebenso vielen
75 Kindern, die inzwischen Nettchen, die Strapinska, geboren hatte, und mit letzterer
nach Goldach übersiedelte und daselbst ein angesehener Mann ward.

Aber in Seldwyla ließ er nicht einen Stüber zurück, sei es aus Undank oder aus Rache.

a) Indem die Ereignisse dargestellt werden wie ein Kriegsgeschehen, wird das Gel-
tungsbedürfnis der Menschen kritisiert. Unterstreiche auf der Vorlage im Portal oder
auf einer Kopie der Seite Textstellen, an denen dies deutlich wird.
b) Gib wieder, wie die Novelle endet und wie der Konflikt gelöst wird.
c) Am Ende profitieren weder die Goldacher noch die Seldwyler vom Reichtum Strapinskis. Erläutere, welche Moral darin enthalten ist.

✳ 5 Wenzel Strapinski macht im Laufe der Novelle durchaus eine Entwicklung durch.
Ergänze deshalb den Steckbrief zum Schneider aus Aufgabe 1b) von Seite 67.

6 Belege anhand des Textinhalts und mithilfe des Merkkastens, inwiefern die Novelle der
Epoche des Poetischen Realismus zugeordnet werden kann.

## ⓘ Die literarische Epoche des Poetischen Realismus

Die Epoche des Poetischen Realismus wird von **ca. 1848 bis 1890** eingeordnet. In den Werken wird
**die Wirklichkeit sachlich und objektiv dargestellt,** aber **künstlerisch ausgestaltet**. Dabei wird
**Hässliches oft ausgeblendet**. Im Mittelpunkt steht **der einzelne Mensch**, der in **Konflikt mit
der Gesellschaft** und ihren Normen gerät. Die Hauptfiguren entstammen meist dem **Bürgertum**,
nicht mehr dem Adel, die Handlung spielt an **realen Orten**.

Die Autorinnen und Autoren **hielten sich mit offensichtlicher Kritik zurück** und überließen es
den Leserinnen und Lesern, **kritische, ironische oder spöttische Anklänge** zwischen den Zeilen
herauszulesen. Wichtige Vertreter sind u. a. Theodor Fontane, Gottfried Keller, Theodor Storm,
Friedrich Hebbel, Conrad Ferdinand Meyer, Wilhelm Raabe und Wilhelm Busch.

*2.2 Unterschiedliche Werthaltungen und Lebenseinstellungen reflektierend mit den eigenen vergleichen und
verschiedenartige Formen von Gesellschaftskritik in ausgewählten literarischen Werken des 19. Jahrhunderts
literaturgeschichtlich richtig einordnen*

Literarische Zeitreise – Realismus

# Gesellschaftliche Hintergründe der Epoche kennenlernen

**1** Nach der Lektüre von „Kleider machen Leute" möchte Ferdinand mehr über die Epoche und vor allem über die Lebensumstände der Menschen erfahren. Bei seiner Recherche entdeckt er folgende Bilder.

a) Beschreibt, was auf den Bildern zu sehen ist.

b) Zieht anhand der Bilder Rückschlüsse auf das Leben in der zweiten Hälfte des 19. Jahrhunderts. Geht dabei auf folgende Aspekte ein:
- Gesellschaft und soziale Schichtung
- Stadt und Land
- Lebens- und Arbeitsbedingungen

*1.4 Sich in der kritischen Wahrnehmung künstlerischer Darstellung schulen    2.2 Typische Motive erkennen*

**2** Um das Gesehene besser einordnen zu können, recherchiert Ferdinand weiter im Internet. Er stößt dabei auf einen interessanten Blogbeitrag.

a) Lest den Text und notiert stichpunktartig die wichtigsten Fakten zur damaligen Zeit.

---

https://www ...    🔍

Die zweite Hälfte des 19. Jahrhunderts stellt die Lebensrealität vieler Menschen in Europa auf den Kopf: Es ist eine Zeit gravierender Veränderungen. Die Industrialisierung führt zu erheblichen Fortschritten in Wirtschaft und Wissenschaft, Technik und Medizin. Damit gehen einerseits ungekannte Vereinfachungen für Alltag und Arbeit einher. Andererseits verändert sich die Arbeitswelt für viele zum 5 Schlechten. Auf dem Land treiben die technischen Verbesserungen sowie das Bevölkerungswachstum Kleinbauern und besitzlose Tagelöhner in einen existenziellen Überlebenskampf. Auf der Suche nach einer Möglichkeit, in dieser neuen, modernen Welt zu existieren, ziehen daher Unzählige vom Land in die Städte.

Diese können den immensen Zulauf kaum auffangen. Das in der Stadt etablierte wohlhabende Bür-
10 gertum muss sich damit arrangieren, dass neben ihm eine breite Schicht prekär lebender Fabrikarbeiterinnen und -arbeiter entsteht, auch Proletariat genannt. Soziale Spannungen zwischen den Schichten sind vorprogrammiert. Auch in ideeller Hinsicht verändert sich die Gesellschaft: Neue Erkenntnisse in den Naturwissenschaften stellen das christliche Weltbild infrage. Traditionelle Werte und Institutionen wie die Ständegesellschaft oder die Großfamilie verlieren zunehmend an Allgemeingültigkeit.
15 Als 1848 die Märzrevolution scheitert und damit die Aussicht auf eine breite politische Mitgestaltung in weite Ferne rückt, scheinen alle Hoffnungen und Ideale der Bürgerlichen infrage gestellt. Der Adel, dessen Stellung sich auf Tradition und auf Vererbung von Stand und Besitz gründet, gilt zwar als überholt und veraltet, weist das Bürgertum jedoch hier politisch in seine Schranken.
*Text verändert.*

---

b) Reflektiert eure Ergebnisse aus Aufgabe 1, indem ihr die Bilder noch einmal beurteilt. Bezieht euch dabei auf die Informationen aus dem Text.

**3** Um noch mehr über die Zeit des Poetischen Realismus zu erfahren, beschließt Ferdinand, mit seiner Zeitmaschine erneut in die Vergangenheit zu reisen. Dort kommt er mit einigen Leuten ins Gespräch.

a) Lest zunächst, was diese Menschen zu sagen haben.

> *Wir dürfen kühn behaupten, dass durch die Ausbildung des Verkehrs und der Verkehrsmittel unser Leben nicht nur leichter und sicherer, sondern auch schöner, besser und im vollen Sinne des Wortes länger geworden ist.*

> *Wenn wir einen vergleichenden Blick werfen auf das stillere und beschaulichere Leben unserer Voreltern, wird die schädliche Wirkung des modernen Lebens noch viel deutlicher hervortreten.*

> *Ein großes Jahrhundert liegt hinter uns – das größte vielleicht seit Beginn unserer Zeitrechnung. Unermessliches hat es geleistet, Unermesslichem die Wege geebnet.*

b) Erklärt, wie die Menschen damals selbst ihre Zeit beurteilen.

*2.1 Lesetechniken und -strategien gemäß ihrer Leseintention und den Anforderungen des Textes versiert und flexibel einsetzen und über die Ergebnisse der Leseprozesse auch gemeinsam mit anderen reflektieren*

Literarische Zeitreise – Realismus

# Sich mit den Merkmalen der Epoche auseinandersetzen

**1** Nachdem Ferdinand sich einen ersten Überblick über die Zeitumstände gemacht hat, beschließt er, einen weiteren bekannten Autoren dieser Zeit aufzusuchen.

a) Ferdinand besucht Theodor Fontane und fragt diesen nach seiner Meinung zur Literatur des Poetischen Realismus. Lies dir durch, was Theodor Fontane antwortet.

**Theodor Fontane (1819 – 1898)**

hält sich in seiner Jugend als Apothekergehilfe und Redakteur über Wasser. 1876 gibt er seinen Beruf auf und widmet sich einzig dem Schreiben.

> Vor allen Dingen verstehen wir nicht darunter das nackte Wiedergeben alltäglichen Lebens, am wenigsten seines Elends und seiner Schattenseiten.
> Das Leben ist doch immer nur der Marmorsteinbruch, der den Stoff zu unendlichen Bild-
> werken in sich trägt; sie schlummern darin, aber nur dem Auge des Geweihten sichtbar
> 5 und nur durch seine Hand zu erwecken. Der Block an sich, nur herausgerissen aus einem
> größeren Ganzen, ist noch kein Kunstwerk, und dennoch haben wir die Erkenntnis als einen
> unbedingten Fortschritt zu begrüßen, dass es zunächst des Stoffes, oder sagen wir lieber des
> Wirklichen, zu allem künstlerischen Schaffen bedarf.
> Der Realismus ist die Widerspiegelung alles wirklichen Lebens, aller wahren Kräfte und
> 10 Interessen im Elemente der Kunst. Er umfängt das ganze reiche Leben, das Größte wie das
> Kleinste: den Kolumbus, der der Welt eine neue zum Geschenk machte, und das Wassertier-
> chen, dessen Weltall der Tropfen ist; den höchsten Gedanken, die tiefste Empfindung zieht
> er in seinen Bereich, und die Grübeleien eines Goethe wie Lust und Leid eines Gretchen sind
> sein Stoff. Denn alles das ist wirklich. Der Realismus will nicht die bloße Sinnenwelt und
> 15 nichts als diese; er will am allerwenigsten das bloß Handgreifliche, aber er will das Wahre.

> Der Realismus wird ganz falsch aufgefasst, wenn man von ihm annimmt, er
> sei mit der Hässlichkeit ein für allemal vermählt, er wird erst ganz echt sein,
> wenn er sich umgekehrt mit der Schönheit vermählt und das nebenher-
> laufende Hässliche, das nun mal zum Leben gehört, verklärt hat.

> 20 Was soll ein Roman? Er soll uns unter Vermeidung alles Übertriebenen und
> Hässlichen eine Geschichte erzählen, an die wir glauben. Er soll zu unserer Phan-
> tasie und unserem Herzen sprechen, Anregung geben, ohne aufzuregen; er soll uns
> eine Welt der Fiktion auf Augenblicke als eine Welt der Wirklichkeit erscheinen, soll
> uns weinen und lachen, hoffen und fürchten, am Schluss aber empfinden lassen.

b) Ferdinand kann den Äußerungen Fontanes nur schwer folgen. Gehe die Abschnitte der Reihe nach durch und beantworte die folgenden Fragen schriftlich und in eigenen Worten. Nutze hierfür auch die Informationen im Merkkasten auf Seite 76.

- 1. Abschnitt (Z. 1 – 2):   Was soll der Realismus nicht abbilden?
- 2. Abschnitt (Z. 3 – 8):   Was ist für Fontane die Grundlage für die Kunst?
- 3. Abschnitt (Z. 9 – 15):   Was soll in Werken des Realismus dargestellt werden?
- 4. Abschnitt (Z. 16 – 19):   Was soll in realistischen Werken vermieden werden?
- 5. Abschnitt (Z. 20 – 24):   Welche Aufgaben sollen literarische Werke erfüllen?

*2.1 Verfahren zur Texterschließung routiniert anwenden und über die Ergebnisse der Leseprozesse reflektieren*

Lesen –
Umgang mit
**Texten**
und Medien

*Ich habe mich jetzt schon mit einigen Leuten unterhalten und festgestellt, dass all die Probleme, von denen sie berichten, in den Büchern der Epoche gar nicht erwähnt werden! Im Unterricht haben wir „Kleider machen Leute" von Gottfried Keller gelesen und darin kommt zum Beispiel die Industrialisierung, obwohl sie so prägend und für viele Schwierigkeiten verantwortlich ist, überhaupt nicht vor. Woran liegt das?*

...

**2**   Formuliert mithilfe eures Wissens über die Epoche eine Antwort, die Fontane Ferdinand geben könnte.

✳ **3**   Lest die folgenden Kurzzusammenfassungen zu drei Werken der Auftaktseite. Tauscht euch darüber aus, inwiefern diese für die Epoche des Realismus typisch sind. Der Merkkasten auf Seite 76 hilft euch dabei.

**Theodor Storm: Der Schimmelreiter**
In der Novelle wird die Geschichte von Hauke Haien erzählt, der es zum Deichgrafen schafft, obwohl er aus einfachen Verhältnissen stammt. Er widmet sein Leben dem Bau eines neuen, dauerhaften Deiches, muss sich hierbei aber immer wieder gegen Widerstand aus der Gesellschaft durchsetzen. Hauke Haien kommt schließlich samt seiner Frau und seiner Tochter ums Leben, als der alte Deich bricht.

**Theodor Fontane: Irrungen, Wirrungen**
Der Roman handelt von der nicht standesgemäßen Liebe zwischen dem Baron und Offizier Botho von Rienäcker und der kleinbürgerlichen Schneidergesellin Magdalene. Da beide die Standesgrenzen nicht überwinden können und wollen, heiraten sie andere Partner, ihre Liebe findet also keine Erfüllung.

**Adalbert Stifter: Bergkristall**
Die Geschwister Konrad und Sanna verirren sich an Heiligabend im Wald und verbringen die Nacht in einer Steinhöhle. Noch in der Nacht brechen Männer aus zwei Bergdörfern auf, um die Kinder zu suchen. Am nächsten Morgen werden sie unversehrt gefunden. Die gemeinsame und erfolgreiche Rettungsaktion führt dazu, dass sich die Menschen aus den beiden Dörfern, die sich bisher fremd und eher abgeneigt gegenübergestanden sind, miteinander versöhnen.

Literarische Zeitreise – Realismus

# Gesellschaftskritik im Roman erkennen und verstehen

Nachdem Ferdinand wieder in der Gegenwart angekommen ist, beschließt er, ein Werk von Theodor Fontane zu lesen. Er entscheidet sich dabei für den Roman „Stine", da hier die Kritik an den vorherrschenden gesellschaftlichen Grenzen relativ offensichtlich ist.

**1** Lies zunächst die Inhaltszusammenfassung zum Buch.

In „Stine" greift Fontane […] das Thema der unstandesgemäßen Liebe auf. Die Näherin Ernestine Rehbein, genannt Stine, lebt gemeinsam mit ihrer Schwester Pauline Pittelkow Ende des 19. Jahrhunderts in Berlin. Während ihre verwitwete Schwester zwei Kinder hat und sich von einem älteren Adeligen, Graf Sarastro, aushalten lässt, hält Stine nichts von einem solchen Leben. Eines Abends lernt sie bei ihrer Schwester den jungen, aber kränklichen Grafen Waldemar Haldern kennen. Dieser ist sehr angetan von Stines genügsamem und gutmütigem Wesen und beginnt, um sie zu werben, indem er sie regelmäßig besucht. Es bahnt sich eine zarte Liebesbeziehung an, bis Waldemar gegen alle Konvention um Stines Hand anhält.

a) Notiere stichpunktartig die wichtigsten Figuren und was du über sie erfährst.
b) Vermute, zu welchen Problemen es in dem Roman kommen könnte, wenn in der Inhaltszusammenfassung von „unstandesgemäßer Liebe" die Rede ist.

**2** Nachdem Graf Waldemar des Öfteren bei Stine zu Besuch war, sucht Pauline das Gespräch mit ihrer Schwester.
a) Lest, was sie ihr zu sagen hat.

„Ja, du siehst mich an, Kind. Aber es is wahr un wahrhaftig so. Du denkst wunder, wie du mich beruhigst, wenn du sagst: ‚Es is keine Liebschaft.' Ach, meine liebe Stine, damit beruhigst du mich gar nich; konträr im Gegenteil. Liebschaft, Liebschaft. Jott, Liebschaft is lange nicht das Schlimmste. Heut' is sie noch, un morgen is sie nich
5 mehr, un er geht dahin, und sie geht dahin, un den dritten Tag singen sie wieder alle beide: ‚Geh du nur hin, ich hab' mein Teil.' Ach, Stine, Liebschaft! Glaube mir, daran stirbt keiner, un auch nich mal, wenn's schlimm geht. […] Nein, nein, Stine, Liebschaft is nich viel, Liebschaft is eigentlich gar nichts. Aber wenn's hier sitzt (und sie wies aufs Herz), dann wird es was, dann wird es eklig." […]
10  „Du lachst, und ich weiß auch warum. Du lachst, weil du denkst, Pauline weiß nichts davon und kann auch nichts davon wissen; denn es hat ihr nie hier gesessen. Un das hat auch seine Richtigkeit damit. Ich bin noch so drum rumgekommen. Aber, meine liebe Stine, man erlebt nicht bloß an sich selbst, man erlebt auch an andern. Un ich sage dir, von so was, wie du mit dem Grafen vorhast oder der Graf mit dir, von
15 so was is noch nie was Gutes gekommen. Es hat nu mal jeder seinen Platz, un daran

*Jott*
*(berlinerisch)*
*Gott*

*2.2 Sinn und Struktur anspruchsvollerer literarischer Texte in Auszügen und Inhaltszusammenfassungen erschließen, wesentliche Elemente von Texten erfassen und unter Verwendung von Fachbegriffen die Beziehungen zwischen den Figuren herausarbeiten*

kannst du nichts ändern, un daran kann auch das Grafchen nichts ändern. Ich puste was auf die Grafen, alt oder jung, das weißt du, hast es ja oft genug gesehen. Aber ich kann so lange pusten, wie ich will, ich puste sie doch nich weg, un den Unterschied auch nich; sie sind nun mal da, und sind, wie sie sind, und sind anders aufgepäppelt
20 wie wir, und können aus ihrer Haut nicht raus. Un wenn einer mal raus will, so leiden es die andern nich und ruhen nich eher, als bis er wieder drin steckt. […]"

b) Pauline versucht, ihre Schwester davon zu überzeugen, die Beziehung zu Waldemar aufzugeben. Gib anhand des ersten Absatzes wieder, wie sie Stine überzeugen will.

c) Im zweiten Absatz führt Pauline noch ein weiteres Argument an. Erkläre, welches Problem sie bei der Beziehung ihrer Schwester sieht.

**3** Im weiteren Verlauf des Romans bittet Waldemar seinen Onkel, Graf Sarastro, ein gutes Wort bei seinen Eltern einzulegen, damit diese ihn nach der Hochzeit mit Stine nicht verstoßen. Dies lehnt der Onkel aber ab.

a) Lest, welche Gedanken dem Onkel durch den Kopf gehen.

Indessen dieser Zustand konnte nicht dauern, und jetzt, wo Waldemar fort und die
25 Diskussion einer ihn prickelnden Frage geschlossen war, war auch der Moment wieder da, die zurückgedrängten ersten Empfindungen: Entrüstung und Schreck, wiederaufzulohen zu lassen.

In der Tat auch Schreck. Er war Grund und Ursach all dieser Wirrnisse, die nicht gekommen wären, wenn er, für seine Person, auf die törichte Laune, Waldemar bei
30 der Pittelkow einzuführen, verzichtet hätte. Dieser Fauxpas seinerseits musste früher oder später zur Kenntnis seines älteren Bruders, des Majoratsherrn auf Groß- und Klein-Haldern, kommen, und wenn er sich dann verklagt sah, gleichviel laut oder leise, wie wollt' er da bestehen? Und wenn vor ihm, dem Bruder, wie vor ihr, der Frau Schwägerin? Sie war die stolzeste Frau weit und breit, eine von Petersbur-
35 ger Erinnerungen getragene kurländische Dame, vor der selbst die Halderns nur mit Mühe bestehen konnten, und der eine Schwiegertochter im Stile von Stine Rehbein einfach Tod und Schande bedeutete. Was half es, wenn Waldemar aus dem Lande ging und sich für immer expatriierte? Die Tatsache der „Encaillierung" eines Haldern blieb bestehen und mit ihr der Skandal, die Blame, das Ridikül. Und das letztere
40 war das Schlimmste.

„Nein, es geht nicht", überlegte der Graf, während er, immer erregter und nervöser werdend, in seinem Zimmer auf und ab schritt.  „Ich werde mit Gewalt dazwischen fahren."

b) Sammle Adjektive, die beschreiben, wie sich der Onkel nach Waldemars Besuch fühlt.

c) Begründe, wieso der Onkel eine Fürsprache für Waldemar abgelehnt hat.

d) Tauscht euch darüber aus, wie die Beziehung zwischen Waldemar und Stine weitergehen könnte.

---

**Fauxpas**
Fehltritt, unbeabsichtigter Verstoß gegen die Umgangsformen

**expatriieren**
auswandern

**Encaillierung**
das Pflegen des Umgangs mit Menschen niederer gesellschaftlicher Schichten

**die Blame**
Peinlichkeit

**das Ridikül**
Lächerlichkeit

---

4  Aufgrund all dieser Hindernisse lehnt Stine Waldemars Heiratsantrag ab, obwohl sie
zugibt, ihn zu lieben.

a) Lest, wie Waldemar auf die Situation reagiert.

45  Er schob das Blatt beiseite, legte die Feder nieder und fuhr sich über Aug' und Stirn.
„Und nun das Letzte." Und er nahm einen zweiten Bogen und schrieb:
„Meine liebe Stine! Du wolltest nicht den weiten Weg mit mir machen, und so mache ich den weiteren. Ich glaube, was Du tatest, war richtig, und ich hoffe das, womit ich nun abschließe, soll es auch sein. Es gibt oft nur ein Mittel, alles wieder in
50  Ordnung zu bringen. Vor allem klage Dich nicht an. Die Stunden, die wir zusammen
verlebten, waren, vom ersten Tage an, Sonnenuntergangsstunden, und dabei ist es
geblieben. Aber es waren doch glückliche Stunden. Ich danke Dir für alle Freundlichkeit und Liebe. Mein Leben hat doch nun einen Inhalt gehabt. ‚Vergiss mich' – das
darf ich nicht sagen, es käme mir nicht von Herzen und wär' auch töricht; denn ich
55  weiß, Du wirst es nicht und kannst es nicht. So denn also: gedenke mein. Aber gedenke meiner freundlich und vor allem verzichte nicht auf Hoffnung und Glück, weil ich
darauf verzichtete. Lebe wohl. Ich schulde Dir das Beste.
Dein Waldemar."
Als er beide Briefe kuvertiert hatte, warf er sich in den Stuhl zurück, und die
60  freundlichen Bilder, die dieser Sommer ihm gebracht hatte, zogen noch einmal an
seiner Seele vorüber. So wenigstens schien es, denn er lächelte. Dann aber nahm
er das bereitgestellte Schächtelchen und schob das Innenkästchen aus der äußeren
Hülse heraus. Es ging schwer, und man konnte sehen, dass er lange daran gesammelt
und immer neue Käpselchen hineingezwängt hatte. „Schlafpulver! Ja, ich wusste,
65  dass eure Stunde kommen würde." Und nun brach er die Kapseln einzeln auf und
tat ihren Inhalt, langsam und sorglich, in ein kleines, halb mit Wasser gefülltes Ru-
binglas. „So, das ist es." […] Und er löschte die Lichter und trank. Und dann nahm er
seinen Platz wieder ein und lehnte sich zurück und schloss die Augen.

**kuvertieren**
*in einen Briefum-
schlag (Kuvert)
stecken*

b) Gib wieder, welches Ende die Liebesgeschichte von Stine und Waldemar nimmt.

5  Könnt ihr Stines Ablehnung und Waldemars Reaktion nachvollziehen? Diskutiert das
Verhalten der beiden Figuren und geht dabei auch auf mögliche Alternativen ein.

6  Nach der Beerdigung Waldemars, die Stine sehr mitnimmt, kommt diese traurig und
niedergeschlagen zu ihrer Schwester nach Hause.

a) Überlegt euch, wie das Gespräch der beiden Frauen verlaufen könnte, und verfasst
einen entsprechenden Dialog. Berücksichtigt dabei z. B.:
- Stines Gedanken und Gefühle,
- Paulines Versuche, ihre Schwester zu trösten,
- ein mögliches Ende der Geschichte.

b) Tragt eure Dialoge im Anschluss zu zweit vor und vergleicht eure Ergebnisse.

*2.2 Unterschiedliche Werthaltungen und Lebenseinstellungen reflektierend mit den eigenen vergleichen und zur
Vertiefung des Textverständnisses und zur Erlangung von Erkenntnissen für die eigene Persönlichkeitsentwicklung selbstständig produktive Methoden anwenden*

**Lesen –**
Umgang mit
**Texten**
und **Medien**

**7** Vor allem durch das tragische Ende wird Fontanes Gesellschaftskritik deutlich.
a) Lest den folgenden Lexikonartikel und gebt ihn in eigenen Worten wieder.

Fontanes Gesellschaftsromane sind Protokolle über gestörte oder gefährdete zwischenmenschliche Beziehungen. Standesunterschiede oder gesellschaftliche Normen verstricken die Menschen in Konflikte, die ihr persönliches Glück bedrohen. Es handelt sich bei Fontanes Zeitromanen nicht einfach um Ehe- oder Beziehungsgeschichten; die Konflikte im privaten Bereich werden vielmehr als Indiz allgemeiner Verunsicherungen und Umwälzungen dargestellt, die überlieferten moralischen Normen decken sich nicht mehr mit dem realen Leben. *Text gekürzt.*

b) Erläutert nun anhand der vorangehenden Textauszüge (S. 81 – 83) aus Stine, wie Fontane an der Gesellschaft im 19. Jahrhundert Kritik übt.

**8** Auch in unserer heutigen Gesellschaft gibt es noch Hindernisse, die einer Beziehung oder einer Ehe im Wege stehen können.
a) Sammelt in der Klasse zunächst, welche Probleme es geben kann.
b) Seht euch nun die folgenden Schlagzeilen an. Wählt eines der darin angesprochenen Themen aus. Diskutiert anhand dessen Probleme, die Paare in der heutigen Zeit zu bewältigen haben. Begründet eure Ansichten.

📄 S. 308
*Diskussion*

## Große Mehrheit stimmt für Ehe für alle

Historische Entscheidung im Bundestag: Die Ehe für homosexuelle Paare ist beschlossen. Die Kanzlerin stimmte dagegen. Befürworter feiern einen „Sieg für die Demokratie".

## Tunesien erlaubt Musliminnen, Ungläubige zu heiraten

## Leonardo DiCaprio wird immer älter – seine Freundinnen nicht

Leonardo DiCaprios Vorliebe für junge Models ist bekannt. Ganz offensichtlich scheint er ein bestimmtes Alter zu bevorzugen. Bis jetzt war keine der acht Frauen, mit der er eine längere Beziehung hatte, älter als 25 Jahre.

✱ **9** Begründe abschließend, wieso auch der Roman „Stine" von Theodor Fontane ein typisches Werk des Poetischen Realismus ist. Gehe dazu die Textauszüge (S. 81 – 83) noch einmal durch und nutze den Merkkasten auf Seite 76.

*2.2 Verschiedenartige Formen von Gesellschaftskritik in ausgewählten literarischen Werken des 19. Jahrhunderts literaturgeschichtlich richtig einordnen und dazu reflektiert Stellung nehmen*

Literarische Zeitreise – Realismus

# Überprüfe dein Wissen und Können

**1** Lies folgende Aussagen zur Epoche des Poetischen Realismus. Übernimm die richtigen und schreibe die falschen verbessert auf.

A) Die Epoche des Poetischen Realismus kann etwa von 1748 bis 1790 eingeordnet werden.

B) Die Autorinnen und Autoren wollten vor allem, dass ihre Geschichten möglichst wirklichkeitsnah waren.

C) Sie kritisierten die Zustände ihrer Zeit nicht offensichtlich, sondern überließen es ihren Leserinnen und Lesern, diese zwischen den Zeilen herauszulesen.

D) Zentral in Werken des Poetischen Realismus war die Darstellung von Hässlichem und Schlimmem, zum Beispiel den Folgen der Industrialisierung.

E) In Werken des Realismus steht oft der einzelne Mensch im Mittelpunkt, der in Konflikt mit der Gesellschaft gerät.

**2** Im Folgenden findest du die Inhaltszusammenfassung zu „Romeo und Julia auf dem Dorfe" von Gottfried Keller.

a) Lies zunächst die Inhaltszusammenfassung.

In Gottfried Kellers Werk „Romeo und Julia auf dem Dorfe" geht es um die beiden Bauernkinder Vrenchen und Sali. Beide sind seit ihrer Kindheit befreundet, die Äcker ihrer Väter liegen nebeneinander. Nach einem Streit um einen benachbarten Acker beginnt eine erbitterte Fehde zwischen den Vätern. Die Kinder dürfen sich nicht mehr sehen und die Familien gehen an der Auseinandersetzung zugrunde. Als junge Erwachsene begegnen sich Vrenchen und Sali wieder und verlieben sich ineinander, obwohl sie wissen, dass ihre Beziehung keinen Bestand haben kann. Sie sind beide mittellos und außerdem hat Sali Vrenchens Vater auf den Kopf geschlagen, woraufhin dieser in die Nervenheilanstalt musste. So beschließen sie, sich nach einer gemeinsamen Nacht das Leben zu nehmen.

b) Weise anhand der Inhaltszusammenfassung Merkmale einer Novelle nach.

**3** Wilhelm Busch ist ein bekannter Autor des Realismus.

a) Lest euch folgende Sprüche von ihm durch.

> *Wenn einer, der mit Mühe kaum*
> *gekrochen ist auf einen Baum,*
> *schon meint, dass er ein Vogel wär',*
> *so irrt sich der.*

> *Tugend will ermuntert sein,*
> *Bosheit kann man schon allein.*

b) Tauscht euch über die Bedeutung der Sprüche aus und überlegt, inwiefern sie auch heute noch lehrreich sein können.

 **Portal**

WES-122965-030

*2.1 Über die Ergebnisse der Leseprozesse reflektieren 2.2 Sinn und Struktur anspruchsvollerer literarischer Texte in Inhaltszusammenfassungen erschließen, wesentliche Elemente von Texten erfassen*

**Lesen –**
**Umgang mit**
**Texten**
**und Medien**

# Literarische Zeitreise — Naturalismus

Ferdinands Deutschlehrer möchte mit der Klasse das Theaterstück „Vor Sonnenaufgang" ansehen, ein Stück aus der Epoche des Naturalismus. Bei seinen Recherchen zur Epoche stößt Ferdinand auf folgende Bilder.

**1** Betrachte die Bilder aus Ferdinands Internetrecherche und beschreibe, was darauf zu sehen ist.

*Möckernstraße 115 (Berlin)*
*Küche (5,32 qm, Höhe 2,80 m), die auch als Schlafraum dient*
*(Fotograf: Heinrich Lichte, 1904)*

*Not*
*Blatt 1 aus dem Zyklus „Ein Weberaufstand"*
*(Käthe Kollwitz, 1893/94)*

**2** Erläutere, was die Bilder über die Lebensumstände der Menschen damals aussagen.

**In diesem Kapitel lernst du, ...**

- *die gesellschaftlichen Hintergründe zur Zeit des Naturalismus kennen.*
- *die Merkmale naturalistischer Literatur kennen und verstehen.*
- *ein gesellschaftskritisches Drama zu erschließen und dessen Bedeutung zu verstehen.*
- *ein Drama der literarischen Tradition mit seiner modernen Inszenierung zu vergleichen.*

Literarische Zeitreise — Naturalismus

# Gesellschaftliche Hintergründe zur Zeit des Naturalismus kennenlernen

Neben den Bildern stößt Ferdinand im Internet auf einen interessanten Artikel.

**1** Lies den Artikel.

---

*http://www...*

## Das Leben zur Zeit des Naturalismus

Deutschland erlebte in der zweiten Hälfte des 19. Jahrhunderts einen wirtschaftlichen Aufschwung. Dies lag vor allem an der Gründung und dem Ausbau der Eisenbahn, die als Motor der Industrialisierung gilt. Die Industriekonzerne in den Städten wuchsen stetig an und es wurden immer mehr Arbeiter
5 gebraucht. Waren 1848 von den 35 Millionen Menschen in Deutschland nur etwa 3 % Arbeiter, waren 1875 von dann 43 Millionen Einwohnern bereits 38 % Arbeiter.
Da es auf dem Land immer weniger Arbeit gab, kam es zur Landflucht. Die Menschen gingen zum Arbeiten in die Städte, wodurch zahlreiche Großstädte entstanden. Berlins Bevölkerung wuchs zwischen 1850 und 1910 von 500.000 Einwohnern auf 2 Millionen.

---

**2** In dem Text wird die steigende Landflucht thematisiert. Erkläre den Begriff und erläutere, warum dieser Effekt zur Zeit des Naturalismus so ausgeprägt war. Der Merkkasten auf Seite 88 hilft dir dabei.

**3** Lies die Fortsetzung des Artikels.

---

10 Die Industrialisierung brachte zahlreiche Erfindungen hervor: So entwickelte sich etwa aus der Serienfotografie der Film. Schon 1895 führten die Brüder Lumière in Paris den ersten Stummfilm vor, den sie mit einer neu entwickelten Filmkamera produziert hatten. Neue Transportmittel wie das Automobil (1886), die elektrische Straßenbahn (1881) und die erste U-Bahn Deutschlands (1902) verdrängten langsam die Kutschen aus dem Straßenbild
15 und revolutionierten den Verkehr in den Städten. Auch die Luftfahrt begann sich rasant zu entwickeln. Otto Lilienthal gilt als deutscher Luftfahrtpionier. Er entwickelte in den 1890er Jahren das Gleitflugzeug „Normalsegelapparat", das als erstes Serienflugzeug gilt. Im Jahr 1900 konstruierte Ferdinand Graf von Zeppelin sein erstes und nach ihm benanntes Luftschiff, den Zeppelin. Doch neben den naturwissenschaftlichen Errungenschaften ist
20 diese Zeit auch von gesellschaftlichen Umbrüchen geprägt. Erstmals leben mehr Menschen in der Stadt als auf dem Land. Der Aufschwung hatte jedoch auch Schattenseiten, die mit dem schnellen Fortschritt und der Industrialisierung verbunden waren …

---

**4** Die Zeit des Naturalismus steht für Fortschritt und Weiterentwicklung.
a) Erstelle einen Zeitstrahl mit den wichtigsten Daten und Zahlen des Textes.
b) *„Zahlreiche Errungenschaften dieser Zeit führten zu einer Beschleunigung des Lebens".* Erläutere diese Aussage mithilfe des Zeitstrahls.

**Lesen –**
Umgang mit
**Texten**
und **Medien**

✳ **5**   Recherchiert zu zweit eine der im Text genannten Errungenschaften dieser Zeit im Internet (z. B. die erste Filmvorstellung der Brüder Lumière). Gestaltet gemeinsam ein Werbeplakat, in dem die Weltneuheit als große Sensation beworben wird.

**6**   Vermute, was die Schattenseiten der Industrialisierung sind, von denen am Ende des Textes (Z. 21 f.) gesprochen wird.

**7**   Ferdinand möchte mehr über das Leben zu dieser Zeit erfahren. Er reist in das Jahr 1890 und trifft auf eine Gruppe von Menschen, die sich angeregt unterhält.
     a) Lest mit verteilten Rollen, worüber die Menschen sich in diesem Gespräch austauschen.

*Arno Holz
(1863 – 1929)
beschreibt in
seinen Werken
ungeschönt die
Realität der
Arbeitergesell-
schaft.*

**Ein Weber:** Wir sind extra aus der Provinz nach Berlin gezogen, damit ich Arbeit finde – und jetzt krieg ich gerade so viel, dass es für ein kleines Zimmer reicht, in dem wir zu fünft wohnen! Es ist ein Elend!
**Eine Hausfrau:** Wenigstens hast du Arbeit! Mein Mann rennt seit Monaten von Fir-
5   ma zu Firma und findet nichts … Es gibt viel zu viele, die suchen!
**Eine Mutter:** Wir leben zu sechst in einem kleinen Zimmer. Mein Sohn hustet ständig und ist krank und mein Mann hat immer nur kurz Arbeit, bis er wieder ent-
lassen wird. Das wenige Geld, das er verdient, versäuft er, bevor wir etwas damit anfangen können.
10 **Ein Arbeiter:** Tja, das ist er wohl, dieser wirtschaftliche Aufschwung. Die Reichen profitieren und mit uns einfachen Arbeitern geht man um wie mit dem letzten Dreck. Arno Holz, der Schriftsteller, klagt genau das an! Er spricht dabei von der sozialen Frage. Ich hoffe, seine Stimme wird gehört.

     b) In dem Gespräch wird deutlich, dass neben dem Fortschritt auch viele Missstände vorherrschten. Erläutere mithilfe des Merkkastens, für wen diese Missstände besonders spürbar waren und worunter die Menschen litten.
     c) Erkläre, von wem sich der Arbeiter Unterstützung erhofft, und stelle Vermutungen an, wie diese aussehen könnte.

---

### ⓘ Gesellschaftliche Hintergründe zur Zeit des Naturalismus

Die **zweite Hälfte des 19. Jahrhunderts** war geprägt durch eine **Vielzahl von technischen Erfindungen** (z. B. Eisenbahn, Automobil, Serienfotografie) und **Fortschrittsgedanken**. In den Städten entstanden immer mehr **Industriekonzerne**. Daher zogen viele **Menschen vom Land in die Stadt**, um dort Arbeit zu finden.
Doch die **sogenannte Landflucht** war ein Grund für die **sozialen Missstände** dieser Zeit. Deutlich wird dies vor allem an den **schlechten Lebens- und Arbeitsbedingungen** der Arbeiterschicht. So kam es in vielen Städten zu **einer Verelendung**. Zahlreiche Menschen litten unter den **katastrophalen Wohnverhältnissen**. Zudem breiteten sich **Armut, Hunger, Krankheit und Alkoholismus** in der Gesellschaft aus.

Literarische Zeitreise – Naturalismus

# Merkmale naturalistischer Literatur kennenlernen

Um mehr über die Literatur des Naturalismus zu erfahren, beschließt Ferdinand, Arno Holz, einen der wichtigsten Schriftsteller dieser Epoche, zu besuchen.

**1** Ferdinand möchte von Holz mehr über die Literatur des Naturalismus erfahren.
a) Lest das folgende Gespräch zwischen den beiden in verteilten Rollen.

*Ich habe gehört, Ihnen ist die soziale Frage wichtig. Was genau ist damit gemeint?*

*Damit sind soziale Probleme gemeint, die es in Deutschland seit Mitte des 19. Jahrhunderts gibt. Schau dich um, in den Städten gibt es immer mehr Industrie und die Fabrikbesitzer leben in Saus und Braus. Die verarmte Landbevölkerung drängt in die Städte, um dort bessere Arbeit zu finden. Für all diese Menschen gibt es nicht genug Arbeitsplätze und wer doch Arbeit findet, muss mit katastrophalen Arbeitsbedingungen und niedrigen Löhnen leben.*

*Und mit Ihren Texten wollen Sie auf diese Probleme aufmerksam machen?*

*Genau! Wir Schriftstellerinnen und Schriftsteller wollen unser Publikum aufrütteln. Dabei geht es nicht nur um soziale, sondern auch um politische Missstände. Wir müssen gegen die soziale Ungerechtigkeit vorgehen und den Menschen durch unsere Literatur zeigen, wie ungerecht das Leben unter diesen Bedingungen ist! Deshalb beschreiben wir das Leben in seiner ganzen Realität.
Wir sind der Wahrheit verpflichtet.*

b) Erläutere, was unter der sozialen Frage zu verstehen ist.
c) Fasse in einem Satz zusammen, was der Autor als Aufgabe der Schriftstellerinnen und Schriftsteller versteht.

*2.2 Wesentliche Elemente von Texten erfassen und verschiedenartige Formen von Gesellschaftskritik literaturgeschichtlich richtig einordnen*

**3** Lest auch den zweiten Teil des Gesprächs.

> *Die Literatur des Naturalismus beschreibt das Leben also ganz genau?*

> *Dafür gibt es sogar eine Formel: Kunst = Natur − x und x soll gegen Null gehen. Mit Kunst ist z. B. Literatur gemeint und Natur steht für Realität. Die Literatur soll die Realität also so genau wie möglich abbilden. Der Mensch wird in seiner Umgebung – wir nennen es auch Milieu – detailliert beschrieben. Dafür ist der Sekundenstil eine bewährte Technik. Als Autor schreibe ich alles sekundengenau auf. Jede Bewegung, jeder Ausruf, jeder Atemzug wird notiert. Auch der Dialekt der Figuren wird verschriftlicht. So entsteht ein realitätsgetreues Abbild. Dabei wird auch deutlich, dass der Mensch ein Produkt seiner Umwelt ist und sich nicht frei entfalten kann.*

a) Der Autor erklärt die naturalistische Literatur mit einer Formel. Nenne diese und erläutere ihre Bedeutung in eigenen Worten.

b) Holz beschreibt typische Merkmale naturalistischer Literatur. Wähle aus den folgenden Merkmalen die richtigen aus und erkläre sie. Der Merkkasten hilft dir dabei.

*Wirklichkeit häufig dichterisch ausgestalten – Darstellen der tatsächlichen Realität – Verwendung des Dialekts – Motive der Sehnsucht – Aufzeigen von Missständen*

---

ⓘ **Literatur im Naturalismus**

Die Literaturepoche **Naturalismus** (1880 – 1900) galt als **Protestbewegung** gegen die **politischen und sozialen Verhältnisse** der damaligen Zeit. Dabei stellten die Autorinnen und Autoren die **Wirklichkeit** in ihren Werken **ungeschminkt** dar.

Dabei gilt die Formel: **Kunst = Natur − x** (und x sollte so klein wie möglich sein). Die **Realität** sollte **mit all ihrer Hässlichkeit** beschrieben werden. Denn die Autorinnen und Autoren sahen sich **der Wahrheit verpflichtet** und wollten auf die **Missstände der damaligen Zeit** hinweisen.

Eine Methode war die Verwendung des sogenannten **Sekundenstils**. Handlungen und Abläufe wurden **minutiös dargestellt**, Szenen wurden **detailliert beschrieben**.

S. 311
*Erzählzeit*

So sind **Erzählzeit** (Zeit, die zum Lesen benötigt wird) und **erzählte Zeit** (Zeitspanne, in der die Geschichte spielt) **exakt gleich**.

Ein weiteres Merkmal naturalistischer Literatur war die **Verwendung des Dialekts**, so konnte die Realität des beschriebenen Milieus noch genauer dargestellt werden.

Literarische Zeitreise – Naturalismus

# Ein gesellschaftskritisches Drama kennenlernen

Bevor Ferdinand mit seiner Klasse das Theaterstück „Vor Sonnenaufgang" besucht, möchte er wissen, worum es in dem Drama geht.

S. 310
*Drama*

**1** Ferdinand stößt bei seiner Recherche auf eine Zusammenfassung des Inhalts und auf einen Brief, den Hauptmann vom Schriftsteller Karl Friedrich Henckell erhielt, nachdem dieser das Drama gelesen hatte.
a) Lies zunächst die Zusammenfassung.

*Gerhart Hauptmann (1862–1946)* lebte lange in großer Armut. 1888 schrieb er die Novelle „Bahnwärter Thiel", die sehr erfolgreich war. Mit weiteren Werken wurde er zu einem der bedeutendsten deutschen Dramatiker.

Das soziale Drama „Vor Sonnenaufgang" spielt auf dem bäuerlichen Gut der Familie Krause im schlesischen Witzdorf, einem von Hauptmann erfundenen Ort. Die gesamte Handlung des Stücks entwickelt sich in nur 24 Stunden. Vieles wird detailliert
5 und äußerst genau dargestellt und geschildert, zahlreiche Passagen sind im schlesischen Dialekt verfasst. So sollen die Ursachen der gesellschaftlichen Missstände dieser Zeit realistisch beschrieben werden. Ausgangspunkt der Handlung ist der Besuch des Journalisten und Kritikers der herrschenden sozialen Gegebenheiten Alfred Loth bei seinem ehemaligen Schulfreund Ingenieur Hoffmann. Dieser hat in die
10 Familie Krause, eine sehr einfache, in vielerlei Hinsicht primitive, aber durch den Fund von Kohle in kürzester Zeit zu großem Reichtum gekommene Bauernfamilie, eingeheiratet. Eine weitere Hauptfigur ist Hoffmanns Schwägerin Helene, Krauses Tochter. Sie ist im Gegensatz zum Rest der Familie gebildet und hadert stark mit den vorherrschenden Verhältnissen am Hof und in der Gesellschaft. Loth ist in die Ge-
15 gend gereist, um über die Lebensbedingungen der Bergarbeiter vor Ort eine Studie zu verfassen, dabei würde er seinen ehemaligen Schulfreund aber bloßstellen.

b) Lies nun den Ausschnitt aus dem Brief Henckells an Hauptmann.

Das ist eine furchtbar mächtige Dichtung, die mich tief erschüttert und zur stärksten Bewunderung hingerissen hat. Die existierende Menschheit von der Höhe bis in die grauenvollste Tiefe wahr dargestellt – ich weiß nicht, was ich Lobenderes sagen soll, wenn ich Ihnen hier kurz den ersten, überwältigenden Eindruck berichte. Das Bauer[n]spiel ist großartig bis in die Fingerspitzen hinein. Ich wünsche Ihnen aus vollem Herzen Glück dazu.

c) Sprecht zu zweit über die beiden Texte. Begründet anschließend einzeln schriftlich, woran deutlich wird, dass es sich um ein naturalistisches Stück handelt.

**2** Vermute mit Blick auf die beiden Texte aus Aufgabe 1, welche gesellschaftlich relevanten Themen der damaligen Zeit in dem Stück behandelt werden.

## Den Anfang des Dramas lesen

Ferdinand möchte mehr über Hauptmanns Stück wissen und liest das Drama.

**1** Vor dem jeweiligen Akt wird in dem Drama das Bühnenbild genau beschrieben.

a) Sieh dir das Bühnenbild des ersten Aktes an und lies die Erläuterung darunter.

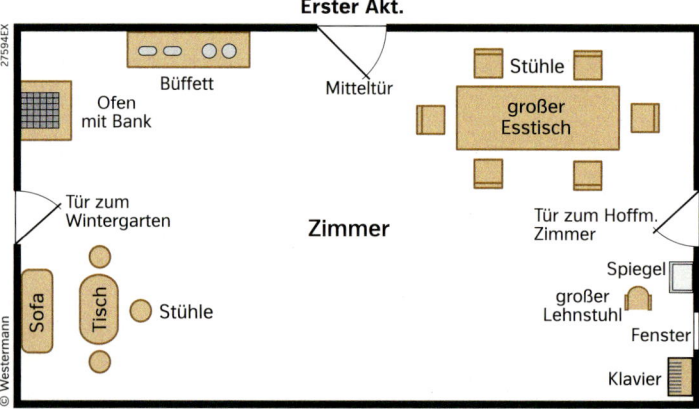

*Das Zimmer ist niedrig; der Fußboden mit guten Teppichen belegt. Moderner Luxus auf bäuerische Dürftigkeit gepfropft. An der Wand hinter dem Esstisch ein Gemälde, darstellend einen vierspännigen Frachtwagen, von einem Fuhrknecht in blauer Bluse geleitet.*

b) Erkläre, wozu Hauptmann das Zimmer so detailliert beschreibt.

✳ c) Skizziert oder zeichnet das Zimmer, wie es, den Anweisungen entsprechend, aus dem Zuschauerraum gesehen wird, und vergleicht eure Ergebnisse miteinander.

**2** Am Anfang des Dramas werden die beiden Hauptpersonen beschrieben.

a) Lies die Beschreibungen von Loth und Hoffmann.

*Loth ist mittelgroß, breitschultrig, untersetzt, in seinen Bewegungen bestimmt, doch ein wenig ungelenk; er hat blondes Haar, blaue Augen und ein dünnes, lichtblondes Schnurrbärtchen, sein ganzes Gesicht ist knochig und hat einen gleichmäßig ernsten Ausdruck. Er ist ordentlich, jedoch nicht weniger als modern gekleidet. Sommerpaletot, Umhängetäschchen, Stock.*

**Sommerpaletot**
sommerlicher
Mantel

*Hoffmann ist etwa dreiunddreißig Jahre alt, schlank, groß, hager. Er kleidet sich nach der neuesten Mode, ist elegant frisiert, trägt kostbare Ringe, Brillantknöpfe im Vorhemd und Berloques an der Uhrkette. Kopfhaar und Schnurrbart schwarz, der letztere sehr üppig, äußerst sorgfältig gepflegt. Gesicht spitz, vogelartig. Ausdruck verschwommen, Augen schwarz, lebhaft, zuweilen unruhig.*

**Berloques**
Schmuck

b) Erkläre, was du durch die Beschreibung über die beiden Personen erfährst.

c) Vermute, warum der Autor die beiden so genau beschreibt.

*2.2 Sinn und Struktur anspruchsvollerer literarischer Texte in Auszügen erschließen und ein Werk der literarischen Tradition mit der entsprechenden Theaterinszenierung vergleichen*

**3** Lest den Dramenbeginn in verteilten Rollen oder hört euch den Auszug im Portal an. Ihr benötigt zum Vorlesen fünf Personen, von denen eine die in Klammern stehenden Regieanweisungen liest.

**))) Portal**

*WES-122965-031*

**Miele.** Bitte! Ich werde den Herrn Inschinnär glei ruffen. Wolln Sie nich Platz nehmen?! *(Die Glastür zum Wintergarten wird heftig aufgestoßen; ein Bauernweib, im Gesicht blaurot vor Wut, stürzt herein. Sie ist nicht viel besser als eine Waschfrau gekleidet. Nackte, rote Arme, blauer Kattunrock und Mieder, rotes punktiertes Brusttuch. Alter: Anfang 40, Gesicht hart,*
5   *sinnlich, bösartig. Die ganze Gestalt sonst gut konserviert.)*
**Frau Krause** *(schreit).* Ihr Madel!! … Richtig! … Doas Loster vu Froovulk! … Naus! mir gahn nischt! … *(halb zu Miele, halb zu Loth:)* A koan orbeita, a hoot Oarme. Naus! hier gibbt's nischt!
**Loth.** Aber Frau … Sie werden doch … ich … ich heiße Loth, bin … wünsche zu …
10   habe auch nicht die Ab…
**Miele.** A wull ock a Herr Inschinnär sprechen.
**Frau Krause.** Beim Schwiegersuhne batteln: doas kenn' mer schunn. – A hoot au nischt, a hoot's au ock vu ins, nischt iis seine! *(Die Tür rechts wird aufgemacht. Hoffmann steckt den Kopf heraus.)*
15   **Hoffmann.** Schwiegermama! – Ich muss doch bitten … *(er tritt heraus, wendet sich an Loth)* Was steht zu … Alfred! Kerl! Wahrhaftig 'n Gott, Du!? Das ist aber mal … nein das is doch mal 'n Gedanke! […] Nu' aber tu' mir den Gefallen, erzähle […], was Du getrieben hast, wie's Dir ergangen ist.
**Loth.** Es ist mir so ergangen, wie ich's erwarten musste. – Hast Du gar nichts von mir
20   gehört? – durch die Zeitungen mein ich.

**Hoffmann** *(ein wenig befangen).* Wüsste nicht.
**Loth.** Nichts von der Leipziger Geschichte?
**Hoffmann.** Ach so, d a s ! – Ja! – Ich glaube … nichts Genaues.
**Loth.** Also, die Sache war folgende:
25   **Hoffmann** *(seine Hand auf Loth's Arm legend).* Ehe Du anfängst: willst Du denn g a r nichts zu Dir nehmen?
**Loth.** Später vielleicht.
**Hoffmann.** Auch nicht ein Gläschen Cognac?
**Loth.** Nein. Das am allerwenigsten.
30   **Hoffmann.** Nun, dann werde ich ein Gläschen … Nichts besser für den Magen. *(Holt Flasche und zwei Gläschen vom Buffet, setzt alles auf den Tisch vor Loth)* Grand Champagne, feinste Nummer; ich kann ihn empfehlen. – Möchtest Du nicht …?
**Loth.** Danke.
**Hoffmann** *(kippt das Gläschen in den Mund).* Oah! – na, nu bin ich ganz Ohr.
35   **Loth.** Kurz und gut: da bin ich eben sehr stark hineingefallen.
**Hoffmann.** Mit zwei Jahren, glaub ich?!
**Loth.** Ganz recht! Du scheinst es ja doch also zu wissen. Zwei Jahre Gefängnis bekam ich, und nach dem haben sie mich noch von der Universität relegiert. Damals war ich — einundzwanzig. Nun! in diesen zwei Gefängnisjahren habe ich mein
40   erstes volkswirtschaftliches Buch geschrieben. Dass es gerade ein Vergnügen ge-

**Tipp**

*Am Anfang (Z. 1–15) hat Holz den gesprochenen Dialekt in die Schriftsprache übersetzt. Hör aufmerksam zu und lies gleichzeitig den Text.*

**Tipp**

*Weil der Text aus dem 19. Jahrhundert stammt, weicht er an einigen Stellen von der geltenden Rechtschreibung ab (z. B. bei der Groß- und Kleinschreibung).*

*relegiert*
*ausgeschlossen*

**brummen**
hier: eine Haft-
strafe verbüßen

wesen, zu brummen, müsste ich allerdings lügen.

**Hoffmann.** Wie man doch einmal so sein konnte! Merkwürdig! So was hat man sich nun allen Ernstes in den Kopf gesetzt. Baare Kindereien sind es gewesen, kann mir nicht helfen, Du! – nach Amerika auswandern 'n Dutzend Gelbschnäbel wie
45    wir! – w i r und Musterstaat gründen! Köstliche Vorstellung!

**Loth.** Kindereien?! – tjaa! In gewisser Beziehung sind es auch wirklich Kindereien gewesen! Wir unterschätzten die Schwierigkeiten eines solchen Unternehmens.

**Hoffmann.** Und dass Du nun wirklich hinaus gingst – nach Amerika – al– len Erns– tes mit leeren Händen … Denk' doch mal an, was es heißt, Grund und Boden für
50    einen Musterstaat mit leeren Händen erwerben zu wollen: das ist ja beinahe ver… jedenfalls ist es einzig naiv.

**Loth.** Ach, gerade mit dem Ergebnis meiner Amerikafahrt bin ich ganz zufrieden.

**Hoffmann** *(laut auflachend).* Kaltwasserkur, vorzügliche Resultate, wenn Du es so meinst.

55 **Loth.** Kann sein, ich bin etwas abgekühlt worden; damit ist mir aber gar nichts B e - s o n d e r e s geschehen. Jeder Mensch macht seinen Abkühlungsprozess durch. Ich bin jedoch weit davon entfernt, den Wert der … nun, sagen wir hitzigen Zeit zu verkennen. Sie war auch gar nicht so furchtbar naiv, wie Du sie hinstellst.

**Hoffmann.** Na, ich weiß nicht?!

60 **Loth.** Du brauchst nur an die Durchschnittskindereien unserer Tage denken: das Couleurwesen auf den Universitäten, das Saufen, das Pauken. Warum all der Lärm? Wie Fips zu sagen pflegte: um Hekuba!

Um Hekuba drehte es sich bei uns doch wohl nicht; wir hatten die allerhöchsten menschheitlichen Ziele im Auge. Und abgesehen davon, diese naive Zeit hat bei
65    mir gründlich mit Vorurteilen aufgeräumt. Ich bin mit der Scheinreligion und Scheinmoral und mit noch manchem Anderen …

*Couleurwesen*
Begriff im Zu-
sammenhang
mit Studenten-
verbindungen

*Hekuba*
Gleichgültigkeit

**Hoffmann.** Das kann ich Dir ja auch ohne Weiteres zugeben. Wenn ich jetzt doch im– merhin ein vorurteilsloser, aufgeklärter Mensch bin, dann verdanke ich das, wie ich g a r n i c h t leugne, den Tagen unseres Umgangs. – Natürlicherweise! – Ich bin der
70    letzte, das zu leugnen. – Ich bin überhaupt in k e i n e r Beziehung Unmensch. Nur muss man nicht mit dem Kopfe durch die Wand rennen wollen. – Man muss nicht die Uebel, an denen die gegenwärtige Generation, leider Gottes, krankt, durch noch größere verdrängen wollen; man muss – alles ruhig seinen natürlichen Gang gehen lassen. Was kommen soll, kommt! P r a k t i s c h, praktisch muss man verfahren!
75    Erinnere Dich! Ich habe das früher g e r a d e so betont, und dieser Grundsatz hat sich bezahlt gemacht. – Das i s t es ja eben. Ihr alle – Du mit eingerechnet – Ihr verfahrt höchst u n praktisch.

**Loth.** Erklär' mir eben mal, wie Du das meinst.

**Hoffmann.** E i n fach! Ihr nützt Eure Fähigkeiten nicht aus. Zum Beispiel Du: 'n Kerl
80    wie Du, mit Kenntnissen, Energie etc., was hätte Dir nicht offen gestanden! Statt– dessen, was machst Du? C o m – p r o – m i t – t i r s t Dich von vornherein d e r a r t … na, Hand auf's Herz! hast Du das nicht manchmal bereut?

*compromittirst*
kompromittie–
ren, bloßstellen

**Loth.** Ich konnte nicht gut bereuen, weil ich ohne Schuld verurteilt worden bin.

**Hoffmann.** Kann ich ja nicht beurteilen, weißt Du.

**4** Zu Beginn des Textauszugs sprechen die Magd Miele und Frau Krause im Dialekt.

a) Klärt im Klassengespräch die Begriffe, die ihr nicht versteht, und fasst die jeweilige Aussage in eigenen Worten zusammen.

b) Erkläre, was die Verwendung des Dialekts hier bewirkt.

**5** Nach der ersten Begegnung zwischen den beiden ehemaligen Schulfreunden wird deutlich, dass sie sich im Laufe der Jahre ganz unterschiedlich entwickelt haben.

a) Loth und Hoffmann hatten das gemeinsame Ziel, nach Amerika auszuwandern. Erläutere, was sie in Amerika vorhatten.

b) Zeige auf, wie die beiden heute zu dieser Idee stehen.

**6** Ein wichtiges Merkmal des Naturalismus ist der Sekundenstil.

a) Bestimme mithilfe des Merkkastens auf Seite 90, welche der folgenden Definition zum Sekundenstil passt.

| | |
|---|---|
| **A** Sekundenstil meint, dass das Geschehen in seinem Ablauf sekundengenau dargestellt wird. Somit sind die erzählte Zeit und die Erzählzeit gleich. | **B** Sekundenstil meint, dass in jeder Sekunde etwas Wichtiges passiert. Der Text muss hoch konzentriert gelesen werden, damit einem nichts entgeht. |

b) Weise den Sekundenstil anhand der markierten Textstelle (S. 93, Z. 25 – 36) nach und beschreibe dessen Wirkung.

## Konflikte im Drama nachvollziehen

**1** Lies die folgende Zusammenfassung.

*Im weiteren Gespräch erfährt Loth, dass Hoffmanns Frau Martha hochschwanger ist. Trotz der unterschiedlichen Ansichten der beiden ehemaligen Schulfreunde beschließt Loth, auf dem Hof zu übernachten. Beim Abendessen, bei dem viel Alkohol getrunken wird, stellt der nüchterne Loth fest, dass es in dem Dorf viele Alkoholiker gibt. Er berichtet dabei von einer Be-*
5 *gegnung mit einem Betrunkenen im benachbarten Wirtshaus. Die Familienmitglieder stellen peinlich berührt fest, dass es sich dabei um den Hofbesitzer Krause handelte. Loth sagen sie davon nichts. Sowohl beim Abendessen als auch in den Gesprächen mit den Hofbewohnern, erkennt Loth, dass es der Familie an Benehmen und Moral fehlt. Lediglich Helene, einer der beiden Töchter des Hofes, hält er für gebildet. Sie teilt seine Ansichten von Gerechtigkeit und*
10 *scheint das Leben ihrer eigenen Familie zu missbilligen. Im Gespräch werden sich die beiden immer vertrauter. Als Loth seinem ehemaligen Schulfreund Hoffmann schließlich den Grund für seinen Besuch nennt und erzählt, dass er über die örtlichen Bergleute eine Studie verfassen möchte, kommt es zum Streit. Hoffmann möchte unbedingt verhindern, dass über die Lebensverhältnisse der Bergleute etwas an die Öffentlichkeit gerät. Als Loth schließlich abreisen will,*
15 *gesteht Helene ihm ihre Liebe.*

**Lesen –** Umgang mit **Texten** und **Medien**

**2** Erkläre, warum Hoffmann nicht möchte, dass die Lebensverhältnisse der Bergleute an die Öffentlichkeit geraten.

**3** Im Drama spielt der Alkoholismus eine zentrale Rolle. Erläutere, warum Hauptmann gerade wohlhabende Menschen, wie etwa Herrn Krause, als alkoholabhängig darstellt.

**4** Vermute, wie sich die Liebesgeschichte zwischen Loth und Helene weiterentwickelt.

🔊 **Portal**
WES-122965-032

**5** Lest in verteilten Rollen, wie das Stück weitergeht, oder hört euch den Dialog auf dem Portal an.

*majorenn*
*volljährig*

**Helene** *(von Loth's Armen fest umschlungen, ihren Kopf an seiner Brust mit verschleierten, glückseligen Augen, flüstert im Überschwang).* Ach! – wie schön! Wie schön –!

**Loth.** So mit Dir sterben!

**Helene** *(mit Inbrunst).* Leben! … *(Sie löst sich aus seinen Armen.)* Warum denn jetzt
5      sterben? … jetzt …

**Loth.** Das musst Du nicht falsch auffassen. Von jeher berausche ich mich … besonders in glücklichen Momenten berausche ich mich in dem Bewusstsein, es in der Hand zu haben, weißt Du!

**Helene.** Den Tod in der Hand zu haben?

10 **Loth** *(ohne jede Sentimentalität).* Ja! und so hat er gar nichts Grausiges, im Gegenteil, so etwas Freundschaftliches hat er für mich. Man ruft und weiß bestimmt, dass er kommt. Man kann sich dadurch über alles Mögliche hinwegheben, Vergangenes – und Zukünftiges … *(Helenen's Hand betrachtend.)* Du hast eine so wunderhübsche Hand. *(Er streichelt sie.)*

15 **Helene.** Ach ja! – so … *(Sie drückt sich aufs Neue in seine Arme.)*

**Loth.** Nein, weißt Du! ich hab' nicht gelebt! … bisher nicht!

**Helene.** Denkst Du ich? … Mir ist fast taumelig … taumelig bin ich vor Glück. Gott! wie ist das – nur so auf einmal … […]

**Loth.** Deine Stiefmutter würde mich wohl — abweisen.

20 **Helene.** Ach, meine Stiefmutter … das wird wohl gar nicht … gar nichts geht's die an! Ich mache, was ich will … Ich hab mein mütterliches Erbteil, musst Du wissen.

**Loth.** Deshalb meinst Du …

**Helene.** Ich bin majorenn. Vater muss mir's auszahlen.

**Loth.** Du stehst wohl nicht gut – mit allen hier? – Wohin ist denn Dein Vater verreist?

25 **Helene.** Verr… Du hast …? Ach, Du hast Vater noch nicht gesehen?

**Loth.** Nein! Hoffmann sagte mir …

**Helene.** Doch! … hast Du ihn schon einmal gesehen.

**Loth.** Ich wusste nicht! … Wo denn, Liebste?

**Helene.** Ich … *(Sie bricht in Tränen aus.)* Nein, ich kann – kann Dir's noch nicht sagen
30      … zu furchtbar schrecklich ist das.

**Loth.** Furchtbar schrecklich? Aber Helene! ist denn Deinem Vater etwas …

**Helene.** Ach! – frag' mich nicht! Jetzt nicht! Später!

*2.2 Sinn und Struktur anspruchsvollerer literarischer Texte in Auszügen erschließen, typische Motive erkennen und unter Verwendung von Fachbegriffen die Beziehungen zwischen den Figuren herausarbeiten*

**Loth.** Was Du mir nicht freiwillig sagen willst, danach werde ich Dich auch gewiss nicht mehr fragen … Sieh mal, was das Geld anlangt … im schlimmsten Falle …

35 ich verdiene ja mit dem Artikelschreiben nicht gerade überflüssig viel, aber ich denke, es müsste am Ende für uns beide ganz leidlich hinreichen.

**Helene.** Und ich würde doch auch nicht müßig sein. Aber besser ist besser. Das Erbteil ist vollauf genug – Und Du sollst Deine Aufgabe … nein, die sollst Du unter keiner Bedingung aufgeben, jetzt erst recht …! jetzt sollst Du erst recht die Hände

40 frei bekommen.

**Loth** (sie innig küssend). Liebes, edles Geschöpf! …

**Helene.** Hast Du mich wirklich lieb …? … Wirklich? … wirklich?

**Loth.** Wirklich. […]

**Loth.** Deine Stiefmutter ist zänkisch. – Nicht? – Vielleicht eifersüchtig? – lieblos?

45 **Helene.** Der Vater …?

**Loth.** Nun! – der wird aller Wahrscheinlichkeit nach in ihr Horn blasen. – Tyrannisiert sie ihn vielleicht?

**Helene.** Wenn's w e i t e r nichts wär … Nein! … es ist zu entsetzlich! – Du kannst nicht darauf kommen – dass … dass der – mein Vater … dass es mein Vater war –

50 den – Du …

**Loth.** Weine nur nicht, Lenchen! … siehst Du – nun möcht ich beinah ernstlich darauf dringen, dass Du mir …

**Helene.** Nein! es geht nicht! Ich habe noch nicht die Kraft – es – Dir …

**Loth.** Du reibst Dich auf, so.

55 **Helene.** Ich schäme mich zu bodenlos! – Du … Du wirst mich fortstoßen, fortjagen …! Es ist über alle Begriffe …. Ekelhaft ist es!

**Loth.** Lenchen, Du kennst mich nicht – sonst würd'st Du mir so etwas nicht zutrauen. – Fortstoßen! fortjagen! Komme ich Dir denn wirklich so brutal vor?

**Helene.** Schwager Hoffmann sagte: Du würdest – kaltblütig …. Ach nein! nein!

60 nein! das tust Du doch nicht! gelt? – Du schreitest nicht über mich weg? tu es nicht!! – Ich weiß nicht – was – dann noch aus – mir werden sollte.

**Loth.** Ja, aber das ist ja Unsinn! Ich hätte ja gar keinen Grund dazu.

**Helene.** Also Du hältst es doch für möglich?!

**Loth.** Nein! – eben n i c h t .

*zänkisch*
*streitsüchtig*

**6** In dem Gespräch wird deutlich, dass Helene mit Loth nicht über alle Gegebenheiten in ihrer Familie sprechen kann.

a) Erkläre, warum Helene Loth verschweigt, dass ihr Vater alkoholkrank ist.

b) Verdeutliche, wie Loth reagiert, als er merkt, dass Helene ihm etwas verschweigt.

✴ c) Verfasse einen inneren Monolog aus der Sicht Helenes, aus dem auch hervorgeht, warum sie Loth nichts vom Alkoholismus ihres Vaters sagen möchte.

S. 314
*(innerer) Monolog*

*2.2 Unterschiedliche Werthaltungen und Lebenseinstellungen reflektierend mit den eigenen vergleichen, typische Motive erkennen und unter Verwendung von Fachbegriffen die Beziehungen zwischen den Figuren herausarbeiten*

## Das Ende des Stücks erschließen

**1** Lies die folgende Zusammenfassung und die Fortsetzung des Stücks oder höre dir die Audiodatei an.

))) **Portal**
WES-122965-033

*Als schließlich die Wehen bei Hoffmanns Frau Martha einsetzen, wird der örtliche Arzt, Dr. Schimmelpfennig, gerufen. Dieser ist ein alter Freund von Loth. Die beiden treffen sich nach langer Zeit wieder. Als der Arzt im Gespräch von Loth erfährt, dass dieser sich in Helene verliebt hat, die beiden sich bereits über die Ehe einig sind und gemeinsam den Hof verlassen wollen, kommt es zu folgendem Gespräch:*

**Dr. Schimmelpfennig** *(nach einigen unruhigen Anläufen).* Die Geschichte ist leider die: ich halte mich für verpflichtet … ich schulde Dir unbedingt eine Aufklärung. Du wirst Helene Krause, glaub ich, nicht heiraten können.

**Loth** *(kalt).* So, glaubst Du?

5    **Dr. Schimmelpfennig.** Ja, ich bin der Meinung. Es sind da Hindernisse vorhanden, die gerade Dir …

**Loth.** Hör' mal Du: mach' Dir darüber um Gottes Willen keine Skrupel. Die Verhältnisse liegen auch gar nicht mal so kompliziert, sind im Grunde sogar furchtbar einfach.

10    **Dr. Schimmelpfennig.** Einfach furchtbar solltest Du eher sagen.

**Loth.** Ich meine, was die Hindernisse anbetrifft.

**Dr. Schimmelpfennig.** Ich auch zum Teil. Aber auch überhaupt: ich kann mir nicht denken, dass Du diese Verhältnisse hier kennen solltest.

**Loth.** Ich kenne sie aber doch ziemlich genau.

15    **Dr. Schimmelpfennig.** Dann musst Du notwendigerweise Deine Grundsätze geändert haben.

**Loth.** Bitte, Schimmel, drück' Dich etwas deutlicher aus.

**Dr. Schimmelpfennig.** Du musst unbedingt Deine Hauptforderung in Bezug auf die Ehe fallen gelassen haben, obgleich Du vorhin durchblicken ließt, es käme Dir
20    nach wie vor darauf an, ein an Leib und Seele gesundes Geschlecht in die Welt zu setzen.

**Loth.** Fallen gelassen? … fallen gelassen? Wie soll ich denn das …

**Dr. Schimmelpfennig.** Dann bleibt nichts übrig … dann kennst Du eben doch die Verhältnisse nicht. Dann weißt Du zum Beispiel nicht, dass Hoffmann einen Sohn hatte, der mit drei Jahren bereits am Alkoholismus zu Grunde ging.
25

**Loth.** Wa…was – sagst Du?

**Dr. Schimmelpfennig.** S' tut mir leid, Loth, aber sagen muss ich Dir's doch. Du kannst ja dann noch machen, was Du willst. Die Sache war kein Spaß. Sie waren gerade wie jetzt zum Besuch hier. Sie ließen mich holen, eine halbe Stunde zu
30    spät. Der kleine Kerl hatte längst verblutet. *(Loth mit den Zeichen tiefer, furchtbarer Erschütterung an des Doktors Munde hängend.)*

**Dr. Schimmelpfennig.** Nach der Essigflasche hatte das dumme Kerlchen gelangt

in der Meinung, sein geliebter Fusel sei darin. Die Flasche war herunter- und das
35 Kind in die Scherben gefallen. Hier unten siehst Du, die *vena saphena*, die hatte es
sich vollständig durchschnitten.

**Loth.** W… w…essen Kind sagst Du …? […]

**Dr. Schimmelpfennig.** Hoffmann's und eben derselben Frau Kind, die da oben wieder … Und auch die trinkt, trinkt bis zur Besinnungslosigkeit, trinkt, soviel sie
40 bekommen kann.

**Loth.** Also von Hoffmann … Hoffmann geht es nicht aus?!

**Dr. Schimmelpfennig.** Bewahre! Das ist tragisch an dem Menschen; er leidet darunter, so viel er überhaupt leiden kann. Im Übrigen hat er's gewusst, dass er in
eine Potatorenfamilie hinein kam. Der Bauer nämlich kommt überhaupt gar
45 nicht mehr aus dem Wirtshaus.

*Potatorenfamilie*
*Familie mit
Alkoholproblem*

**Loth.** Dann freilich – begreife ich manches – nein! Alles begreife ich – alles. *(Nach
einem dumpfen Schweigen:)* Dann ist ihr Leben hier … Helenens Leben – ein … ein –
wie soll ich sagen?! mir fehlt der Ausdruck dafür – … nicht?

**2** Dr. Schimmelpfennig rät Loth von der Heirat ab. Erkläre, wie der Arzt dies begründet.

**3** Versetze dich in die Lage Loths und schreibe auf, wie du reagieren würdest.
Lies deine Antwort in der Klasse vor.

**4** Lies, wie das Stück endet.

*Helene, die ihrer Schwester als Geburtshelferin zur Seite stand, kommt mit der traurigen
Nachricht, dass es sich um eine Totgeburt handelt, zurück in die Wohnstube, dabei stellt sie
fest, dass Loth verschwunden ist. Sie findet einen von Loth an sie gerichteten Brief und über-
fliegt diesen. Als Helene feststellt, dass Loth sie verlassen hat, ergreift sie den Hirschfänger
und verschwindet in Hoffmanns Zimmer. Kurz darauf geht ein Dienstmädchen in Hoffmanns
Zimmer und eilt schreiend wieder heraus.*

*Hirschfänger*
*Jagdmesser*

**5** Helene kann als die tragische Figur in Hauptmanns Drama bezeichnet werden.
Erkläre, warum sie zum einen als leuchtende Ausnahme ihrer Familie gelten kann,
zum anderen aber auch Opfer ihrer Familie ist.

**W** **6** Wähle im Folgenden zwischen a) und b).
a) Wenige Tage nach dem Verlassen des Hofes liest Loth in der Zeitung die Todes-
anzeige Helenes. Loth besucht daraufhin Helenes Grab und spricht zu der Toten.
Verfasse eine Rede, aus der hervorgeht, was er ihr zum Abschied noch sagen möchte.
b) Schreibe einen Brief aus der Sicht von Dr. Schimmelpfennig an Loth, in dem du ihm
von Helenes Tod berichtest.

**7** Erkläre mithilfe des Merkkastens von Seite 100, warum es sich bei diesem Schluss um
ein typisches Ende eines naturalistischen Dramas handelt.

*2.2 Unter Verwendung von Fachbegriffen die Beziehungen zwischen den Figuren herausarbeiten und verschieden-
artige Formen von Gesellschaftskritik in ausgewählten literarischen Werken des 19. Jahrhunderts literaturgeschichtlich richtig einordnen*

**8** „Vor Sonnenaufgang" wurde am 20. Oktober 1889 in Berlin uraufgeführt. Von Beginn an war das Stück höchst umstritten.

a) Lies den Auszug einer Aufzeichnung zu einer der ersten Aufführungen des Stücks.

> Aber auch die Schar der Gegner war kampfbereit. Ja einige derselben hatten sich im wirklichen Sinne des Wortes ausgerüstet, nämlich mit sogenannten „Radau-Flöten". Der bekannte Arzt und Journalist Dr. Kastan brachte sogar in der Tasche verborgen eine richtige Geburtszange mit, um sie im geeigneten Moment diesmal zu einem anderen ärztlichen Zweck gebrauchen zu können. Man spielte das Stück mühsam zu Ende, lachte den Helden des Dramas aus und jubelte doch wieder den Verfasser hervor – um dann zu zischen. *Text gekürzt.*

b) Erklärt, was anhand dieses Auszugs deutlich wird.

c) Diskutiert, was den Kritikerinnen und Kritikern des Stücks in der damaligen Zeit missfallen haben könnte, der Merkkasten hilft euch dabei.

**9** Nachdem Ferdinand das Drama gelesen hat, besucht er den Autor Gerhart Hauptmann, um sich zu vergewissern, ob er das Stück richtig verstanden hat. Versetze dich in die Rolle des Autors und beantworte Ferdinands Fragen:

> *Was kritisieren Sie an der Gesellschaft Ihrer Zeit und was müsste sich Ihrer Meinung nach ändern?*
>
> *Wozu haben Sie dieses Stück geschrieben?*
>
> *Warum spielt der Alkoholismus darin eine so bedeutende Rolle?*
>
> *Weshalb lassen Sie am Ende ausgerecht Helene sterben?*

> ...

## ⓘ Das Drama im Naturalismus

Das **Drama** wurde vor allem in den **1890er-Jahren** zur begehrten Gattung. **Themen** waren häufig **soziale Auseinandersetzungen** sowie **Leid, Krankheit, Alkoholismus** und **Elend**. Oft endeten naturalistische Dramen in einer **Katastrophe**.
**Merkmale des naturalistischen Dramas** sind vor allem:
- häufig verwendeter **Dialekt**
- verwendeter **Sekundenstil**
- genau **beschriebenes Bühnenbild**
- zahlreiche detaillierte **Regieanweisungen**

Durch die Verwendung dieser Merkmale sollen **Personen und Situationen** so **realistisch und genau wie möglich** dargestellt werden.
Am naturalistischen Drama wurde **kritisiert**, dass **negative Entwicklungen bloß aufgezeigt wurden, ohne einen möglichen Ausweg zu präsentieren**. Auch die **Vermischung von Epik und Dramatik** wurde kritisch gesehen. Dadurch trat die eigentliche Handlung häufig eher in den Hintergrund, weil der Fokus stärker darauf lag, die Charaktereigenschaften der Figuren herauszuarbeiten.

Literarische Zeitreise — Naturalismus

# Das Drama aus heutiger Sicht betrachten

Als Ferdinand mit seiner Klasse schließlich das Stück im Theater sieht, stellt er fest, dass sich dieses von dem gelesenen Drama unterscheidet.

**1** Der österreichische Dramatiker Ewald Palmetshofer hat Hauptmanns Drama ins Heute übersetzt.
   a) Sieh dir den Trailer zur Inszenierung des Schauspiels Frankfurt im Internet an.
   b) Beschreibe deinen ersten Eindruck der Version Palmetshofers und erläutere, inwiefern sich diese von Hauptmanns Drama zu unterscheiden scheint.
   c) Lies die Beschreibung des Stücks von Palmetshofer.

 **Tipp**

Verwende die Suchbegriffe **Schauspiel Frankfurt + Vor Sonnenaufgang**, um den Theatertrailer zu finden.

**Speckgürtel**
Umland einer größeren Stadt

> Palmetshofer holt das Stück aus dem bäuerlichen Milieu, wo Hauptmann teils noch schwer verständlich Schlesisch sprechen ließ, in den restländlichen Speckgürtel einer Stadt, in der heutiges Deutsch gesprochen wird. Statt mit einem Bauern-Clan hat man es jetzt mit einer mittelständischen Familie zu tun, die es
> 5 ebenfalls zu einigem Wohlstand gebracht hat, wodurch die Gemütslagen sich etwas verschoben haben. Der Hausvater, Egon Krause, ist auch bei Palmetshofer einer, der dem Alkohol stark zugeneigt ist.
> Krauses ältere Tochter Martha ist schwanger und taucht, während sie im Original unsichtbar blieb, nun verstärkt auf: als eine unter Depressionen leidende Frau,
> 10 der die Schwangerschaft und all die Zumutungen, die damit verbunden sind, die Laune noch mehr verhageln. Während bei Hauptmann der Alkoholismus als vererbbare Sucht die gesamte Familie bedroht, ist bei Palmetshofer vor allem die Depression ein zeitgemäßes Übel, das jederzeit die Menschen befallen kann. Ein unverhoffter Besucher, der Journalist Alfred Loth, wirkt in aller Ruhe anziehend –
> 15 und bedrohlich. Er ist ein alter Schulfreund von Marthas Gatten Thomas, der sich im Dienste des Erfolgs dem rechten Rand zugewendet hat. Zwischen den ehemaligen Klassenkameraden entspinnen sich passiv-aggressive Wortduelle, in denen es untergründig und am Ende ganz offen um den Ausverkauf der linken Ideale von einst geht. Tragisch muss das naturalistische Drama natürlich enden, gestern
> 20 wie heute. Auf eine Katastrophe lässt Hauptmann eine weitere folgen – den zweiten Schlag erspart Palmetshofer aber den Zuschauern. *Text gekürzt.*

**2** Zwischen den Versionen von Hauptmann und Palmetshofer gibt es einige Gemeinsamkeiten und Unterschiede.
   a) Fertige eine Tabelle nach dem Muster auf der folgenden Seite an und vervollständige sie anhand der folgenden Stichpunkte.

*Ort des Geschehens – Hauptfiguren – Milieu der Familie – Sprache – Streitthema zwischen Loth und Schulfreund – beschriebenes zeitgemäßes Übel – erzählte Liebesgeschichte – schwangere alkoholkranke Martha*

| | Hauptmanns Version | Palmetshofers Version |
|---|---|---|
| Ort des Geschehens | Schlesien | Speckgürtel einer deutschen Stadt |
| Hauptfiguren | Familie Krause, Hoffmann und Alfred Loth | … |
| Milieu der Familie | … | … |
| … | … | … |

b) Erkläre, worin die Hauptunterschiede zwischen Palmetshofers aktueller Version des Stückes und der originalen Version von Hauptmann liegen.

c) Vermute, warum der Dramaturg diese Veränderungen vorgenommen hat.

**3** Die Bilder zeigen Szenen aus dem Stück von Palmetshofer, das 2019 vom Schauspiel Frankfurt inszeniert wurde. Zu sehen sind Loth (dunkelhaarig) und Hoffmann.

a) Vermute, aus welchen dir bekannten Szenen die Bilder entnommen sein könnten, und begründe deine Antwort.

b) Beschreibe das Aussehen der beiden Hauptfiguren.
Lies anschließend noch einmal auf Seite 92, wie Hauptmann die beiden Personen darstellt, und gehe dann auf die Unterschiede ein.

c) Vermute, warum Palmetshofer für die beiden Personen ein anderes äußeres Erscheinungsbild als Hauptmann wählt.

**4** In einem Interview sagte Ewald Palmetshofer: „*Die Figur der Martha tritt in Gerhart Hauptmanns Vorlage gar nicht auf. Ich habe sie sozusagen hinzuerfunden und versucht, ihr eine Stimme und ein Gesicht zu geben.*" Vermute, weshalb es ihm wichtig war, Martha in seinem Stück erscheinen zu lassen.

✳ **5** Palmetshofer wollte das Stück ins 21. Jahrhundert übertragen und an die heutige Gesellschaft anpassen. Sammelt zu zweit Ideen, mit welchen weiteren oder anderen Veränderungen man das Stück noch modernisieren könnte.

**6** Erkläre, ob du lieber Hauptmanns oder Palmetshofers Version von „Vor Sonnenaufgang" im Theater sehen würdest. Begründe deine Antwort und diskutiere mit deinen Mitschülerinnen und Mitschülern.

Literarische Zeitreise – Naturalismus

# Überprüfe dein Wissen und Können

**1** Erkläre in wenigen Sätzen, inwiefern das Bild rechts typisch für die Zeit des Naturalismus ist.

**2** Schreibe die richtigen Aussagen zur Epoche des Naturalismus auf und verbessere die falschen.

A) Die Epoche des Naturalismus ist etwa zwischen 1880–1900 einzuordnen.

B) Landflucht meint, dass Menschen von der Stadt aufs Land flüchteten.

C) Nur wenige Menschen litten unter katastrophalen Wohnverhältnissen.

D) In den Werken des Naturalismus sollte die Wirklichkeit geschönt wiedergegeben werden.

E) Die Epoche des Naturalismus galt als Protestbewegung gegen die politischen und sozialen Verhältnisse der damaligen Zeit.

**3** Zeige auf, welche Merkmale naturalistischer Literatur in folgendem Dialog zwischen Loth und dem Arbeiter Beibst aus dem Drama „Vor Sonnenaufgang" zu erkennen sind.

**Loth** *(tritt aus der Haustür, steht still, dehnt sich, tut mehrere tiefe Atemzüge).* H! … h! … Morgenluft! *(Er geht langsam nach dem Hintergrunde zu bis unter den Torweg. Zu Beibst:)* Guten Morgen! Schon so früh wach?

**Beibst** *(misstrauisch aufschielend, unfreundlich).* 'Murja! *(Kleine Pause, hierauf Beibst,*
5 *ohne Loth's Anwesenheit weiter zu beachten, gleichsam im Zwiegespräch mit seiner Sense, die er mehrmals aufgebracht hin und herreißt.)* Krummes Oos! na, werd's glei?! Ekch! Himmeldunnerschlag ja! *(Er dengelt weiter).*

**Loth** *(hat sich zwischen die Sterzen eines Exstirpators niedergelassen).* Es gibt wohl Heu-ernte heut?

10 **Beibst** *(grob).* De Äsel gihn ei's Hä itzunder.

*dengeln*
*eine Sense schärfen*

*Sterzen*
*Griffe*

*Exstirpator*
*landwirtschaftliches Gerät zum Lockern des Bodens*

*De Äsel gihn ei's Hä itzunder*
*Die Esel gehen jetzt ins Heu.*

**4** Ewald Palmetshofer sagte über das Drama „Vor Sonnenaufgang" von Hauptmann: *„Vieles an Hauptmanns Stück ist stark zeithistorisch bedingt und erschwert uns als heutigem Publikum den Zugang."*

a) Erkläre die Aussage in eigenen Worten.

b) Wiederhole, wie Palmetshofer versucht, das Drama von Hauptmann in die heutige Zeit zu übersetzen.

 **Portal**

WES-122965-034

*2.2 Sinn und Struktur anspruchsvollerer literarischer Texte erschließen, typische Motive erkennen und ein Werk der literarischen Tradition mit der entsprechenden Theaterinszenierung vergleichen*

**Lesen –**
Umgang mit
**Texten**
und **Medien**

# Literarische Zeitreise –
# Anfang des 20. Jahrhunderts

Mit seiner Freundin Sina besucht Ferdinand eine Ausstellung zur Kunst des 20. Jahrhunderts in dem Münchner Museum „Neue Pinakothek". Ein Bild beeindruckt die beiden besonders.

**1** Betrachtet das Bild „Großstadt" (1927/28) von Otto Dix und beschreibt, was ihr darauf sehen könnt. Geht dabei auf die dargestellten Gegensätze ein.

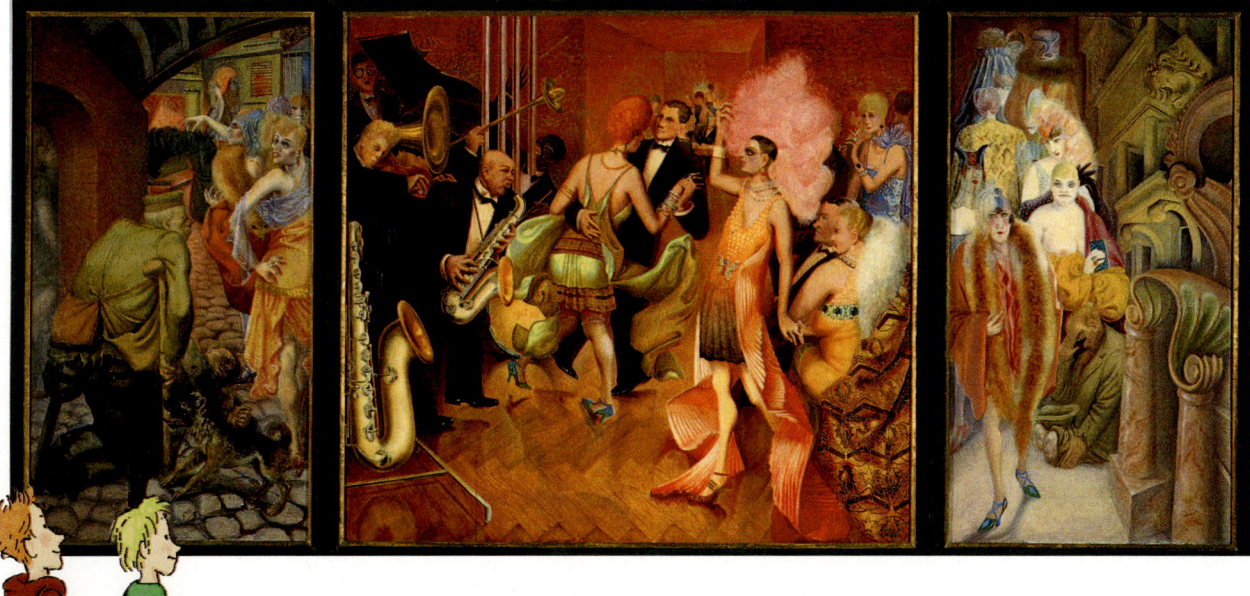

**2** Erklärt mithilfe eures Geschichtswissens, was die Bilder über die Lebensumstände der Menschen zu Beginn des 20. Jahrhunderts aussagen. Folgende Stichpunkte helfen euch dabei:

*Arbeitslosigkeit — „Goldene Zwanziger" — Weltwirtschaftskrise —*
*Weimarer Republik — Nachkriegszeit — Krankheit — Inflation*

**In diesem Kapitel lernst du, …**
- *die gesellschaftlichen Hintergründe zu Beginn des 20. Jahrhunderts kennen.*
- *Inhalt und Bedeutung des Zeitromans „Im Westen nichts Neues" kennen und verstehen.*
- *was man unter Gebrauchslyrik versteht und zwei Beispiele dafür kennen.*

Literarische Zeitreise – Anfang des 20. Jahrhunderts

# Gesellschaftliche Hintergründe zu Beginn des 20. Jahrhunderts kennenlernen

Zu Hause angekommen möchte Ferdinand noch mehr über die gesellschaftlichen Hintergründe des frühen 20. Jahrhunderts erfahren. Im Internet findet er folgenden Informationstext.

**1** Lest euch den ersten Teil zunächst einmal durch.

Zu Beginn des 20. Jahrhunderts entstanden zahlreiche neue literarische Strömungen, unter anderem Expressionismus (ca. 1905 – 1925) und Neue Sachlichkeit (ca. 1918 – 1933). Werke des Expressionismus thematisieren Gefühle wie Angst und Einsamkeit, um die traumatischen Erfahrungen des Ersten Weltkriegs und dessen
5 Folgen zu verarbeiten. Als Reaktion auf den Expressionismus zeichnet sich die Neue Sachlichkeit hingegen durch eine sachliche Betrachtung der politischen und gesellschaftlichen Situation aus. In Deutschland ist dieser Stil eng mit dem Aufstieg und Niedergang der Weimarer Republik verbunden. 1933 wird die Literatur des frühen 20. Jahrhunderts von der pathetisch-ideologischen Literatur der Nationalsozia-
10 listen abgelöst, viele Schriften und Werke dieser Zeit werden verbrannt. Vor allem die Autorinnen und Autoren, die ins Exil flüchten, halten an der Neuen Sachlichkeit fest, sodass ihre Merkmale auch die deutsche Literaturepoche der Exilliteratur (1933 – 1945) prägen. *Text verändert.*

S. 316
*Weimarer Republik*

**2** Erklärt, mit welchen geschichtlichen Ereignissen die Literatur des frühen 20. Jahrhunderts verknüpft ist, und erzählt, was ihr darüber aus dem Geschichtsunterricht wisst.

**3** Lest nun die Fortsetzung des Informationstextes.

*Schlange vor einer Butter-Handlung (1923)*

Am 9. November 1918 wurde mit der Weimarer Republik
15 die erste deutsche Demokratie ausgerufen. Doch die junge Republik war von Anfang an sehr instabil. Die Folgen des Ersten Weltkrieges (1914 – 1918) machten sich bemerkbar: Hunger, Wohnungsnot, eine hohe Arbeitslosigkeit und Krankheiten bestimmten den Alltag der Bevölkerung. Viele
20 der verkrüppelten Kriegsheimkehrer mussten betteln. Wie schon zu Kriegszeiten, so wurden Lebensmittel nach wie vor rationalisiert, das heißt, die Menschen mussten weiter Lebensmittelmarken einlösen und lange Schlangestehen, um überhaupt Essen zu bekommen. Die Inflation trieb die Preise für Nahrungsmittel so weit in die Höhe,
25 dass sich kaum eine Familie noch Eier, Milch, Gemüse oder Fleisch leisten konnte. Täglich verhungerten hunderte Menschen.

Die im Versailler Vertrag von 1919 festgelegten Reparationszahlungen, die Deutschland als Kriegsverlierer an die anderen Länder zahlen musste, belasteten die Republik zusätzlich – und stärkten die Gegner der Weimarer Republik. Denn eine

**Inflation**
*anhaltende Preiserhöhung bei gleichzeitig sinkender Kaufkraft des Geldes mit der Folge, dass Geld seinen Wert verliert*

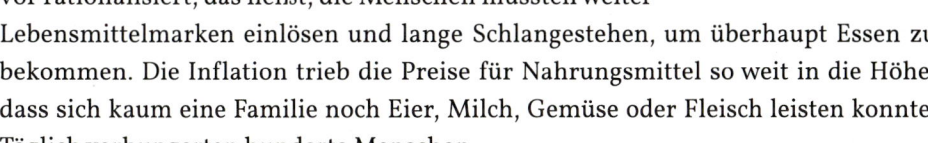
*2.1 Sich mit Texten unterschiedlicher Art gründlich auseinandersetzen und über die Ergebnisse der Leseprozesse auch gemeinsam mit anderen reflektieren*

**Absinth**
alkoholisches
Getränk

**Charleston**
Gesellschafts-
tanz aus den USA

**Grammophon**
Vorläufer des
Plattenspielers

30 grundlegende Demokratisierung hat es nicht gegeben. Viele Angestellte im Staats-
dienst sowie große Teile der Bevölkerung wollten die Monarchie zurück. Rechte und
linke Extremisten stachelten immer wieder Aufstände an. Erst 1924 begann eine
kurze Phase der Stabilität. Sie hielt bis 1929 an und umfasst das, was als die Goldenen Zwanziger bezeichnet wird.

35      Es ist vor allem das blühende kulturelle Leben, das den „Goldenen Zwanzigern"
ihren Ruf verschafft. Denn die Zeit ist geprägt von Zuversicht und Lebensfreude: Es
entstehen Cafés, Theater und Varietés. Kinos entwickeln sich zur Massenunterhal-
tung. […] Dank der Einführung des Achtstundentages und Urlaubsregelungen können sich diejenigen, die eine gute Arbeit haben, nun auch Freizeitaktivitäten leis-
40 ten. Vor allem das Nachtleben in den Großstädten ist ausgelassen und freizügig. Es
wird Absinth getrunken und in den Ballhäusern wird Charleston getanzt. Frauen […]
nehmen sich die Freiheit, in aller Öffentlichkeit Zigaretten zu rauchen. Immer mehr
Menschen können sich auch Grammophone für Zuhause leisten. Und in der Folge
spielt die Musik eine ganz neue Rolle: Auf Konzerten werden die großen Berliner
45 Stars gefeiert. […]

     In dieser kulturell sehr lebhaften
Zeit entwickelte sich auch die Literatur des beginnenden 20. Jahrhunderts
sehr stark. Doch bereits 1929 stürzte
50 die Weltwirtschaftskrise die Weimarer Republik in eine erneute Krise. Von
dieser erholte sie sich nicht mehr. Die
Ernennung Adolf Hitlers zum Reichskanzler am 30. Januar 1933 besiegelte
das Ende der Weimarer Republik. […]

*Text verändert.*

*Arbeitslose vor dem Arbeitsamt in Hannover (1930)*

**4**   Im Text heißt es: *„Doch die junge Republik war von Anfang an sehr instabil"* (Z. 11 f.).
     a) Erklärt mithilfe des Textinhalts, was mit diesem Satz gemeint ist, und nennt Gründe
         für diese Instabilität.
     b) Erläutert, wann sich dieser Zustand änderte und wie lange dies anhielt.

**W 5**   Wähle im Folgenden zwischen a) oder b).
     a) Verfasse ein Gespräch zweier Personen, die kurz nach Ende des Ersten Weltkriegs vor
         einem Lebensmittelgeschäft Schlange stehen. Gehe dabei auf die gesellschaftlichen
         Verhältnisse und die damit verbundenen Ängste und Sorgen ein.
     b) Verfasse ein Gespräch zweier Personen, die im Jahre 1926 in ein Berliner Tanzcafé
         gehen. Gehe dabei auf die gesellschaftlichen Verhältnisse und die damit verbundenen
         Auswirkungen auf Leben und Alltag ein.

**6**   Tragt verschiedene Gespräche aus Aufgabe 5 innerhalb der Klasse vor und sprecht über
     das unterschiedliche Lebensgefühl zu Beginn des 20. Jahrhunderts. Setzt dieses in
     Bezug zu den gesellschaftlichen Hintergründen der Zeit.

*2.1 Verfahren zur Texterschließung routiniert anwenden*
*2.2 Zur Vertiefung des Textverständnisses und zur Erlangung von Erkenntnissen produktive Methoden anwenden*

Literarische Zeitreise – Anfang des 20. Jahrhunderts

# Einen Zeitroman des frühen 20. Jahrhunderts kennenlernen

Auf der Suche nach einem passenden Buch aus der Zeit des beginnenden 20. Jahrhunderts wird Ferdinand von seinem Vater der Bestseller „Im Westen nichts Neues" von Erich Maria Remarque empfohlen. Um herauszufinden, ob ihn das Buch tatsächlich interessiert, liest er sich zunächst eine Zusammenfassung des Inhalts durch.

*Erich Maria Remarque (1898–1970)* war ein deutscher Schriftsteller, der in seinen Romanen die Grausamkeit des Krieges thematisierte.

**1** Lies die Inhaltszusammenfassung.

Der neunzehnjährige Paul Bäumer ist im Ersten Weltkrieg Soldat an der Westfront. Seine Klasse hatte sich 1916 auf Drängen ihres Lehrers Kantorek geschlossen zum freiwilligen Kriegsdienst gemeldet. Bereits während des Drills in der zehnwöchigen Grundausbildung haben die Schüler begriffen, dass die ihnen bisher vermittelten
5 Werte beim Militär ihre Gültigkeit verlieren. Das Barackenlager von Pauls Kompanie liegt neun Kilometer hinter der Front. Paul und seine Freunde bilden eine Gruppe um den älteren Katczinsky. Der kriegserfahrene Mann wird zur Identifikationsfigur; von ihm lernt Paul zu überleben: Essen aufzutreiben, die Gefährlichkeit von Geschossen an ihrem Geräusch zu erkennen und sich mit dem Instinkt eines Tieres
10 in Sicherheit zu bringen. Bei den Fronteinsätzen kommen zahllose Kameraden ums Leben. Die Gefallenen werden zum Teil durch unerfahrene Soldaten aus dem Rekrutierungslager ersetzt, die den extremen Anforderungen des Stellungskrieges hilflos ausgeliefert sind. Immer wieder denkt Paul darüber nach, dass er und seine Generation für das Leben verloren sind. Auf Heimaturlaub in Friesland erkennt Paul, wie
15 weit er sich innerlich von seiner Vergangenheit entfernt hat. Über die grauenhaften Fronterlebnisse kann und will er mit niemandem reden. Verständnis und menschliche Nähe findet er nur unter den Kameraden, die sein Schicksal teilen. Bei einem Angriff wird Paul verwundet, muss nach einem längeren Aufenthalt im Lazarett jedoch zurück ins Feld. In den folgenden Monaten erlebt er, wie seine Kameraden
20 in aussichtslosen Kämpfen aufgerieben werden; sie kommen im Trommelfeuer ums Leben, werden von Granaten zerfetzt oder ersticken bei Gasangriffen.

**2** Fasse den Inhalt des Buches mit eigenen Worten zusammen und gehe dabei auch auf die genannten Personen und ihre Beziehung zum Protagonisten Paul Bäumer ein.

| Lehrer Kantorek | Paul Bäumer | Josef Behm | Albert Kropp | Stanislaus Katczinsky |

*2.2 Wesentliche Elemente von Texten erfassen und unter Verwendung von Fachbegriffen die Beziehungen zwischen den Figuren herausarbeiten*

**Lesen –**
Umgang mit
**Texten**
und **Medien**

**3** Ferdinand möchte verstehen, warum Paul Bäumer sich freiwillig zum Kriegsdienst gemeldet hat. Er beschließt, ins Jahr 1928 zu reisen, um Erich Maria Remarque einen Besuch abzustatten. Dieser liest ihm folgende Textstelle vor:

> Kantorek war unser Klassenlehrer, ein strenger, kleiner Mann in grauem Schoßrock, mit einem Spitzmausgesicht. Er hatte ungefähr dieselbe Statur wie der Unteroffizier Himmelstoß, der „Schrecken des Klosterberges". Es ist übrigens komisch, dass das Unglück der Welt so oft von
> 5 kleinen Leuten herrührt, sie sind viel energischer und unverträglicher als großgewachsene. Ich habe mich stets gehütet, in Abteilungen mit kleinen Kompanieführern zu geraten; es sind meistens verfluchte Schinder. Kantorek hielt uns in den Turnstunden so lange Vorträge, bis unsere Klasse unter seiner Führung geschlossen zum Bezirkskomman-
> 10 do zog und sich meldete. Ich sehe ihn noch vor mir, wie er uns durch seine Brillengläser anfunkelte und mit ergriffener Stimme fragte: „Ihr geht doch mit, Kameraden?"
>   Diese Erzieher haben ihr Gefühl so oft in der Westentasche parat; sie geben es ja auch stundenweise aus. Doch darüber machten wir uns da-
> 15 mals noch keine Gedanken. Einer von uns allerdings zögerte und wollte nicht recht mit. Das war Josef Behm, ein dicker, gemütlicher Bursche. Er ließ sich dann aber überreden, er hätte sich auch sonst unmöglich gemacht. Vielleicht dachten noch mehrere so wie er; aber es konnte sich niemand gut ausschließen, denn mit dem Wort „feige" waren um die-
> 20 se Zeit sogar Eltern rasch bei der Hand. Die Menschen hatten eben alle keine Ahnung von dem, was kam. Am vernünftigsten waren eigentlich die armen und einfachen Leute; sie hielten den Krieg gleich für ein Unglück, während die bessergestellten vor Freude nicht aus noch ein wussten, obschon gerade sie sich über die Folgen viel eher hätten klarwerden
> 25 können. Katczinsky behauptet, das käme von der Bildung, sie mache dämlich. Und was Kat sagt, das hat er sich überlegt.

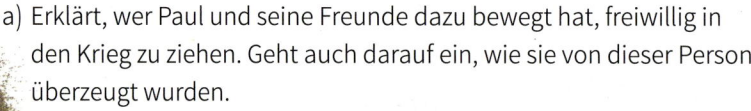

a) Erklärt, wer Paul und seine Freunde dazu bewegt hat, freiwillig in den Krieg zu ziehen. Geht auch darauf ein, wie sie von dieser Person überzeugt wurden.

b) Stellt Vermutungen an, weshalb Josef Behm zunächst zögerte, den Worten Kantoreks zu folgen.

c) Diskutiert Kats Aussage, dass Bildung dämlich mache. Was ist in diesem Kontext damit gemeint?

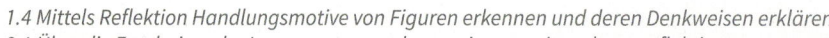

**4** Lest, wie es weitergeht.

Sonderbarerweise war Behm einer der ersten, die fielen. Er erhielt bei einem Sturm einen Schuss in die Augen, und wir ließen ihn für tot liegen. Mitnehmen konnten wir ihn nicht, weil wir überstürzt zurück mussten. Nachmittags hörten wir ihn plötzlich
30 rufen und sahen ihn draußen herumkriechen. Er war nur bewusstlos gewesen. Weil er nichts sah und wild vor Schmerzen war, nutzte er keine Deckung aus, so dass er von drüben abgeschossen wurde, ehe jemand herankam, um ihn zu holen.

Man kann Kantorek natürlich nicht damit in Zusammenhang bringen; – wo bliebe die Welt sonst, wenn man das schon Schuld nennen wollte. Es gab ja Tausende von
35 Kantoreks, die alle überzeugt waren, auf eine für sie bequeme Weise das Beste zu tun. Darin liegt aber gerade für uns ihr Bankrott. Sie sollten uns Achtzehnjährigen Vermittler und Führer zur Welt des Erwachsenseins werden, zur Welt der Arbeit, der Pflicht, der Kultur und des Fortschritts, zur Zukunft. Wir verspotteten sie manchmal und spielten ihnen kleine Streiche, aber im Grunde glaubten wir ihnen. Mit dem Be-
40 griff der Autorität, dessen Träger sie waren, verband sich in unseren Gedanken größere Einsicht und menschlicheres Wissen. Doch der erste Tote, den wir sahen, zertrümmerte diese Überzeugung. Wir mussten erkennen, dass unser Alter ehrlicher war als das ihre; sie hatten vor uns nur die Phrase und die Geschicklichkeit voraus. **Das erste Trommelfeuer zeigte uns unseren Irrtum, und unter ihm stürzte die**
45 **Weltanschauung zusammen, die sie uns gelehrt hatten.**

Während sie noch schrieben und redeten, sahen wir Lazarette und Sterbende; – während sie den Dienst am Staate als das Größte bezeichneten, wussten wir bereits, dass die Todesangst stärker ist. Wir wurden darum keine Meuterer, keine Deserteure, keine Feiglinge – alle diese Ausdrücke waren ihnen ja so leicht zur Hand –, wir liebten
50 unsere Heimat genauso wie sie, und wir gingen bei jedem Angriff mutig vor; – aber wir unterschieden jetzt, wir hatten mit einem Male sehen gelernt. Und wir sahen, dass nichts von ihrer Welt übrig blieb. Wir waren plötzlich auf furchtbare Weise allein; – und wir mussten allein damit fertig werden.

*Meuterer*
*ein Soldat, der den Befehl eines Vorgesetzten missachtet*

*Deserteur*
*ein Soldat, der fahnenflüchtig wird, also unerlaubt von seiner Truppe wegläuft*

**5** Lest den fett gedruckten Satz nochmals. Erklärt anschließend, was damit gemeint ist und woran für Paul und seine Kameraden dieser Irrtum sichtbar wird.

## Kriegsdarstellung im Roman untersuchen

**1** Um die Schrecken des Krieges deutlich zu machen, zeigt Remarque Ferdinand eine weitere Szene.
a) Lest den Romanauszug oder hört euch die Audiodatei an.

))) **Portal**
*WES-122965-035*

In diesem Augenblick pfeift es hinter uns, schwillt, kracht, donnert. Wir haben uns gebückt – hundert Meter vor uns schießt eine Feuerwolke empor. In der nächsten Minute hebt sich ein Stück Wald unter einem zweiten Einschlag langsam über die Gipfel, drei, vier Bäume segeln mit und brechen dabei in Stücke. Schon zischen wie
5 Kesselventile die folgenden Granaten heran – scharfes Feuer – „Deckung!" brüllt je-

**Lesen –
Umgang mit
Texten
und Medien**

mand – „Deckung!" – Die Wiesen sind flach, der Wald ist zu weit und gefährlich; – es gibt keine andere Deckung als den Friedhof und die Gräberhügel. Wir stolpern im Dunkel hinein, wie hingespuckt klebt jeder gleich hinter einem Hügel. Keinen Moment zu früh. Das Dunkel wird wahnsinnig. Es wogt und tobt. Schwärzere Dunkel-

10 heiten als die Nacht rasen mit Riesenbuckeln auf uns los, über uns hinweg. Das Feuer der Explosionen überflackert den Friedhof. Nirgendwo ist ein Ausweg. Ich wage im Aufblitzen der Granaten einen Blick auf die Wiesen. Sie sind ein aufgewühltes Meer, die Stichflammen der Geschosse springen wie Fontänen heraus. Es ist ausgeschlossen, dass jemand darüber hinwegkommt. Der Wald verschwindet, er wird

15 zerstampft, zerfetzt, zerrissen. Wir müssen hier auf dem Friedhof bleiben.

    Vor uns birst die Erde. Es regnet Schollen. Ich spüre einen Ruck. Mein Ärmel ist aufgerissen durch einen Splitter. Ich balle die Faust. Keine Schmerzen. Doch das beruhigt mich nicht, Verletzungen schmerzen stets erst später. Ich fahre über den Arm. Er ist angekratzt, aber heil. Da knallt es gegen meinen Schädel, dass mir das Bewusst-

20 sein verschwimmt. Ich habe den blitzartigen Gedanken: Nicht ohnmächtig werden!, versinke in schwarzem Brei und komme sofort wieder hoch. Ein Splitter ist gegen meinen Helm gehauen, er kam so weit her, dass er nicht durchschlug. Ich wische mir den Dreck aus den Augen. Vor mir ist ein Loch aufgerissen, ich erkenne es undeutlich. Granaten treffen nicht leicht in denselben Trichter, deshalb

25 will ich hinein. Mit einem Satze schnelle ich mich lang vor, flach wie ein Fisch über den Boden, da pfeift es wieder, rasch krieche ich zusammen, greife nach der Deckung, fühle links etwas, presse mich daneben, es gibt nach, ich stöhne, die Erde zerreißt, der Luftdruck donnert

30 in meinen Ohren, ich krieche unter das Nachgebende, decke es über mich, es ist Holz, Tuch, Deckung, Deckung, armselige Deckung vor herabschlagenden Splittern. Ich öffne die Augen, meine Finger halten einen Ärmel umklammert, einen Arm. Ein Verwundeter?

35 Ich schreie ihm zu, keine Antwort – ein Toter. Meine Hand fasst weiter, in Holzsplitter, da weiß ich wieder, dass wir auf dem Friedhof liegen.

    b) Fasse die Eindrücke und Geschehnisse, die Paul während des Angriffs erlebt, zusammen.

))) **Portal**

*WES-122965-036*

**2**   Lest, wie der Angriff weitergeht, oder hört euch die Audiodatei an.

Aber das Feuer ist stärker als alles andere. Es vernichtet die Besinnung, ich krieche nur noch tiefer unter den Sarg, er soll mich schützen, und wenn der Tod selber in ihm liegt.

    Vor mir klafft der Trichter. Ich fasse ihn mit den Augen wie mit Fäusten, ich muss

40 mit einem Satz hinein. Da erhalte ich einen Schlag ins Gesicht, eine Hand klammert sich um meine Schulter – ist der Tote wieder erwacht? – Die Hand schüttelt mich, ich wende den Kopf, in sekundenkurzem Licht starre ich in das Gesicht Katczinskys, er hat den Mund weit offen und brüllt, ich höre nichts, er rüttelt mich, nähert sich; in einem Moment Abschwellen erreicht mich seine Stimme: „Gas – Gaaas – Gaaas! –

*2.2 Sinn und Struktur anspruchsvollerer literarischer Texte in Auszügen oder Ganzschriften erschließen und wesentliche Elemente von Texten erfassen*

45 Weitersagen!" Ich reiße die Gaskapsel heran. Etwas entfernt von mir liegt jemand. Ich denke an nichts mehr als an dies: Der dort muss es wissen: „Gaaas – Gaaas –!" Ich rufe, schiebe mich heran, schlage mit der Kapsel nach ihm, er merkt nichts – noch einmal, noch einmal – er duckt sich nur – es ist ein Rekrut – ich sehe verzweifelt nach Kat, er hat die Maske vor – ich reiße meine auch heraus, der Helm fliegt beiseite, sie

50 streift sich über mein Gesicht, ich erreiche den Mann, am nächsten liegt mir seine Kapsel, ich fasse die Maske, schiebe sie über seinen Kopf, er greift zu – ich lasse los – und liege plötzlich mit einem Ruck im Trichter.

Der dumpfe Knall der Gasgranaten mischt sich in das Krachen der Explosivgeschosse. Eine Glocke dröhnt zwischen die Explosionen, Gongs, Metallklappern

55 künden überallhin – Gas – Gas – Gaaas – Hinter mir plumpst es, einmal, zweimal. Ich wische die Augenscheiben meiner Maske vom Atemdunst sauber. Es sind Kat, Kropp und noch jemand. Wir liegen zu viert in schwerer, lauernder Anspannung und atmen so schwach wie möglich. Die ersten Minuten mit der Maske entscheiden über Leben und Tod: ist sie dicht? Ich kenne die furchtbaren Bilder aus dem Lazarett: Gaskranke,

60 die in tagelangem Würgen die verbrannten Lungen stückweise auskotzen. Vorsichtig, den Mund auf die Patrone gedrückt, atme ich. Jetzt schleicht der Schwaden über den Boden und sinkt in alle Vertiefungen. Wie ein weiches, breites Quallentier legt er sich in unseren Trichter, räkelt sich hinein. Ich stoße Kat an: Es ist besser herauszukriechen und oben zu liegen, als hier, wo das Gas sich am meisten sammelt. Doch

65 wir kommen nicht dazu, ein zweiter Feuerhagel beginnt. Es ist, als ob nicht mehr die Geschosse brüllen; es ist, als ob die Erde selbst tobt.

Mit einem Krach saust etwas Schwarzes zu uns herab. Hart neben uns schlägt es ein, ein hochgeschleuderter Sarg. Ich sehe Kat sich bewegen und krieche hinüber. Der Sarg ist dem vierten in unserem Loch auf den ausgestreckten Arm geschlagen.

70 Der Mann versucht, mit der andern Hand die Gasmaske abzureißen. Kropp greift rechtzeitig zu, biegt ihm die Hand hart auf den Rücken und hält sie fest. Kat und ich gehen daran, den verwundeten Arm frei zu machen. Der Sargdeckel ist lose und geborsten, wir können ihn leicht abreißen, den Toten werfen wir hinaus, er sackt nach unten, dann versuchen wir, den unteren Teil zu lockern. Zum Glück wird der Mann

75 bewusstlos, und Albert kann uns helfen. Wir brauchen nun nicht mehr so behutsam zu sein und arbeiten, was wir können, bis der Sarg mit einem Seufzer nachgibt unter den darunter gesteckten Spaten.

Es ist heller geworden. Kat nimmt ein Stück des Deckels, legt es unter den zerschmetterten Arm, und wir binden alle unsere Verbandspäckchen darum. Mehr

80 können wir im Moment nicht tun. Mein Kopf brummt und dröhnt in der Gasmaske, er ist nahe am Platzen. Die Lungen sind angestrengt, sie haben nur immer wieder denselben heißen, verbrauchten Atem, die Schläfenadern schwellen, man glaubt zu ersticken – Graues Licht sickert zu uns herein. Wind fegt über den Friedhof.

Ich schiebe mich über den Rand des Trichters. In der schmutzigen Dämmerung liegt
85 vor mir ein ausgerissenes Bein, der Stiefel ist vollkommen heil, ich sehe das alles
ganz deutlich im Augenblick. Aber jetzt erhebt sich wenige Meter weiter jemand, ich
putze die Fenster, sie beschlagen mir vor Aufregung sofort wieder, ich starre hinüber – der Mann dort trägt keine Gasmaske mehr. Noch Sekunden warte ich – er bricht
nicht zusammen, er blickt suchend umher und macht einige Schritte – der Wind hat
90 das Gas zerstreut, die Luft ist frei – da zerre ich röchelnd ebenfalls die Maske weg
und falle hin, wie kaltes Wasser strömt die Luft in mich hinein, die Augen wollen
brechen, die Welle überschwemmt mich und löscht mich dunkel aus.

**3**   Am nächsten Tag sitzt Paul mit seinen Kameraden Kat und Kropp im Lager zusammen
und unterhält sich mit ihnen über den Angriff.

a) Verfasse einen Dialog der Freunde, in dem ihre Gedanken und Gefühle bezüglich des
Angriffs deutlich werden. So kannst du beginnen:

**Kat:**     *Mensch Leute, mir schlottern immer noch die Knie.*
            *Was war denn das für ein Tag? Ich dachte echt, das*
            *Gas bringt uns alle um!*

**Paul:**    *Hör mir auf, Kat, ich bekomme heute Nacht bestimmt*
            *wieder kein Auge zu. Wie geht es dir, Kropp?*

**Kropp:**   ...

**☀ Tipp**

*Lies die Zusammen-
fassung von
Seite 107 noch-
mals!*

b) Lies die folgenden Gedanken, die sich Paul macht. Stelle anschließend Vermutungen
darüber an, was die feindlichen Angriffe bei den jungen Männern auslösen und
welche Folgen sich daraus für sie ergeben.

Aus uns sind gefährliche Tiere geworden. Wir kämpfen nicht, wir verteidigen uns vor
der Vernichtung. Wir schleudern die Granaten nicht gegen Menschen, was wissen
wir im Augenblick davon, dort hetzt mit Händen und Helmen der Tod hinter uns her,
wir können ihm seit drei Tagen zum ersten Mal ins Gesicht sehen, wir können uns
5 seit drei Tagen zum ersten Mal wehren gegen ihn, wir haben eine wahnsinnige Wut,
wir liegen nicht mehr ohnmächtig wartend auf dem Schafott, wir können zerstören
und töten, um uns zu retten und zu rächen.

*2.2 Sinn und Struktur anspruchsvollerer literarischer Texte in Auszügen oder Ganzschriften erschließen, wesentliche
Elemente von Texten erfassen und zur Vertiefung des Textverständnisses und zur Erlangung von Erkenntnissen
für die eigene Persönlichkeitsentwicklung selbstständig produktive Methoden anwenden*

## Sich in eine Hauptfigur hineinversetzen

**1**   Ferdinand erfährt beim Weiterlesen des Romans, dass Paul kurze Zeit nach dem
Gasangriff für zwei Wochen auf Heimaturlaub gehen darf.
a) Lest folgende Textstelle.

Und dann stehe ich vor der braunen Tür mit der abgegriffenen Klinke, und die Hand
wird mir schwer. Ich öffne sie; die Kühle kommt mir wunderlich entgegen, sie macht
meine Augen unsicher. Unter meinen Stiefeln knarrt die Treppe. Oben klappt eine
Tür, jemand blickt über das Geländer. Es ist die Küchentür, die geöffnet wurde, sie
5   backen dort gerade Kartoffelpuffer, das Haus riecht danach, heute ist ja auch Sonnabend, und es wird meine Schwester sein, die sich herunterbeugt. Ich schäme mich
einen Augenblick und senke den Kopf, dann nehme ich den Helm ab und sehe hinauf.
Ja, es ist meine älteste Schwester. „Paul!", ruft sie. „Paul –!" Ich nicke, mein Tornister stößt gegen das Geländer, mein Gewehr ist so schwer. Sie reißt eine Tür auf und
10   ruft: „Mutter, Mutter, Paul ist da." Ich kann nicht mehr weitergehen. Mutter, Mutter,
Paul ist da. Ich lehne mich an die Wand und umklammere meinen Helm und mein
Gewehr. Ich umklammere sie, so fest es geht, aber ich kann keinen Schritt mehr machen, die Treppe verschwimmt vor meinen Augen, ich stoße mir den Kolben auf die
Füße und presse zornig die Zähne zusammen, aber ich kann nicht gegen dieses eine
15   Wort an, das meine Schwester gerufen hat, nichts kann dagegen an, ich quäle mich
gewaltsam, zu lachen und zu sprechen, aber ich bringe kein Wort hervor, und so stehe ich auf der Treppe, unglücklich, hilflos, in einem furchtbaren Krampf, und will
nicht, und die Tränen laufen mir immer nur so über das Gesicht.

b) Fasst zusammen, wie es Paul bei seiner Ankunft im Elternhaus ergeht, und findet
Gründe für sein Verhalten.

**2**   Lest, was passiert, als Paul auf seine Mutter trifft.

Nun höre ich die Stimme meiner Mutter. Sie kommt aus dem Schlafzimmer. „Ist
sie nicht auf?", frage ich meine Schwester. „Sie ist krank –", antwortet sie. Ich gehe
hinein zu ihr, gebe ihr die Hand und sage, so ruhig ich kann: „Da bin ich, Mutter."
Sie liegt im Halbdunkel. Dann fragt sie angstvoll, und ich fühle, wie ihr Blick mich
5   abtastet: „Bist du verwundet?" „Nein, ich habe Urlaub." Meine Mutter ist sehr blass.
Ich scheue mich, Licht zu machen. „Da liege ich nun und weine", sagt sie, „anstatt
mich zu freuen." „Bist du krank, Mutter?", frage ich. „Ich werde heute etwas aufstehen", sagt sie und wendet sich zu meiner Schwester, die immer auf einen Sprung in
die Küche muss, damit ihr das Essen nicht anbrennt: „Mach auch das Glas mit den
10   eingemachten Preiselbeeren auf, – das isst du doch gern?", fragt sie mich. „Ja, Mutter, das habe ich lange nicht gehabt." „Als ob wir es geahnt hätten, dass du kommst",
lacht meine Schwester, „gerade dein Lieblingsessen, Kartoffelpuffer, und jetzt sogar
mit Preiselbeeren." „Es ist ja auch Sonnabend", antworte ich. „Setz dich zu mir", sagt
meine Mutter. Sie sieht mich an. Ihre Hände sind weiß und kränklich und schmal

15 gegen meine. Wir sprechen nur einige Worte, und ich bin ihr dankbar dafür, dass sie nichts fragt. Was soll ich auch sagen: Alles, was möglich war, ist ja geschehen. Ich bin heil herausgelangt und sitze neben ihr. Und in der Küche steht meine Schwester und macht das Abendbrot und singt dazu. „Mein lieber Junge", sagt meine Mutter leise. Wir sind nie sehr zärtlich in der Familie gewesen, das ist nicht üblich bei armen

20 Leuten, die viel arbeiten müssen und Sorgen haben. Sie können das auch nicht so verstehen, sie beteuern nicht gern etwas öfter, was sie ohnehin wissen. Wenn meine Mutter zu mir „lieber Junge" sagt, so ist das so viel, als wenn eine andere wer weiß was anstellt. Ich weiß bestimmt, dass das Glas mit Preiselbeeren das einzige ist seit Monaten und dass sie es aufbewahrt hat für mich, ebenso wie die schon alt schme-

25 ckenden Kekse, die sie mir jetzt gibt. Sie hat sicher bei einer günstigen Gelegenheit einige erhalten und sie gleich zurückgelegt für mich.

Ich sitze an ihrem Bett, und durch das Fenster funkeln in Braun und Gold die Kastanien des gegenüberliegenden Wirtsgartens. Ich atme langsam ein und aus und sage mir: „Du bist zu Hause, du bist zu Hause." Aber eine Befangenheit will nicht von mir

30 weichen, ich kann mich noch nicht in alles hineinfinden. Da ist meine Mutter, da ist meine Schwester, da mein Schmetterlingskasten und da das Mahagoniklavier – aber ich bin noch nicht ganz da. Es sind ein Schleier und ein Schritt dazwischen. Deshalb gehe ich jetzt, hole meinen Tornister ans Bett und packe aus, was ich mitgebracht habe: einen ganzen Edamer Käse, den Kat mir besorgt hat, zwei Kommissbrote, drei-

35 viertel Pfund Butter, zwei Büchsen Leberwurst, ein Pfund Schmalz und ein Säckchen Reis. „Das könnt ihr sicher gebrauchen –"

Sie nicken. „Hier ist es wohl schlecht damit?", erkundige ich mich. „Ja, es gibt nicht viel. Habt ihr denn draußen genug?" Ich lächele und zeige auf die mitgebrachten Sachen. „So viel ja nun nicht immer, aber es geht doch einigermaßen." Erna bringt die

40 Lebensmittel fort. Meine Mutter nimmt plötzlich heftig meine Hand und fragt stockend: „War es sehr schlimm draußen, Paul?" Mutter, was soll ich dir darauf antworten! Du wirst es nicht verstehen und nie begreifen. Du sollst es auch nie begreifen. War es schlimm, fragst du. – Du, Mutter. – Ich schüttele den Kopf und sage: „Nein, Mutter, nicht so sehr. Wir sind ja mit vielen zusammen, da ist es nicht so schlimm."

45 „Ja, aber kürzlich war Heinrich Bredemeyer hier, der erzählte, es wäre jetzt furchtbar draußen, mit dem Gas und all dem andern." Es ist meine Mutter, die das sagt. Sie sagt: mit dem Gas und all dem andern. Sie weiß nicht, was sie spricht, sie hat nur Angst um mich. Soll ich ihr erzählen, dass wir einmal drei gegnerische Gräben fanden, die erstarrt waren in ihrer Haltung, wie vom Schlag getroffen? Auf den Brustwehren,

50 in den Unterständen, wo sie gerade waren, standen und lagen die Leute mit blauen Gesichtern, tot. „Ach, Mutter, was so geredet wird", antworte ich, „der Bredemeyer erzählt nur so etwas dahin. Du siehst ja, ich bin heil und dick –"

**Kommissbrot**
*einfaches, halt-
bares Brot zur
Versorgung an
der Front*

a) Erläutert, weshalb Paul zunächst dankbar ist, dass seine Mutter nichts fragt.
b) Vermutet, warum er seine Mutter, auf die Frage hin, ob es im Krieg „sehr schlimm"
   (Z. 41) sei, anlügt.
c) Findet Gründe für Pauls Sprachlosigkeit am Ende der Textstelle. Geht dabei auch
   darauf ein, wie er sich durch die Kriegserlebnisse verändert hat.

**3**  In zwei weiteren Textstellen erfährt man viel über Pauls Einstellung zum Krieg.
a) Lest zunächst die folgende Textstelle.

Ich bin jung, ich bin zwanzig Jahre alt; aber ich kenne vom Leben nichts anderes als die Verzweiflung, den Tod, die Angst und die Verkettung sinnlosester Oberflächlichkeit mit einem Abgrund des Leidens. Ich sehe, dass Völker gegeneinandergetrieben werden und sich schweigend, unwissend, töricht, gehorsam, unschuldig töten.
5  Ich sehe, dass die klügsten Gehirne der Welt Waffen und Worte erfinden, um das alles noch raffinierter und länger dauernd zu machen. Und mit mir sehen das alle Menschen meines Alters hier und drüben, in der ganzen Welt, mit mir erlebt das meine Generation. Was werden unsere Väter tun, wenn wir einmal aufstehen und vor sie hintreten und Rechenschaft fordern? Was erwarten sie von uns, wenn eine
10  Zeit kommt, wo kein Krieg ist? Jahre hindurch war unsere Beschäftigung Töten – es war unser erster Beruf im Dasein. Unser Wissen vom Leben beschränkt sich auf den Tod. Was soll danach noch geschehen? Und was soll aus uns werden?

b) Erklärt, welche Gedanken sich Paul in Bezug auf die Zeit, „wo kein Krieg ist" (Z. 9 f.) macht, und begründet eure Aussagen am Text.

**4**  Lest nun die zweite Textstelle.

Es ist Herbst. Von den alten Leuten sind nicht mehr viele da. Ich bin der letzte von den sieben Mann aus unserer Klasse hier. Jeder spricht von Frieden und Waffenstillstand. Alle warten. Wenn es wieder eine Enttäuschung wird, dann werden sie zusammenbrechen, die Hoffnungen sind zu stark, sie lassen sich nicht mehr fortschaffen,
5  ohne zu explodieren. Gibt es keinen Frieden, dann gibt es Revolution.
       Ich habe vierzehn Tage Ruhe, weil ich etwas Gas geschluckt habe. In einem kleinen Garten sitze ich den ganzen Tag in der Sonne. Der Waffenstillstand kommt bald, ich glaube es jetzt auch. Dann werden wir nach Hause fahren. Hier stocken meine Gedanken und sind nicht weiterzubringen. […] Wären wir 1916 heimgekommen, wir
10  hätten aus dem Schmerz und der Stärke unserer Erlebnisse einen Sturm entfesselt. Wenn wir jetzt zurückkehren, sind wir müde, zerfallen, ausgebrannt, wurzellos und ohne Hoffnung. Wir werden uns nicht mehr zurechtfinden können. […] Wir sind überflüssig für uns selbst, wir werden wachsen, einige werden sich anpassen, andere sich fügen, und viele werden ratlos sein; – die Jahre werden zerrinnen, und schließ
15  lich werden wir zugrunde gehen.

**5**  Vermutet und begründet, wie Paul wohl nun auf die Frage seines alten Lehrers Kantorek *„Ihr geht doch mit, Kameraden?"* (S. 108, Z. 11 f.) antworten würde.

**6**  Verfasse mithilfe der Ergebnisse von Aufgabe 3 einen Brief aus Pauls Sicht, in dem er Kantorek eine Antwort gibt.

*2.2 Unterschiedliche Werthaltungen und Lebenseinstellungen reflektierend mit den eigenen vergleichen und zur Vertiefung des Textverständnisses und zur Erlangung von Erkenntnissen für die eigene Persönlichkeitsentwicklung selbstständig produktive Methoden anwenden*

**7** Ferdinand befürchtet, dass Pauls Geschichte nicht gut enden wird.
a) Lies das Ende des Buchs.

Er fiel im Oktober 1918, an einem Tage, der so ruhig und still war an der ganzen Front, dass der Heeresbericht sich nur auf den Satz beschränkte, im Westen sei nichts Neues zu melden. Er war vornübergesunken und lag wie schlafend an der Erde. Als man ihn umdrehte, sah man, dass er sich nicht lange gequält haben konnte; – sein Gesicht hatte einen so gefassten Ausdruck, als wäre er beinahe zufrieden damit, dass es so gekommen war.

b) Teilt eure ersten Eindrücke vom Ende des Romans in der Klasse.
c) Erklärt den Titel des Buchs und dessen Bedeutung. Geht dabei auf die Kritik am Krieg ein, die darin enthalten ist.

**8** Als ihn Ferdinand fragt, warum er dieses Buch geschrieben hat, antwortet Remarque:

*Dieses Buch soll weder eine Anklage noch ein Bekenntnis sein. Es soll nur den Versuch machen, über eine Generation zu berichten, die vom Kriege zerstört wurde – auch wenn sie seinen Granaten entkam.*

a) Erklärt mithilfe des Merkkastens und der Antwort, welche Intention der Roman verfolgt.
b) Bis heute wurde das Werk in über 50 Sprachen übersetzt und hat sich mehr als 20 Mio. Mal verkauft. Vermutet, warum dieses Buch nach wie vor so beliebt ist.

**9** Erläutert mithilfe des Merkkastens, warum „Im Westen nichts Neues" ein typischer Zeitroman des frühen 20. Jahrhunderts ist. Geht dabei auch auf die Sprache ein.

---

### ⚠ Der Zeitroman zu Beginn des 20. Jahrhunderts

Der **Zeitroman** war zu Beginn des 20. Jahrhunderts sehr beliebt. Er liefert **umfassende Informationen über die Zeit**, von der er handelt, und thematisiert z. B. die **Geschehnisse des Ersten Weltkrieges**, das **Ende der Monarchie** oder das **Alltagsleben**. **Soziale und wirtschaftliche Probleme** der jeweiligen Zeit werden verständlich aufbereitet. Die Sprache ist einfach und sachlich. Dadurch sollte die Sichtweise der Leserinnen und Leser auf die politischen Ereignisse verändert und ein besseres Verständnis von historischen und gesellschaftlichen Zusammenhängen erreicht werden.

Weitere Themen waren:
- **die Nachwirkungen des Ersten Weltkrieges**
- **die gesellschaftlichen und technischen Veränderungen**
- **die sozialen Probleme in der Weimarer Republik (z. B. Hunger, Arbeitslosigkeit)**

Die Hauptfiguren stammen aus der mittleren Schicht und wollen zwischen neu gewonnener Freiheit und konservativer Tradition eine Ordnung finden.

---

*2.2 Wesentliche Elemente von Texten erfassen, typische Motive erkennen und verschiedenartige Formen von Gesellschaftskritik in ausgewählten literarischen Werken 20. Jahrhunderts literaturgeschichtlich richtig einordnen*

Literarische Zeitreise – Anfang des 20. Jahrhunderts

# Lyrik des frühen 20. Jahrhunderts verstehen

Wieder zu Hause angekommen stößt Ferdinand auf zwei interessante Gedichte der Zeit.

### Kurt Tucholsky: „Angestellte"

**1** Lest zunächst das folgende Gedicht.

## Angestellte (1926)

*Theobald Tiger*

*Kurt Tucholsky
(1890 – 1935)*
war ein bedeutender Journalist und Schriftsteller der Weimarer Republik. Seine gesellschaftskritischen Texte veröffentlichte er manchmal unter Pseudonymen, z. B. dieses Gedicht.

Auf jeden Drehsitz im Büro
da warten hundert Leute;
man nimmt, was kommt – nur irgendwo
5 und heute, heute, heute.
Drin schuften sie
wie's liebe Vieh,
sie hör'n vom Chef die Schritte.
Und murren sie, so höhnt er sie:
„Wenn's Ihnen nicht passt – bitte!"
10
Mensch, duck dich. Muck dich nicht zu laut!
Sie zahl'n dich nicht zum Spaße!
Halt's Maul – sonst wirst du abgebaut,
dann liegst du auf der Straße.
15 Acht Stunden nur?
Was ist die Uhr?
Das ist bei uns so Sitte:
Mach bis um zehne Inventur …
„Wenn's Ihnen nicht passt – bitte!"

20 Durch eure Schuld.
Ihr habt euch nie
geeint und nie vereinigt.
Durch Jammern wird die Industrie
und Börse nicht gereinigt.
25 Doch tut ihr was,
dann wird's auch was.
Und ist's soweit,
dann kommt die Zeit,
wo ihr mit heftigem Tritte
30 und ungeahnter Schnelligkeit
herauswerft eure Obrigkeit:
„Wenn's Ihnen nicht passt –: bitte!"

*Inventur*
Bestandsaufnahme eines Unternehmens

**2** Das Gedicht behandelt die Probleme der Angestellten in der Weimarer Republik.
   a) Zeige anhand von Beispielen aus dem Text auf, um welche Probleme es sich dabei handelt. Gehe dabei auch auf die Rolle des Chefs ein.
   b) Erkläre, mit welcher Angst die Angestellten ständig leben mussten und an welcher Textstelle dies deutlich wird.

**Lesen – Umgang mit Texten und Medien**

**3** Die dritte Strophe unterscheidet sich inhaltlich von den ersten beiden.

a) Erkläre, was mit den markierten Versen gemeint ist.

b) Erläutere, an wen sich der letzte Vers der dritten Strophe richtet.

c) Stelle Vermutungen an, welcher Appell in der letzten Strophe steckt.

S. 318
*sachlicher Brief*

✳ **4** Verfasse ausgehend vom Inhalt des Gedichts einen sachlichen Brief an den Betriebsrat mit der Bitte, sich für menschenwürdige Arbeitsbedingungen der Angestellten einzusetzen. Mache in diesem Zusammenhang Vorschläge, was du dir konkret darunter vorstellst.

**5** Begründe mithilfe des Merkkastens auf Seite 120, inwiefern es sich bei „Angestellte" um Gebrauchslyrik handelt. Gehe dabei auch auf die sprachlichen Besonderheiten ein.

## Erich Kästner: „Sachliche Romanze"

**)) Portal**
*WES-122965-037*

**1** Lest euch das folgende Gedicht durch oder hört euch die Audiodatei an.

**Erich Kästner (1899 – 1974)**
*schrieb während der Weimarer Republik gesellschaftskritische Gedichte und Romane. Heute sind vor allem seine Kinderbücher (z. B. „Emil und die Detektive") bekannt.*

# Sachliche Romanze (1928)

*Erich Kästner*

Als sie einander acht Jahre kannten
(und man darf sagen: sie kannten sich gut),
kam ihre Liebe plötzlich abhanden.
Wie andern Leuten ein Stock oder Hut.

5  Sie waren traurig, betrugen sich heiter,
versuchten Küsse, als ob nichts sei,
und sahen sich an und wussten nicht weiter.
Da weinte sie schließlich. Und er stand dabei.

Vom Fenster aus konnte man Schiffen winken.
10 Er sagte, es wäre schon Viertel nach Vier
und Zeit, irgendwo Kaffee zu trinken.
Nebenan übte ein Mensch Klavier.

Sie gingen ins kleinste Café am Ort
und rührten in ihren Tassen.
15 Am Abend saßen sie immer noch dort.
Sie saßen allein, und sie sprachen kein Wort
und konnten es einfach nicht fassen.

*2.2 Wesentliche Elemente von Texten erfassen, typische Motive erkennen und verschiedenartige Formen von Gesellschaftskritik in ausgewählten literarischen Werken des 20. Jahrhunderts literaturgeschichtlich richtig einordnen und reflektiert dazu Stellung nehmen*

**2** Fasse die Strophen jeweils mit ein bis zwei Sätzen schriftlich zusammen.

**3** Das Gedicht trägt den ungewöhnlichen Titel „Sachliche Romanze".
a) Erkläre, was du ganz allgemein unter dem Begriff Romanze verstehst.
b) Markiere auf der Vorlage aus dem Portal oder einer Kopie der Seite alle Formulierungen des Gedichts, die deiner Meinung nach etwas mit einer Romanze zu tun haben.
c) Markiere nun mit einer anderen Farbe Formulierungen, die sachlich und distanziert wirken.
d) Vergleicht eure Ergebnisse in der Klasse.

**Portal**
*WES-122965-038*

**4** Erkläre anhand des Textes und mithilfe deiner Ergebnisse aus Aufgabe 3, weshalb Kästner diesen Titel gewählt hat.

❋ **5** Stellt die im Gedicht beschriebene Beziehung des Paares in einem Standbild dar.

**6** Vergleiche den Inhalt des Gedichts mit den folgenden Bildern aus der Graphic Novel „Berlin" von Jason Lutes. Gehe dabei darauf ein, inwiefern die Bilder den Inhalt des Gedichts widerspiegeln.

*Graphic Novel*
*Comicroman*

💡 **Tipp**

*In seiner Graphic Novel „Berlin" zeichnet Jason Lutes ein umfassendes Gesellschaftsporträt der Weimarer Republik und thematisiert viele historische Ereignisse.*

*2.2 Wesentliche Elemente von Texten erfassen, typische Motive erkennen und verschiedenartige Formen von Gesellschaftskritik in ausgewählten literarischen Werken des 20. Jahrhunderts literaturgeschichtlich richtig einordnen und reflektiert dazu Stellung nehmen*

**7** Die Beziehung des Paares im Gedicht leidet unter verschiedenen Problemen.

a) Findet zu folgenden Schwierigkeiten jeweils den passenden Textbeleg:

*Kommunikationsprobleme – fehlendes Einfühlungsvermögen –*
*eintöniger Beziehungsalltag – Sprachlosigkeit – Untreue*

b) Stellt zusammenfassend Vermutungen darüber an, warum die Beziehung der beiden Figuren in die Brüche geht.

c) Sprecht darüber, wie sowohl die Frau als auch der Mann auf die Probleme der Beziehung reagieren. Vergleicht anschließend beide Reaktionen miteinander und überlegt, inwiefern sie sich ähneln.

d) Analysiert den letzten Vers des Gedichts, indem ihr Vermutungen darüber anstellt, was den beiden im Café deutlich wurde.

**8** Die Sprache des Gedichts ist sehr sachlich.

S. 314
*Oxymoron*

a) Finde zu folgenden sprachlichen Auffälligkeiten den entsprechenden Textbeleg.

- kurz gehaltene Sätze
- Parenthese
- Ellipse
- Oxymoron
- Vergleich
- kühle Sprache / distanzierte Beschreibung

b) Erkläre, weshalb Kästner sich für diese Art der Sprache entschieden hat. Gehe dabei auch auf die textbezogene Wirkung der sprachlichen Besonderheiten ein.

✳ c) Verfasse eine Sprachanalyse zum Gedicht „Sachliche Romanze".

**9** Erkläre mithilfe des Merkkastens, inwieweit das Gedicht Kästners typisch für die Literatur des beginnenden 20. Jahrhunderts ist.

S. 314
*Paralleltext*

✳ **10** Verfasse ein Parallelgedicht zu Kästners „Sachliche Romanze", in dem sich die beiden ebenfalls acht Jahre kennen, aber immer noch sehr verliebt und glücklich ihren Alltag miteinander verbringen.

---

## ⚠ Anhand von Gebrauchslyrik Gesellschaftskritik üben

Den Autorinnen und Autoren der Neuen Sachlichkeit ging es um eine **objektive und wahrheitsgemäße Darstellung der Realität** aus der **Perspektive eines Beobachters**. Dafür wurde der Begriff **Gebrauchslyrik** geprägt, deren Ziel es ist, dass die Leserinnen und Leser die Gedichte **ohne viel Interpretationsarbeit verstehen**. Man wollte **auf aktuelle gesellschaftliche Missstände aufmerksam machen**, es ging also um **greifbare Situationen und Probleme**.

Die Sprache der lyrischen Werke spiegelt dies wider. Sie ist **einfach, verständlich** und **kühl** und kommt **ohne ausschmückende sprachliche Mittel** aus. Die **Figuren** stammen häufig **aus der Mittelschicht** und zeigen keine Gefühle. Das **lyrische Ich** wirkt folglich oft **distanziert und unbeteiligt am Geschehen**.

---

*2.2 Wesentliche Elemente von Texten erfassen, typische Motive erkennen und zur Vertiefung des Textverständnisses und zur Erlangung von Erkenntnissen für die eigene Persönlichkeitsentwicklung selbstständig produktive Methoden anwenden*

Literarische Zeitreise – Anfang des 20. Jahrhunderts

# Überprüfe dein Wissen und Können

**1** Übernimm die richtigen Aussagen zum Roman „Im Westen nichts Neues" und verbessere die falschen.

   A) Auf Drängen seines Lehrers Katczinsky zieht Paul mit seinen Kameraden in den Krieg.

   B) Pauls Mitschüler Behm war einer der Ersten, der fiel.

   C) Bei einem Heimaturlaub schildert Paul seiner Mutter detailliert seine Kriegserlebnisse.

   D) Im Heeresbericht von Pauls Todestag steht, im Westen sei nichts Neues zu melden.

**2** Betrachte das Bild auf der Auftaktseite (S. 104) noch mal und stelle einen Zusammenhang zu deinem Wissen über das frühe 20. Jahrhundert her. Notiere deine Überlegungen.

**3** Das folgende Gedicht stammt von Mascha Kaléko.

   a) Lies es zunächst.

## Großstadtliebe

*Mascha Kaléko*

Man lernt sich irgendwo ganz flüchtig kennen
Und gibt sich irgendwann ein Rendezvous.
Ein Irgendwas, – 's ist nicht genau zu nennen –
Verführt dazu, sich gar nicht mehr zu trennen.
5  Beim zweiten Himbeereis sagt man sich ›du‹.

Man hat sich lieb und ahnt im Grau der Tage
Das Leuchten froher Abendstunden schon.
Man teilt die Alltagssorgen und die Plage,
Man teilt die Freuden der Gehaltszulage,
10  … Das übrige besorgt das Telephon.

Man trifft sich im Gewühl der Großstadtstraßen.
Zu Hause geht es nicht. Man wohnt möbliert.
– Durch das Gewirr von Lärm und Autorasen,
– Vorbei am Klatsch der Tanten und der Basen
15  Geht man zu zweien still und unberührt.

Man küßt sich dann und wann auf stillen Bänken,
– Beziehungsweise auf dem Paddelboot.
Erotik muß auf Sonntag sich beschränken.
… Wer denkt daran, an später noch zu denken?
20  Man spricht konkret und wird nur selten rot.

Man schenkt sich keine Rosen und Narzissen,
Und schickt auch keinen Pagen sich ins Haus.
– Hat man genug von Weekendfahrt und Küssen,
Läßt mans einander durch die Reichspost wissen
25  Per Stenographenschrift ein Wörtchen: ›aus‹!

**Base**
*Cousine*

   b) Weise am Gedicht typische Merkmale der Literatur des beginnenden 20. Jahrhunderts nach. Gehe dabei sowohl auf inhaltliche Aspekte als auch auf die Sprache ein.

✳  c) Vergleiche „Großstadtliebe" mit Kästners „Sachliche Romanze".

 **Portal**

*WES-122965-039*

# Lesen – Umgang mit Texten und Medien

# Text- und Gedichtwerkstatt

**1** Betrachtet die folgenden Bilder.
- a) Findet Gemeinsamkeiten und Unterschiede zwischen den dargestellten Szenen.
- b) Beschreibt die Grundstimmung, die auf den einzelnen Fotos herrscht.
- c) Lasst die Bilder lebendig werden und macht Vorschläge, was die Personen darin jeweils sagen oder denken könnten.

**2** Die Fotos passen zu einzelnen Geschichten und Gedichten, die in dieser Textwerkstatt abgedruckt sind. Formuliert zu den Bildern passende Titel.

**In diesem Kapitel lernst du, …**
- *literarische Texte und Gedichte zu erschließen.*
- *die Sichtweisen literarischer Figuren zu hinterfragen.*
- *dich in ein lyrisches Ich hineinzuversetzen.*
- *einen Romanauszug als Erzählanlass zu nutzen.*
- *ein Parallelgedicht zu verfassen.*
- *einen Text in einen Sketch umzuwandeln.*

Text- und Gedichtwerkstatt

# Einen literarischen Text erschließen

**1** Lest den Text.

## Schule im Jahr 2157

*Isaac Asimov*

Margie schrieb es am Abend sogar in ihr Tagebuch. Auf der Seite mit der Titelzeile 17. Mai 2157 schrieb sie: „Heute hat Tommy ein richtiges Buch gefunden!"

Es war ein sehr altes Buch. Margies Großvater hatte ihr einmal erzählt, dass er als kleiner Junge von seinem Großvater gehört hätte, wie in früheren Zeiten alle Ge-
5 schichten auf Papier gedruckt gewesen wären.

Sie wendeten die Seiten, die schon vergilbt und brüchig waren, und es war unge-
mein komisch, Worte zu lesen, die stillstanden, statt sich über einen Bildschirm zu
bewegen, wie es sich gehört. Und dann, wenn sie wieder zurückblätterten, konnten
sie auf den vorhergehenden Seiten dieselben Worte lesen, die sie schon beim ersten
10 Mal gelesen hatten.

„Denk mal", sagte Tommy, „was für eine Verschwendung. Wenn du mit dem Buch
fertig bist, musst du es wegwerfen. Unser Fernseher hat schon viele tausend Bücher gezeigt, und er ist noch gut für viele tausend mehr. Den braucht man nie wegzuwerfen."

„Wo hast du das Buch gefunden?", fragte Margie neugierig. Sie war elf und hatte
15 noch nicht so viele Telebücher gesehen wie Tommy. Er war dreizehn.

„Bei mir zu Haus." Er zeigte mit dem Daumen in die Richtung, ohne hinzusehen,
denn er war mit Lesen beschäftigt. „Auf dem Dachboden."

„Wovon handelt es?"

„Schule."

20 Margie wurde zornig. „Schule? Was kann man denn schon über die Schule schreiben? Ich hasse die Schule!"

Margie hatte die Schule schon immer gehasst, aber jetzt hasste sie sie mehr als je
zuvor. Der mechanische Lehrer hatte sie wieder und wieder in Geografie abgefragt,
und bei jedem Mal war sie schlechter gewesen, bis ihre Mutter bekümmert den Kopf
25 geschüttelt und die Schulinspektion angerufen hatte.

Der Schulinspektor war ein runder kleiner Mann mit einem roten Gesicht gewesen, der eine ganze Kiste mit Instrumenten, Drähten und Werkzeugen bei sich getragen hatte. Er hatte Margie angelächelt und ihr einen Apfel gegeben, dann hatte
er sich über den mechanischen Lehrer hergemacht und ihn auseinandergenommen.
30 Margie hatte gehofft, dass er ihn nicht wieder zusammenbringen würde, aber er
hatte Bescheid gewusst, und nach einer Stunde oder so hatte das Ding wieder dage-
standen, groß und schwarz und hässlich, mit einer großen Mattscheibe darauf, wo
alle Lektionen gezeigt wurden, und mit einem Lautsprecher daneben, der die Fragen
stellt. Aber das war nicht das Schlimmste. Der Teil, den Margie am meisten hasste,

*Isaac Asimov
(1919–1992)
gilt als einer der
bedeutendsten
Science-Fiction-
Autoren. In
seinen Texten be-
schäftigt er sich
mit Zukunftssze-
narien, Robotern
und künstlicher
Intelligenz.*

35 war ein Schlitz, in den sie die Hausarbeiten und die Antworten auf seine Fragen ste-cken musste. Alles das musste sie in einem Lochcode schreiben, den sie mit sechs Jahren gelernt hatte, und der mechanische Lehrer rechnete die Noten im Nu aus.

Der Schulinspektor hatte Margie noch einmal angelächelt und ihr den Kopf getät-schelt, nachdem er seine Arbeit beendet hatte. Und zu ihrer Mutter hatte er gesagt:
40 „Ihre Tochter kann nichts dafür, Mrs. Jones. Ich glaube, der Sektor Geografie war ein wenig zu schnell eingestellt. So etwas kann mitunter vorkommen. Ich habe ihn verlangsamt, dass er dem durchschnittlichen Leistungsniveau einer Zehnjährigen entspricht. Ansonsten sind die Fortschritte ihrer Tochter recht befriedigend." Und er hatte Margie wieder über die Haare gestrichen. Margie war enttäuscht gewesen. Sie
45 hatte gehofft, dass man den Lehrer ganz fortschaffen würde. Einmal hatten sie Tom-mys Lehrer fast für einen Monat weggebracht, weil er auf dem Sektor Geschichte überhaupt nicht mehr funktioniert hatte.

So sagte sie jetzt zu Tommy: „Warum sollte jemand über die Schule schreiben?"

Tommy blickte auf und sah sie überlegen an. „Weil es nicht unsere Art Schule ist,
50 du Dummkopf. Das ist die alte Art Schule, wie man sie vor Hunderten von Jahren hatte." Von oben herab und mit sorgfältiger Betonung fügte er hinzu: „Vor Jahrhun-derten."

Margie war verletzt. „Woher soll ich denn wissen, was für eine Art Schule sie vor so langer Zeit hatten." Sie schaute ihm über die Schulter und las eine Weile mit, dann
55 sagte sie: „Jedenfalls hatten sie auch einen Lehrer."

„Sicher hatten sie einen Lehrer, aber es war kein richtiger Lehrer. Es war ein Mann."

„Ein Mann? Wie kann ein Mann ein Lehrer sein?"

„Na, er hat eben den Jungen und Mädchen Sachen erzählt, ihnen Fragen gestellt
60 und Hausaufgaben gegeben."

„Ein Mann ist dafür nicht klug genug."

„Klar. Mein Vater weiß so viel wie mein Lehrer."

„Das kann er nicht. Ein Mann kann nicht so viel wissen wie ein Lehrer."

„Er weiß beinahe so viel, darauf wette ich mit dir."

65 Margie fühlte sich für eine Diskussion nicht stark genug. Sie sagte: „Mir würde es nicht gefallen, wenn ein fremder Mann ins Haus käme, um Schule zu halten."

Tommy kreischte vor Lachen. „Du weißt nichts, Margie. Die Lehrer haben nicht bei den Kindern im Haus gelebt. Sie hatten ein besonderes Haus, und alle Kinder gingen dorthin."

70 „Und alle Kinder lernten dasselbe?"

„Klar, wenn sie im gleichen Alter waren."

„Aber meine Mutter sagt, ein Lehrer muss genau für den Jungen oder das Mäd-chen eingestellt werden, die er lehrt, und dass jedes Kind andere Lektionen bekom-men muss, weil die Kinder im Lernen ganz verschieden sind."

75 „Trotzdem haben sie es damals nicht so gemacht. Wenn es dir nicht gefällt, brauchst du das Buch ja nicht zu lesen."

„Ich habe nicht gesagt, dass es mir nicht gefällt", sagte Margie hastig. Sie wollte gern mehr über diese komischen Schulen lesen.

*2.2 Darstellung von Fantasien, Sehnsüchten, Träumen und Irrealem in Texten der literarischen Tradition sowie der Gegenwart (u. a. Science-Fiction) beschreiben*

Sie hatten das Buch noch nicht einmal zur Hälfte durch, als Margies Mutter vor
80  die Türe kam. „Margie! Schule!"

Margie blickte auf. „Noch nicht, Mama!"

„Jetzt!", sagte Mrs. Jones. „Und für Tommy wird es wahrscheinlich auch schon
höchste Zeit."

Margie fragte Tommy schüchtern: „Darf ich nach der Schule mit dir weiter in dem
85  Buch lesen?"

„Vielleicht", erwiderte er herablassend. Dann schlenderte er pfeifend davon, das
staubige alte Buch unter den Arm geklemmt.

Margie trottete unlustig in ihr Schulzimmer. Es befand sich neben ihrem Schlafzimmer, und der mechanische Lehrer war bereits eingeschaltet und wartete auf sie.
90  Der Unterricht fand jeden Tag um die gleiche Zeit statt, außer samstags und sonntags, weil ihre Mutter sagte, dass kleine Mädchen besser lernten, wenn es nach einem regelmäßigen Stundenplan geschah.

Der Bildschirm war erleuchtet und der Lautsprecher sagte: „Unsere heutige Re-
chenaufgabe besteht aus der Addition einfacher Brüche. Bevor wir anfangen, steckst
95  du die gestrige Hausarbeit in den Aufnahmeschlitz."

Margie gehorchte seufzend. Sie dachte an die alten Schulen zu der Zeit, als der
Großvater ihres Großvaters ein kleiner Junge gewesen war. Alle Kinder aus der ganzen Nachbarschaft kamen dort lachend und schreiend im Schulhof zusammen, saßen miteinander im Klassenzimmer und gingen nach dem Unterricht zusammen
100  nach Hause. Sie lernten dieselben Aufgaben, damit sie einander bei der Hausarbeit
helfen und darüber sprechen konnten.

Und die Lehrer waren Leute …

Auf dem Bildschirm des mechanischen Lehrers erschienen die Worte: „Wenn wir
die Brüche ½ und ¼ addieren wollen …"
105  Margie musste daran denken, wie glücklich die Kinder in den alten Tagen gewesen
sein mussten. Wie schön sie es gehabt hatten.

**2**  In der Zukunftsvision des Autors hat sich im Jahr 2157, im Vergleich zur Gegenwart des
Verfassers, einiges verändert. Erkläre, welche Medien hier eine Rolle spielen und welches traditionelle Medium in Asimovs Geschichte fast in Vergessenheit gerät.

**3**  Auch im schulischen Bereich ist 2157 manches anders. Stelle gegenüber, was sich
im Vergleich zu früher verändert hat. Lege dazu eine zweispaltige Tabelle nach dem
Beispiel unten an und ergänze sie durch Stichpunkte. Berücksichtige dabei besonders,
was aus Lehrkräften und Klassen geworden ist.

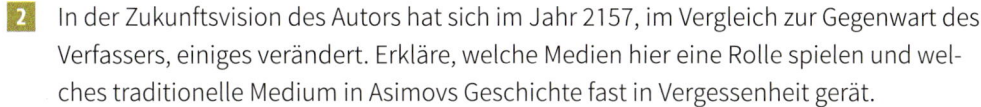

| früher | im Jahr 2157 |
|--------|--------------|
| … | – „mechanischer Lehrer" |

*2.2 Darstellung von Fantasien, Sehnsüchten, Träumen und Irrealem in Texten der literarischen Tradition sowie der*
*Gegenwart (u. a. Science-Fiction) beschreiben*

**4** Margie macht sich Gedanken über ihre Schule.
  a) Unterstreiche auf einer Textkopie oder der Vorlage aus dem Portal Textstellen, aus denen hervorgeht, wie sie zu dem Schulsystem steht.
  b) Versetze dich in ihre Situation und begründe ihre Einstellung gegenüber dem System.

**Portal**

*WES-122965-040*

**5** Dass der Text schon älter und bereits 1966 erschienen ist, wird an einigen Stellen deutlich.
  a) Unterstreiche im Text genannte Neuerungen, die aus heutiger Sicht eher altmodisch erscheinen.
  b) Begründe, welche Zukunftsvisionen des Autors durchaus realistisch erscheinen.

S. 308

*Diskussion*

**6** In den Medien wird über das Thema „Schule und Bildung" häufig berichtet. Setzt euch mit folgenden Schlagzeilen und Zeitungsausschnitten auseinander.
  a) Diskutiert, was ihr von den erwähnten Neuerungen oder Forderungen haltet.
  b) Sammelt Vorschläge, was man zukünftig bei der Schulbildung optimieren könnte.

## Fünf Bundesländer führen Schulfach „Glück" ein

Der Glücks-Unterricht soll Schüler dazu befähigen, sich selbst zu hinterfragen. Wer bin ich? Wo sind meine Stärken? Was treibt mich an? Es hilft bei der Integration und dabei, oberflächliche Happiness von echtem Glück abzugrenzen.

## 43 Prozent der Schüler in den Klassen 5 bis 10 fühlen sich überfordert

## Vernetztes Lernen statt isoliertes Pauken

## Ohne Pädagogik nützt ein Tablet nichts

*Maria, 16 Jahre:* „Wir brauchen Fächer, die gezielt über Klimawandel und Naturschutz informieren. Je früher Kinder das lernen, desto eher können sie etwas verändern."

**W 7** Wähle im Folgenden zwischen a) und b).
  a) Verfasse einen Tagebucheintrag einer Schülerin oder eines Schülers aus dem Jahr 2157, in dem sie bzw. er einen typischen Schultag beschreibt.
  b) Formuliere einen Appell an die Schulleitung, in dem du dazu aufrufst, die Lernsituation und -umgebung zu verbessern, z. B. durch eine bessere Ausstattung der Räume. Argumentiere nachvollziehbar und mache mind. drei konkrete Vorschläge.

S. 317

*Appell*

*2.2 Darstellung von Fantasien, Sehnsüchten, Träumen und Irrealem in Texten der literarischen Tradition sowie der Gegenwart (u. a. Science-Fiction) beschreiben und diese als Facetten menschlicher Existenz begreifen*

Text- und Gedichtwerkstatt

# Ein Gedicht erschließen

**1** Lest das folgende Gedicht.

## An die Freunde

*Theodor Storm*

Wieder einmal ausgeflogen,
Wieder einmal heimgekehrt;
**Fand ich doch die alten Freunde**
**Und die Herzen unversehrt.**

5 Wird uns wieder wohl vereinen
Frischer Ost und frischer West?
**Auch die losesten der Vögel**
**Tragen allgemach zu Nest.**

Immer schwerer wird das Päckchen,
10 Kaum noch trägt es sich allein;
**Und in immer enge Fesseln**
**Schlinget uns die Heimat ein.**

Und an seines Hauses Schwelle
Wird ein jeder festgebannt;
15 **Aber Liebesfäden spinnen**
**Heimlich sich von Land zu Land.**

**2** Erkläre, was mit den **fett gedruckten Formulierungen** gemeint ist.

**3** Ordne den einzelnen Strophen Begriffe aus dem folgenden Wortspeicher zu, die die Stimmung jeweils treffend beschreiben. Notiere sie und begründe deine Wahl anhand von Textstellen, z. B. *Strophe 1: Wiedersehensfreude ("Fand ich doch die alten Freunde […] unversehrt", Z. 3 f.)*

Heimatverbundenheit –
Freiheitsliebe – Optimismus –
Erleichterung – Unsicherheit –
Vernunft – Orientierungslosigkeit –
Eingeschränktheit – Sehnsucht – Wut –
Liebe – Aufgeschlossenheit –
Pessimismus – Kameradschaftlichkeit –
Abenteuerlust – Trauer –
Überforderung – Zweifel –
Wiedersehensfreude

*loser Vogel*
wilder Bursche, Wildfang

*allgemach*
allmählich

*festgebannt*
festgebunden

**4** Stelle Vermutungen an, was das lyrische Ich seinen Freunden mit diesem Gedicht mitteilen möchte.

**5** Würdet ihr euch als eher heimatverbunden bezeichnen oder zieht es euch hinaus in die Welt? Tauscht euch darüber aus.

W **6** Wähle im Folgenden zwischen a) und b).
   a) Verfasse eine E-Mail, die das lyrische Ich seinem besten Freund oder seiner besten Freundin schreibt, nachdem es Hals über Kopf wieder aufgebrochen ist. Erkläre darin in der Ich-Perspektive, warum das lyrische Ich seine Heimat erneut verlassen hat.
   b) Schreibe einen Brief an deine Freundin oder deinen Freund oder an eine andere besondere Person, in der du begründest, warum du sie so schätzt.

*2.2 Wesentliche Elemente von Texten erfassen, zur Vertiefung des Textverständnisses und zur Erlangung von Erkenntnissen für die eigene Persönlichkeitsentwicklung selbstständig produktive Methoden anwenden*

Text- und Gedichtwerkstatt

# Die Sichtweise einer literarischen Figur hinterfragen

**1** Lest euch zunächst den Beginn der
Geschichte durch.

## Allmorgendlich

*Michaela Seul*

Jeden Morgen sah ich sie. Ich glaube, sie fiel mir gleich bei der ersten Fahrt auf. Ich
hatte meinen Arbeitsplatz gewechselt und fuhr vom Ersten des Monats an mit dem
Bus um 8.11 Uhr.

    Es war Winter. Jeden Morgen trug sie den kirschroten Mantel, weiße, pelzbesetzte
5 Stiefel, weiße Handschuhe, und ihr langes, dunkelbraunes, glattes Haar war zu einem ungewöhnlichen, aber langweiligen Knoten aufgesteckt. Jeden Morgen stieg sie
um 8.15 Uhr zu und ging mit hoch erhobenem Kopf auf ihren Stammplatz, vorletzte
Reihe rechts, zu.

    Das Wort mürrisch passte gut zu ihr. Sie war mir sofort unsympathisch. So geht
10 es mir oft: Ich sehe fremde Menschen, wechsle kein Wort mit ihnen und fühle Ablehnung und Ärger bei ihrem bloßen Anblick. Ich wusste nicht, was mich an ihr so
störte, denn ich fand sie nicht schön; es war also kein Neid.

    Sie stieg zu, setzte sich auf ihren seltsamerweise immer freien Platz, holte die Zei-
tung aus ihrer schwarzen Tasche und begann zu lesen. Jeden Morgen ab Seite drei.
15 Nach der dritten Station griff sie erneut in die Tasche und holte - ohne den Blick von
der Zeitung zu wenden - zwei belegte Brote hervor. Einmal mit Salami und einmal
mit Mettwurst. Lesend aß sie. Sie schmatzte nicht und trotzdem erfüllte mich ihr
essender Anblick mit Ekel.

    Die Brote waren in einem Klarsichtbeutel aufbewahrt und ich fragte mich oft, ob
20 sie täglich einen neuen Beutel benutzte oder denselben mehrmals verwendete.

    Ich beobachtete sie ungefähr zwei Wochen, als sie mir gegenüber das erste Mal
ihre mürrische Gleichgültigkeit aufgab. Sie musterte mich prüfend. Ich wich ihr
nicht aus. Unsere Feindschaft war besiegelt. Am nächsten Morgen setzte ich mich
auf ihren Stammplatz. Sie ließ sich nichts anmerken, begann wie immer zu lesen.
25 Die Stullen packte sie allerdings erst nach der sechsten Station aus.

**2** Die Ich-Erzählerin beschreibt ihre Mitfahrerin sehr genau. Sammle Informationen zum
Aussehen und zu typischen Verhaltensweisen der anderen Frau und belege diese mit
Zeilenangaben.

**3** Beschreibe, welche Gefühle der Anblick der Fremden bei der Ich-Erzählerin auslöst, und
finde eine mögliche Erklärung hierfür.

**4** Lest, wie die Geschichte weitergeht.

Jeden Morgen vergrämte sie mir den Tag. Gierig starrte ich zu ihr hinüber, saugte jede ihrer mich persönlich beleidigenden, sich Tag für Tag wiederholenden Hantierungen auf, ärgerte mich, weil ich vor ihr aussteigen musste und sie in den Vorteil der Kenntnis meines Arbeitsplatzes brachte.

30 Erst als sie einige Tage nicht im Bus saß und mich dies beunruhigte, erkannte ich die Notwendigkeit des allmorgendlichen Übels. Ich war erleichtert, als sie wieder erschien, ärgerte mich doppelt über sie, den Haarknoten, der ungewöhnlich und trotzdem langweilig war, den kirschroten Mantel, das griesgrämige Gesicht, die Salami, die Mettwurst und die Zeitung.

35 Es kam so weit, dass sie mir nicht nur während der Busfahrten gegenwärtig war. Ich nahm sie mit nach Hause, erzählte meinen Bekannten von ihrem unmäßigen Schmatzen, dem Körpergeruch, der großporigen Haut, dem abstoßenden Gesicht. Herrlich war es mir, mich in meine Wut hineinzusteigern, ich fand immer neue Gründe, warum ihre bloße Gegenwart mich belästigte.

40 Wurde ich belächelt, beschrieb ich ihre knarzende Stimme, die ich nie gehört hatte, ärgerte mich, weil sie die primitivste Boulevardzeitung las und so fort.

Man riet mir, einen Bus früher, also um 8.01 Uhr zu fahren, doch das hätte zehn Minuten weniger Schlaf bedeutet. Sie würde mich nicht um meinen wohlverdienten Schlaf bringen!

**5** Die Ich-Erzählerin steigert sich immer mehr in ihre Abneigung hinein.
a) Nennt Formulierungen, die dies deutlich machen.
b) Findet eine Erklärung dafür, dass sie jeden Tag froh ist, die junge Frau zu sehen, obwohl die Ich-Erzählerin sie doch nicht leiden kann.
c) Beschreibt, wie sie versucht, ihre Freundinnen und Freunde so zu beeinflussen, dass sie ebenfalls eine schlechte Meinung von der ihnen unbekannten Mitfahrerin haben.

**6** Wie allerdings eine unvoreingenommene Freundin der Ich-Erzählerin die verhasste Mitfahrerin wahrnimmt, wird im letzten Teil der Geschichte deutlich.
a) Lest das Ende der Geschichte.

45 Vorgestern übernachtete meine Freundin Beate bei mir. Zusammen gingen wir zum Bus.

SIE stieg wie immer um 8.15 Uhr zu und setzte sich auf ihren Platz. Beate, der ich nie von IHR erzählt hatte, lachte plötzlich, zupfte mich am Ärmel und flüsterte: „Schau mal, die mit dem roten Mantel, die jetzt das Brot isst, also ich kann mir nicht
50 helfen, aber die erinnert mich unheimlich an dich. Wie sie isst und sitzt und wie sie schaut."

b) Stellt Vermutungen an, wie Beates Aussage auf die Ich-Erzählerin wirkt und wie diese möglicherweise darauf reagiert.

**Lesen –** Umgang mit **Texten** und **Medien**

**7** Im Text heißt es: „So geht es mir oft: Ich sehe fremde Menschen, wechsle kein Wort mit ihnen und fühle Ablehnung und Ärger bei ihrem bloßen Anblick" (Z. 9 – 11). Kannst du diese Erfahrung der Ich-Erzählerin nachvollziehen? Nimm Stellung hierzu und erläutere deine Ansicht.

**8** Dass es uns schwerfällt, zu begründen, warum wir jemanden sympathisch oder unsympathisch finden, hängt damit zusammen, dass wir dies meist unbewusst entscheiden.

a) Lies dir durch, welche Gründe es laut Expertinnen und Experten dafür gibt, dass wir jemanden ablehnen und Antipathie empfinden.

1. Wir lehnen an anderen Personen ab, was wir an uns selbst nicht mögen. Das Gegenüber hält uns quasi einen Spiegel vor, der Anblick ist für uns schwer erträglich.
2. Wir lehnen an anderen ab, was wir selbst gerne haben möchten, aber nicht haben. Die andere Person erinnert uns an unsere Schwächen, weshalb wir sie beneiden.
3. Das Gegenüber erinnert uns an schlechte Erfahrungen mit jemandem. Wir verbinden mit dieser Person negative Gefühle, die eigentlich jemand anderem gelten.
4. Wir lehnen andere Personen ab, weil sie vollkommen anders sind als wir und damit unsere Grundsätze infrage stellen.
5. Wir fühlen uns von dem Gegenüber abgelehnt und deuten dabei bestimmte Signale oft fälschlicherweise als Arroganz.

b) Überprüfe diese Aussagen am Text „Allmorgendlich" und finde eine Erklärung für die Antipathie der Ich-Erzählerin gegenüber ihrer Mitfahrerin.

S. 314
(innerer) Monolog

**＊ 9** Wie das seltsame Verhalten der Ich-Erzählerin auf die Mitfahrerin wirkt, erfährt man nicht. Versetze dich in ihre Lage und verfasse einen inneren Monolog während einer allmorgendlichen Busfahrt aus ihrer Sicht.

**W 10** Die in der Kurzgeschichte beschriebene Situation lässt sich auch sehr gut in Gruppenarbeit bildlich oder filmisch umsetzen. Grundsätzlich muss dabei das Aussehen nicht den Beschreibungen der Personen in der Geschichte entsprechen, die Rollen können ebenso von Jungen übernommen werden.

S. 316
szenisches Spiel

Wählt im Folgenden zwischen a) und b).

a) Entwickelt eine Fotostory zum Text. Greift dazu verschiedene im Text beschriebene Szenen heraus, stellt sie nach und fotografiert sie. Achtet dabei auf eine passende Gestik und Mimik. Fügt die Bilder in einem Textverarbeitungs- oder Präsentationsprogramm zusammen und verdeutlicht die Gefühle der Erzählerin durch Gedankenblasen. Aussagen erscheinen als Sprechblasen.

b) Setzt die Geschichte in einem kurzen Film um. Erstellt nach Möglichkeit zunächst ein Storyboard, in dem ihr die in der Kurzgeschichte beschriebenen Szenen berücksichtigt. Achtet beim Filmen auf eine passende Gestik und Mimik der Personen. Die Gedanken der Ich-Erzählerin könnt ihr einsprechen.

AT → **S. 306**

ein Storyboard gestalten

*1.4 Mittels Reflektion Handlungsmotive von Figuren erkennen, deren Denkweisen erklären und geeignete Thematiken gestalterisch umsetzen    2.2 Zur Vertiefung des Textverständnisses und zur Erlangung von Erkenntnissen für die eigene Persönlichkeitsentwicklung selbstständig produktive Methoden anwenden*

Text- und Gedichtwerkstatt

# Sich in ein lyrisches Ich hineinversetzen

Nicht immer ist es einfach, die richtigen Worte zu finden, wenn man jemandem mitteilen möchte, dass man sie oder ihn mag.

S. 313
*lyrisches Ich*

**1** Lest dazu das folgende Gedicht.

## Sprachschwierigkeiten

*Hans Manz*

Wenn ich sie sehe,
denke ich: Sie ist schöner als alle.

Wenn ich sie höre,
denke ich: Die Stimme eines Engels!

5 Wenn ich an sie denke,
denke ich: Wie klug ist sie doch!

Wenn ich mit ihr rede,
sage ich: „Du hast einen Fleck auf der Bluse!"

**2** Erkläre, inwiefern die Gedanken und die Aussage des lyrischen Ichs nicht zusammenpassen.

**3** Finde eine Begründung, warum das lyrische Ich seinen Schwarm auf etwas hinweist, das ihn stört, statt dem Mädchen zu sagen, was er denkt.

**W 4** Stelle Vermutungen an, wie das Mädchen auf die Aussage des Jungen reagiert und was es von dem Jungen hält. Wähle dazu im Folgenden zwischen a) und b).
   a) Schreibe einen Chatverlauf des Mädchens mit ihrer Freundin, in dem sie der Freundin erzählt, wie der Junge sie angesprochen hat. Berücksichtige dabei, was sie selbst für ihn empfindet.
   b) Formuliere das Gedicht zu einer kurzen Erzählung aus der Ich-Perspektive des Jungen oder Mädchens um. Baue dabei Gefühle, Gedanken und wörtliche Reden ein und ergänze einen passenden Schluss.

S. 310
*Erzählung*

*1.4 Texte auf kreative Weise erschließen    2.2 Zur Vertiefung des Textverständnisses und zur Erlangung von Erkenntnissen für die eigene Persönlichkeitsentwicklung selbstständig produktive Methoden anwenden. 3.2 Zum Ausdruck eigener Gedanken und Vorstellungen kreative Schreibformen nutzen*

Text- und Gedichtwerkstatt

## Einen Romanauszug als Erzählanlass nutzen

Im Roman „Hectors Reise" von François Lelord macht sich der junge Psychiater Hector auf die Suche nach dem Glück. Um die Antwort auf die Frage, was Menschen glücklich macht, zu finden, bereist der Arzt verschiedene Länder, unterhält sich mit den Menschen vor Ort und fasst seine Beobachtungen und Erkenntnisse in „Glückslektionen" zusammen.

**1**   Lest den folgenden Romanauszug.

# Hector bricht nach China auf

*François Lelord (\*1953)* ist ein französischer Psychiater und Schriftsteller. Er schreibt sowohl Sachbücher als auch Romane.

Hector beschloss, sich nach China aufzumachen. Er war noch nie dort gewesen, und solch eine Reise schien ihm gut geeignet, um über das Glück nachzudenken. […]

Als er ins Flugzeug stieg, hatte die Stewardess eine gute Nachricht für ihn: Die Fluggesellschaft hatte für den Teil des Flugzeugs, in dem Hector reisen sollte, zu
5 viele Leute vorgesehen, und so bekam er einen Sitzplatz in einem anderen Teil, wo man normalerweise viel mehr bezahlen musste. Dieser Teil des Flugzeugs nannte sich *business class*, womit man den Anschein erwecken wollte, dass die Leute dort saßen, weil sie in geschäftlichen Angelegenheiten reisten, und nicht einfach, weil es ihnen Spaß machte, einen bequemen Sessel zu haben, Champagner und einen klei-
10 nen Fernseher ganz für sich allein. Hector fühlte sich sehr glücklich, dort zu sitzen. Sein Sessel war wirklich sehr bequem, die Stewardessen hatten ihm Champagner serviert, und er fand, dass sie ihn oft anlächelten, viel häufiger, als wenn er in der anderen Klasse reiste. Vielleicht waren das aber auch die Wirkungen des Champagners.

Während das Flugzeug immer höher in den Himmel stieg, begann er mit dem
15 Nachdenken. Warum fühlte er sich so glücklich, hier zu sitzen? Natürlich, er konnte nach Belieben die Beine ausstrecken, Champagner trinken und sich entspannen. Aber das konnte er zu Hause in seinem Lieblingssessel auch, und selbst wenn das ebenfalls angenehm war, machte es ihn nicht so glücklich wie in diesem Augenblick und in diesem Flugzeug.

20 Er ließ seinen Blick durch den Raum schweifen. Zwei oder drei Personen lächelten und ließen ebenfalls ihre Blicke schweifen, und er dachte, dass dies Leute wie er waren, die man mit einem Platz in der *business class* überrascht hatte. Er drehte sich zu seinem Nachbarn hin. Das war ein Herr, der mit ernsthafter Miene eine englischsprachige Zeitung voller Zahlenkolonnen las. Er hatte keinen Champagner genom-
25 men, als die Stewardess ihm welchen angeboten hatte. Er war ein bisschen älter als Hector, auch ein bisschen dicker, und er trug eine Krawatte, auf die kleine Kängurus gezeichnet waren; also dachte Hector, dass er nicht in den Urlaub fuhr, sondern für seine Arbeit verreiste.

Später begannen sie sich zu unterhalten. Der Herr hieß Charles, und er fragte
30 Hector, ob er zum ersten Mal nach China reise. Hector bejahte das. Charles erklärte, dass er China ein bisschen kenne, denn er hatte dort unten Fabriken, in denen die

Chinesen für weniger Geld arbeiteten, als es im Land von Hector und Charles üblich war. „Nicht so teuer wie bei uns und genauso gut!", setzte er hinzu. In diesen Fabriken stellte man alle möglichen Dinge für Kinder her, Möbel, Spielsachen, elektronische
35 Spiele. Charles war verheiratet und hatte drei Kinder; sie hatten immer eine Menge Spielzeug, weil ihr Papa Fabriken besaß, in denen es hergestellt wurde!

Hector hatte die Ökonomie nie so richtig begriffen, aber er fragte Charles, ob es nicht ärgerlich sei, all das von Chinesen fabrizieren zu lassen, und ob man damit nicht riskiere, den Landsleuten von Hector und Charles die Arbeit wegzunehmen.
40 Ein bisschen vielleicht schon, erklärte Charles, aber wenn er Arbeiter aus seinem Land beschäftigen würde, wären seine Spielsachen um so vieles teurer als die anderswo produzierten, dass sie sowieso kein Mensch kaufen würde […].

„So ist das eben mit der Globalisierung", sagte Charles zum Schluss. Hector dachte, dass er das Wort Globalisierung auf seiner Reise gerade zum ersten Mal gehört
45 hatte, aber bestimmt nicht zum letzten Mal. Charles fügte noch hinzu, dass die ganze Sache auch etwas Gutes habe, denn so würden die Chinesen weniger arm und könnten ihren Kindern bald Spielzeug kaufen.

[…]

Schon seit dem Beginn ihres Gesprächs wollte Hector Charles fragen, ob er glück-
50 lich sei, aber er dachte daran, wie [verzweifelt] Clara reagiert hatte, und wollte diesmal besser aufpassen. Schließlich begann er mit der Bemerkung „Wie komfortabel diese Sitze sind!", denn er dachte, Charles würde dann vielleicht sagen, dass er sehr froh sei, in der *business class* zu reisen, und man könnte über das Glück reden.

Aber Charles brummte nur: „Pah, die lassen sich lange nicht so gut runterklappen
55 wie die in der *first class*." Und Hector verstand, dass es für Charles eine Gewohnheit war, in der *business class* zu reisen, aber dass man ihn eines Tages in der *first class* (einem noch teureren Teil des Flugzeugs) platziert hatte, woran er seitdem stets denken musste.

Das machte Hector nachdenklich. Charles und er saßen in absolut gleichen Ses-
60 seln und tranken den gleichen Champagner, aber all das machte Hector viel glücklicher, denn er war es ja nicht gewohnt. Und noch ein Unterschied: Charles hatte damit gerechnet, in der *business class* zu reisen, während es für Hector eine schöne Überraschung gewesen war.

Es war das erste kleine Glück auf seiner Reise gewesen, aber als er Charles ansah,
65 wurde Hector doch unruhig. Womöglich würde auch er bei seinen nächsten Reisen in der *economy class* jedes Mal der *business class* nachtrauern, so wie Charles heute der *first class* nachtrauerte?

Hector sagte sich, dass er gerade auf eine erste Lektion gestoßen war. Er nahm ein Notizbüchlein, das er sich extra zu diesem Zweck gekauft hatte, und notierte:

70 Lektion Nr. 1: Vergleiche anzustellen ist ein gutes Mittel, um sich sein Glück zu vermiesen.

Er dachte, dass dies keine besonders positive erste Lehre war, und so versuchte er, gleich noch eine zu finden. Er trank noch ein paar Schlucke Champagner und dann schrieb er:

75 Lektion Nr. 2: Glück kommt oft überraschend.

*Clara*
*Hectors Freundin*

**Lesen –**
Umgang mit
**Texten**
und **Medien**

 **S. 311**
*Figur*
↳ *eine Figur charakterisie-ren*

→ **S. 217 f.**

*eine literarische Figur charakteri-sieren*

**2** Charakterisiere anhand des Romanauszugs Hector und seinen Sitznachbarn.

**3** Wie zufrieden wirkt der Geschäftsmann auf dich? Stelle eine Vermutung an und begrün-de deine Einschätzung.

**4** Hector stellt als erste Glückslektion fest, dass man sich durch Vergleiche sein Glück vermiest (vgl. Z. 70 f.).
a) Erkläre, wie er zu dieser Erkenntnis kommt und was er damit meint.
b) Finde weitere Beispiele aus dem Alltag, bei denen uns der Vergleich mit Mitmenschen unglücklich machen kann. Denke dabei auch an den Einfluss, den Medien auf uns haben.

**5** In Lelords Roman gewinnt die Hauptfigur auf ihrer Reise durch die Welt noch weitere Erkenntnisse.
a) Lies dir die folgenden Lektionen durch und entscheide dich für eine, die dich besonders anspricht.

| | | |
|---|---|---|
| *Glück, das ist eine gute Wanderung inmitten schöner unbekannter Berge.* | *Glück ist schwieriger in einem Land, das von schlechten Leuten regiert wird.* | *Viele Leute denken, dass Glück bedeutet, reicher oder mächtiger zu sein.* |
| *Glück ist, wenn man eine Beschäftigung hat, die man liebt.* | *Glück ist, mit den Menschen zusammen zu sein, die man liebt.* | *Glück ist, wenn man an das Glück der Leute denkt, die man liebt.* |
| *Viele Leute sehen ihr Glück nur in der Zukunft.* | *Glück ist, wenn man spürt, dass man den anderen nützlich ist.* | *Rivalität ist ein schlimmes Gift für das Glück.* |

b) In welchem Zusammenhang könnte Hector auf die von dir ausgewählte Glücks-definition gekommen sein? Entwickle eine Erzählidee und mache dir zunächst Notizen nach folgendem Schema:

Glückslektion:  Glück ist, wenn …
Handlungsort:  …
Personen:  Hector …
Erzählidee:  Hector begegnet …

 **S. 310**
*Erzählung*

c) Formuliere deine Idee zu einer interessanten Erzählung aus. Orientiere dich dabei an dem Stil des Romanauszugs und achte auf eine ansprechende sprachliche Gestaltung (anschauliche Adjektive und Verben, wörtliche und indirekte Reden …).
d) Lest eure Geschichten vor und gebt einander Feedback.

*2.2 Zur Vertiefung des Textverständnisses und zur Erlangung von Erkenntnissen für die eigene Persönlichkeitsent-wicklung selbstständig produktive Methoden anwenden*
*3.2 Zum Ausdruck eigener Gedanken und Vorstellungen kreative Schreibformen nutzen*

Text- und Gedichtwerkstatt

# Ein Parallelgedicht verfassen

**1** Lest den folgenden Songtext oder hört euch nach Möglichkeit das Lied an.

## Niemand an dich denkt

*Clueso*

Keine Lust aufzustehen, auch wenn der Tag sehr sanft beginnt.
Du hältst dich seufzend über Wasser, bis der Horizont verschwimmt.
Ein Blick aus deinem Fenster, doch deine Gegend scheint dir fremd.
Wenn niemand an dich, niemand an dich denkt.

5 Es lässt dich eiskalt, obwohl die Sonne scheint, wenn du dein eignes Haus verlässt.
Und jeder Zug scheint berechenbar und jedes Ziel zu schnell ersetzt.
Und für ein fremdes Lächeln gibst du dein letztes Hemd.
Wenn niemand an dich, niemand an dich denkt.

Du verlierst an Gleichgewicht im Lauf der Zeit, wirst langsam ausgebremst vom Fall.
10 Du bewegst dich aufgelöst im Vakuum, das Kartenhaus steht kurz vorm Fall.
Selbst eine kleine Geste spielt Melodien wie eine ganze Band.
Wenn niemand an dich, niemand an dich denkt.

Dort wo das Glück in deiner Seele wohnt,
Geht grad niemand an das Telefon.
15 Du hängst völlig abgefuckt und interessenlos, bei dir daheim, für dich allein.
Und fühlst dich einsam und verlassen wie ein Eskimo.
Und nichts als Schnee und Eis soweit dein Auge reicht.

*Clueso (\*1980)* heißt mit bürgerlichem Namen Thomas Hübner. Er ist Sänger, Rapper, Songwriter, Produzent und Autor.

**2** Beschreibe die Stimmung, die in diesem Liedtext herrscht, und finde drei sprachliche Mittel, mit denen der Songwriter sie zum Ausdruck bringt.

 S. 315 sprachliches Mittel

**3** Ist die Person selbst schuld an ihrer Situation? Was könnte sie gegebenenfalls tun, um etwas daran zu ändern? Begründe deine Meinung und mache hilfreiche Vorschläge.

**4** Verfasse zu den ersten drei Strophen ein Parallelgedicht, in dem du ausdrückst, wie sich ein Tag verändert, wenn man sich sicher ist, dass jemand an einen denkt. Berücksichtige dabei folgende Vorgaben:

S. 314 Paralleltext

– Verwende ebenfalls die Du-Form.
– Orientiere dich nach Möglichkeit an den im Text beschriebenen Situationen.
– Baue passende sprachliche Mittel (z. B. Vergleiche) ein.
– Beende jede Strophe mit „Wenn jemand an dich, jemand an dich denkt".

*2.1 Sich mit Texten unterschiedlicher Art gründlich auseinandersetzen*
*2.2 Zur Vertiefung des Textverständnisses und zur Erlangung von Erkenntnissen für die eigene Persönlichkeitsentwicklung selbstständig produktive Methoden anwenden*

**Lesen –** Umgang mit **Texten** und **Medien**

Text- und Gedichtwerkstatt

# Einen Text in einen Sketch umwandeln

**1** Lest den folgenden Text.

## Gut vorbereitet

*Andrea Kohn*

Suchend schaut sich Robert auf dem Flur der Volkshochschule um. Hinter irgendeiner der vielen Türen wartet eine Gruppe von Hobbygärtnern auf ihn und seinen Vortrag über Gehölzpflege im Garten, den er in stundenlanger Fleißarbeit ausgearbeitet hat. Schließlich will sich ein Biologiestudent im fünften Semester, der auf
5 diese Weise sein Budget aufbessert, keine Blöße geben.

Aha, da muss es sein. Am Ende des Ganges steht noch eine Tür offen, durch die lebhaftes Geplauder herausdringt. Robert räuspert sich noch einmal, atmet tief durch und versucht, seiner Nervosität Herr zu werden. „Na denn, Augen zu und durch", murmelt er und läuft blindlings an den an allen Türen angebrachten Tafeln
10 vorbei, die auf die Veranstaltungen in den einzelnen Räumen hinweisen. Auch das Schild mit der Aufschrift „Senioren und Gesundheit" an der Tür, die er nun hinter sich schließt, entgeht ihm in seiner Aufregung. Es war noch nie seine Stärke, vor fremden Leuten zu reden. Und in der Tat hat er sich bei diesen Gelegenheiten auch schon mehr als einmal so richtig blamiert. Aber heute wird ihm das nicht passieren,
15 so gut vorbereitet, wie er ist. Mit erhobenem Haupt, gestrafftem Rücken und einem unangenehmen Gefühl in der Magengegend tritt Robert den etwa zwanzig erwartungsvoll verstummenden Bildungshungrigen gegenüber.

Ein Heer überwiegend bebrillter Augenpaare gleitet über seinen hoch aufgeschossenen, in verwaschenen Jeans und kariertem Hemd steckenden Körper. Ein Outfit, das
20 Robert bis vor ein paar Minuten noch dem Thema des Abends für angemessen hielt. Beim Anblick der adrett gekleideten Anwesenden steigen allerdings Zweifel in ihm auf. Zudem scheint keiner von ihnen unter sechzig zu sein, was statistisch nicht dem Durchschnittsalter des passionierten Gartenfreundes entspricht. […] Sind nicht gerade ältere Leute die angenehmeren Zuhörer? Bei diesem Gedanken lässt selbst das Magenkribbeln
25 nach.

Nachdem er sich vorgestellt hat, beginnt Robert mit seinem Referat […].

„Wir wollen uns heute also den in die Jahre gekommenen Exemplaren zuwenden, denn sie bedürfen einer besonderen Pflege", fängt er an. „Zunächst ist es wichtig, sich regelmäßig einen Überblick über deren Gesundheitszustand zu verschaffen."
30 „Da stimme ich Ihnen völlig zu", meldet sich eine füllige Dame aus der vorletzten Reihe. „Ich finde auch, dass die jährlichen Gesundheits-Check-ups das A und O sind." Die übrigen Teilnehmer pflichten ihr bei. Obwohl für ihn der Begriff Check-up im Zusammenhang mit der Begutachtung alter Obstbäume gewöhnungsbedürftig klingt, freut Robert sich über die Zustimmung. Schon bedeutend selbstsicherer fährt

35 er fort: „Zunächst sollte eine Überprüfung auf Ungezieferbefall und gegebenenfalls eine entsprechende Bekämpfung erfolgen." „Das ist zwar eine recht dreiste Aussage", unterbricht ihn eine Frau mit spitzem Gesicht und Nickelbrille, „aber sicher nicht ganz abwegig, wobei ich die Erfahrung gemacht habe, dass hier eher unsere Sprösslinge betroffen sind. Mein Enkel hat sich jetzt schon das zweite Mal Läuse im

40 Kindergarten geholt." „Aha", erwidert Robert, irritiert über diese blödsinnige Parallele. Da er aber entschlossen ist, sich durch nichts aus dem Konzept bringen zu lassen, macht er einfach weiter. „Außerdem muss geklärt werden, ob sich unter einer noch intakten Oberfläche bereits morsche Substanz gebildet hat. In diesem Fall ist schnellstens zu handeln und die befallenen Teile zu entfernen. Mit einer scharfen

45 Säge ist das aber in ein paar Minuten erledigt." Ein Herr mit Halbglatze hebt seinen Krückstock, um auf sich aufmerksam zu machen. „Nun mal nicht so flapsig, junger Mann", weist er Robert zurecht. „So problemlos ist das nun auch wieder nicht." Damit zieht er sein linkes Hosenbein hoch und klopft mit der Krücke auf die darunter zum Vorschein kommende Prothese. „Das Absägen hat über eine Stunde gedauert",

50 erklärt er mit heroischer Miene. Makabrer Scherz, findet Robert. Trotzdem zwingt er sich zu einem Lächeln. […] Befremdet über die skurrilen Vergleiche nimmt er den Faden wieder auf. „Ist allerdings das gesamte Exemplar betroffen, dann sind weitere Pflegemaßnahmen nur noch Zeit- und Geldverschwendung. Ein Ertrag ist von solchen Veteranen eh nicht mehr zu erwarten. Daher sollten sie beseitigt werden."

55 Noch bevor Robert zu den Details kommen kann, schlägt ihm eine Welle feindseliger Erregung entgegen. Strafende Blicke fliegen wie Pfeile durch den Raum in seine Richtung. Ein besonders rüstiger Teilnehmer mit einem Körperbau Marke Kleiderschrank erhebt sich. „Das ist es also, worauf Sie hinauswollen! Weg mit den Alten, ja?!", schnaubt er und kommt langsam, aber drohend auf Robert zu. Der macht ver-

60 wirrt einige Schritte rückwärts auf die Tür zu, die in diesem Moment auffliegt und Robert wie einen Pingpongball wieder in die entgegengesetzte Richtung zwingt.

Eine zierliche Person mit Flanellkostüm und schwarzem Aktenköfferchen rauscht herein. Sie ist offenbar ein ähnlicher Jahrgang wie die übrigen Anwesenden.

„Entschuldigen Sie, dass ich mich verspätet habe", bringt sie atemlos hervor, „aber
65 ich habe im Stau gesteckt."

„Das macht ja nichts", antwortet Robert, dankbar für diese Unterbrechung. „Nehmen Sie doch dort hinten Platz."

Das Persönchen sieht fragend zu Robert auf, stellt dann den Koffer ab und erwidert forsch: „Ich glaube nicht, dass ich dort hinten Platz nehmen möchte. Wer sind
70 Sie überhaupt?"

Das resolute Auftreten seines Gegenübers bringt Robert nun endgültig aus der Fassung. „Ich bin …, äh, ich will …, also ich halte hier heute einen Vortrag über Gehölzpflege im Garten", stammelt er.

Daraufhin brechen die eben noch so zornig dreinblickenden Herrschaften in
75 schallendes Gelächter aus. […] „So, so", lächelt die energische Dame vor ihm. „Mein lieber, junger Freund, wenn ich richtig informiert bin, findet diese Veranstaltung im Raum nebenan statt, wo man Sie sicher schon sehnlichst erwartet. Hier leite ich heute eine Diskussion zum Thema: Senioren und Gesundheit." […]

**dreist**
frech

**heroisch**
heldenhaft

Lesen –
Umgang mit
**Texten**
und Medien

**Portal**
*WES-122965-041*

**2** Fasse die Handlung der Geschichte zusammen und beantworte die folgenden Fragen:
– Welchen Fehler macht Robert zu Beginn?
– Warum fällt ihm und seinem Publikum nicht sofort auf, dass er im falschen Raum ist?
– Wie klärt sich der Irrtum auf?

**3** Durch seine witzige Art eignet sich der vorliegende Text sehr gut für die szenische Umsetzung in Form eines Sketchs.
a) Markiere dafür zunächst auf einer Textkopie oder der Vorlage im Portal die wörtlichen Reden von Robert und den einzelnen Senior/-innen in unterschiedlichen Farben.
b) Die Stimmung und Sprechweise der Personen sind unterschiedlich. Ordne einige der folgenden Adjektive geeigneten Textstellen zu und notiere sie dort am Rand.

*genervt – gelangweilt – fröhlich – verunsichert – selbstbewusst – ungeduldig – verärgert – wütend – aggressiv – schüchtern – ruhig – verständnisvoll*

**4** Jonas' Gruppe hat für die Umsetzung des Sketchs ein Drehbuch angelegt.

---

**Sketch zu „Gut vorbereitet"**
**Personen:** Robert (Jonas), mehrere Senioren (Mia, Timo, Linus, Theo, Magdalena, Emmi)
**Kostüme:**
**Requisiten:** Schilder mit Aufschrift „Volkshochschule" und „Senioren und Gesundheit", Pult,

*Robert geht mit einem Manuskript Richtung Bühne, blickt sich suchend um, auf der Bühne sitzen die „Senioren" und unterhalten sich.*
**Robert** *(aufgeregt):* Wo muss ich denn jetzt hin? Ich bin ja mal gespannt, wie viele Hobbygärtner sich heute meinen Vortrag über Gehölzpflege im Garten anhören wollen. Stundenlang bin ich da dran gesessen, aber das Geld kann ich als Biologiestudent schon gut gebrauchen. Aha, da muss es sein.
*Robert entdeckt eine offen stehende Tür, sieht das Schild „Senioren und Gesundheit" nicht.*
**Robert**                              : Na denn, Augen zu und durch.

---

a) Nennt Informationen, die es enthält.
b) Die Mitglieder der Gruppe möchten vermeiden, dass eine Erzählfigur den Textanfang einfach vorliest. Lest euch den Beginn ihres Drehbuchs durch und erklärt, wie sie es trotzdem geschafft haben, wichtige Informationen über Robert einzubauen.
c) Sammelt Vorschläge, mit welchen Angaben man die Platzhalter ersetzen könnte.
d) Bildet Gruppen und verwendet nun eure Ergebnisse aus den vorangegangenen Aufgaben für die Erstellung eines eigenen Drehbuchs. Ihr könnt dabei auch den Drehbuchanfang von Jonas' Gruppe übernehmen.
e) Probt den Sketch, führt ihn vor und gebt einander ein Feedback.

 **Tipp**
*Erstellt das Drehbuch gleich am Computer. Ihr könnt den Text dazu einscannen und mit einem Texterkennungsprogramm in ein Word-Dokument umwandeln, sodass ihr die wörtlichen Reden leicht markieren, ausschneiden und zuordnen könnt.*

 **Tipp**
*„Robert" kann einen Großteil seines Textes ablesen, da er passenderweise für seinen Vortrag sein Manuskript in der Hand hält.*

---

*1.4 Geeignete Thematiken gestalterisch umsetzen, gemeinsam mit anderen ihre szenische Darstellung bzw. einfache Inszenierungsansätze reflektieren*
*2.1 Verfahren zur Texterschließung sowie organisierende Techniken routiniert anwenden*

Text- und Gedichtwerkstatt

# Überprüfe dein Wissen und Können

**1** Zu Beginn des Kapitels (S. 122) hast du dich mit dem Bildinhalt von verschiedenen Fotos auseinandergesetzt und mögliche Bildtitel formuliert.

a) Ordne die Fotos nun einzelnen Geschichten des Kapitels zu und begründe deine Wahl.

b) Überprüfe, inwiefern es Übereinstimmungen und Unterschiede zwischen den jeweiligen Text-/Gedichttiteln und deinen Bildtiteln gibt.

**2** In den vorangegangenen Texten spielen Wünsche und Sehnsüchte eine wichtige Rolle. Ordne die Gedankenblasen den dir bekannten Geschichten und Gedichten zu und begründe deine Wahl.

> *Ich würde gerne in der „guten alten Zeit" leben.*

> *Ich würde gerne unglückliche Menschen glücklich machen.*

> *Wenn ich mich doch nur trauen würde, ihr zu sagen, was ich für sie empfinde …*

> *Wenn diese Frau doch endlich einen anderen Bus nehmen würde …*

> *Ich wünschte, mein Vortrag wäre schon vorbei.*

> *Wenn sich doch nur jemand für mich interessieren würde …*

**w 3** Wähle im Folgenden zwischen a) und b).

a) Zeichne einen Comic mit ca. sechs Szenen zu einem der Texte aus diesem Kapitel. Zeige dabei wesentliche Handlungsschritte, arbeite mit Sprech- und Gedankenblasen und verwende unterschiedliche Bildausschnitte, z. B. Ansicht der ganzen Szene mit Hintergrund oder Detailansichten.

b) Verfasse einen fiktiven Dialog zwischen einer der in den Texten erwähnten Personen und einer weiteren. Folgende Schreibanlässe können dir dabei als Anregung dienen.

> *Margie aus Asimovs Geschichte will 2157 mit dem Schulinspektor reden, was man an ihrer Schule verbessern könnte.*

> *Die Person aus Cluesos Song ruft bei einem Sorgentelefon an, weil sie einen Ausweg aus ihrer Einsamkeit finden möchte.*

> *Ein Kind möchte von dem Psychiater Hector wissen, was Glück ist.*

> *Die Ich-Erzählerin aus „Allmorgendlich" kommt mit der verhassten Frau aus dem Bus ins Gespräch und entdeckt viele Gemeinsamkeiten.*

> *Der Junge aus dem Gedicht „Sprachschwierigkeiten" fragt seinen Freund, wie er seinen Schwarm ansprechen könnte.*

**Portal**

WES-122965-042

*2.2 Darstellung von Fantasien, Sehnsüchten, Träumen und Irrealem in Texten der literarischen Tradition sowie der Gegenwart (u. a. Science-Fiction) beschreiben und zur Vertiefung des Textverständnisses und zur Erlangung von Erkenntnissen für die eigene Persönlichkeitsentwicklung selbstständig produktive Methoden anwenden*

Lesen –
Umgang mit
**Texten**
und **Medien**

# ▨ Lektüre

**1** Simon, der Junge auf dem Bild unten, ist verliebt, jedoch gibt es noch einige Hindernisse, die einer Beziehung mit seinem Schwarm im Wege stehen.

a) Stellt Vermutungen an, welche Hindernisse dies sein könnten.

b) Viele Menschen tun sich schwer damit, einer anderen Person zu gestehen, dass sie sie mögen, geschweige denn, dass sie verliebt in sie sind. Findet Gründe hierfür.

**2** Diskutiert, welche Eigenschaften eine Person attraktiv und / oder liebenswert machen.

**In diesem Kapitel lernst du, …**

- *dir einen ersten Eindruck von einem Buch zu verschaffen.*
- *zu einer Romanaussage Stellung zu beziehen.*
- *dich in Romanfiguren hineinzuversetzen.*
- *ein Drehbuch zu analysieren und zu erstellen.*
- *die Wirkung filmischer Mittel zu bewerten und gezielt einzusetzen.*
- *einen Roman mit seiner Verfilmung zu vergleichen.*
- *ein Lektüreportfolio zu erstellen.*

Lektüre

# Sich einen ersten Eindruck von einem Buch verschaffen

In dem Roman „Love, Simon" erzählt die Autorin Becky Albertalli Simons Geschichte.

**1** Rechts seht ihr das Cover des Buchs.

a) Beschreibt, was darauf zu sehen ist, und begründet, ob euch das Layout anspricht oder nicht.

b) Lest den folgenden Klappentext zum Roman und tauscht euch darüber aus, inwiefern euch das Thema des Buches interessiert oder nicht.

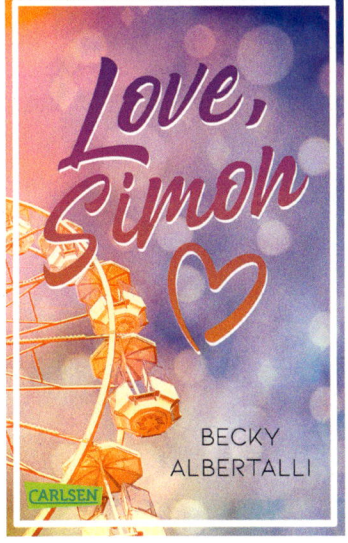

 **Tipp**

*Der Roman wurde 2018 mit dem Titel „Love, Simon" verfilmt. Kurz danach erschien unter demselben Titel eine Filmausgabe des Buchs, die neben dem Roman noch Fotos, einen Drehbuchauszug und ein Interview mit der Autorin enthält.*

Was Simon über Blue weiß: Er ist witzig, sehr weise, aber auch ein bisschen schüchtern. Und ganz schön verwirrend. Was Simon nicht über Blue weiß: WER er ist. Die beiden gehen auf die-
5 selbe Schule und schon seit Monaten tauschen sie E-Mails aus, in denen sie sich die intims-ten Dinge gestehen. Simon spürt, dass er sich langsam, aber sicher in Blue verliebt, doch der ist noch nicht bereit, sich mit Simon zu treffen.
10 Dann fällt eine der E-Mails in falsche Hände – und plötzlich steht Simons Leben Kopf.

c) Die Romanautorin schreibt aus Simons Sicht. Lies dir ihre Kurzbiografie durch und erkläre, wie es ihr gelungen ist, sich in seine Perspektive hineinzuversetzen.

## Becky Albertalli

Ursprünglich studierte die US-amerikanische Autorin, die 1982 ge-boren wurde und in Vororten von Atlanta aufwuchs, Psychologie und schloss ihr Studium mit einem Doktortitel ab. Als Psychologin arbei-tete sie auch mehrere Jahre, wobei sie sich auf die Arbeit mit Kindern
5 und Jugendlichen spezialisiert hatte und so mit den Problemen Jugendlicher ver-traut wurde. 2012 widmete sie sich dann aber dem Schreiben und landete mit ihrem Roman *Love, Simon* auch gleich einen Bestseller, für den sie 2015 den Award der Ame-rican Library Association und 2017 den Deutschen Jugendliteraturpreis der Jugend-jury erhielt. Ein Jahr später bereits war die Verfilmung des Romans in den Kinos zu
10 sehen. Mittlerweile hat Albertalli noch zwei weitere Jugendromane veröffentlicht. Nach eigenen Angaben haben US-amerikanische Teenagerfilme aus den 1980ern die Autorin beim Schreiben ihrer Bücher inspiriert. Mittlerweile ist sie Mutter zweier Söhne und lebt mit ihrer Familie in Atlanta.

Lektüre

# Den Anfang einer Lektüre lesen

**1**   Lies den Romananfang.

## Eins

Es ist ein seltsam subtiles Gespräch – fast merke ich gar nicht, dass ich erpresst werde.

Wir sitzen auf Metallklappstühlen hinter der Bühne und Martin Addison sagt: „Ich habe deine Mail gelesen."

„Was?" Ich schaue hoch.

5   „Vorhin. In der Bibliothek. Natürlich nicht mit Absicht."

„Du hast meine Mail gelesen?"

„Na ja, ich habe mich direkt nach dir an den Computer gesetzt", sagt er. „Und als ich Gmail eingegeben habe, hat sich dein Account geöffnet. Du hättest dich vielleicht ausloggen sollen."

10   Ich starre ihn entgeistert an. Er tappt mit dem Fuß gegen sein Stuhlbein.

„Also, was soll das mit dem falschen Namen?", fragt er.

Tja. Ich würde sagen, der Sinn eines falschen Namens ist es, meine geheime Identität vor Leuten wie Martin Addison geheim zu halten. Das hat also hervorragend funktioniert.

15   Er hat mich wohl am Computer sitzen sehen.

Und ich bin wohl ein Riesentrottel.

Er lächelt tatsächlich. „Jedenfalls dachte ich, es interessiert dich vielleicht, dass mein Bruder schwul ist."

„Ähm. Eigentlich nicht."

20   Er sieht mich an.

„Was willst du mir sagen?", frage ich.

„Nichts. Hör mal, Spier, ich habe kein Problem damit. Ist wirklich kein großes Thema."

Bloß dass es in Wirklichkeit eine kleine Katastrophe ist. Oder vielleicht auch eine

25   Scheiß-Megakatastrophe, je nachdem, ob Martin dichthalten kann oder nicht.

„Das ist irgendwie peinlich jetzt", sagt Martin.

Ich habe keine Ahnung, was ich darauf antworten soll.

„Es ist jedenfalls ziemlich offensichtlich", sagt er, „dass es keiner wissen soll."

Kann schon sein. Weiß auch nicht. Die Sache mit dem Coming-out macht mir al-

30   lerdings keine Angst.

Glaube ich zumindest.

Es ist alles eine unangenehme Riesenpeinlichkeit und ich will gar nicht so tun, als ob ich mich drauf freue. Aber das Ende der Welt wäre es wahrscheinlich auch nicht. Nicht für mich.

35   Das Problem ist nur, dass ich nicht weiß, was es für Blue bedeuten würde. Wenn Martin es irgendwem erzählte. Blue legt nämlich Wert auf seine Privatsphäre. Er

würde nicht vergessen, sich aus seinem Mail-Account auszuloggen. Und er würde mir vielleicht auch nie verzeihen, dass ich so absolut achtlos war.

Was ich also eigentlich sagen will, ist Folgendes: Ich weiß nicht, was es für uns hei-
40 ßen würde. Für Blue und mich.

Aber ich fasse es ehrlich nicht, dass ich gerade so ein Gespräch mit Martin Addison führe. Ausgerechnet der muss sich nach mir bei Gmail einloggen. Ihr müsst wissen, ich würde die Computer in der Schulbücherei eigentlich gar nicht benutzen, aber WLAN wird hier drin blockiert. Und an manchen Tagen kann ich eben nicht
45 warten, bis ich zu Hause an meinem Laptop sitze.

Ich wollte nicht mal warten, bis ich auf dem Parkplatz meine Mails abrufen konnte.

Ich hatte Blue nämlich heute Morgen von meinem geheimen Account geschrieben. Und es war eine irgendwie ziemlich wichtige Mail.

Ich wollte nur nachsehen, ob er geantwortet hatte.
50 „Ich glaube, die Leute fänden es voll okay", sagt Martin. „Du solltest so sein, wie du bist."

Ich weiß echt nicht, was ich dazu sagen soll. Irgendein Heterotyp will mir Ratschläge zu meinem Coming-out geben. Da muss ich dann doch die Augen verdrehen.

„Okay, schon gut, auch egal. Ich werde es ja niemandem zeigen", sagt er.
55 Einen Augenblick bin ich dämlicherweise total erleichtert.

Aber dann dämmert es mir.

„Zeigen?", hake ich nach.

Er wird rot und fummelt an seinem Ärmelsaum herum.

Er hat so einen Gesichtsausdruck, dass sich mein Magen zusammenzieht.
60 „Hast du – hast du einen Screenshot gemacht oder was?"

„Also", sagt er, „darüber wollte ich gerade mit dir reden."

„Moment – du hast einen gottverdammten Screenshot gemacht?"

Er kräuselt die Lippen und starrt an meiner Schulter vorbei.

„Jedenfalls weiß ich", sagt er, „dass du mit Abby Suso befreundet bist, und da woll-
65 te ich fragen –"

„Jetzt im Ernst? Oder können wir noch mal zurück zu der Frage, wieso du einen Screenshot von meinen Mails gemacht hast?"

Er zögert. „Ich meine, ich dachte bloß, du könntest mir helfen, mit Abby ins Gespräch zu kommen."
70 Fast muss ich lachen. „Was – soll ich ein gutes Wort für dich einlegen oder wie?"

„Äh, ja", sagt er.

„Und warum soll ich das bitte tun?"

Er sieht mich an und plötzlich macht es klick. Die Sache mit Abby. Das will er von mir. Als Gegenleistung, dass er meine verdammt noch mal privaten Mails nicht ver-
75 öffentlicht.

Und Blues Mails.

Oh Mann. Ich schätze, ich habe Martin für harmlos gehalten. Ein etwas tapsiger Nerd, um ehrlich zu sein, aber das ist ja an sich nicht schlimm. Ich fand ihn immer irgendwie witzig.
80 Aber jetzt lache ich nicht mehr.

*Tumblr*
Blogging-Platt-
form

„Du willst mich tatsächlich dazu zwingen", sage ich.

„Zwingen? Ach komm. So ist es doch nicht."

„Wie ist es denn?"

„Wie gar nichts. Ich meine, ich mag sie einfach. Ich dachte bloß, du könntest mir
85 ein bisschen helfen. Mich zu Sachen einladen, wo sie dabei ist. Keine Ahnung."

„Und wenn nicht? Dann postest du die Mails auf Facebook? Oder, Scheiße, gleich
auf Tumblr?"

Oh Gott. Der Tumblr-Account creeksecrets: Ground Zero für jeglichen Klatsch
und Tratsch an der Creekwood High School.

90 Wir sind beide still.

„Ich glaube einfach, dass wir uns gegenseitig helfen können", sagt Martin irgendwann.

Ich schlucke schwer.

„Aufruf für Marty", ruft Ms Albright von der Bühne. „Zweiter Akt, dritte Szene."

95 „Also, denk drüber nach." Er steht von seinem Stuhl auf.

„Na sicher. Das ist wirklich ganz großartig", sage ich.

Er sieht mich an. Dann herrscht wieder Schweigen.

„Ich weiß echt nicht, was du von mir hören willst", hänge ich schließlich dran.

„Was auch immer." Er zuckt die Achseln. Ich glaube, ich war noch nie so froh, je-
100 manden gehen zu sehen. Aber mit der Hand am Vorhang dreht er sich noch mal um.

„Nur so aus Neugier", sagt er. „Wer ist Blue?"

„Niemand. Er wohnt in Kalifornien."

Wenn Martin glaubt, dass ich Blue verrate, hat er echt einen Schatten.

Blue wohnt nicht in Kalifornien. Sondern in Shady Creek, und er geht auf unsere
105 Schule. Blue ist nicht sein richtiger Name.

Er ist jemand. Vielleicht sogar jemand, den ich kenne. Aber ich weiß nicht, wer.
Und ich weiß auch nicht, ob ich es wissen will.

**2**   Fasse zusammen, was man in diesem Textauszug über Simon Spier, die Hauptfigur des
Romans, erfährt.

**3**   Simons Mitschüler Martin Abbot setzt ihn unter Druck.
a) Erläutere, was er gegen Simon in der Hand hat.
b) Erkläre den „Deal", den er dem Ich-Erzähler vorschlägt.
c) Bewerte Martins Verhalten.

S. 313
*Mindmap*

**4**   Stelle die möglichen Folgen für die beteiligten Personen im Falle einer Veröffentlichung
des Screenshots in einer Mindmap dar.

✳ **5**   Recherchiere, inwiefern sich Martin Abbot durch die Veröffentlichung des Screenshots
strafbar machen würde und welche rechtlichen Möglichkeiten Simon hätte, darauf zu
reagieren.

*2.1 Verfahren zur Texterschließung (z. B. Aussagen am Text überprüfen) sowie organisierende Techniken (z. B.
Beziehungsgeflechte skizzieren) routiniert anwenden und die Erkenntnisse als Diskussionsgrundlage und für die
eigene Meinungsbildung nutzen*

Lektüre

# Handlungsmotive einer Figur nachvollziehen

**1** Die E-Mails zwischen Simon und Blue sind ein wichtiger Bestandteil des Romans. Simon, der unter dem Pseudonym *Jacques* schreibt, ergreift nach einigen Mails die Initiative und fragt Blue nach seiner Handynummer. Lies, wie Blue auf Simons Frage reagiert und was Simon, alias Jacques, darauf antwortet.

---

○○○      An:   Jacques        ✉

Die Vorstellung, unsere Handynummern auszutauschen, jagt mir echt Angst ein, wirklich. Allein die Vorstellung, du könntest mich anrufen und meine Mailbox-Ansage hören und dann BESCHEID WIS-SEN. Ich weiß nicht, was ich sagen soll, Jacques. ich bin einfach noch nicht so weit, dir zu sagen, wer ich bin. Ich weiß, das ist dämlich, und ganz ehrlich, ich bin inzwischen den halben Tag damit beschäf-
5 tigt, mir vorzustellen, wie wir uns zum ersten Mal begegnen. Aber ich weiß einfach nicht, wie das passieren soll, ohne dass sich alles ändert. Und ich glaube, ich habe Angst, dich zu verlieren. Ist das irgendwie verständlich? Bitte hass mich nicht.

Alles Liebe

*Blue*

---

○○○      An:   Blue        ✉

10 Ich versuche gerade zu verstehen, wie du das mit den Handynummern empfindest. Du musst mir ver-trauen! Ja, ich bin neugierig, aber ich werde dich nicht anrufen, wenn dir dabei nicht wohl ist. Das sollte gar nicht so eine große Sache werden. Und natürlich will ich nicht aufhören zu mailen. Ich möchte dir bloß auch andere Nachrichten schreiben können wie jeder normale Mensch. Und JA, ich würde dir gern im wirklichen Leben begegnen. Und natürlich würde das etwas ändern, aber ich glaube, dazu bin ich
15 bereit. Also, vielleicht ist es tatsächlich eine große Sache. Keine Ahnung. Ich möchte die Namen deiner Freunde wissen und was du nach der Schule machst, und all die Sachen, die du mir bisher nicht erzählt hast. Ich will wissen, wie deine Stimme klingt. Aber erst, wenn du so weit bist. Und nie im Leben könnte ich dich hassen. Du wirst mich nicht verlieren. Denk einfach drüber nach. Okay?

Alles Liebe

20 *Jacques*

---

**2** Die beiden Jungen haben unterschiedliche Wünsche und Erwartungen.
   a) Nenne Gründe, warum Blue lieber anonym bleiben möchte.
   b) Erkläre, warum es Simon so wichtig ist, die Handynummern mit Blue zu tauschen.
   c) Beziehe Stellung, wessen Position du eher nachvollziehen kannst.

✳ **3** Erläutere, welche Vorteile es haben kann, im Internet nicht so viel von sich preiszugeben.

W **4** Versetze dich in Blues Lage und wähle im Folgenden zwischen a) und b).
   a) Verfasse einen inneren Monolog aus der Sicht von Blue, während er Simons Mail
      liest. Gib darin auch wieder, wie er sich nach dem Lesen fühlt.
   b) Schreibe eine Antwortmail von Blue.

📄 **S. 314**
*(innerer) Monolog*

*2.2 Unterschiedliche Werthaltungen und Lebenseinstellungen reflektierend mit den eigenen vergleichen, die Beziehungen zwischen den Figuren herausarbeiten und zur Vertiefung des Textverständnisses und zur Erlangung von Erkenntnissen für die eigene Persönlichkeitsentwicklung selbstständig produktive Methoden anwenden*

**Lesen –**
**Umgang mit**
**Texten**
**und Medien**

Lektüre

# Sich in Romanfiguren hineinversetzen

Simon weiß immer noch nicht, wer sich hinter dem Pseudonym *Blue* verbirgt. Durch die E-Mails fühlt er sich dennoch zu dem Unbekannten hingezogen.

))) **Portal**

WES-122965-043

**1**   Lies den folgenden Romanauszug oder höre dir die Audiodatei an.

## Siebzehn

Ich muss ihn kennenlernen.

Ich glaube, ich halte es nicht mehr aus. Ist mir egal, wenn das alles kaputt-macht. Ich bin ganz dicht davor, meinen

5   Laptop abzuknutschen.

Blue Blue Blue Blue Blue Blue Blue.

Ehrlich. Ich stehe kurz vorm Explodieren.

Den ganzen Schultag ist mein Magen verknotet, und das eigentlich total grundlos, weil sich das Gefühl ja eigentlich auf niemanden richtet. Weil es bloß Worte auf ei-

10   nem Bildschirm sind. Ich kenne nicht mal seinen verdammten Namen.

Ich glaube, ich bin ein bisschen verliebt in ihn. […]

Ich bin so ruhelos, ich will nicht mal was essen. Nicht mal Oreos. Ich kann einfach nicht still sitzen. Ich schreibe Nick an, was er so treibt, obwohl ich weiß, dass er im Keller hockt und Konsole spielt, weil er das jeden Nachmittag macht, bis die Fußball-

15   saison wieder losgeht. Er sagt, Leah ist auch schon auf dem Weg. Also schnalle ich Bieber die Leine an und schließe hinter uns ab.

**Nick und Leah**
Simons Freunde

**Bieber**
Simons Hund

Leah fährt gerade in die Einfahrt, als wir ankommen. Sie lässt das Fenster herun-ter und ruft nach Bieber, und natürlich reißt er sich von mir los und springt an ihrem Auto hoch. „Hallo, Süßer", sagt sie. Er stellt die Pfoten auf den Fensterrahmen und

20   leckt ihr ein einziges Mal höflich übers Gesicht.

„Gerade fertig mit Proben?", fragt sie, als wir um die Ecke zu Nicks Kellereingang gehen.

„Ja." Ich mache die Tür auf. „Bieber. NEIN. Komm hierher."

Als hatte er noch nie im Leben ein Eichhörnchen gesehen. Herr im Himmel.

25   „Oha. Das sind jetzt zwei Stunden am Tag, drei Tage die Woche?"

„Inzwischen schon vier Tage die Woche. Jeden Tag außer Freitag. Und diesen Samstag haben wir den ganzen Tag Probentag."

„Wow", sagt sie.

Nick schaltet den Fernseher aus, als wir reinkommen.

30   *„Assassins Creed?"* Leah deutet mit dem Kopf auf den leeren Bildschirm.

„Jep", sagt Nick.

„Cool", sagt sie. Ich zucke bloß die Achseln. Mir gehen Computerspiele so was von komplett am Arsch vorbei.

Ich strecke mich neben Bieber auf den Teppich, der auf dem Rücken liegt und total

35 absurd aussieht, weil seine Lippen kopfüber herunterhängen. Nick und Leah unterhalten sich über *Doctor Who* und Leah lässt sich in den Sessel fallen, zupft am ausgefransten Saum ihrer Jeans herum. Ihre Wangen sind ein bisschen rosig unter den Sommersprossen, sie argumentiert und steigert sich ziemlich hinein. Beide sind vollkommen versunken in die Philosophie des Zeitreisens. Ich lasse meine Augen
40 zufallen. Und denke an Blue.

Okay. Ich bin verknallt, aber es ist ganz anders als bei irgendeinem Musiker oder Harry Potter. Das hier ist echt. Muss es sein. Und es macht mich fast wahnsinnig.

Ich meine, hier liege ich auf Nicks Kellerteppich, dem Schauplatz zahlloser Power-Ranger-Verwandlungen und Lichtschwertkämpfe und verschütteter Saft-
45 becher – und alles, was ich will auf der Welt, ist, dass die nächste Mail von Blue ankommt. Und Nick und Leah reden immer noch über die bescheuerte TARDIS. Die haben keinen Schimmer. Sie wissen nicht mal, dass ich schwul bin.

Und ich weiß nicht, wie das gehen soll. Seit ich es Abby am Freitag erzählt habe, dachte ich irgendwie, es Leah und Nick zu sagen würde ganz leicht. Oder jedenfalls
50 leichter, nachdem sich mein Mund jetzt an die Worte gewöhnt hat.

Aber es ist nicht leichter. Es ist unmöglich. Denn es kommt mir zwar so vor, als würde ich Abby schon ewig kennen, doch in Wirklichkeit kenne ich sie erst seit vier Monaten. Und darum hat sie noch gar keine Zeit gehabt, irgendwelche festen Vorstellungen von mir zu entwickeln. Aber Leah kenne ich schon seit der Sechsten, und
55 Nick, seit wir vier waren. Und dass ich schwul bin. Das kommt mir so groß vor. So unüberwindlich. Ich weiß nicht, wie ich ihnen so was sagen und hinterher immer noch Simon sein soll. Denn wenn Leah und Nick mich nicht wiedererkennen, dann kenne ich mich selbst nicht mehr.

Mein Handy brummt. Nachricht von Monster Arschloch: *hey vielleicht bald wieder*
60 *WaHo treffen?*

Ich ignoriere sie.

Ich hasse es, mich Nick und Leah so fern zu fühlen. Es ist nicht so, als würde ich eine ganz normale Verliebtheit für mich behalten, denn über so was reden wir sowieso nie, und das funktioniert bestens. Nicht mal darüber, dass Leah in Nick ver-
65 schossen ist. Ich merke es und ich bin sicher, Nick merkt es auch, aber es gibt so eine unausgesprochene Übereinkunft, dass wir nicht darüber reden.

Ich verstehe nicht, wieso es mit dem Schwulsein nicht genauso ist. Wieso ich mir dabei so vorkomme, als führte ich ein geheimes Doppelleben.

Mein Handy fängt an zu vibrieren, mein Vater ruft an. Was wohl heißen soll, dass
70 das Essen auf dem Tisch steht.

Ich finde es schrecklich, dass ich so erleichtert bin.

Irgendwann werde ich es Nick und Leah ganz sicher sagen.

**Doctor Who**
*britische Science-Fiction-Serie*

**TARDIS**
*Raum-Zeit-Maschine aus „Doctor Who"*

**Abby**
*Freundin von Simon, Nick und Leah*

**Monster Arschloch**
*Erpresser Martin Addison*

**WaHo**
*Abkürzung für „Waffle House", eine amerikanische Restaurantkette und das Lieblingslokal der Gruppe*

*2.2 Ein Werk der neueren Jugendliteratur (in Auszügen oder als Ganzschrift) lesen*

**2** Der Ich-Erzähler hat sich nach eigenen Angaben verliebt.

 a) Weist am Textauszug typische Verhaltensweisen einer verliebten Person nach.

 b) Simon steckt in einem Gefühlschaos. Nenne Textstellen, in denen die folgenden Gefühle zum Ausdruck kommen.

| Scham | Wut | Erleichterung | Angst |
|---|---|---|---|

**S. 315**
*Standbild*

**3** Im Text erfährt man einiges über Simons Freunde Leah, Abby und Nick. Stellt die Beziehung der Romanfiguren Simon, Leah, Abby, Nick und Blue zu fünft in einem Standbild dar. Bringt durch Gesten, Körperhaltung und eure Position im Raum zum Ausdruck, wie die fünf zueinander stehen.

**4** Sein Outing bereitet Simon viel Kopfzerbrechen: „*Und dass ich schwul bin. Das kommt mir so groß vor. So unüberwindlich.*" (Z. 55 f.)

 a) Lies noch einmal die entsprechende Textstelle von Z. 48–58 und erkläre mit eigenen Worten, wovor Simon so große Angst hat.

 b) Stelle Vermutungen an, was er damit meinen könnte, dass ihn seine Freundinnen und Freunde nach einem Outing nicht wiedererkennen würden und warum er sich dann selbst infrage stellen würde.

 c) Finde eine Erklärung dafür, warum es gerade Jugendlichen so wichtig ist, was ihr Freundeskreis über sie denkt.

✱ **5** Stelle dir vor, Simon hätte seinen Mut zusammengenommen und den Satz „Ich bin schwul" ausgesprochen. Erzähle den Text ab Zeile 47 aus der Ich-Perspektive von Leah oder Nick weiter. Orientiere dich dabei an den folgenden Punkten.

 • Formuliere ein mögliches Gespräch zwischen Simon, Leah und Nick.

 • Ersetze Simons Gedanken durch die von Leah oder Nick. Was geht ihnen nach Simons Outing durch den Kopf?

 • Schildere, wie Leah bzw. Nick das Verhalten der anderen wahrnehmen und deuten.

**6** Simon hat sich bisher nur gegenüber Abby geoutet. Er scheint noch auf den richtigen Moment zu warten. Was würdest du ihm an Abbys Stelle raten? Formuliere einen kurzen Nachrichtenverlauf zwischen den beiden.

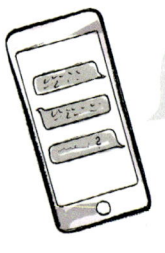

*Hey Simon, wie war's bei Leah und Nick? Hast du's ihnen gesagt?*

...

2.2 *Unterschiedliche Werthaltungen und Lebenseinstellungen reflektierend mit den eigenen vergleichen, die Beziehungen zwischen den Figuren herausarbeiten und zur Vertiefung des Textverständnisses und zur Erlangung von Erkenntnissen für die eigene Persönlichkeitsentwicklung selbstständig produktive Methoden anwenden*

Lektüre

# Ein Drehbuch analysieren und erstellen

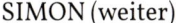 Im Folgenden siehst du einen Ausschnitt aus dem Originaldrehbuch zu „Love, Simon".
a) Lies den Drehbuchauszug zunächst.

**AUSSEN. SIMONS HAUS – MORGEN**
Eröffnungsszene. Ein Gartentransporter fährt ins Bild.

**INNEN. SIMONS ZIMMER – MORGEN**
FAHRT durch ein TEENAGERSCHLAFZIMMER, vorbei an Erinnerungsstücken eines nachdenklichen Vorstadtjugendlichen und massenhaft Kleinzeugs: gerahmte LP-Cover. Eine halb aufgegessene Packung OREOS. Ein Haufen Broschüren von möglichen Universitäten. Stapelweise Bücher von CHUCK KLOSTERMAN und ROL-LING-STONE-Musikzeitschriften.
Und sehr viele HOODIES, praktisch auf jede Oberfläche verstreut.

Wir landen bei SIMON, der sich für die Schule fertig macht. Er sieht sich kurz im Spiegel an, seine Haare stehen gerade HOCH – Bettfrisur. Simon greift nach seinem Smartphone und schaut JEMANDEN AUSSERHALB DES BILDAUSSCHNITTS an.

SIMON
Was sagst du, Bieber? Instagram-würdig?
Sein Hund Bieber starrt zurück.

SIMON (weiter)
Sei nicht so streng, Bieber.
Simon hebt sein Handy, um ein Selfie zu schießen, lässt sich in den Schreibtischstuhl fallen und dreht sich zum Fenster, des besseren Lichtes wegen.

SIMON (aus dem Off)
Also, wie gesagt, ich bin genau wie du. Ich habe ein völlig normales Leben.
Und dann ENTDECKT Simon vor dem Fenster …
Einen SCHARFEN, UM DIE 20 JAHRE ALTEN GÄRTNER, der bei den Nachbarn den Rasen mäht.

*Off*
*Hintergrund*

SIMON (aus dem Off)
Nur, dass ich ein riesiges Geheimnis habe.
Simon starrt den scharfen GÄRTNER an: Er findet ihn offensichtlich attraktiv.

**Portal**
*WES-122965-044*

b) Markiere auf der Vorlage im Portal oder auf einer Textkopie
mit unterschiedlichen Farben Stellen, …
- an denen man etwas über Handlungsort und -zeit erfährt,
- an denen Aussagen und Gedanken von Simon wiedergegeben werden,
- die dem Schauspieler sagen, was er zu tun hat,
- die für die Kameraleute wichtig sind.

**2**   Begründet, für wen die Regieanweisungen im Drehbuch wichtig sind.

**3**   Es gibt unterschiedliche Arten, etwas zu sagen.
     a) Notiere neben den markierten Stellen in Simons Text, in welcher Stimmung er die-
        sen möglicherweise ausspricht (z. B. fröhlich, traurig, ernst …).
     b) Vergleicht eure Ergebnisse und probiert verschiedene Varianten der Aussprache aus.

**Portal**
*WES-122965-045*

**W** **4**   Erarbeitet nun in Dreiergruppen selbstständig ein Konzept für die szenische Umsetzung
eines Textauszugs von „Love, Simon". Ihr könnt dazu die Drehbuchvorlage im Portal
verwenden. Berücksichtigt den Merkkasten und wählt im Folgenden zwischen a) und b).
     a) Setzt euch mit dem Textauszug von Seite 142 – 144 (Kapitel 1) auseinander und
        erstellt gemeinsam ein Drehbuch für die Szene. Orientiert euch dabei an dem Aufbau
        des Originaldrehbuchs von der vorangegangenen Seite. Ihr könnt so beginnen:

> **INNEN. AULA DER HIGH SCHOOL – NACHMITTAG**
> FAHRT durch BÜHNENVORRAUM, vorbei an Kleiderstangen mit Kostümen,
> Scheinwerfern …

     b) Setzt euch mit dem Textauszug von Seite 146 – 147 (Kapitel 17) auseinander und
        erstellt gemeinsam ein Drehbuch für die Szene. Orientiert euch dabei an dem Aufbau
        des Originaldrehbuchs von der vorangegangenen Seite. Ihr könnt so beginnen:

> **INNEN. KLASSENZIMMER – VORMITTAG**
> Blick auf SIMONS Gesicht, der gerade mit offenen Augen träumt.
> SIMON (aus dem Off) …

---

### ① Eine Drehbuchszene verfassen

In Drehbuchszenen gibt es **Regieanweisungen** und **Text**. Text wird von den **Figuren** gespro-
chen, während sich die Regieanweisungen an die **Mitglieder der Filmcrew** richten. In diesen
Anweisungen wird alles Sicht- und Hörbare beschrieben. Dazu zählen u. a. **Requisiten,
Ausstattung, Geräusche** und **Lichtverhältnisse.** Besonders wichtige Elemente werden **im
Schriftbild hervorgehoben** (z. B. durch Großschrift). In Klammern hinter dem Namen der
Figur stehen Anweisungen zu **Ton** und **Aussprache.**

*2.2 Ein Werk der neueren Jugendliteratur (in Auszügen oder als Ganzschrift) lesen, mit der entsprechenden Ver-
     filmung vergleichen und Besonderheiten des jeweiligen Genres erfassen*
*2.4 Im Team selbst Ideen entwickeln und diese in eine geeignete filmische Erzählform übertragen*

Lektüre

# Die Wirkung filmischer Mittel bewerten und nutzen

**1** Betrachtet die folgenden Filmszenen aus der Romanverfilmung und beschreibt die Personen, Orte und Situationen, die darauf zu sehen sind.

**2** Vergleiche mithilfe des Merkkastens auf Seite 179 die einzelnen Bildszenen. Lege dazu eine Tabelle nach folgendem Muster an oder nutze die Vorlage aus dem Portal.

 **Portal**

WES-122965-046

| filmische Mittel | Szene 1 | Szene 2 | Szene 3 | Szene 4 |
|---|---|---|---|---|
| Kameraeinstellung | … | … | Halbtotale | … |
| Kameraperspektive | … | … | … | normal, Blick von schräg rechts auf die Personen |
| Beleuchtung | hell, natürliches Tageslicht | … | … | … |
| Bildstimmung | … | Vertrautheit | … | … |

**3** Sprecht darüber, inwiefern die filmischen Mittel Simons Gefühle verdeutlichen.

AT → S. 303 f.

*filmische Gestaltungsmittel erkennen und beurteilen*

✳ **4** Setzt nun euer eigenes Drehbuch von Seite 150 als Filmsequenz um.
   a) Ergänzt euer Drehbuch um Angaben zu den filmischen Mitteln aus der Tabelle oben.
   b) Filmt die (Teil-)Szenen im Querformat. Bachtet nach Möglichkeit die Five Shot-Regel. Schneidet die Teile mit einem Filmbearbeitungsprogramm passend zusammen.
   c) Präsentiert eure gefilmten Szenen und gebt einander Feedback.

AT → S. 307

*die Five Shot-Regel anwenden*

*1.4 Sich in der kritischen Wahrnehmung künstlerischer Darstellung (z. B. in Filmen) schulen*
*2.4 Die Wirkung grundlegender filmischer Mittel (u.a. Bildeffekte) in einem Jugendfilm beurteilen, im Team selbst Ideen entwickeln und diese in eine geeignete filmische Erzählform übertragen*

Lektüre

# Einen Roman mit seiner Verfilmung vergleichen

**1**   Um die Handlung des Buches in einen Film zu übertragen, hat der Regisseur von „Love, Simon" Passagen des Buches weggelassen oder einzelne Handlungsstränge verändert.

    a) Lest euch die folgenden Informationen aus einzelnen Buchkapiteln durch, bevor ihr euch die Verfilmung anseht.

    b) Achtet anschließend beim Betrachten des Films darauf, ob diese Stellen im Film vorkommen, verändert oder weggelassen wurden.

| | |
|---|---|
| **Kapitel 1:** Leah verbringt viel Zeit bei Nick und spielt Videospiele mit ihm. | **Kapitel 3:** Familie Spier skypt mit Simons älterer Schwester Alice, die in Wesleyan studiert. |
| **Kapitel 17:** Bei einer Probe für das Musical „Oliver!" erklärt Abby Martin unter vier Augen, dass sie nichts von ihm will. | **Kapitel 21:** Nick und Leah sprechen Simon nicht auf sein Outing an, zeigen aber Verständnis. |
| **Kapitel 27:** Simon entdeckt in seinem Spind ein Geschenk von Blue (das Fan-Shirt einer Band). | **Kapitel 28:** Simon befürchtet, dass Martin „Blue" ist. In einer Bar flirtet Simon mit dem homosexuellen Studenten Peter. |

| | | |
|---|---|---|
| **Kapitel 32:** Simon findet im T-Shirt von Blue einen Brief. | **Kapitel 32:** Simon ist allein, als er Blue auf dem Jahrmarkt trifft. | **Kapitel 34:** Martin entschuldigt sich in einer Mail bei Simon. |

**2**   In der Verfilmung tauchen, anders als im Buch, die folgenden Personen auf:

    – Mr. Worth, der Konrektor der Schule,

    – Ethan, ein homosexueller Mitschüler, der sich bereits geoutet hat, und

    – Lyle, Martins Mitschüler, der im Waffle House als Kellner arbeitet.

    a) Charakterisiere diese Filmfiguren kurz.

    b) Stelle Vermutungen an, warum diese Personen im Drehbuch eingebaut wurden.

S. 311

*Figur*

↳ *eine Figur charakterisieren*

✳ **3**   Nenne Unterschiede zwischen Buchvorlage und Verfilmung, die Simons Outing und die Reaktionen seines Umfelds betreffen.

**4**   Bewerte und begründe, inwiefern du die Verfilmung geglückt findest oder nicht.

**5**   Können Film und Buch dazu beitragen, dass Menschen toleranter gegenüber homosexuellen Personen werden? Beziehe Stellung hierzu.

*1.4 Sich in der kritischen Wahrnehmung künstlerischer Darstellung (z. B. in Filmen) schulen*

*2.2 Ein Werk der neueren Jugendliteratur mit der entsprechenden Verfilmung vergleichen und Besonderheiten des jeweiligen Genres erfassen*

Lektüre

 **Leseerfahrungen in einem Lektüreportfolio festhalten**

Im Zusammenhang mit Referaten oder der Projektpräsentation hast du möglicherweise bereits ein Portfolio bzw. eine Arbeitsmappe angelegt. Auch zur Dokumentation von Leseerfahrungen eignen sich Portfolios.

→ **S. 24 f.**

*die Projektarbeit dokumentieren*

**1** Sammelt Vorschläge, auf welche Weise man sich mit den Romaninhalten schriftlich, akustisch oder visuell noch weiter auseinandersetzen könnte.

**2** Lest den Merkkasten und legt fest,
- ob ihr ein analoges Portfolio oder ein E-Portfolio erstellt,
- ob das Lektüreportfolio in Einzel- oder Gruppenarbeit angelegt werden soll,
- zu welchem Roman bzw. Romanen das Lektüreportfolio angefertigt wird,
- welche Art und Anzahl von Pflicht- und Wahlaufgaben bearbeitet werden,
- welche Bewertungskriterien zu beachten sind und
- zu welchem Zeitpunkt die fertigen Lektüreportfolios vorliegen müssen.

### ⚠ Ein Lektüreportfolio anlegen

Portfolios sind **Mappen**, in denen **Arbeitsprozesse und -ergebnisse** dokumentiert werden. Ein Lektüreportfolio kann neben Bildern und anderen Materialien die bearbeiteten Pflicht-, Wahlpflichtaufgaben sowie ein eigenständiges Projekt zu einem bestimmten Roman enthalten.
Neben einem selbst gestalteten **Deckblatt** können folgende Aufträge **Pflichtaufgaben** sein:
1) **Leseprotokoll** zu den einzelnen Kapiteln mit Kapitelnamen, Seitenzahlen und kurzer Inhaltszusammenfassung
2) **Inhaltszusammenfassung** zu jedem Kapitel, die auch eine eigene Einschätzung enthält, oder eine Textbeschreibung zu ausgewählten Romanauszügen
3) **Charakterisierungen** zu den einzelnen Figuren des Buches
4) **Sprachanalyse** zum Schreibstil des Autors anhand eines Textauszugs (z. B. Satzbau, Verwendung von Fremdwörtern und Fachbegriffen, umgangs- oder jugendsprachliche Formulierungen, besondere Stilmittel, Sprachebene usw.)
5) **Rezension / kritische Bewertung** der Lektüre (Stärken / Schwächen des Buchs, Zielgruppen, Kaufempfehlung oder Vorbehalte)

**Wahlpflichtaufgaben** können aus **Hintergrundrecherchen, produktiven Schreibaufträgen oder handlungsorientierten Aufgaben** bestehen.
Man kann auch ein **E-Portfolio**, eine Art digitale Sammelmappe, am Computer anlegen.
Als Bewertungskriterien bieten sich z. B. formale Anforderungen, der Umfang und die Qualität der bearbeiteten Aufgaben sowie das Arbeitsverhalten an (sofern das Portfolio während der Unterrichtszeit erstellt wird).

 **Tipp**

*Solltet ihr euch für ein E-Portfolio entscheiden, kann dieses auch Audiodateien, z. B. ein Hörspiel, oder selbst erstellte Filmdateien zur Lektüre enthalten.*

**Tipp**

*Behalte beim Lesen der Lektüre die Aufgaben im Hinterkopf, notiere dir Seitenangaben oder nutze Lesezeichen, sobald du auf Passagen stößt, die sich für die Bearbeitung deiner Aufgaben eignen.*

**3** Im Folgenden seht ihr verschiedene Ideen für Wahlpflichtaufgaben. Lest euch die verschiedenen Optionen durch und wählt für euch geeignete aus.

**Comic / Bild / Text-Bild-Collage** aus Textausschnitten / Zitaten, mit ausgeschnittenen oder gemalten Bildern zu einer Szene

**Hintergrundrecherche** zur Autorin bzw. zum Autor, dem geschichtlichen Kontext oder Behandlung des Themas in anderen Medien

**Skizzen** von wichtigen Orten, Wegbeschreibungen oder Lagepläne

**fiktives Interview** mit einer Romanfigur (schriftlich oder als gefilmtes Rollenspiel)

**Perspektivwechsel** zum Erzählen von Textstellen aus einer anderen Sicht

**Brief / E-Mail** an eine Figur des Buchs

**Zeitungsartikel** über ein Ereignis im Buch

**Verfilmung** eines Romanausschnitts

**Hörspielfassung** zu einem Textausschnitt

**Soundtrack** aus 10 – 12 Liedern, die zu einzelnen Kapiteln / Inhalten der Lektüre passen

**Tagebucheintrag** oder innerer Monolog einer Romanfigur

*2.2 Zur Vertiefung des Textverständnisses und zur Erlangung von Erkenntnissen für die eigene Persönlichkeitsentwicklung selbstständig produktive Methoden anwenden und vielfältige Leseerfahrungen z. B. in Form eines Lektüreportfolios dokumentieren   2.4 Zur Präsentation erworbenen Wissens mediale Formate gestalten*

Lektüre

# Überprüfe dein Wissen und Können

**1** Erkläre, worauf der Romantitel „Love, Simon" hinweisen könnte und was auf dem Buchcover (S. 141) zu sehen ist.

**w 2** Wähle im Folgenden zwischen a) und b).

a) Charakterisiere Simons Mitschüler Martin Abbot auf Grundlage der Lektüre oder des Films.

b) Charakterisiere Simons Freundin Abby auf Grundlage der Lektüre oder des Films.

**3** Sieh dir folgendes Standbild aus der Verfilmung an und erläutere, welche filmische Mittel hier zum Einsatz kommen und welche Stimmung damit erzeugt wird.

**4** Lies folgenden Auszug aus einer Rezension zum Film „Love, Simon" und erkläre, ob und inwiefern du die Meinung darin teilst oder nicht.

Ich bin mir noch nicht ganz sicher, ob ich diese Buchverfilmung jetzt gelungen oder schlecht finde, deshalb vergebe ich auch nur drei von fünf Sternen. Klar ist das ein netter Film mit einem supersympathischen Hauptdarsteller, der so herrlich normal daherkommt. Auch die anderen Schauspielerinnen und Schauspieler und die Musik sind passend. Aber ich hab mich dann doch sehr über unnötige Abweichungen vom Buch und die Art und Weise, wie Homosexuelle z. B. dargestellt werden, geärgert, z. B. dieser Elliot, die Tanzeinlage vor dem College und die Verhaltenstipps, die Abby beim Football gibt. Auch das verkitschte Ende ist typisch amerikanisch. In der Realität würde das nie so laufen.

**5** Erläutere den Begriff *Lektüreportfolio* und nenne fünf mögliche Aufgaben, die es enthalten könnte.

**Portal**

*WES-122965-047*

*2.2 Sinn und Struktur anspruchsvollerer literarischer Texte in Auszügen bzw. Ganzschriften erschließen und unterschiedliche Werthaltungen und Lebenseinstellungen reflektierend mit den eigenen vergleichen*

**Lesen –**
Umgang mit
**Texten**
und **Medien**

# Pragmatische Texte

**1** Ein Problem unserer Gesellschaft ist die zunehmende Vermüllung unserer Umwelt. Eine junge Frau, Franziska, versucht deshalb, möglichst müllfrei zu leben.

   a) Lest zunächst das Interview des Onlineportals „Öko Leo" mit Franziska in verteilten Rollen.

**Öko Leo:** Du sagst, dass du „müllfrei" leben willst. Heißt das, die Mülltonne bleibt leer?

**Franziska:** „Müllfrei" bedeutet für mich,
5 keinen unnötigen Müll zu produzieren. Das gilt besonders im Alltag. Unterwegs nehme ich zum Beispiel einen Becher mit, um mir Kaffee einfüllen zu lassen. Ich habe auch immer einen Jutebeutel für den
10 Einkauf bei mir.

**Öko Leo:** Warum machst du das?

**Franziska:** Hauptsächlich, um die Umwelt zu schützen. Aber auch, um gesund zu essen.
15 Ein Teil des Mülls landet irgendwann wieder bei uns! Manche Plastikteile gelangen ins Meer, und dort fressen sie die Tiere. Wenn wir dann Fisch essen, haben wir den Müll auf dem Teller.
20 **Öko Leo:** Gibt es Fälle, in denen du es noch schwierig findest, keinen Müll zu produzieren?

**Franziska:** Ja. Das liegt meist an bestimmten Produkten. Zahnpasta zum
25 Beispiel bekommt man oft nur in Tuben.

In einigen Situationen gibt es auch einfach keine Alternative. Zum Beispiel, wenn man krank ist. Dann muss man Medikamente nehmen und die sind eben verpackt. In so einem Fall ist das aber ok. 30

**Öko Leo:** Wann ist das Müllvermeiden leicht?

**Franziska:** Obst und Gemüse ist kein Problem. Das ist sogar in manchen Supermärkten nicht eingepackt. 35

**Öko Leo:** Was würdest du ändern, um unseren Alltag „müllfreier" zu machen?

**Franziska:** Ich würde auf jeden Fall Obst und Gemüse aus den Plastikpackungen holen. Ich finde es grundsätzlich okay, 40 wenn Mehrweg-Plastiktüten verkauft werden. Aber unter der Bedingung, dass sie mehrfach benutzt werden und nicht direkt im Müll landen. *Text gekürzt.*

   b) Erklärt anhand des Interviews, was man tun kann, um Müll zu vermeiden. Erläutert auch mögliche Probleme, die damit verbunden sein können.

**2** Um sich über aktuelle Themen wie dieses zu informieren, gibt es noch andere Textsorten außer Interviews. Sammelt solche und tauscht euch darüber aus, was ihr über die einzelnen Textsorten bereits wisst.

**In diesem Kapitel lernst du, …**

- *die Merkmale der Textsorte Reportage sicher wiederzuerkennen.*
- *die Textsorte Kommentar kennen.*
- *Schaubilder und Statistiken auszuwerten.*
- *Karikaturen zu verstehen, zu erschließen und zu bewerten.*

Pragmatische Texte

# Eine Reportage erschließen

**1** Franziska spricht in ihrem Interview die Vermüllung der Weltmeere an. Lies die folgende Reportage zu diesem Thema.

## Alles ist drin

**Die Meere sind voller Plastikmüll, doch abtauchen gilt nicht. Mithilfe von Fangarmen und Mikroorganismen soll das Wasser wieder sauberer werden.**

*Von Christian Litz*

Charles Moore war auf dem Heimweg. Er hatte an dem vom Transpacific Yacht Club veranstalteten 4.121 Kilometer langen Segelrennen von San Pedro in
5 Kalifornien nach Honolulu auf Hawaii teilgenommen und wollte zurück nach Hause, nach Long Beach. „Als ich vom Deck aus auf die Oberfläche dessen starrte, was eigentlich unberührter Oze-
10 an sein sollte, sah ich, so weit das Auge reichte, nur Plastik. Es war unglaublich, ich sah keinen einzigen freien Fleck." Moore und seine Mannschaft hatten 1997 den Great Pacific Garbage Patch
15 entdeckt – zu Deutsch: den großen Pazifik-Müll-Fleck.

Plastiktüten, Plastikflaschen, Plastikfolien, Plastikflaschendeckel, Plastikplanen. Eine Woche kreuzte Moore durch
20 den Müllteppich. Mit seiner schon 1994 gegründeten Umweltorganisation, dem gemeinnützigen Algalita Marine Research Institute, versuchte er anschließend, die öffentliche Aufmerksamkeit
25 auf das Problem zu lenken. Eine Zeit lang stand er dabei im Verdacht, stark zu übertreiben, weil er von einem Müllkon-

tinent gesprochen hatte, viermal so groß wie Deutschland. Das machte es den Menschen leicht, ihn als Öko-Schreihals 30 abzutun, als Untergangsfanatiker.

Aber Fakt blieb: Da schwimmt dieses Zeug, und zwar ziemlich viel davon. Inzwischen ist sogar erwiesen, dass es fünf solcher Garbage Patches auf den 35 Weltmeeren gibt. Moore hatte nur den größten entdeckt. [...]

Dabei ist nach wie vor unklar, wie viel Müll wirklich in den Ozeanen schwimmt. Das Umweltbundesamt gibt 40 an, dass es Schätzungen zufolge rund 100 bis 140 Millionen Tonnen Abfälle sind – drei Viertel davon bestehen aus Kunststoffen. Sicher ist: 80 Prozent des Plastiks, das im Meer gefunden wird, 45 stammt vom Land. Es gelangte unter anderem mit dem Abwasser hinein, ein anderer Teil fällt von Schiffen.

Bei Stürmen verlieren Frachtschiffe immer wieder mal Container, die auf 50 ihrem Deck gestapelt sind und deren Haltebänder reißen, wenn der Seegang zu hoch wird. Es sind viele, aber genaue Zahlen gibt es auch hier nicht. Nach Angaben des World Shipping Councils sol- 55 len es über die vergangenen sechs Jahre durchschnittlich 546 im Jahr sein; rechnet man Katastrophenereignisse mit ein, sogar 1.679. **Die Container zerbrechen meist, wenn sie ins Wasser fal-** 60 **len. So landeten 1999 beispielsweise 18.000 Nike-Sneakers im Pazifischen Ozean.** Im Januar 2000 waren es weitere 26.000, im Dezember 2002 noch einmal

*Charles Moore zeigt Plastik, das vom Great Pacific Garbage Patch angespült worden ist.*

33.000 Paar. Bereits im Januar 1992 hatte ein Schiff südlich der Aleuten, einer Inselkette zwischen Nordamerika und Asien, zwölf Container verloren. In einem davon war Plastikspielzeug, 28.800 gelbe Enten, rote Biber, blaue Schildkröten, grüne Frösche, in Fabriken in der chinesischen Provinz Guangdong für amerikanische Badewannen und Pools produziert. […] Was hilft? Die Sammelaktionen an Stränden, die inzwischen weltweit stattfinden, gelten eher als Möglichkeit, das Problem ins öffentliche Bewusstsein zu bringen. **„Das Wasser befindet sich in einem ständigen Austausch. Wenn man etwa bei Sammelaktionen am Strand an einem Ende ankommt, kann man eigentlich gleich wieder von vorn anfangen", sagt Lars Gutow, Meeresbiologe am Alfred-Wegener-Institut für Polar- und Meeresforschung in Bremerhaven.**

Also muss schon früher etwas passieren, nicht erst, wenn der Müll am Strand landet. Es gibt viele Versuche: 150 Gemeinden und Behörden in Ländern an der Nord- und Ostsee haben einen Verbund gegründet, der an Fischer Müllsäcke verteilt, mit denen sie das Plastik sammeln sollen, das statt Fischen in ihren Netzen landet. In einigen Häfen Nordeuropas gibt es Sammelcontainer für die kostenlose Entsorgung. […]

Eine andere Idee hat der 20 Jahre alte Boyan Slat. Mit 16 Jahren hatte sich der niederländische Schüler beim Tauchurlaub in der griechischen Ägäis geärgert, dass er mehr Plastiktüten als Fische im Wasser sah. Er gründete eine Stiftung, die Ocean Cleanup Foundation. Eine Zeit lang studierte Slat dann Luft- und Raumfahrttechnik an der Technischen Universität in Delft und entwickelte mit 100 Helfern weltweit ein Konzept, um die Meere zu reinigen. Innerhalb kurzer Zeit fand Slat mehr als 25.000 Unterstützer, die über 1,3 Millionen Euro spendeten. Noch läuft die Aktion.

300 Kilometer lange schlauchartige „Fangarme" sollen alle vier Kilometer am Meeresgrund befestigt werden und die ohnehin existierenden Strömungen ausnutzen, um Plastikmüll zu sammeln.

Die Energie dafür sollen Solarzellen auf den treibenden, rochenförmigen Inseln liefern, wo der Müll laut Slat zunächst gesammelt wird. So könnten innerhalb von zehn Jahren 42 Prozent des Mülls aus dem nordpazifischen Müllstrudel eingesammelt werden, für relativ geringe Kosten von 317 Millionen Euro. […] Sollte man den Plan erfolgreich umsetzen können, wäre tatsächlich ein Teil des Plastikproblems gelöst.

Aber eben nur ein Teil, denn immer noch gäbe es genügend Plastik in den Tiefen des Meeres, das in der Nahrungskette landet. Denn Plastik wird durch die Wellenbewegungen und das UV-Licht der Sonne in winzige Teile zersetzt, die von kleinsten Lebewesen gefressen werden, die wiederum auf dem Speiseplan der Fische stehen. So gelangt der Müll schließlich zurück zum Menschen. […]

Charles Moore, der Entdecker des Great Pacific Garbage Patchs, ist mittlerweile Berater einer zweiten gemeinnützigen Organisation, des 5 Gyres Institute, das sich ebenfalls dem Kampf gegen die Plastikmüllverschmutzung der Meere verschrieben hat. Das Wort Gyre (Strudel) wird auch für den Müllteppich verwendet. Selbst der als Öko-Schreihals verschriene Moore scheint also noch Hoffnung zu haben. Immerhin.

*Quelle: fluter. Nr. 52 / Herbst 2014. S. 39 – 41.*

*Boyan Slat möchte mit seinem Startup „The Ocean Cleanup" die Weltmeere von Plastik befreien.*

**2** Beantworte die folgenden Fragen zum Text.
- Was sind sogenannte Garbage Patches?
- Wie gelangt der Plastikmüll in die Meere?
- Welche Möglichkeiten gibt es, gegen die Vermüllung der Meere vorzugehen?

**3** Bei dem Text handelt es sich um eine Reportage.
a) Erläutere, inwiefern die Zeilen 1 – 12 einen szenischen Einstieg darstellen.
b) Erkläre mithilfe des Merkkastens, welche Textsortenmerkmale sich anhand der fett gedruckten Textstellen belegen lassen. Notiere das entsprechende Merkmal neben den fett gedruckten Textstellen auf der Vorlage im Portal oder einer Kopie des Textes.
c) Finde mithilfe des Merkkastens auch für die restlichen Textsortenmerkmale passende Textstellen. Unterstreiche diese auf der Vorlage aus dem Portal oder einer Kopie des Textes und notiere daneben das entsprechende Merkmal.

S. 315
*Reportage*

**Portal**
WES-122965-048

→ **S. 232 f.**

*die Textsorte bestimmen*

✳ **4** Verfasse mithilfe deiner Ergebnisse aus Aufgabe 3 eine Textsortenbestimmung zu der vorliegenden Reportage. Gehe dabei auf mindestens fünf Merkmale ein und belege diese am Text.

## ⚠ Die journalistische Textsorte Reportage

Bei einer Reportage handelt es sich um einen journalistischen Text. Hierbei geht es sowohl um die **sachlich-objektive Darstellung eines Ereignisses** als auch um die Wiedergabe **persönlich-schildernder Eindrücke** der Autorin bzw. des Autors.
Grundlagen der Reportage sind eigene Recherchen und Interviews mit Beteiligten.
Reportagen sind meist ähnlich aufgebaut:
- **szenischer Einstieg (häufig Einsatz von Zoomtechnik)**
- **Wiedergabe verschiedener Perspektiven**
- **Ausblick und Rückblick auf den Beginn am Ende**

Weitere Merkmale der Reportage sind:
- **Befragung Betroffener und / oder Expertinnen und Experten (wörtliche Reden)**
- **Tempuswechsel**
- **Neugier weckende Überschrift**
- **Angabe des Namens der Reporterin bzw. des Reporters**
- **Vorspann**
- **veranschaulichende Bilder**

Pragmatische Texte

# Die Textsorte Kommentar verstehen und erschließen

**1** Lies den folgenden Text über den Umgang mit Plastik in der EU.

*Alina Schadwinkel*
*Leiterin der Online-*
*Redaktion von Spek-*
*trum und ehemalige*
*Redakteurin bei*
*ZEIT ONLINE.*
*(Foto: Simon Koy)*

## Plastik ist außer Kontrolle

**In der EU ist Wegwerfplastik künftig nicht mehr erlaubt. Das Verbot mag spät kommen und unzureichend sein, doch es ist der einzig richtige Beschluss.**

*Ein Kommentar von Alina Schadwinkel*

Plastik ist ein wundervoller Werkstoff. Leicht, bruchfest, elastisch, langlebig. Kein Material verwendet die weltweite Industrie dieser Tage häufiger. Kunststoffe stecken in Medizinprodukten wie Herzklappen, in Baumaterialien zum Beispiel in der Wärmedämmung und in Autoteilen. Doch gerade weil Plastik so verführerisch flexibel
5  einsetzbar ist, ist es auch ein weltweites Problem.

Mehr als 200 verschiedene Arten von Kunststoffen stehen der Industrie heute für Produkte zur Verfügung. Sie nutzt diese mittlerweile ausgiebig, um billigen Kram in Massen herzustellen. Plastikbecher, Plastikgabeln, Plastikstrohhalme, Plastikstühle, Plastikeimer, Plastikzahnbürsten, Plastikshirts, Plastiktüten, Plastikverpackun-
10  gen. Zahlreiche Gebrauchsartikel des täglichen Lebens sind dabei von vornherein als Wegwerfartikel konzipiert.

Jährlich gelangen ungefähr acht Millionen Tonnen Plastik in die Meere und Ozeane; selbst in der Tiefsee, der Arktis, der Antarktis und auf den entlegensten Inseln finden Forscherinnen Partikel. Das entspricht etwa einer Müllwagenladung pro Mi-
15  nute. Vollständig entfernen lassen sich die Teile, von denen manche nur Bruchteile eines Millimeters messen, nicht mehr. In der Folge zerstört Plastikmüll den Lebensraum zahlreicher Arten und seine giftigen Inhaltsstoffe bedrohen die Gesundheit von Tier und Mensch – wie genau, dazu wird noch geforscht.

Das Zeitalter der Kunststoffe ist zugleich das Zeitalter der Plastikkrise. Auch weil
20  wir mehr nutzen, als nötig ist. <u>Zu Recht fordern Umweltschützerinnen und Artenschützer seit Jahrzehnten, die Politik möge dem Plastik Einhalt gebieten</u>. Nun hat diese zumindest ein Zeichen gesetzt: Nachdem in der Europäischen Union die kostenlose Ausgabe von bestimmten Plastiktüten bereits seit 2016 verboten ist, haben sich die Politikerinnen und Politiker der EU am Mittwoch unter anderem darauf ge-
25  einigt, auch Einmalplastikteile wie Wattestäbchen und Plastikgabeln zu verbieten, wenn es dafür Alternativen gibt. Ab 2021 sollen die Einwegprodukte vom Markt verschwinden. Ausgehandelt worden war das bereits Ende 2018.
**Da passiert doch längst was!**
<u>Es ist die einzig richtige Entscheidung. Das Verbot mag spät kommen, deutlich aus-
30  baufähig sein und nur die Staaten der EU betreffen. Aber es zeigt, dass ein unbekümmerter Umgang mit Plastik nicht mehr zu dulden ist</u>. Und Wegwerfplastik an sich überhaupt nicht.

Manch einer möge nun einwenden, es gebe längst Alternativen zu Plastiktüten und anderen Plastikgütern. Dank Recycling würden zudem Großteile von Plastik
35 aufbereitet, statt wie Restmüll in Flammen aufzugehen. Da passiert doch längst was! Stimmt. Insofern sind all diese Maßnahmen wichtig und entsprechend zu fördern. Doch sie begrenzen bloß die Folgen und können weder all die bereits verursachten Schäden beheben, noch ändern sie das grundsätzliche Problem: <u>Die Menschheit produziert mehr Plastik, als gut für den Planeten ist</u>. Statt die Menge zu reduzieren,
40 kommen jedes Jahr Milliarden Tonnen Kunststoffe hinzu.

Sicherlich wäre es selbstbestimmter, freier, sympathischer, wenn jeder und jede Einzelne Beutel wiederverwendet, auf dünne Plastiktüten im Supermarkt verzichtet und keine Strohhalme nutzt. Es wäre schöner, wenn es reichte, Geschäftsinhaberinnen und Barbetreiber, die sie anbieten, entsprechend zu rügen, damit einer nach
45 dem anderen sie aus dem Laden verbannt und Herstellern damit den Markt nimmt. Aber die eigenen Gewohnheiten zu verändern ist bekanntermaßen schwierig. Das eigene Leben nach Gutdünken von Plastik zu befreien, kostet Zeit, Geld sowie Nerven; ohne Kompromisse ist es nicht möglich.

Es ist naiv zu erwarten, dass das Plastikproblem durch Selbstregulierung lösbar
50 ist. Nicht nur das: Es wäre fahrlässig, darauf zu setzen, denn die Lage ist längst zu dramatisch, um abzuwarten. Wer fordert, jeder Bürger und jede Bürgerin solle selbst erkennen, wie schädlich Plastik ist, und entsprechend handeln, darf sich nie wieder über die langwierigen Verhandlungen innerhalb der EU beschweren. Damit Plastik aus dem Alltag verschwindet, vernünftig entsorgt und sinnvoll ersetzt wird, müssen
55 Staaten weltweit das Konsumverhalten mit ihren Bürgerinnen und Bürgern strategisch politisch verändern und Hersteller mit in die Pflicht nehmen. Verbote, entstanden aus einer fundierten Debatte, sind dazu ein ganz wundervoller Werkstoff.

*Quelle: © Alina Schadwinkel für ZEIT ONLINE vom 27.03.2019.*

**2** Fasse den Inhalt der einzelnen Absätze stichpunktartig zusammen.

**3** Der Text „Plastik ist außer Kontrolle" ist ein Kommentar. Dies ist ein wertender Text, in dem Autorinnen und Autoren ihre persönliche Meinung zu einem Thema äußern.
   a) Gib mithilfe der unterstrichenen Textstellen wieder, welche Meinung die Autorin Alina Schadwinkel zum Thema Plastik vertritt.
   b) Unterstreiche auf der Vorlage im Portal oder einer Kopie der Buchseite weitere Textstellen, an denen die Meinung der Autorin deutlich wird.

**Portal**
*WES-122965-049*

**4** Im Hauptteil eines Kommentars verdeutlichen Hintergrundinformationen und Argumente die jeweilige Meinung.
Gehe den Hauptteil des Kommentars (Z. 6 – 40) noch einmal aufmerksam durch und markiere Textstellen, die Hintergrundinformationen zum Thema Plastikmüll liefern bzw. in denen Gegenargumente entkräftet werden.

**5** Erläutert mithilfe des Merkkastens auf Seite 162, inwiefern die Einleitung (Z. 1 – 5) bzw. der Vorspann des Textes typisch für einen Kommentar sind.

*2.1 Sich mit Texten unterschiedlicher Art gründlich auseinandersetzen*
*2.3 Den jeweiligen Inhalt wiedergeben*

**6** Im Schluss dieses Kommentars (Z. 41 – 57) nimmt die Autorin noch einmal auf ihre Aussagen am Beginn des Textes Bezug.
a) Gib die Schlussfolgerungen, die sie im letzten Abschnitt aus ihren Ausführungen zieht, in eigenen Worten wieder.
b) Erläutere, wie es der Autorin gelingt, einen Bogen zum Textbeginn herzustellen. Betrachte dazu vor allem den ersten und den letzten Satz des Kommentars.

S. 315
*sprachliches Mittel*

**7** Sprachliche Mittel dienen in einem Kommentar dazu, die Leserinnen und Leser zu überzeugen. Übernimm die folgende Tabelle und ergänze mithilfe des Merkkastens drei weitere sprachliche Mittel samt Textbeleg, die dem Text mehr Überzeugungskraft verleihen.

| Sprachliches Mittel | Textbeleg | textbezogene Wirkung |
|---|---|---|
| *Ironie* | *„Plastik ist ein wundervoller Werkstoff." (Z. …)* | … |

**\* 8** Ziel eines Kommentars ist es, die Leserinnen und Leser zu beeinflussen und sie von der Meinung der Autorin oder des Autors zu überzeugen. Diskutiert darüber, ob euch der Kommentar überzeugt hat, und begründet eure Meinung.

## ⓘ Die journalistische Textsorte Kommentar

Bei einem Kommentar handelt es sich um einen **wertenden, meinungsbetonten Text**, der sich durch folgende **inhaltliche Merkmale** auszeichnet:
- **bezieht sich auf einen Zeitungsartikel**
- **Ansicht, Perspektive und Meinung der Autorin bzw. des Autors** zu einem **aktuellen Thema oder einer Nachricht** stehen im Vordergrund
- **Leserinnen und Leser sollen überzeugt** und ihre Meinung **beeinflusst werden**
- Name der Autorin bzw. des Autors ist angegeben
- häufig ist die **Textsortenbezeichnung angegeben**

Ein Kommentar ist zumeist folgendermaßen **aufgebaut**:
- **Überschrift:** kurz und prägnant, oft etwas reißerisch, soll zum Lesen anregen
- **Einleitung:** Bezug zum Thema oder zur Nachricht wird hergestellt; Meinung wird geäußert (oft auch provokativ)
- **Hauptteil:** Meinung der Autorin bzw. des Autors wird durch Hintergrundinformationen, zusätzliche Erläuterungen, Entkräftung von Gegenargumenten verdeutlicht
- **Schluss:** Appell an die Leser/-innen, Folgerungen aus dem Textinhalt werden gezogen, Bogen zur Anfangsthese wird hergestellt

Häufig werden **sprachliche Mittel** wie **rhetorische Fragen, Übertreibungen, Ironie, Fachausdrücke** sowie **bildhafte und vergleichende Ausdrücke** eingesetzt, um die Leserinnen und Leser zu überzeugen.

Das **Layout** zeichnet sich z. B. durch einen **Rahmen**, ein **Bild der Autorin bzw. des Autors** oder eine **farbliche Unterlegung** aus (vgl. Abbildung oben). Außerdem findet man Kommentare häufig **an der gleichen Stelle einer Zeitung**.

*2.3 Verschiedene Textsorten (z. B. Reportage und Kommentar) unterscheiden, unter Verwendung von Fachbegriffen den Zusammenhang zwischen formalen bzw. sprachlichen Merkmalen und der Textintention beschreiben, die eigene Meinung zu Fragestellungen in kommentierenden Texten begründen*

Pragmatische Texte

# Schaubilder und Statistiken auswerten

Die Folgen von Umweltverschmutzung und die Auswirkungen von Plastikmüll interessieren viele Menschen. Deshalb existieren zu diesem Thema zahlreiche Informationsgrafiken in Form von Schaubildern und Statistiken. Sie veranschaulichen das Problem und die Folgen.

S. 315
*Schaubild*

S. 312
*Informations-grafik*

**1** Sieh dir das folgende Schaubild an und erkläre kurz, worüber es Auskunft gibt.

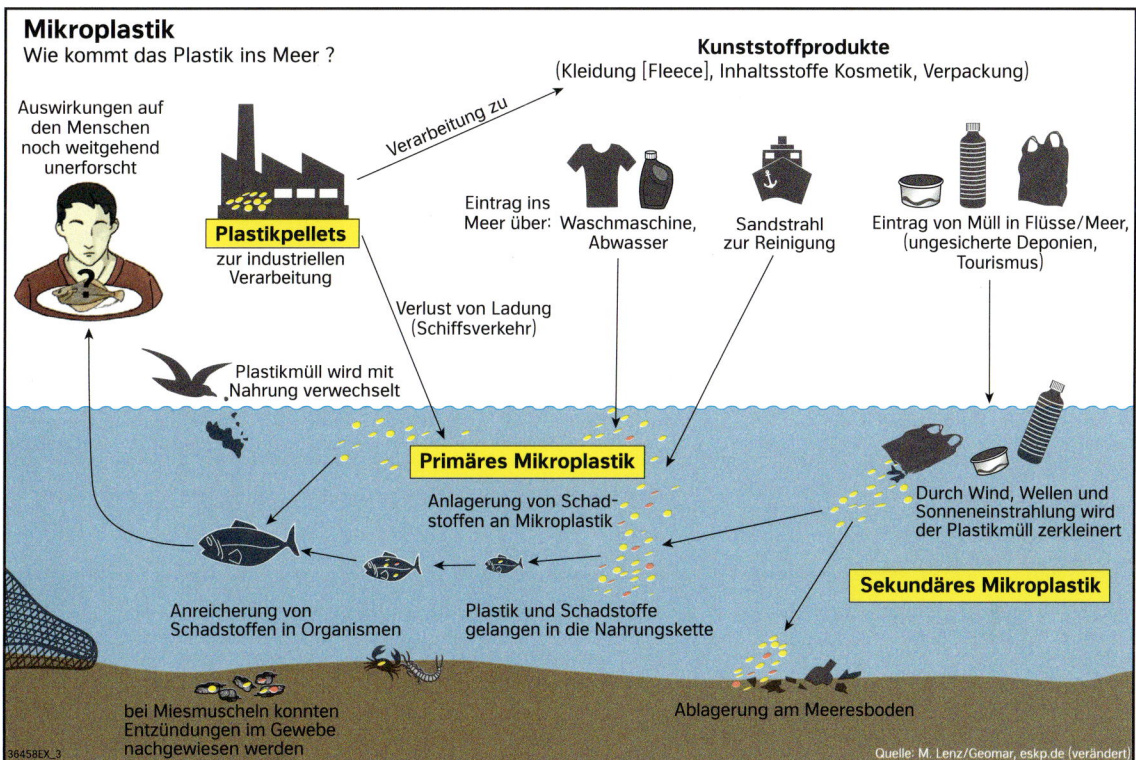

**2** Analysiere das Schaubild, indem du folgende Fragen beantwortest.
- Woher kommt das Plastik, das man in den Meeren findet?
- Worin besteht der Unterschied zwischen primärem und sekundärem Mikroplastik?
- Was passiert mit dem Mikroplastik, nachdem es ins Meer gelangt ist?
- Wie gelangt das Mikroplastik zurück zum Menschen?
- Welche Auswirkungen hat das Mikroplastik auf den Menschen?

**3** Das Schaubild enthält neben kurzen Beschreibungen vor allem Bilder und Symbole.
- a) Tauscht euch darüber aus, welche Funktion die Bildelemente und die Symbole im Schaubild erfüllen.
- b) Erläutere, welchen Sinn es hat, Informationen in Schaubildern darzustellen, statt sie in einem zusammenhängenden Text zu beschreiben, bzw. warum man Texte durch Schaubilder ergänzt.

*2.3 Die Intention komplexer nicht-linearer Sachtexte (z. B. Schaubilder) beschreiben*

**4** Die folgende Statistik liefert weitere Daten zum Thema Plastikmüll.
   a) Nenne das Thema, mit dem sich die Statistik befasst.
   b) Gib an, aus welcher Quelle die Statistik stammt.

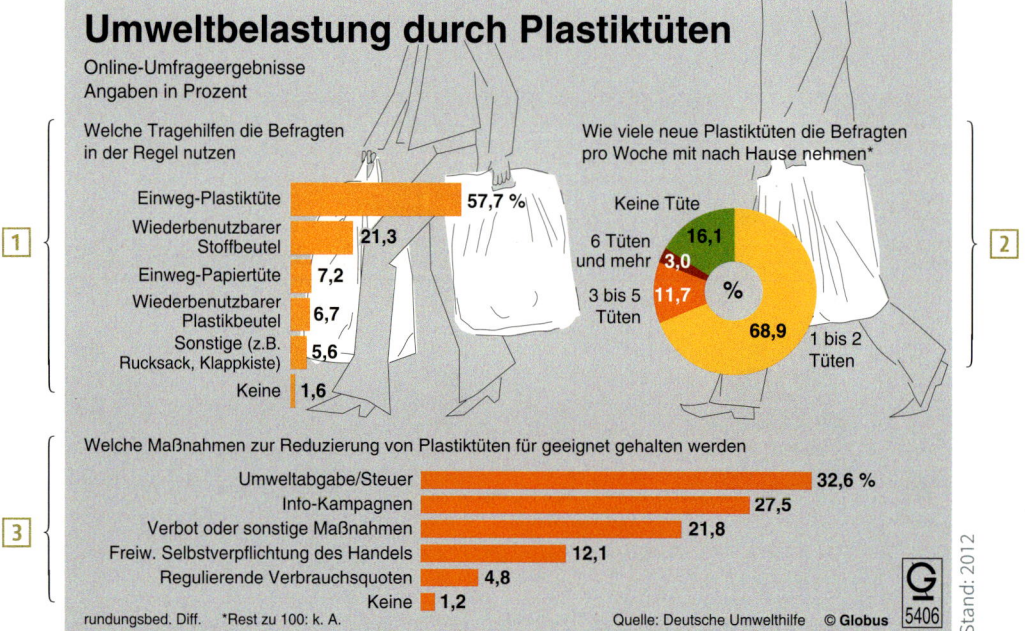

**5** Die Statistik kann in drei Hauptbestandteile (1, 2, 3) unterteilt werden.
   a) Erkläre, womit sich die Bereiche jeweils beschäftigen.
   b) In den drei Bereichen befinden sich Balken- und Kreisdiagramme. Tauscht euch darüber aus, welche Aussagen die Diagramme enthalten. Berücksichtigt dabei auch die jeweiligen Bezugsgrößen.
   c) Analysiere nun mithilfe des Merkkastens und deiner Ergebnisse aus Aufgabe 4, 5a) und 5b) die Statistik.

⊘ **Eine Statistik auswerten**

Eine Statistik ist eine **grafische Darstellung von Daten, Ergebnissen und Informationen**. Um eine solche Statistik auszuwerten, bieten sich die folgenden fünf Schritte an.

1. **Thema:** Nenne das Thema, mit dem sich die Statistik auseinandersetzt.
2. **Quelle:** Äußere dich dazu, wer die Statistik veröffentlicht hat und aus welchem Zeitraum die Daten stammen.
3. **Art der Informationen:** Beschreibe, wie die Informationen dargestellt werden, was sie aussagen und wie sie aufbereitet wurden.
4. **Beschreibung und Erklärung:** Erläutere die Angaben und gehe auf auffällige Zahlenwerte (z. B. Minimal- und Maximalwerte) und Entwicklungen ein.
5. **Kommentar und Schlussfolgerung:** Ziehe ein abschließendes Fazit und gehe auf eventuelle Auffälligkeiten ein.

Pragmatische Texte

# Karikaturen verstehen und erschließen

Auch Karikaturen setzen sich mit dem Problem der Umweltverschmutzung auseinander.

**1** Betrachte die folgende Karikatur.

**2** **Beschreibe** zunächst, was auf der Karikatur zu sehen ist. Äußere dich dabei zu folgenden Aspekten:
- Welchen Titel trägt die Karikatur?
- Welche Figuren sind dargestellt?
- Wie sehen die Personen, Tiere, Gegenstände etc. aus?
- Welche Szene bzw. Handlung ist abgebildet?
- Wie sind die einzelnen Bildelemente angeordnet?
- Wie kann man den Stil der Karikatur beschreiben?

Die Adjektive aus dem *Wortspeicher* helfen dir bei der Beschreibung:

*witzig – übertrieben – langweilig – komisch – überladen –
comichaft – einseitig – realistisch – interessant – beleidigend*

Portal
WES-122965-050

**3** **Deute** nun die Karikatur. Dabei ist es hilfreich zu wissen, dass Karikaturen komische, häufig übertriebene Darstellungen von Menschen, Situationen oder Ereignissen sind. Damit sollen Zustände kritisiert und Probleme thematisiert werden.

a) Tauscht euch darüber aus, inwiefern die Karikatur auf Seite 165 komisch und übertrieben ist.

b) Erläutere, wofür die abgebildete Person sinnbildlich steht und was die Tüte mit der Aufschrift „Meeresmüll" bedeutet. Beziehe auch den Titel der Karikatur, „Gefahr aus der Tiefe", in deine Überlegungen ein.

c) Versetze dich in die Zeichnung hinein, um die Kritik der Karikatur besser nachzuvollziehen. Überlege, was den Figuren „durch den Kopf" gehen könnte und notiere mögliche Gedanken in deinem Heft oder auf der Vorlage im Portal.

d) Erkläre nun, was Tomicek, der Zeichner, mit seiner Karikatur kritisieren bzw. auf welches Problem er aufmerksam machen will.

**4** **Beurteile** schließlich die Karikatur auf Seite 165 und begründe deine Meinung. Dabei können dir folgende Fragen helfen:
- Wie wirkt die Karikatur insgesamt auf dich?
- Ist die Kritik in der Karikatur berechtigt?

**5** Erschließe die folgende Karikatur nun selbstständig mithilfe des Merkkastens auf Seite 167. Gehe dabei folgendermaßen vor:

a) Gehe zur Analyse der Karikatur alle drei im Merkkasten vorgegebenen Schritte selbstständig durch. Auch hier kannst du als Hilfestellung die Gedanken der Figuren in deinem Heft oder auf der Vorlage im Portal notieren.

Portal
WES-122965-051

b) Tausche dich mit deinem Banknachbarn über die Ergebnisse aus.

c) Verfasse nun eine vollständige schriftliche Analyse der Karikatur. Du kannst folgende Formulierungshilfen dafür nutzen:

- *Die Karikatur trägt den Titel … / hat keinen Titel.*
- *Im Vordergrund / Hintergrund / Mittelpunkt der Karikatur sieht man …*
- *Die abgebildeten Personen … / sagen … / machen …*
- *Auffällig ist, dass …*
- *Der Stil der Karikatur ist …*
- *Aus … kann man schließen, dass …*
- *Die abgebildeten Figuren / Dinge stehen für … / symbolisieren …*
- *… deutet darauf hin, dass …*
- *Der/Die Zeichner/-in will mit der Darstellung von … verdeutlichen / kritisieren / darauf aufmerksam machen, dass …*
- *Die Karikatur soll über … zum Nachdenken anregen. Das wird deutlich an …*
- *Der/Die Zeichner/-in möchte verdeutlichen, dass …*
- *Die Karikatur insgesamt wirkt …*
- *Die Karikatur ist in meinen Augen berechtigt / nicht berechtigt / übertrieben / angemessen, weil …*

d) Stellt eure Ergebnisse in der Klasse vor und diskutiert die unterschiedlichen Lösungsmöglichkeiten.

## ⚠ Karikaturen verstehen und erschließen

Eine Karikatur ist eine **komische, oft übertriebene Zeichnung** von Menschen, Ereignissen oder gesellschaftlichen Zuständen. Mit Karikaturen wollen Zeichner/-innen **kritisieren, auf Probleme aufmerksam machen oder etwas bzw. jemanden lächerlich machen.**
Um eine Karikatur zu analysieren, helfen dir die folgenden drei Schritte:

1. **Beschreibung der Bildelemente:** Beschreibe Personen, Gegenstände, Ereignisse, die auf der Karikatur abgebildet sind, gehe auf deren Anordnung und eventuelle Besonderheiten ein, äußere dich zum Stil der Karikatur.
2. **Deutung der Karikatur:** Deute das Dargestellte mithilfe der folgenden Leitfragen.
 - Wen stellen die Personen, Gegenstände etc. dar?
 - Was ist die Hauptaussage der Karikatur?
 - Welche Entwicklung, welches Problem wird dargestellt?
 - Was will die Zeichnerin bzw. der Zeichner kritisieren?
 - Wofür ergreift die Zeichnerin bzw. der Zeichner Partei?
3. **Beurteilung der Karikatur:** Gib wieder, wie die Karikatur auf dich wirkt, ob du sie gerechtfertigt oder übertrieben findest.

**Pragmatische Texte**

## Überprüfe dein Wissen und Können

**1** Lies den folgenden Text.

*Fred Grimm*
*Der Autor von „Shopping hilft die Welt verbessern", schreibt hier über gute grüne Vorsätze – und das, was dazwischenkommt.*

## Schöne neue Plastikwelt

So richtig passen sie nicht zum Sommerurlaub, diese Fotos, aber mit dem Meer haben sie doch zu tun: Seevogelnester aus bunten Kunststoffresten, riesige Müllstrudel auf
5 dem Pazifik, zerfetzte Plastikeimer oder Abdeckplanen im Magen gestrandeter Wale.

Die Bilder dokumentieren die Unverdaulichkeit unseres kunststoffseligen Le-
10 bensstils drastischer als alle Statistiken. Dabei wären die schon eindrucksvoll genug. Jährlich werden 200 Millionen Tonnen Plastik produziert. Rund 15 Millionen Tonnen davon landet als Müll in unseren
15 Ozeanen.

Forscher haben errechnet, dass man bis zum Jahr 2050 in den Körpern von 99 Prozent aller Seevogelarten Plastikreste finden wird. Darunter immer öfter auch
20 winzige Mikroplastikpartikel – etwa aus Kosmetik- oder Hygieneprodukten oder dem feinen Abrieb von Polyestertextilien, der aus der Waschmaschine ins Abwasser gelangt. Bereits heute verenden unzählige
25 Jungvögel auf grausige Art: Sie werden mit kleinen Plastikstückchen gefüttert, die ihre Eltern oft nicht von echter Nahrung unterscheiden können, verstopfen damit ihre winzigen Mägen und verhungern qualvoll.
30 **Plastik-Sedimente kennzeichnen die Erdepoche des Menschen**
Wären Kolumbus und seine Mannschaft mit den vermeintlichen Segnungen moderner Konsumgesellschaften ausgestattet
35 gewesen, würde man noch immer Plastikgeschirr, Tüten, Shampooflaschen oder

Zahnbürsten von der „Santa Maria" an den Küsten finden. Jede PET-Flasche, jede Gummibärchentüte, die wir wegwerfen, bleibt auf Hunderte Jahre hinaus als Pro-
40 blem erhalten. Und alles, was wir bislang dagegen tun, sind ein paar Cent Aufschlag für die Plastiktüte im Supermarkt. Ab 2018 dürfen diese nicht mehr kostenlos abgegeben werden, haben EU-Kommission und
45 -Parlament gerade verfügt. EU-Bürger sollen nur noch maximal 90 Tüten pro Jahr verbrauchen. Wer glaubt, dass man damit dem Problem auch nur ansatzweise Herr wird, denkt wahrscheinlich auch, er würde
50 an der britischen Küste einen Tsunami auslösen, wenn er bei Büsum einen Kieselstein ins Wasser schmeißt. Denn natürlich dürfte es bis 2018 am besten überhaupt keine Plastiktüten mehr an irgendeiner Kasse
55 geben, auch keine PET-Flaschen mehr oder Plastikschalen für unser frisches Obst. Allein von den beinahe unvorstellbaren acht Milliarden Tüten, die EU-weit jährlich in den Müll geworfen werden, landet ein gro-
60 ßer Teil schon heute auf den Meeresböden, in unserem Grundwasser und in unserer Nahrungskette. Eine Zeitbombe – ähnlich wie das hochgiftige Plutonium aus der Atomindustrie.
65

Die Vision einer plastikfreien Welt ist kein Diktat ewig gestriger Öko-Romantiker, sondern Voraussetzung dafür, dass wir in Zukunft beim Blick über die Wellen überhaupt noch von etwas Schönem träu-
70 men können. Kein Plastik-Meer! – Ein besseres Motto kann der diesjährige Sommerurlaub nicht haben.

*Quelle: Schrot und Korn. Veröffentlicht im Juli 2017.*

---

*2.1 Verfahren zur Texterschließung routiniert anwenden und sich mit Texten unterschiedlicher Art gründlich auseinandersetzen*

**2** Erkläre, wieso die Überschrift typisch für einen Kommentar ist.

**3** Grenze im Kommentar Einleitung, Hauptteil und Schluss mithilfe von Zeilenangaben voneinander ab und erläutere die Funktion der einzelnen Textteile.

**4** Verfasse eine vollständige Textsortenbestimmung, in der du anhand von
mindestens fünf Merkmalen belegst, dass es sich bei dem vorliegenden Text um
einen Kommentar handelt.

**w 5** Wähle im Folgenden zwischen Aufgabe a) und b).

a) Werte die abgebildete Statistik mithilfe der gelernten Vorgehensweise aus.

b) Analysiere die abgebildete Karikatur, indem du die Bildelemente beschreibst, die
Karikatur deutest und sie beurteilst.

**Portal**

WES-122965-052

*2.3 Verschiedene Textsorten unterscheiden, unter Verwendung von Fachbegriffen den Zusammenhang zwischen
formalen bzw. sprachlichen Merkmalen und der Textintention beschreiben, die Intention komplexer nicht-linearer Sachtexte (z. B. einfache Karikaturen) beschreiben*

## Lesen –
Umgang mit
**Texten**
und **Medien**

# ⧉ Medien

**1** Viele Schülerinnen und Schüler der 9b wissen schon genau, welchen Beruf sie zukünftig ausüben möchten.

a) Lest die folgenden Aussagen und benennt die Bereiche, zu denen die genannten Wunschberufe zählen (z. B. Medien, IT, Gestaltung, Marketing usw.).

> *Musikclips zu drehen wär mein Traumberuf.*

> *Ich seh' mich schon als Spieleentwickler.*

> *Ich möchte Informatiker werden.*

> *Webdesigner wär cool.*

> *Mein Vater ist Fotograf, das will ich auch machen.*

> *Sind Blogger oder Influencer auch schon Berufe? Dann mach ich das!*

> *Für ein Online-Magazin würd ich gerne schreiben.*

> *Erst einmal ein Freiwilliges Soziales Jahr, dann vielleicht Krankenschwester.*

> *Ich werde das nächste Topmodel!*

> *Ich werd Werbe-kauffrau.*

b) Nennt Medien, die für die genannten Berufe relevant sind.
c) Überlegt, warum Berufe im Medienbereich bei jungen Menschen so beliebt sind. Geht dabei auf die Vorstellungen und Träume ein, die möglicherweise damit verbunden sind.
d) Wie realistisch schätzt ihr die Berufschancen der Jugendlichen ein? Begründet eure Ansicht.

**2** Ein Berufswunsch fällt aus der Reihe. Benennt diesen und begründet, ob es sich dabei eurer Meinung nach um einen Traumberuf handelt. Geht dabei sowohl auf die öffentliche Wahrnehmung als auch auf die Arbeitsbedingungen ein.

**In diesem Kapitel lernst du, …**
- *Chancen und Risiken aktueller Mediennutzung zu erkennen.*
- *diskriminierende Sprache im Internet zu erkennen und ihr zu begegnen.*
- *einen Podcast zu beurteilen.*
- *einen Kurzfilm zu analysieren.*

Medien

# Chancen und Risiken der Mediennutzung erkennen

**1** Medien können für verschiedene Zwecke genutzt werden.
a) Lies die folgenden Situationen.

**A** Linh hofft, dass eine Produktionsfirma auf ihre selbst komponierten Lieder aufmerksam wird.

**B** Maik benötigt für ein Referat Textbeispiele und Bilder.

**F** Lars will für ein Projekt einen möglichst professionellen Film erstellen.

**D** Lea möchte möglichst vielen Mädchen nachhaltige Styling-Tipps geben.

**C** Selim möchte sich über Ausbildungsstellen als Informatiker informieren.

**E** Fabiola hätte gerne Feedback zu den Fotos, die sie auf ihren Reisen macht.

b) Überlege, welche Medien und Plattformen die Schülerinnen und Schüler auf welche Weise nutzen könnten, um ihr Ziel zu erreichen. Begründe deine Ansicht.
c) Vergleicht eure Ergebnisse in der Klasse und sammelt sie in einem Cluster.
d) Notiert jeweils Vor- und Nachteile.

📄 **S. 310**
*Cluster*

**2** Was online gepostet wird, ist meist öffentlich zugänglich. Auch Unternehmen durchforsten mittlerweile das Internet, um mehr über Bewerberinnen und Bewerber zu erfahren.

a) Werft einen Blick auf das nebenstehende Bild und stellt Vermutungen an, in welchem Zusammenhang es entstanden sein könnte und wer es möglicherweise ins Netz gestellt hat.
b) Stellt euch vor, die junge Frau wäre eine Bewerberin für eine Arbeitsstelle. Versetzt euch in die Lage eines Arbeitgebers, der im Internet mehr über sie herausfinden möchte. Überlegt, welchen Eindruck er durch das Foto von der Bewerberin erhält.
\* c) Überprüft, was Arbeitgeber/-innen über euch im Internet finden können. Bezieht bei eurer Suche auch soziale Netzwerke ein. Nehmt gegebenenfalls Änderungen in euren Profilen vor und vergleicht eure Rechercheergebnisse anschließend.

*2.4 Zur selbstbestimmten und verantwortlichen Auswahl aus dem Medienangebot Chancen und Risiken aktueller Mediennutzung beschreiben (insbesondere Fragen zu sozialen Netzwerken, Datenschutz, Werbung)*

**Lesen –**
**Umgang mit**
**Texten**
**und Medien**

**3** Nicht nur bei einem Bewerbungsgespräch, auch bei schriftlichen Angaben und Äußerungen gibt es im Internet einiges zu berücksichtigen.
a) Lies dazu die folgende Aussage einer professionellen Bewerbungstrainerin.

Ein seriöser Internetauftritt ist in der heutigen Zeit eine Art Visitenkarte. Auch wenn man mit der Preisgabe persönlicher Informationen grundsätzlich zurückhaltend oder zumindest vorsichtig sein sollte, gilt es bei E-Mail-Adressen, die man z. B. bei einer Onlinebewerbung angibt, den richtigen Namen anzugeben und keinen Nick-

5 name wie partymaus2010. Das gilt auch für Beiträge in Foren. Wenn man ernst genommen werden möchte, sobald man eine Rezension schreibt oder Ratschläge erteilt, sollte man den echten Namen angeben, denn das schafft Vertrauen bei anderen Internetnutzern. Man signalisiert, dass man zu dem steht, was man sagt oder schreibt, und dass man sich nicht hinter einem Pseudonym verstecken muss.

10 Wer im Internet seinen potenziellen Arbeitgeber durch einen Blog von sich überzeugen möchte, ist gut beraten, darauf zu achten, dass die Inhalte seriös und für den Arbeitsbereich passend und sprachlich angemessen sind, wenn man diesen zu einer (Online-)Bewerbung hinzufügt. Dabei muss bei Texten z. B. auch die Rechtschreibung einwandfrei sein.

15 Grundsätzlich sollte man sich davor hüten, zu viel Privates im Internet preiszugeben. Mit freizügigen Fotos oder unvorteilhaften Partybildern verringert man leicht die Chancen auf einen angestrebten Beruf und rückt sich in ein schlechtes Licht. Gerade bei Bildern sollte man auch auf kleine Details achten, die einem zum Verhängnis werden könnten.

💡 **Tipp**

*Beachtet folgende Gesetze:*
*– Urheberrechtsgesetz (UrhG) § 23*
*– Grundgesetz (GG) Art. 5*
*– Grundgesetz (GG) Art. 8*
*– Strafgesetzbuch (StGB) § 185 und § 201a.*

b) Formuliert ausgehend von diesem Text Regeln, was beim eigenen Internetauftritt zu beachten ist.

**4** Wer im Internet Inhalte veröffentlicht, sollte sich auch sicher sein, dass er nicht gegen Gesetze verstößt. Recherchiere im Internet, welche Schwierigkeiten in den folgenden Fällen vorliegen und worauf die Sprecher/-innen jeweils achten sollten.

> *In Deutschland herrscht Meinungsfreiheit, also kann ich doch auch online sagen, was ich denke. Wenn mir deine Meinung oder deine Nase nicht passt, wird halt schnell was kommentiert.*

> *Ich zeige meinen Fans echt gerne, welche Produkte ich benutze! Die Firmen sollten mich aber dafür bezahlen, immerhin ist das ja kostenlose Werbung für sie.*

> *Online organisiere ich Demos und Protestaktionen, denn so kann ich viele erreichen und zum Mitmachen bewegen. Wir müssen uns viel mehr engagieren!*

> *Fotografieren ist mein Hobby und am liebsten fotografiere ich Menschen – Freunde wie Fremde. Meine Kunst teile ich auf meinem Blog mit meiner Online-Community.*

> *Irgendwann will ich mit meinem Gesang Geld verdienen. Damit Plattenfirmen auf mich aufmerksam werden, covere ich bekannte Songs und stelle Videos davon online. Ich habe schon über tausend Follower!*

*2.4 Zur selbstbestimmten und verantwortlichen Auswahl aus dem Medienangebot Chancen und Risiken aktueller Mediennutzung beschreiben (insbesondere Fragen zu sozialen Netzwerken, Datenschutz, Werbung)*

**5** Lies den folgenden Auszug aus einem Interview mit Riccardo Simonetti.

# Der Entertainer im Interview über Hass – online und offline

*Merve Kayikci für bento.de*

Riccardo Simonetti kennen viele wegen seiner langen, glänzenden Haare und glitzernden Outfits. [...] Aufgewachsen im konservativen Bad Reichenhall, musste er als „schwuler Junge in der bayrischen Provinz" hart einstecken, sagt er. [...]

**bento:** Unter deinen Bildern auf Instagram findet man oft beleidigende Kommentare.
5 Warum zeigst du fast dein gesamtes Leben online, obwohl dir dort so viel Hass entgegenschlägt?

**Riccardo Simonetti:** Das Netz besteht ja zum Glück nicht nur aus Hass. Ganz im Gegenteil: Die Leute, die früher allein waren mit dem Hass gegen sie, lernen durch das Internet Menschen kennen, die so sind wie sie. Außerdem haben sie dort den Zugang zu
10 Vorbildern, mit denen sie sich auch wirklich identifizieren können. Die gab es früher im Fernsehen gar nicht. Mir schreiben immer wieder Leute auf Instagram, dass ich ihnen helfe, ihre Realität zu ertragen. [...]

**bento:** Ich habe gelesen, dass du mal von deinen Klassenkameraden angezündet wurdest. Spricht eigentlich dafür, dass es früher nicht unbedingt besser war.
15 **Riccardo:** Ja, das stimmt. Ich wurde jeden Tag verprügelt, beschimpft und bespuckt. Aber das war ja nicht der normale Umgang, sondern gezieltes Mobbing gegen eine bestimmte Person. Ich wurde gemobbt, weil ich anders war, als die Gesellschaft es erwartet hat, und weil ich mich nicht angepasst habe. Ich war ein 14-jähriger Junge, der Kleider anprobiert und Make-up aufgetragen hat. [...]
20 **bento:** Hast du dich wegen der Anfeindungen verändert?

**Riccardo:** Nein, ich war früher genauso wie jetzt. Ich wollte mich nie anpassen und lieber das unterstreichen, was mich anders macht. Ich habe mir auch schon immer gewünscht, ein Star zu sein, weil ich Einfluss auf unsere Gesellschaft haben wollte. Ich wollte ein Vorbild sein. Heute werde ich für die Dinge geliebt, für die ich vorher ausge-
25 grenzt wurde. Ich bin froh, dass Individualität immer mehr gefeiert wird. [...]

**bento:** Wie ist es, wenn du heute den Menschen begegnest, die dich damals fertig gemacht haben?

**Riccardo:** Wenn ich in meine Heimatstadt reise, werde ich gefeiert wie ein Nationalheld. Das ist ein tolles Gefühl. Aber ich weiß, dass die Leute nicht so mit mir umgehen
30 würden, wenn ich in der Stadt geblieben und ein Englischlehrer geworden wäre, der in Glitzeranzügen ihre Kinder unterrichtet. Bisher haben sich nur zwei Leute bei mir entschuldigt, obwohl sehr viele involviert waren und mir schlimme Dinge angetan haben. Manchmal kommt jemand von früher zu mir und sagt sowas wie „Hey Riccardo, ich finde es so toll, was du alles erreicht hast. Früher habe ich dich für 'ne dumme Schwuch-
35 tel gehalten." Ich weiß nicht, in was für einer Welt die leben – aber für mich ist das kein Kompliment. Das ist aber auch etwas, das mich am Boden hält. Solange ich solche Erfahrungen mache, vergesse ich nie, wofür ich meine Stimme einsetzen möchte: Für eine offene Gesellschaft, in der jeder akzeptiert wird, wie er ist. [...]

*Riccardo Simonetti (\*1993)* ist als Influencer, Entertainer, Model und Autor erfolgreich. Auf Instagram engagiert er sich unter anderem mit dem Hashtag **#IamStrongerThanBullying** gegen Cybermobbing und setzt sich für mehr Toleranz gegenüber der LGBTQ+-Community ein.

*LGBTQ+* ist die englische Abkürzung für **Lesbian, Gay, Bisexual, Transgender, Queer** (lesbisch, schwul, bisexuell, transgender, queer). Das **Plus** steht für weitere Geschlechtsidentitäten.

**Lesen –
Umgang mit
Texten und Medien**

*Herkunft
Sexualität
Geschlecht
Aussehen
körperliche
  Verfassung
Religion
politische
  Einstellung*

**6** Riccardo teilt als Influencer viel Privates im Internet. Sprecht ausgehend vom Text darüber, welches Risiko er damit einerseits eingeht und welche Chance er andererseits darin sieht.

**7** Hasskommentare sind online ein großes Problem.
a) Tauscht euch darüber aus, welche Erfahrungen ihr mit Hasskommentaren gemacht habt, indem ihr z. B. über Kommentare, die ihr selbst bekommen habt oder bei anderen lesen musstet, sprecht.
b) Die Haterinnen und Hater greifen meist gezielt Personen an. Sammelt Èigenschaften, aufgrund derer manche Menschen häufiger Opfer von Hasskommentaren werden als andere. Die Ideen aus der Randspalte helfen euch dabei.
c) Begründet, warum Menschen online oft eine niedrigere Hemmschwelle haben und ihren Hass offen äußern.

**8** Hate Speech ist eine extreme Form des Hasskommentars und richtet sich gegen bestimmte Personen als Teil einer benachteiligten Gruppe.
a) Lies den folgenden Kommentar.

> Ich will nicht schwulenfeindlich klingen, aber müsst ihr uns immer so nerven? Ich renn ja auch nicht rum und brülle: „Ich bin hetero!"

S. 312
*Hate Speech*

b) Tauscht euch darüber aus, woran man erkennt, dass es sich bei dem Kommentar um Hate Speech handelt. Der Eintrag im Merkwissen hilft euch dabei.
c) Überlegt, wie man angemessen auf diesen Post reagieren könnte.

**9** Ein Mitleser hat mit Counter Speech auf den Kommentar reagiert.
a) Lest seine Antwort.

> Dein Kommentar ist trotzdem schwulenfeindlich. Du kannst froh sein, hetero sein zu können, ohne rechtfertigen zu müssen, wen du liebst. Dieses Glück haben homosexuelle Personen (leider) nicht. Es ist also wichtig, zu zeigen, dass es verschiedene sexuelle Orientierungen gibt und alle ganz normal sind. #loveislove

S. 310
*Counter Speech*

b) Erläutert, ausgehend von dem Antwortkommentar, wie man bei Counter Speech vorgeht. Der Eintrag im Merkwissen hilft euch dabei.
c) Diskutiert die Chancen und Risiken davon, auf Hate Speech und andere Hasskommentare zu antworten.

S. 317
*Appell*

S. 317
*Leserbrief*

✳ W **10** Wähle im Folgenden zwischen a) und b).
a) Formuliere einen Appell, in dem du den zunehmenden Hass im Netz thematisierst und zu mehr Zivilcourage und Respekt aufrufst.
b) Antworte mit einem Leserbrief auf das Interview. Drücke darin am Beispiel von Riccardo Simonetti aus, wie wichtig es ist, sich gegen Hass im Netz einzusetzen.

*1.3 In Diskussionen in einer angemessenen Form (z. B. sachlich, appellativ) reagieren    2.4 Chancen und Risiken aktueller Mediennutzung beschreiben    4.1 Diskriminierenden und politisch unkorrekten Sprachgebrauch vermeiden*

Medien

# Einen Hörbeitrag untersuchen

**1**  Kinder und Jugendliche haben im Laufe ihres Lebens ganz verschiedene Berufswünsche.
   a) Tauscht euch darüber aus, welchen Beruf ihr als Kind ausüben wolltet und ob bzw. inwiefern sich euer Berufswunsch bis heute verändert hat.
   b) Überlegt, wodurch die Berufsvorstellungen beeinflusst werden können.

**2**  Auch der Podcast „Pilot, Topmodel oder Tierärztin?" thematisiert die Entwicklung von Berufswünschen.
   a) Hört euch den Beginn des Beitrags im Portal gemeinsam an und achtet darauf, in welcher Reihenfolge die folgenden Themeninhalte auftauchen.

))) **Portal**
*WES-122965-053*

> 1) Aussagen von Berufsberatern auf einer Ausbildungsplatzbörse

> 2) Definition von Beruf

> 3) Erklärung des Begriffs „Prokrastination"

> 4) Aussagen der Psychologin Corinna Schmude zur Entwicklung von Berufswünschen von Kindern

> 5) Interview mit Kleinkindern zu ihren Berufswünschen

   b) Tauscht euch darüber aus,
   – welche Funktion die Geräusche und die Musik im Hintergrund haben,
   – warum es sinnvoll ist, die Sprechbeiträge nicht von einer einzigen Sprecherin bzw. einem einzigen Sprecher vortragen zu lassen,
   – inwiefern euch das Thema interessiert und die Umsetzung anspricht.

   c) Stellt mithilfe des Merkkastens Vermutungen an, warum Podcasts in den letzten Jahren immer beliebter geworden sind.

---

## ⊙ Der Podcast

Der Begriff Podcast ist zusammengesetzt aus den Begriffen **Broadcast** (deutsch: Sendung) und **iPod**, einem ehemaligen MP3-Player. Man versteht darunter eine Serie von **Medienbeiträgen** (z. B. Radiosendungen, Interviews, Comedybeiträge), die von Radio-, Fernsehsendern und Webseitenbetreibern angeboten werden und **im Internet abrufbar** ist. Häufig widmen sie sich einem bestimmten Thema, z. B. aus den Nachrichten und der Politik, und liefern zu diesen interessante **Hintergrundinformationen**. Daneben sind aber auch die Themen Film und Fernsehen sehr beliebt. Podcasts sind **kostenlos** und werden laufend durch aktuelle Folgen und neue Beiträge ergänzt.

---

*1.1 Vorträge und Gesprächsbeiträge konzentriert verfolgen, Inhalte aufnehmen und dabei auf kommunikative Zusammenhänge achten*

d) Beschäftigt euch nun arbeitsteilig mit dem zweiten Teil des Podcasts. Bestimmt dabei im Vorfeld, wer sich jeweils mit einem der drei aufgeführten Bereiche befasst, und macht euch während des Anhörens zu den jeweiligen Fragen Notizen.

**Inhalt:**
– Wie verändern sich die Berufs-
  wünsche von Kindern und Ju-
  gendlichen im Laufe der Zeit?
– Was beeinflusst ihre Berufs-
  wahl?
– Wie verständlich wird das
  Thema behandelt?

**Geräusche / Musik:**
– An welchen Stellen werden Geräusche oder Musik eingespielt?
– Inwiefern passen die Hinter-
  grundgeräusche und die Musik-
  auswahl zu dem Thema und
  der Gesprächssituation?
– An welchen Stellen ändert sich
  die Lautstärke?

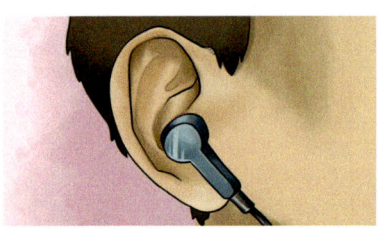

**Sprecher / -innen:**
– Wie viele verschiedene Personen kommen zu Wort?
– Welche Personen- bzw. Berufsgruppen werden interviewt?
– Wie gut sind die Personen zu
  verstehen?

e) Vergleicht eure Ergebnisse.
f) Begründet, inwiefern ihr die Gestaltung des Hörbeitrags interessant und abwechslungsreich fandet und was man noch verbessern könnte.
g) Formuliert gemeinsam Regeln für das Erstellen eines Hörbeitrags.

 **Tipp**

*Erstellt eure Podcasts zum Thema der Projektpräsentation oder nutzt ein anderes, aktuelles Thema aus eurem Fachunterricht.*

**AT → S. 300**

*einen Hörbeitrag erstellen*

✱ **3** Erstellt in Kleingruppen arbeitsteilig eigene Podcast-Episoden.
a) Berichtet von Podcasts, die ihr bereits kennt, und sammelt Themenvorschläge für euren Klassen-Podcast.
b) Einigt euch auf ein gemeinsames Thema und gliedert es in Unterthemen. Bildet zu jedem Unterthema eine Kleingruppe von 3 – 4 Personen.
c) Erstellt ein Skript für eure Episode. Behaltet dabei auch das übergreifende Klassenthema im Blick und sprecht euch mit den anderen Gruppen ab.
d) Nehmt euren Podcast auf, schneidet und bearbeitet ihn.
e) Präsentiert eure Ergebnisse in der Klasse und gebt euch gegenseitig Feedback.

*1.1 Zur Fixierung erworbenen Wissens Inhalte von komplexeren Hörtexten strukturiert sichern (z. B. in Notizform) und dieses als Arbeitsgrundlage weiterverwenden   2.4 Zur Präsentation erworbenen Wissens mediale Formate (z. B. Podcasts) gestalten, z. B. fächerübergreifend im Rahmen der Projektpräsentation*

Medien

# Einen Kurzfilm analysieren

## Einen Kurzfilm inhaltlich erschließen

Patrick, die Hauptfigur des Animationskurzfilms „366 Tage", entschied sich nach seinem Schulabschluss dazu, einen Zivildienst als Rettungssanitäter abzuleisten. Diese mehrmonatige gemeinnützige Arbeit, die alternativ zum verpflichtenden Wehrdienst geleistet werden kann, wurde in Deutschland 2011 abgeschafft. In Österreich gibt es den Zivildienst noch.

**1** Schaut euch den Film auf dem Portal an und tauscht euch anschließend darüber aus, inwiefern er euch gefallen hat und welche Szenen besonders eindrucksvoll waren.

 **Portal**
*WES-122965-054*

**2** Notiert, wie die einzelnen Figuren im Film dargestellt werden.
a) Beschreibt ihr Aussehen und charakterisiert sie. Legt dazu eine Tabelle nach folgendem Muster an oder verwendet die Vorlage im Portal.

**Portal**
*WES-122965-055*

| Person | Patrick (Zivi) | Richard (Sanitäter) | alte Frau | ... | ... |
|---|---|---|---|---|---|
| Aussehen | *groß, schmächtig* ... | ... | ... | ... | ... |
| Verhalten/ Charakter | *freundlich* ... | ... | ... | ... | ... |

b) Vergleicht eure Ergebnisse und ergänzt eure Notizen gegebenenfalls.
c) Erklärt, wie Patrick zu den anderen Personen steht.

**3** Benenne einzelne Etappen von Patricks Zivildienst. Erkläre, mit welcher Einstellung er seinen Dienst antritt und welche Beobachtungen und Erlebnisse dazu führen, dass er seine Arbeitsweise verändert. Verwende an passender Stelle folgende Begriffe:

*Wut – Hilflosigkeit – Überforderung – Frustration – Angst –*
*Trauer – Freude – Zuversicht – Schuldgefühl –*
*Aufregung – Routine – Zweifel*

**4** Stellt Vermutungen an, ...

– worauf sich der Titel des Kurzfilms bezieht.
– an welche Zielgruppe sich der Film richtet.
– welche Absichten die Filmemacher damit verfolgen.
– warum der Film animiert wurde, statt von realen Darstellerinnen und Darstellern gespielt zu werden.

*1.1 Zur Fixierung erworbenen Wissens Inhalte von komplexeren Filmtexten strukturiert sichern (z. B. in Notiz- oder Protokollform) und dieses als Arbeitsgrundlage weiterverwenden*

## Filmische Mittel in einem Kurzfilm untersuchen

**5** Nun geht es darum, auf die Machart und Details des Films zu achten.

a) Sieh dir die folgenden Standbilder an und fasse kurz zusammen, wovon die jeweiligen Szenen handeln und was jeweils davor und danach passiert.

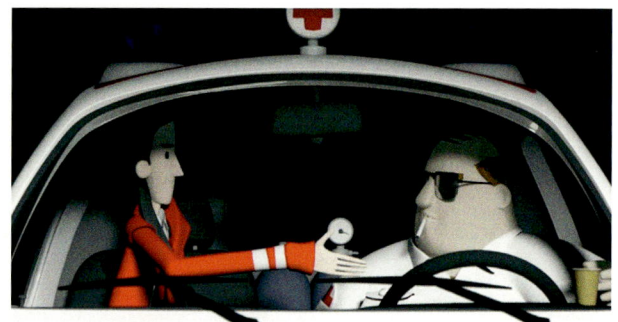
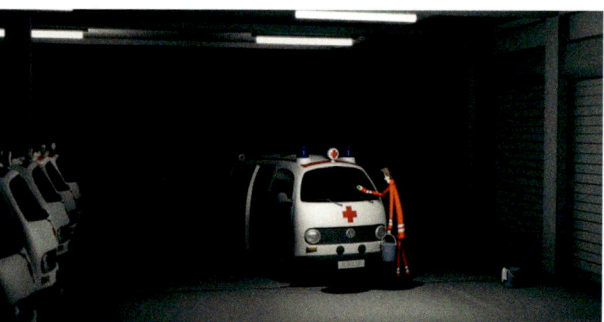

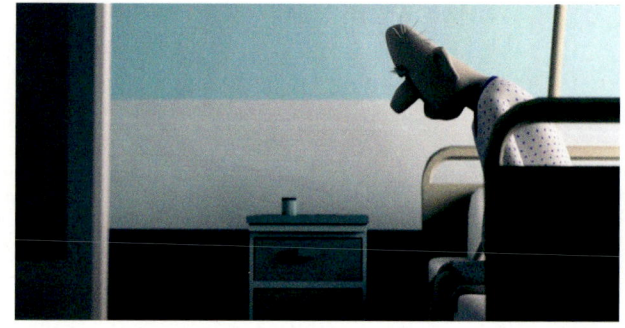

b) Beschreibe die vorherrschenden **Farben**. Erläutere, welche Stimmung dadurch jeweils erzeugt wird, und begründe, inwiefern diese hinsichtlich des Themas, der Handlung und den Figuren passend ist.

AT → S. 303 f.

*filmische Gestaltungsmittel erkennen und beurteilen*

c) Benenne die **Einstellungsgrößen** und **Perspektiven**, die in den Beispielen oben verwendet wurden, und führe aus, wozu sie jeweils dienen bzw. welchen Effekt sie erzeugen. Beachte dabei besonders, wie die Figuren gezeigt werden und wie viel Bildfläche sie einnehmen.

d) Auch die **Lichtverhältnisse** wirken sich auf die Stimmung einer Szene aus. Beschreibe, inwiefern die jeweilige Beleuchtung z. B. die Trostlosigkeit einer Szene zusätzlich unterstützt.

*2.4 Die Wirkung grundlegender filmischer Mittel (u. a. Ton- und Bildeffekte, Schnitttechniken) beurteilen*

e) Im Film wechseln sich **On- und Off-Ton** ab. Erkläre, an welcher Stelle jeweils welche Variante eingesetzt wird und inwiefern dies sinnvoll ist.

f) Die **Musik** spielt in dem Animationsfilm eine wichtige Rolle. Der erfahrene Rettungssanitäter gibt seinem Zivi Patrick den Tipp, alles im Rhythmus des Radetzkymarschs zu erledigen. Lest den Merkkasten und schaut euch den Film ab dem Einsetzen der Marschmusik noch einmal an (11:06). Berichtet anschließend, wie sich …
   – die Kameraführung,
   – die Grundstimmung,
   – die Farben und
   – die Abfolge der Schnitte mit dem Radetzkymarsch ändern.

g) Um anzudeuten, dass Patricks Zivildienst ein ganzes Jahr gedauert hat und die Zeit wie im Flug vergangen ist, wurde ein **Filmtrick** verwendet. Beschreibe diesen.

> **On- und Off-Ton**
> *Von On-Ton spricht man, wenn die sprechende Person im Bild sichtbar ist. Kommt der Ton von keiner sichtbaren Quelle, sondern wird über das Bild gesprochen, handelt es sich um Off-Ton.*

**6** Erläutere anhand konkreter Szenen, was dieser Kurzfilm mit einer Kurzgeschichte gemeinsam hat.

 S. 313
*Kurzgeschichte*

✳ **7** Erklärt am Beispiel von „366 Tage" und mithilfe des Merkkastens auf Seite 180, welche Vorteile ein Kurzfilm gegenüber einem Langfilm hat.

---

## ① Filmische Gestaltungsmittel

Um einen Film interessant und abwechslungsreich zu gestalten, werden verschiedene Mittel angewendet. So stehen den Kameraleuten sieben **Einstellungsgrößen** zur Wahl: **Panorama** (Gesamtbild), **Totale** (Objekt mit Umgebung), **Halbtotale** (Objekt in voller Größe), **Halbnahaufnahme** (Oberkörper), **Nahaufnahme** (Kopf- und Schulterbereich), **Großaufnahme** (Gesicht), **Detailaufnahme** (Einzelheit). Daneben spielt auch die **Kameraperspektive**, die den Blickwinkel auf das Bild bezeichnet, eine wichtige Rolle. Man unterscheidet dabei die drei Perspektiven **Normalsicht** (Augenhöhe), **Vogelperspektive** (Übersicht) und **Froschperspektive** (Untersicht). Auch die **Kameraführung** beeinflusst das Endergebnis. Darunter fasst man die Bewegungen zusammen, die man mit einer Kamera machen kann, z. B. den **Kameraschwenk** oder die **Kamerafahrt**. Wird bei der Filmbearbeitung eine Aufnahme zusätzlich beschleunigt, spricht man von **Zeitraffer**. Das Gegenteil, eine Ausdehnung der Bildabfolge, nennt man **Zeitlupe**.

Schließlich ist auch der **Ton** ein wichtiges Gestaltungsmittel. Der Ton kann von einer sichtbaren („On") oder einer unsichtbaren Quelle („Off") kommen. Durch **Musik und Geräusche** können Handlungsverläufe untermalt oder Gefühle beim Zuschauer erzeugt werden.

**AT → S. 303**
*filmische Gestaltungsmittel erkennen und beurteilen*

💡 **Tipp**
*Bist du neugierig auf Filmbegriffe? Verwende die Suchbegriffe WDR + Dokmal + Filmbegriffe, um online eine alphabetische Liste des WDR zu finden.*

**Lesen –**
Umgang mit
**Texten**
und **Medien**

**Portal**

WES-122965-056

**W 7** Auf Videoportalen findest du weitere Kurzfilme oder Musikvideos mit einer Film-
handlung. Wähle im Folgenden zwischen a) und b).

a) Entscheide dich für einen der vorgeschlagenen Musikclips oder Filme in der Randspalte und analysiere diesen, indem du dir Notizen zu den sechs unten genannten
Bereichen machst. Nutze dazu die Vorlage im Portal.

b) Finde selbst auf einem Videoportal einen Musikclip mit einer erkennbaren Handlung
oder einen Kurzfilm, der dich anspricht, und analysiere ihn anhand der sechs unten
genannten Bereiche.

*Musikvideos*

– *Joris: „Som-*
*merregen"*
– *Bosse: „Ich*
*warte auf*
*dich"*
– *Feine Sahne*
*Fischfilet:*
*„Warten auf*
*das Meer"*
– *Sarah Connor:*
*„Wie schön du*
*bist"*

*Kurzfilme*

– *Eduardo*
*Verastegui:*
*„Snack Attack"*
– *Jacob Frey:*
*„The Present"*
– *Christopher*
*Hönig: „Frei-*
*heit"*
– *Tahneek*
*Rahman:*
*„Different"*

**Inhalt:**
– Kurzzusammenfassung des Inhalts
(Kerninhalt)
– wichtige Figuren, Orte, (Tages-/
Jahres-)Zeit
– wesentliche Handlungsschritte

**Farben:**
– vorherrschende Farben (z. B. warme,
kühle, natürliche ...)
– besondere Farbakzente (z. B. auffällige
Farbe bei einem bestimmten Objekt)
– Farbigkeit (z. B. schwarz-weiß)

**Beleuchtung:**
– vorherrschende Lichtquelle (z. B.
Tageslicht, Laternenlicht ...)
– Beleuchtungssituation (z. B. hell, düster, punktuell ...)

**Schnitte:**
– Beispiel für lange Aufnahmen ohne Unterbrechung (z. B. bei Kamerafahrten)
– Beispiel für schnelle Schnitte und wech-
selnde Einstellungen

**Ton / Geräusche / Musik:**
– On- oder Off-Ton
– mögliche Erzählstimmen / Kommentare
– Hintergrundmusik oder -geräusche
– verwendetes Musikgenre (z. B. Rock, Hip-
Hop ...)

**Kameraeinstellung / Perspektive:**
– häufig vorkommende Einstellungen (z. B.
Nahaufnahmen von Gesichtern)
– ungewöhnliche Perspektiven (z. B. Blick
durch Jalousien) oder originelle Bildide-
en (z. B. Spiegelungen, extreme Froschperspektive ...)

**⚠ Der Kurzfilm**

Unter einem Kurzfilm versteht man einen Film, der in der Regel **kürzer als 30 Minuten** ist.
Dabei gibt es Kurzfilme mit einer **klaren Handlung**, aber auch **experimentelle**, die vor allem
bei Musikvideos verbreitet sind. Während er in den Anfangszeiten des Kinos eher als Pausen-
füller gedacht war, ist er mittlerweile eine **eigene Filmgattung**. Im Zeitalter des Internets hat
der Kurzfilm an Bedeutung gewonnen, da die kurzen Filme auf Videoportalen gestreamt und
in sozialen Netzwerken **leicht verbreitet** werden können. Mittlerweile werden z. T. auch in
der **Werbung** kurzfilmartige Spots gedreht, die eine eigene Story haben und die Emotionen
der Zuschauer ansprechen sollen.

*1.1 Zur Fixierung erworbenen Wissens Inhalte von komplexeren Filmtexten strukturiert sichern (z. B. in Notiz- oder*
*Protokollform) und dieses als Arbeitsgrundlage weiterverwenden*
*2.4 Die Wirkung grundlegender filmischer Mittel (u. a. Ton- und Bildeffekte, Schnitttechniken) beurteilen*

Medien

# Überprüfe dein Wissen und Können

**1** **Wirf einen Blick auf Antons Friendbook-Seite.**
   a) Erkläre, welchen Eindruck man von dem Jugendlichen erhält.
   b) Begründe, inwiefern die angegebenen Informationen und Bilder problematisch sind.
      Berücksichtige dabei auch die rechtliche Seite, indem du die Gesetzestexte aus dem
      Tipp von Seite 172 einbeziehst.

   c) Mache Vorschläge, wie Anton seine Seite verändern könnte, um z. B. gegenüber
      zukünftigen Arbeitgeberinnen und -gebern einen guten Eindruck zu vermitteln.

**2** **Entscheide, ob folgende Aussagen zu filmischen Mitteln richtig oder falsch sind.**
   **Notiere die richtigen und verbessere die falschen.**
   A) Kamerafahrt und Kameraschwenk sind die häufigsten Kameraeinstellungen.
   B) Verschiedene Kamerabewegungen wirken publikums- und realitätsnah.
   C) Eine Schnitttechnik, bei der kurze Filmsequenzen sprungartig aneinander-
      gereiht werden, nennt man auch Jumping Cat.
   D) Eine beschleunigte Bildabfolge nennt man Zeitraffer. Das Gegenteil, eine
      Ausdehnung der Bildabfolge, nennt man Zeitverschlepper.

**3** **In dem Lied „Niemand an dich denkt" von Clueso (S. 135) geht es um Einsamkeit.**
   **Erkläre, wie du die dir bekannten filmischen Mittel einsetzen würdest, um eine**
   **Person einsam und traurig erscheinen zu lassen.**

**Portal**

*WES-122965-057*

*2.4 Chancen und Risiken aktueller Mediennutzung beschreiben (insbesondere Fragen zu sozialen Netzwerken,*
*Datenschutz, Werbung) und die Wirkung grundlegender filmischer Mittel (u. a. Ton- und Bildeffekte, Schnitt-*
*techniken) beurteilen*

# Schrei-ben

# Bewerbung um eine Ausbildungsstelle

**1** Die folgende Grafik beinhaltet die Top Ten der Ausbildungsberufe.

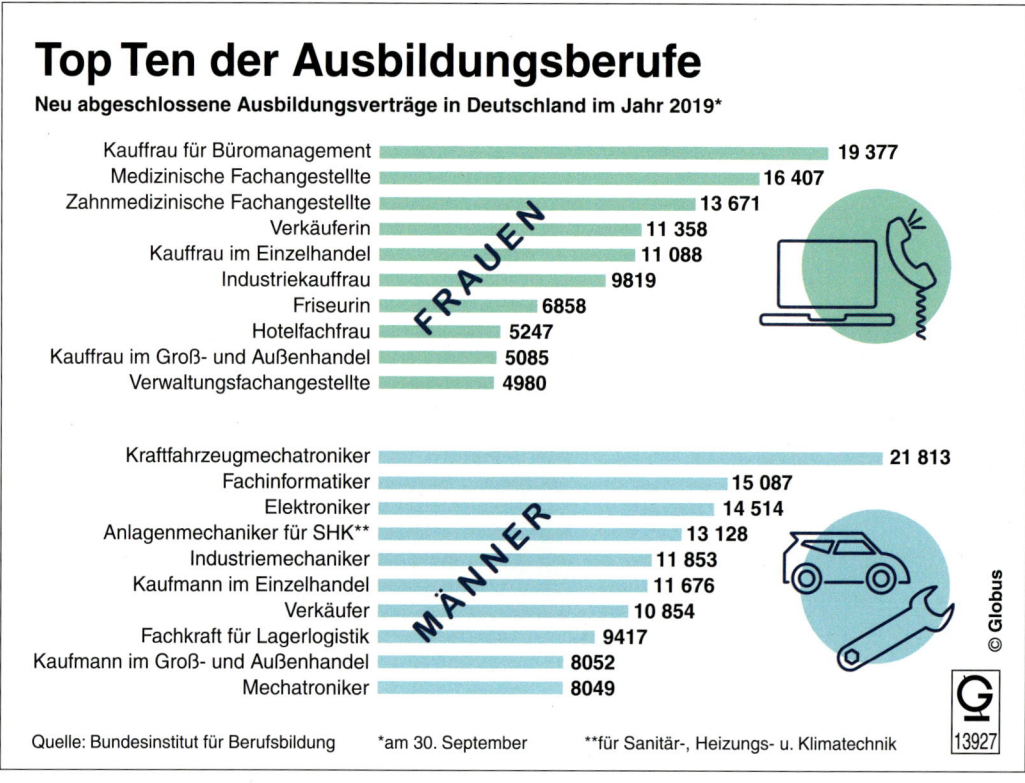

## Top Ten der Ausbildungsberufe
**Neu abgeschlossene Ausbildungsverträge in Deutschland im Jahr 2019***

| FRAUEN | |
|---|---|
| Kauffrau für Büromanagement | 19 377 |
| Medizinische Fachangestellte | 16 407 |
| Zahnmedizinische Fachangestellte | 13 671 |
| Verkäuferin | 11 358 |
| Kauffrau im Einzelhandel | 11 088 |
| Industriekauffrau | 9819 |
| Friseurin | 6858 |
| Hotelfachfrau | 5247 |
| Kauffrau im Groß- und Außenhandel | 5085 |
| Verwaltungsfachangestellte | 4980 |

| MÄNNER | |
|---|---|
| Kraftfahrzeugmechatroniker | 21 813 |
| Fachinformatiker | 15 087 |
| Elektroniker | 14 514 |
| Anlagenmechaniker für SHK** | 13 128 |
| Industriemechaniker | 11 853 |
| Kaufmann im Einzelhandel | 11 676 |
| Verkäufer | 10 854 |
| Fachkraft für Lagerlogistik | 9417 |
| Kaufmann im Groß- und Außenhandel | 8052 |
| Mechatroniker | 8049 |

Quelle: Bundesinstitut für Berufsbildung    *am 30. September    **für Sanitär-, Heizungs- u. Klimatechnik

© Globus
13927

a) Sprecht darüber, welche Berufe besonders beliebt sind.

b) Tauscht euch aus, ob ihr eure eigenen Berufswünsche in der Grafik wiederfindet.

c) Nennt Kriterien, nach denen ihr euren Ausbildungsberuf auswählen würdet.

**2** Vielleicht habt ihr schon einmal durch ein Praktikum oder einen Nebenjob in einen Beruf hineinschnuppern können. Berichtet von euren Erfahrungen.

## In diesem Kapitel lernst du, ...

* Schlüsselqualifikationen zu definieren und zu entdecken.
* eine Stellenanzeige zu verstehen und auszuwerten.
* verschiedene Arten der Bewerbung kennen.
* selbstständig Bewerbungsunterlagen (u. a. Anschreiben, Lebenslauf) zu erstellen.
* dich per E-Mail zu bewerben.
* dich über ein Online-Bewerbungsformular zu bewerben.

Bewerbung um eine Ausbildungsstelle

# Schlüsselqualifikationen entdecken und definieren

Beim Eintritt ins Berufsleben werden von euch bestimmte Fähigkeiten gefordert. Natürlich gehören Kenntnisse in Deutsch, Fremdsprachen, Mathematik, Naturwissenschaften und Technik dazu. Darüber hinaus erwarten Betriebe aber noch weitere Fähigkeiten, die sogenannten Schlüsselqualifikationen.

**1** Ordne den folgenden Schlüsselqualifikationen die entsprechende Definition (A – H) zu. Schreibe z. B. auf: *A = Belastbarkeit.*

> *Teamfähigkeit   Belastbarkeit   Kommunikationsfähigkeit   Allgemeinbildung*
> *Leistungsbereitschaft   Mobilität   Kritikfähigkeit   Zuverlässigkeit*

A. Du verlierst nicht den Überblick, wenn viele Aufgaben auf einmal anstehen. Auch unter Zeitdruck erledigst du deine Aufgaben organisiert.

B. Du kannst dich gut in eine Gruppe einfügen. Zusammen mit anderen arbeitest du sorgfältig und verantwortungsbewusst.

C. Du kannst Kontakt zu anderen herstellen und mit ihnen ins Gespräch kommen. Dabei triffst du den richtigen Umgangston.

D. Du bist gut informiert. Weil du täglich Nachrichten hörst und liest, kannst du bei vielen Dingen mitreden.

E. Du kannst auf Kritik an deinem Verhalten oder deiner Arbeit sachlich reagieren. Berechtigte Beschwerden äußerst du höflich.

F. Auf dich kann man sich verlassen. Verantwortungsbewusst erledigst du deine Aufgaben und bist dabei pünktlich und gewissenhaft.

G. Für deinen Arbeitsplatz bist du bereit, täglich größere Strecken zu pendeln oder sogar an einen anderen Ort umzuziehen.

H. Du bist motiviert, mehr zu leisten als üblich, denn du hast Freude an der Arbeit und willst gerne etwas dazulernen.

**2** Pauline absolviert eine Ausbildung zur Kfz-Mechatronikerin.

a) Lies, was sie über ihren Arbeitsalltag berichtet.

> *In modernen Autos steckt viel Elektronik. Da muss ich mich ständig weiterbilden. Man darf da auch keine Scheu haben, sich die Finger schmutzig zu machen. Im Team arbeiten wir Hand in Hand, häufig auch unter Zeitdruck. Trotzdem müssen wir zuverlässig und genau arbeiten. Denn das Wichtigste ist, dass unsere Kundinnen und Kunden ein sicheres Auto bekommen. Dafür ist das Team verantwortlich.*

b) Erklärt, welche Schlüsselqualifikationen für Pauline bei der Ausübung ihres Berufs besonders wichtig sind.

✳ c) Wählt einen Ausbildungsberuf aus der Grafik auf Seite 182 aus und diskutiert, welche Schlüsselqualifikationen man beherrschen sollte, um darin erfolgreich zu sein.

**Schreiben**

*Von Bewerberinnen und Bewerbern verlange ich vor allem technisches Verständnis und gute Mathematikkenntnisse. Außerdem sind mir Geschicklichkeit und Pünktlichkeit sehr wichtig.*

 **Portal**

*WES-122965-058*

**Tipp**

*Du kannst deine Schlüsselqualifikationen in einem Bewerbungsschreiben nennen.*

**3** Der Ausbilder Herr Michaelis spricht über Schlüsselqualifikationen und spezielle Kenntnisse, die er von künftigen Auszubildenden erwartet.
a) Lest seine Aussage in der Sprechblase links.
b) Sprecht über die verschiedenen Anforderungen, die Herr Michaelis stellt, und erklärt diese.

**4** Entdeckt nun eure eigenen Schlüsselqualifikationen und Stärken. Geht dabei folgendermaßen vor:
- Schreibt die Tabelle mit den Schlüsselqualifikationen untereinander auf und ergänzt sie gegebenenfalls mit einigen der Qualifikationen aus Aufgabe 3. Ihr könnt auch die Vorlage aus dem Portal verwenden.
- Notiert den entsprechenden der folgenden Buchstaben in der zweiten Spalte:
  **A** = *super*     **B** = *gut*     **C** = *geht so*     **D** = *nicht gut*
- Gebt das Blatt an eine Person aus der Klasse weiter, die euch gut kennt, und lasst euch von ihr einschätzen. Ihre Einschätzung wird in der dritten Spalte notiert.

| Qualifikationen | So sehe ich mich | So sehen mich andere |
|---|---|---|
| Teamfähigkeit | B | A |
| Belastbarkeit | C | … |
| Kommunikationsfähigkeit | … | … |
| Allgemeinbildung | … | … |
| Leistungsbereitschaft | … | … |
| Mobilität | … | … |
| Kritikfähigkeit | … | … |
| Zuverlässigkeit | … | … |
| … | … | … |

**5** Tauscht euch nun über die Ergebnisse aus und geht dabei auf folgende Fragen ein:
- Wie habt ihr euch selbst beurteilt? Und wie schätzen euch andere ein?
- Gibt es dabei überraschende Unterschiede?
- Fühlt ihr euch von den anderen gerecht eingeschätzt?

**6** Sprecht darüber, wie man mögliche Schwächen verbessern und Schlüsselqualifikationen erlernen kann. Folgende Stichpunkte dienen euch als Anregung:

*Projektpräsentation   Babysitter   Sportverein   Jugendfeuerwehr   Nachhilfe
Sprachreise   Ferienjob   Nachrichten-App   Gruppenarbeit*

Bewerbung um eine Ausbildungsstelle

# Eine Stellenanzeige verstehen und auswerten

**1** Marcel entdeckt im Internet folgende Anzeige des Unternehmens „Kaufrausch".

a) Lies die Anzeige zunächst.

---

Auszubildende zum/zur
**Kaufmann/-frau im Einzelhandel (m/w/d)**

zum 01. September 20xx in unserem „Kaufrausch" gesucht.

**Deine Aufgaben**

In der 3-jährigen Ausbildungszeit lernst du
Inhalte, wie z. B.

• Kassiertätigkeit
• Umgang mit Kundinnen und Kunden
• Warenverräumung und -präsentation
• Erstellen von Personaleinsatzplänen u. v. m.

**Dein Profil**

• erfolgreicher Schulabschluss (Hauptschule oder Mittlerer Schulabschluss)
• Engagement und Begeisterung für den Handel
• Freundlichkeit, Teamfähigkeit, Zuverlässigkeit
• zeitliche Flexibilität

**Wir bieten**

• intensive Betreuung durch unsere Personalabteilung
• angemessene Vergütung: 1.000 € im 1. Jahr, 1.100 € im 2. Jahr und 1.250 € im 3. Jahr
• gute Chancen auf Übernahme nach erfolgreicher Abschlussprüfung

Bewerbung mit sämtlichen Unterlagen entweder per Mail an xxxxxxxx@kaufrausch.de
oder postalisch an Kaufrausch AG, Personalabteilung, Kaufinger Str. 6, 96052 Bamberg

---

b) Analysiere die Anzeige und mache dir dabei Notizen zu folgenden Fragen:
   • Welche Schlüsselqualifikationen werden von den Bewerbenden erwartet?
   • Welche weiteren Voraussetzungen sollten sie erfüllen?
   • Wie lange dauert die Ausbildung und was lernt man dabei?
   • Was kann das Unternehmen den Bewerberinnen und Bewerbern bieten?

**2** Tauscht euch darüber aus, was mit den Unterlagen gemeint ist, die Marcel seiner
Bewerbung beifügen soll.

**3** Erklärt, wie Marcel sich um diese Ausbildungsstelle bewerben kann.

✳ **4** Recherchiert im Internet nach weiteren Stellenanzeigen und analysiert sie mithilfe der
Fragen aus Aufgabe 1b). Stellt euch eure Ergebnisse gegenseitig vor.

*2.1 Sich mit Texten unterschiedlicher Art gründlich auseinandersetzen*
*3.2 Informationsquellen selbstständig nutzen*

Bewerbung um eine Ausbildungsstelle

# Verschiedene Arten der Bewerbung kennenlernen

**1** Lest den folgenden Text zu den verschiedenen Arten der Bewerbung.

## Wie geht Bewerbung heute?

Ganz klar – verschiedene Wege führen euch zum Ziel. Im Prinzip gibt es drei Möglichkeiten: erstens die klassische Bewerbung auf Papier, zweitens die Online-Bewerbung per E-Mail und drittens die Online-Bewerbung per Formular. Wie eure Bewerbung aber letztendlich aussieht, hängt immer von der Firma ab, denn nach deren
5  Wünschen solltet ihr euch richten.

Rund die Hälfte aller Betriebe, vor allem kleinere Firmen, erwartet auch heute noch eine klassische Bewerbung von euch: ein Anschreiben, einen Lebenslauf mit Anlagen wie Zeugnissen und Zertifikaten. Ihr druckt oder kopiert alles auf Papier und verschickt die Unterlagen per Post.

10  Der Trend geht allerdings in Richtung elektronische Bewerbung. Viele arbeitgebende Unternehmen wünschen Bewerbungen per E-Mail, weil sie so die Unterlagen einfacher verwalten können. Das hat auch für euch klare Vorteile, denn ihr spart Papier, Druckertinte und Portokosten. Die Bestandteile der Bewerbung sind aber dieselben wie bei der klassischen Bewerbung.

15  Vor allem große Unternehmen haben für die Online-Bewerbung eigene Internetauftritte mit speziellen Formularen entwickelt. So kann gezielt festgelegt werden, welche Informationen eingefordert werden, außerdem lassen sich Dateien leichter auswerten und verwalten. Für euch als Bewerberinnen und Bewerber hat das neben den Einsparungen auch den Vorteil, dass ihr nichts Wesentliches vergesst. Um
20  Zugang zu den Fragenkatalogen zu erhalten, die online auszufüllen sind, müsst ihr euch zunächst registrieren und euch dann einloggen. Bevor man mit dem Ausfüllen der Online-Bewerbung anfängt, sollte man alle wichtigen Unterlagen (Zeugnisse, Bescheinigungen) und Daten (Lebenslauf) bereitlegen.

**2** Tauscht euch über folgende Fragen zum Text aus:
- Welche drei Bewerbungsarten gibt es?
- Wodurch unterscheiden sie sich und worin ähneln sie sich?
- Welche Vorteile lassen sich jeweils für das arbeitgebende Unternehmen und welche für die Bewerberinnen und Bewerber erkennen?
- Gibt es etwas, das ihr bei Online-Bewerbungen kritisch seht?

**3** Sowohl einer klassischen als auch einer elektronischen Bewerbung müssen immer bestimmte Unterlagen beigefügt werden.
   a) Nennt Unterlagen, die nicht fehlen dürfen.
   b) Vermutet, was mit den im Text genannten Bescheinigungen gemeint ist.

*2.1 Sich mit Texten unterschiedlicher Art gründlich auseinandersetzen und über die Ergebnisse der Leseprozesse auch gemeinsam mit anderen reflektieren*
*3.1 Standardisierte Texte (Bewerbung, Lebenslauf, sachlicher Brief) den formalen Vorgaben entsprechend gestalten*

Bewerbung um eine Ausbildungsstelle

# Selbstständig Bewerbungsunterlagen erstellen

## Das Bewerbungsschreiben

Das Bewerbungsschreiben ist dein Brief an das Unternehmen, in welchem du die Gründe und die Motivation für deine Bewerbung schilderst. Es ist sowohl bei der klassischen als auch bei der elektronischen Bewerbung verpflichtender Bestandteil.

**1** Lies dir Marcels Bewerbungsschreiben auf Seite 188 zur Stellenanzeige von „Kaufrausch" (S. 185) durch.

**2** Das Bewerbungsschreiben folgt einem geregelten Aufbau.

 **Portal**

WES-122965-059

a) Wiederholt die verschiedenen Bestandteile eines sachlichen Briefes, indem ihr die *Begriffe in der Randspalte* den Textteilen von Marcels Schreiben zuordnet. Nutzt hierfür die Vorlage aus dem Portal oder eine Kopie der Seite 188.

b) Erklärt, welche weiteren formalen Angaben man beim Verfassen eines Anschreibens noch beachten sollte. Ihr könnt dazu folgende Satzanfänge vervollständigen:

- *In den Briefkopf gehören …*
- *Mit den Leerzeilen …*
- *Die Betreffzeile …*
- *Die Anredepronomen …*
- *Der Brieftext wird übersichtlicher, wenn …*
- *Man schreibt alles linksbündig, außer …*

*– Grußformel*
*– Ort und Datum*
*– Unterschrift*
*– Absender*
*– Betreffzeile*
*– einleitender Satz + Anliegen*
*– Anschrift*
*– Anlagen*
*– Anrede*
*– Schluss*
*– Hauptteil*

c) Entscheide, ob die folgenden Aussagen zum Bewerbungsschreiben richtig oder falsch sind. Übernimm die richtigen und verbessere die falschen.

A) Um es für verschiedene Bewerbungen nutzen zu können, sollte das Anschreiben allgemein sein und nicht zu sehr auf die jeweilige Stelle eingehen.

B) Rechtschreibung und Grammatik sollten immer fehlerfrei sein.

C) Es ist empfehlenswert, die Bewerbung handschriftlich zu verfassen.

D) Das Anschreiben sollte nicht länger als eine DIN-A4-Seite sein.

E) Man sollte nicht nur die eigenen Stärken hervorheben, sondern auch alle persönlichen Schwächen erläutern.

**3** Das arbeitgebende Unternehmen interessiert, wer du bist, was du kannst, warum du dich bewirbst und wieso gerade du für die Ausbildung geeignet bist.

 **Portal**

WES-122965-060

a) Markiere mit verschiedenen Farben auf der Vorlage aus dem Portal oder einer Kopie der folgenden Seite, …

- wie Marcel sein Anschreiben beginnt.
- wie er seine aktuelle Situation darstellt.
- wie er seinen Berufswunsch begründet.
- welche Erfahrungen er bereits in diesem Beruf hat.
- mit welcher Bitte er sein Anschreiben beendet.

b) Erläutert, ob Marcels Anschreiben überzeugend ist.

**Schrei-
ben**

💡 **Tipp**

*Für einige Aus-
bildungsberufe
bieten sich auch
kreative Formen
von Anschreiben
an. Auf der Seite
der Bundesagen-
tur für Arbeit
findest du dazu
viele Anregun-
gen. Verwende
die Suchbegriffe
**Planet + Beruf.***

➊ Marcel Ritter
Kleiststraße 19
96047 Bamberg
marcel-ritter@webnet.de

Kaufrausch AG
Personalabteilung ➋
Kaufinger Str. 56
96052 Bamberg

➌ Bamberg, 20. Januar 2022

**Bewerbung um einen Ausbildungsplatz als Kaufmann im Einzelhandel** ➍

Sehr geehrte Damen und Herren, ➎

➏ über eine Ausbildungsbörse im Internet bin ich auf Ihre Stellenanzeige aufmerksam geworden, welche ich mit großem Interesse gelesen habe. Hiermit bewerbe ich mich um die von
Ihnen ausgeschriebene Stelle zum Kaufmann im Einzelhandel.
Zurzeit besuche ich, 16 Jahre alt, die 10. Klasse der Graf-Stauffenberg-Realschule Bamberg,
welche ich voraussichtlich im Juli dieses Jahres erfolgreich mit dem Mittleren Schulabschluss
beenden werde. Mein Berufswunsch wurde durch ein Schülerpraktikum gefestigt. Bei der
Lebensmittelkette „fairpreis" habe ich erste Einblicke in die Tätigkeit des Kaufmanns im Einzelhandel gewonnen und Gefallen an den Aufgaben gefunden.
➐ Sie suchen in Ihrer Anzeige einen freundlichen, teamfähigen und zuverlässigen Auszubildenden, der zeitlich flexibel ist. Diese persönlichen Stärken bringe ich mit, wie Sie aus dem
Praktikumszeugnis im Anhang ersehen können. Außerdem hat man mir bescheinigt, dass ich
im Umgang mit Kunden den richtigen Ton treffe.
Besonders gefällt mir, dass ich, wie in der Annonce ersichtlich, während der Ausbildung in
Ihrem Betrieb verschiedene Bereiche durchlaufe und so eine fundierte Ausbildung in allen
wesentlichen Aufgabenfeldern eines Kaufmanns im Einzelhandel erhalte. Aus der Homepage
Ihres Unternehmens geht zudem positiv hervor, dass Sie allen Auszubildenden eine Patin
bzw. einen Paten aus einem höheren Lehrjahr zur Seite stellen. Deshalb möchte ich meine
berufliche Laufbahn in Ihrem Unternehmen beginnen und im September 2022 gerne eine
Ausbildung bei Ihnen antreten.

Auf die Einladung zu einem Vorstellungsgespräch freue ich mich. ➑

Mit freundlichen Grüßen ➒

*Marcel Ritter* ➓

**Anlagen**
⓫ Lebenslauf mit Foto
Schulzeugnis der 9. Klasse
Praktikumszeugnis
IT-Zertifikat „Textverarbeitung und Tabellenkalkulation"

*3.1 Standardisierte Texte (Bewerbung, Lebenslauf, sachlicher Brief) den formalen Vorgaben entsprechend gestal-
ten*

**4** Lies die Stellenanzeige rechts und beantworte folgende Fragen:

- Welcher Ausbildungsberuf wird angeboten?
- Für welche Niederlassungen kann man sich bewerben?
- Was erfährst du über das Berufsfeld, den Betrieb und die Ausbildung?
- Was wird von zukünftigen Auszubildenden erwartet?
- Was muss die Bewerbung alles beinhalten?
- Wie sollen die Bewerbungsunterlagen übermittelt werden?

✳ **5** Erkläre, weshalb es vor dem Verfassen des Bewerbungsschreibens sinnvoll ist, sich noch näher mit dem Unternehmen zu befassen und zu diesem zu recherchieren.

**6** Verfasse mithilfe deiner Ergebnisse aus den Aufgaben 2 und 5 sowie des Merkkastens von Seite 191 ein eigenes Anschreiben zur Stellenanzeige. Orientiere dich dabei an Marcels Schreiben von Seite 188.

---

*pro optik* Augenoptik Fachgeschäft GmbH
**Auszubildender (m/w/d) Augenoptik**

**Ihr Erfolg. Ihre Zukunft. *pro optik!***

Mit jetzt 145 Fachgeschäften gehört pro optik zu den drei führenden Augenoptikergruppen in Deutschland und wird auch 2022 weiterhin kräftig expandieren. Möchten auch Sie in einer solch starken Gruppe aktiv mitwirken? Dann ist dies Ihre Chance, mit dabei zu sein!

Um unsere Wachstumsstrategie erfolgreich fortsetzen zu können, suchen wir

**Auszubildende Augenoptik (m/w/d)**

als engagierte Mitarbeiter (m/w/d) für unsere Niederlassungen in: Sigmaringen, Stuttgart (Königstr.), Stuttgart-Weilimdorf, Tauberbischofsheim, Tübingen, Überlingen

**Ihr Aufgabengebiet:**

Als angehender Augenoptiker (m/w/d) haben Sie vor allem die Aufgabe, die erworbenen Kenntnisse gut in die Praxis umzusetzen und unsere Kunden fachgerecht zu beraten. Während Ihrer Ausbildung werden Sie unter anderem lernen, optische Brillen anzufertigen, bereitzustellen und auszugeben (Kundenpflege, Beratung, Anpassung, Auftragsabwicklung).

**Wir erwarten von Ihnen:**
- handwerkliches Geschick
- mind. sehr guter Mittelschulabschluss
- gute Kenntnisse in Mathematik und Physik
- Kommunikationsfähigkeit und sprachliches Ausdrucksvermögen
- ein gepflegtes Äußeres und gute Umgangsformen
- Teamfähigkeit, Organisationsfähigkeit und zeitliche Flexibilität
- genaue und sorgfältige Arbeitsweise

**Wir bieten Ihnen:**
- gute Karriere-Chancen in einem expandierenden Unternehmen
- Unterstützungen und Weiterentwicklungen mit Schulungen in der pro optik-Akademie und -Lehrwerkstatt
- motivierte Teams in modernen Fachgeschäften
- Übernahmegarantie bei guten Leistungen

**Kontakt:**

Bitte senden Sie Ihre aussagekräftige Bewerbung mit Angabe des Standortes an: pro optik Augenoptik Fachgeschäft GmbH, Personalabteilung, Ulmer Straße 1, 73240 Wendlingen oder gerne per E-Mail an: xxxxxxxx@prooptik.de

Wir freuen uns auf Sie!

*Text verändert.*

---

Folgende weitere Formulierungen helfen dir dabei.

- *Mit großem Interesse habe ich im Internet …*
- *Zuerst möchte ich mich Ihnen kurz vorstellen: Ich bin …*
- *In einem Praktikum bei der Firma … konnte ich bereits erste Einblicke in … gewinnen. Deshalb möchte ich meine berufliche Ausbildung gern …*
- *Auch hat man mir im Praktikumszeugnis bescheinigt, dass …*

💡 **Tipp**

*Du kannst auch im Internet nach Stellenanzeigen aus deiner Region suchen und dazu ein Übungsanschreiben verfassen.*

---

*3.1 Standardisierte Texte (Bewerbung, Lebenslauf, sachlicher Brief) den formalen Vorgaben entsprechend gestalten, eigene Anliegen normgerecht darlegen und gezielt Layoutmöglichkeiten von Textverarbeitungsprogrammen nutzen*

## Der Lebenslauf

Ein aktueller Lebenslauf wird sowohl bei der klassischen als auch bei der elektronischen Bewerbung vom arbeitgebenden Unternehmen gefordert.

**1** Marcel hat seinen Lebenslauf bereits am Computer geschrieben. Lies ihn dir durch.

---

### Lebenslauf

**1**

| | |
|---|---|
| Name: | Marcel Ritter |
| Anschrift: | Kleiststraße 19 |
| | 96047 Bamberg |
| Telefon: | 0951/123456 |
| E-Mail: | marcel-ritter@webnet.de |
| Geburtsdatum und -ort: | 9. Januar 2004 in Bamberg |
| Staatsangehörigkeit: | deutsch |

**2**

| | |
|---|---|
| 2012 – 2016: | Pestalozzi-Grundschule Bamberg |
| 2016 – 2022: | Graf-Stauffenberg-Realschule Bamberg |
| Schulabschluss: | voraussichtlich 2022 Mittlere Reife |

**3**

| | |
|---|---|
| Februar 2021: | einwöchiges Schülerpraktikum bei der Firma „fairpreis" |
| seit August 2021: | Nebenjob bei der Drogeriekette „Clear" |

**4**

| | |
|---|---|
| Computerkenntnisse: | Kurs „Textverarbeitung und Tabellenkalkulation" |
| Sprachkenntnisse: | Grundkenntnisse Englisch |
| Persönliche Stärken: | Zuverlässigkeit, Teamfähigkeit, Kommunikationsfähigkeit, Belastbarkeit |

**5**

| | |
|---|---|
| Interessen: | Volleyball im Verein, Freiwillige Feuerwehr |

Bamberg, 20. Januar 2022

*Marcel Ritter*

---

**2** Erklärt anhand von Marcels Schreiben, weshalb Unternehmen von ihren Bewerberinnen und Bewerbern einen Lebenslauf verlangen.

*3.1 Standardisierte Texte (Bewerbung, Lebenslauf, sachlicher Brief) den formalen Vorgaben entsprechend gestalten*

**3** Der vorliegende Lebenslauf folgt formalen und inhaltlichen Kriterien.

**Portal**

*WES-122965-061*

a) Formuliert mithilfe des Merkkastens Zwischenüberschriften und ordnet sie den entsprechenden Bereichen (1–5) in Marcels Lebenslauf zu. Nutzt hierfür die Vorlage aus dem Portal oder eine Kopie der Seite.

b) Gebt wieder, welche Bestandteile noch zu einem Lebenslauf gehören.

c) Sammelt weitere Interessen und Kenntnisse, die man in einem Lebenslauf angeben könnte.

d) Erklärt, weshalb Marcel im Lebenslauf seine Mitgliedschaft im Volleyballverein und bei der Feuerwehr erwähnt hat.

e) Erläutert, welche Funktion das Foto auf dem Lebenslauf hat.

**4** Verfasst nun mithilfe des Merkkastens euren eigenen Lebenslauf am PC. Bei den besonderen Kenntnissen könnt ihr außerdem eure Ergebnisse aus den Aufgaben 4 und 6 der Seite 184 nutzen.

✳ **5** Manche Betriebe fordern, dass sämtliche Bewerbungsunterlagen in einer klassischen Bewerbungsmappe abgegeben werden. Erkläre anhand des folgenden Bildes, was eine solche Mappe enthält und wie diese aufgebaut ist.

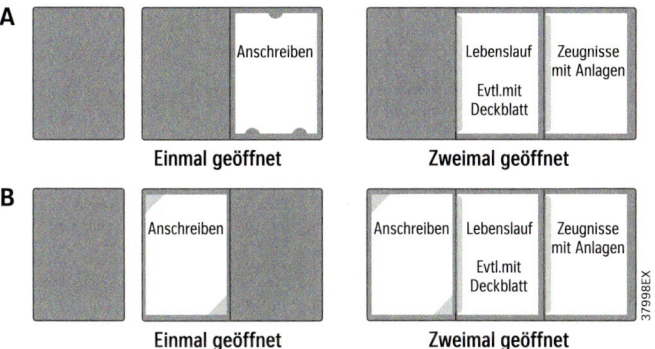

## ⓘ Bewerbungsunterlagen erstellen

Zu den Bewerbungsunterlagen gehören neben verschiedenen **Zertifikaten**, **Zeugnissen** und **Bescheinigungen** noch das **Anschreiben** und der **Lebenslauf**.

Mit deinem Anschreiben sollst du einen überzeugenden Eindruck auf das Unternehmen machen, bei dem du dich bewirbst. Nenne deshalb Gründe, weshalb du dich genau bei dieser Firma bewirbst, und zeige, dass du dich über sie informiert hast. In der Regel folgt das Anschreiben folgendem Aufbau:

a) einleitender Satz

b) aktuelle persönliche Situation

c) Begründung des Berufswunsches

d) praktische Erfahrungen mit dem Beruf

e) Bitte um Einladung zum Vorstellungsgespräch

Der **Lebenslauf** ist inhaltlich gegliedert und mit folgenden Zwischenüberschriften versehen: **Persönliche Angaben, Schulbildung, Erfahrungen mit der Berufswelt, Persönliche Fähigkeiten und Kompetenzen, Sonstiges**. Zudem bietet der Lebenslauf Platz für das Bewerbungsfoto, hat dasselbe Datum wie das Anschreiben und enthält eine Unterschrift.

Bewerbung um eine Ausbildungsstelle

# Sich online bewerben

## Sich per E-Mail bewerben

Viele Betriebe bevorzugen es, wenn die Bewerbungsunterlagen per E-Mail verschickt werden. Marcel sendet neben seiner Bewerbung als Kaufmann im Einzelhandel auch eine Bewerbung an die Firma „pro optik".

**1** Lies dir seine E-Mail aufmerksam durch.

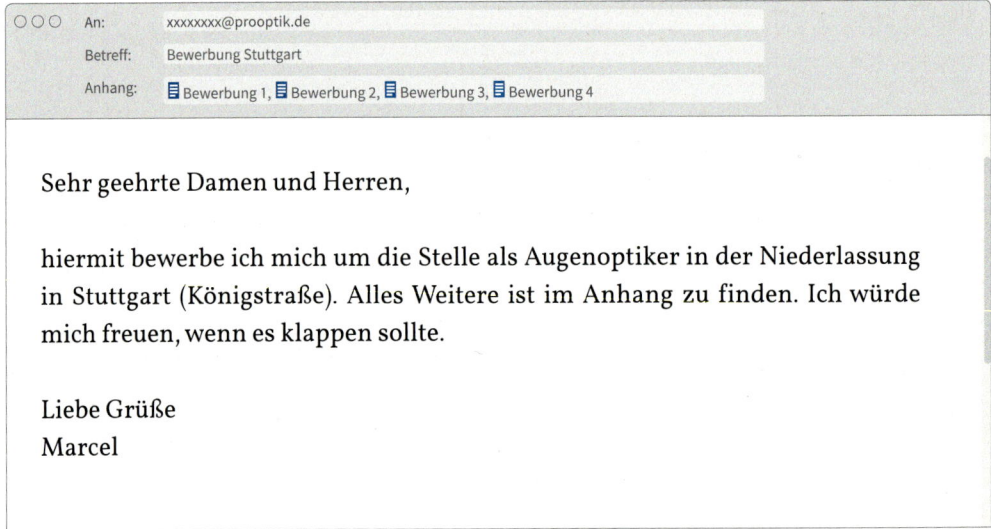

| An: | xxxxxxxx@prooptik.de |
| Betreff: | Bewerbung Stuttgart |
| Anhang: | 📄 Bewerbung 1, 📄 Bewerbung 2, 📄 Bewerbung 3, 📄 Bewerbung 4 |

Sehr geehrte Damen und Herren,

hiermit bewerbe ich mich um die Stelle als Augenoptiker in der Niederlassung in Stuttgart (Königstraße). Alles Weitere ist im Anhang zu finden. Ich würde mich freuen, wenn es klappen sollte.

Liebe Grüße
Marcel

**2** Marcels E-Mail enthält sowohl formale als auch inhaltliche Fehler.
   a) Benenne mithilfe des Merkkastens sämtliche Fehler, die Marcel unterlaufen.
   b) Erkläre, welches Problem der Anhang der E-Mail für die Personalabteilung des Unternehmens darstellen könnte.

**3** Marcel verwendet als Absender seine E-Mail-Adresse *der_coole_marcel@mail.de*. Erläutere, weshalb diese Adresse eher ungeeignet ist.

**4** Verfasst nun mithilfe des Merkkastens eine eigene E-Mail zur Stellenanzeige von Seite 189 oder einer selbst gewählten Annonce. Fügt der Mail die entsprechenden Anhänge bei und versendet sie an eine Person aus der Klasse. Lasst euch von dieser anschließend Rückmeldung geben.

## Sich über ein Online-Bewerbungsformular bewerben

**1** Marcels Freundin Nina stößt auf der Internetseite eines großen deutschen Automobil-
konzerns auf folgende Bewerbungstipps.
a) Lest zunächst die Tipps.

http://www...

### Bewerbungstipps – Der erste Eindruck zählt.
### Schnell, einfach und fair bei Daimler online bewerben.

Unser Online-Tool für Bewerbungen erleichtert dir und uns das Bewerbungs-Prozedere.
Bewerbe dich darum ausschließlich über das Online-Tool – Papier- oder E-Mail-Bewerbungen
können wir leider nicht berücksichtigen.

- Bitte bewirb dich nur auf Stellenausschreibungen um einen Ausbildungsplatz oder um ein
  Duales Studium.
- Vor deiner ersten Bewerbung bei Daimler: Registriere dich mit E-Mail-Adresse und Passwort
  und gib deine Profildaten ein – so sind deine Daten und deine Bewerbung(en) von Anfang an
  zentral hinterlegt und geschützt.
- Deine Bewerbungsunterlagen müssen vollständig sein: Lebenslauf (tabellarisch), die letzten
  beiden Schulzeugnisse, Motivationsschreiben (bitte nutze das entsprechende Formularfeld
  im Online-Tool). Falls weitere Unterlagen erforderlich sind, steht das in der Stellenausschreibung.
- Achte bei Anhängen (z. B. Zeugnisse) auf Folgendes: Hänge alle geforderten Nachweise an.
  Achte auf Größe und Auflösung und bei Scans auf Lesbarkeit. Benenne die Dateien richtig
  und wähle als Dateiformat am besten .doc oder .pdf aus.
- Solltest du technische Fragen haben, helfen wir dir gerne weiter – ganz unkompliziert am
  Telefon: Montag bis Freitag, 14:00 – 19:00 Uhr unter der Hotline +49-(0)711-17- xxxxx

*Text verändert.*

b) Beschreibt mithilfe des Auszuges und des Merkkastens auf Seite 194 die Vorgehensweise bei einer Online-Bewerbung.
c) Erklärt, welche Unterlagen Nina für die Bearbeitung des Online-Tools im Vorfeld
erstellt haben muss.
d) Entnehmt aus den Auszügen Tipps für die Online-Bewerbung und schreibt sie auf.

**2** Nina möchte sich als Kfz-Mechatronikerin bewerben und registriert sich im Online-Tool.
Nachdem sie ihr Profil angelegt hat, soll sie ein kurzes Motivationsschreiben verfassen.
a) Lies den Beginn ihres Schreibens.

*Sehr geehrte Damen und Herren,*
*die Daimler AG ist einer der größten deutschen Automobilkonzerne und gestaltet*
*damit den Markt maßgeblich mit. Bereits seit meiner Jugend fasziniert mich*
*Technik und die Möglichkeit, damit die Zukunft mitzugestalten …*

b) Vervollständige Ninas Motivationsschreiben schriftlich. Du kannst dafür folgende Formulierungen verwenden:

- *Während meiner schulischen Ausbildung habe ich mir …*
- *Es bereitet mir große Freude …*
- *Im Rahmen eines einwöchigen Schülerpraktikums …*
- *Die in Ihrer Ausschreibung angegebenen Tätigkeiten …*
- *In meiner Freizeit interessiere ich mich …*

**3** Nennt Vorteile einer Online-Bewerbung, sowohl für das arbeitgebende Unternehmen als auch für Bewerberinnen und Bewerber.

✳ **4** Recherchiert im Internet weitere Unternehmen, die Online-Bewerbungen anbieten, und untersucht, wie deren Bewerbungsportale inhaltlich aufgebaut sind.

## ⚠ Sich digital bewerben

Bewerbungen versendet man immer häufiger digital per E-Mail oder füllt direkt ein Online-Bewerbungsformular aus. Dabei gibt es Verschiedenes zu beachten.

### Bewerbung per E-Mail

1. Nutze ein gängiges **E-Mail-Programm**, damit sich alles problemlos öffnen lässt.
2. Verwende eine **seriöse Mailadresse**, z. B.: *Vorname.Nachname@E-Mail-Anbieter.de*
3. Formuliere einen **kurzen** und **eindeutigen Betreff**, z. B. *Bewerbung als auszubildender Augenoptiker*.
4. Sprich den/die genannte/-n **Ansprechpartner/-in** direkt an oder schreibe: *Sehr geehrte Damen und Herren*.
5. Formuliere ein kurzes fehlerfreies **Anschreiben**.
6. Zähle am Ende alle **Anlagen**, also die angehängten Unterlagen, auf.
   **Beachte:** Füge die Anlagen in **einer PDF-Datei** von **max. 3 MB** zusammen, am besten in der Reihenfolge: *Bewerbungsschreiben – Lebenslauf – Zeugnisse und Bescheinigungen*. Du kannst dazu ein kostenloses Programm aus dem Internet nutzen.
7. Unterzeichne die Mail mit deinem Namen und nenne deine Kontaktdaten (Adresse, Telefon-nummer, E-Mail-Adresse).
8. Lass zwischen Anrede, Text, Grußformel und deinem Namen je eine Zeile frei.

### Bewerbung per Online-Bewerbungsformular

1. Informiere dich auf der Website des Unternehmens über das **Bewerbungsverfahren**.
2. **Registriere** dich, falls nötig, und nutze hier bereits eine **seriöse Mailadresse**.
3. Online-Formulare führen dich schrittweise durch den Bewerbungsprozess. **Lies** die einzel-nen Anweisungen **aufmerksam** und fülle das **Formular sorgfältig und fehlerfrei** aus.
4. Bereite die **benötigten Unterlagen** (persönliches Anschreiben, Lebenslauf, Zeugnisse) zum Hochladen vor. Speichere sie als PDF-Datei und fasse sie, wenn nötig, in einer einzelnen Datei von **max. 3 MB** zusammen. Achte darauf, die richtigen Dateien hochzuladen.
5. **Kontrolliere** deine Angaben am Ende aufmerksam und speichere das Formular oder drucke es, wenn möglich, aus.

Bewerbung um eine Ausbildungsstelle

# Überprüfe dein Wissen und Können

**1** **Erkläre, welche Schlüsselqualifikationen für folgende Ausbildungsberufe jeweils von Vorteil sind.**

- Restaurantfachmann/-frau
- Verkäufer/-in
- Altenpfleger/-in
- Friseur/-in

- Medizinische/-r Fachangestellte/-r
- Fluglotse/-lotsin
- Fachinformatiker/-in
- Chemielaborant/-in

**2** **Nenne und erkläre die drei Formen der Bewerbung.**

**3** **Finja bewirbt sich mit folgendem Schreiben um eine Ausbildungsstelle als Kosmetikerin.**

a) Lies zunächst ihr Bewerbungsschreiben.

> *Sehr geehrte Damen und Herren,*
>
> *auf Ihre Annonce im Bayernkurier vom 12. Februar 20.. möchte ich mich bewerben. Durch mein Schülerpraktikum im Kosmetikstudio „liftup" konnte ich erste Erfahrungen in diesem Beruf sammeln. Ich war dort mit der Reinigung der Instrumente beauftragt und durfte auch bei der Farb- und Make-up-Beratung mitwirken. Deshalb möchte ich jetzt sehr gerne Kosmetikerin werden. Außerdem hat mir Chemie in der Schule schon immer viel Spaß gemacht.*
> *Ich bin zuverlässig, flexibel und sehr kommunikativ.*
> *Zurzeit besuche ich die Geschwister-Scholl-Realschule, welche ich im Juli dieses Jahres mit dem mittleren Bildungsabschluss beenden werde.*
> *Ich freue mich sehr, von Ihnen zu hören.*
>
> *Mit freundlichen Grüßen*
>
> *Finja Mangold*

b) Benenne, welche Bestandteile in Finjas Bewerbungsschreiben fehlen.
c) Erkläre, welche inhaltlichen und sprachlichen Fehler sie begeht.
d) Schreibe das Bewerbungsschreiben verbessert auf. Ergänze dabei die fehlenden Bestandteile.

**4** **Erläutere, weshalb es in einem Lebenslauf wichtig ist, …**

- nicht zu viele Hobbys zu nennen.
- eine seriöse E-Mail-Adresse zu verwenden.
- die Schulbildung aufzuführen.
- Zwischenüberschriften zu nutzen.
- linksbündig zu schreiben.

**Portal**

WES-122965-062

*3.1 Standardisierte Texte (Bewerbung, Lebenslauf, sachlicher Brief) den formalen Vorgaben entsprechend gestalten und unterschiedliche Schreibintentionen im entsprechenden Format inhaltlich und sprachlich korrekt umsetzen*

# Schrei-ben

# Eindrücke und Stimmungen schildern

**1** Schaut euch die folgenden Fotos aufmerksam an und beschreibt, was ihr seht.

**2** Versetzt euch in die verschiedenen Situationen auf den Bildern.
a) Beschreibt eure Gedanken und Gefühle.
b) Gebt anschaulich wieder, was ihr hört, riecht, schmeckt oder spürt.

**3** In einer Schilderung lassen sich Eindrücke und Stimmungen nachvollziehbar beschreiben. Tragt in der Klasse zusammen, was ihr über diese Aufsatzart aus der siebten Jahrgangsstufe noch wisst.

**In diesem Kapitel lernst du, ...**
- *den Aufbau einer Schilderung kennen.*
- *unterschiedliche Eindrücke und Stimmungen zu schildern.*
- *eine Situation aus fremder Perspektive zu schildern.*
- *mithilfe geeigneter sprachlicher Mittel bildhaft und anschaulich zu formulieren.*
- *ein Gedicht in eine Schilderung umzuschreiben.*

Eindrücke und Stimmungen schildern

# Eine Schilderung aufbauen

## Der Hauptteil einer Schilderung

**1** Lies dir den Hauptteil der Schilderung zu einer der Situationen der Auftaktseite aufmerksam durch.

… Die Vögel zwitschern, es riecht nach feuchter Erde und frischer Luft. *Über mir befinden sich rauschende Baumkronen, sich im Wind neigende Wipfel, unter mir tut sich*
5 *der tiefe Abgrund auf.* Ich stehe auf einem wackeligen Holzbrett und spüre die Hände meiner Freunde. Fest umklammere ich sie mit meinen schweißnassen Händen. *Der kalte Wind bläst mir ins Gesicht,* während
10 die Sonnenstrahlen gleichzeitig meine Nase kitzeln. Mein Blick schweift über die Trainer am Boden des Hochseilgartens. Wie kleine Ameisen stehen sie da und geben Anweisungen Richtung Himmel, der blau ist wie das Meer. Meine Beine sind wackelig. Alles zittert und meine Gedanken rasen: Was ist, wenn ich falle? Kann mich die Sicherung wirklich halten? Ich höre ein Rauschen in meinen
15 Ohren, als ich langsam beginne, meinen schweren Fuß zu heben, um auf die vor mir liegende rettende Plattform zu gelangen. Ach du Schreck! Die Blicke meiner Freunde durchbohren mich. Wollen sie mir etwa Mut zusprechen? Sei kein Angsthase, denke ich mir. Mein Herz schlägt mir bis zum Hals, ein Schauer läuft mir über den Rücken und meine Augenlider flackern nervös. Langsam ertaste ich den sicheren Halt, stelle mein
20 rechtes Bein ab, halte den Atem an und ziehe das linke Bein vorsichtig hinterher. *Beide zittern wie Espenlaub.* Geschafft! Beruhigt atme ich tief ein und aus. Frische Waldluft strömt in meine Lungen …

**2** Gib wieder, in welcher Situation sich die Person aus der obigen Schilderung befindet und was sie dabei denkt.

**3** Im Textausschnitt werden verschiedene Sinneseindrücke dargestellt.
   a) Markiere mithilfe des Merkkastens auf Seite 198 für jeden Eindruck ein Beispiel aus dem Text und schreibe den jeweiligen Sinneseindruck dazu. Verwende hierzu eine Kopie der Seite oder die Vorlage aus dem Portal.
   b) Überlege dir zu jedem Sinneseindruck ein weiteres anschauliches Beispiel, das man auch in der Schilderung verwenden könnte, und schreibe es auf. Notiere zudem, an welcher Stelle du es in die vorhandene Schilderung einbauen würdest.

**Portal**

*WES-122965-063*

*2.2 Wesentliche Elemente von Texten erfassen*
*3.2 Gedanken, Gefühle und Wertungen reflektieren*

## Einleitung und Schluss einer Schilderung

**4** Im Folgenden findest du zwei verschiedene Einleitungen (A + B) zur obigen Schilderung.

a) Lies dir diese zunächst einmal durch.

---

**A**

Am vergangenen Wochenende war es endlich so weit. Unser lange geplanter Ausflug in den Hochseilgarten sollte stattfinden. Bereits um 7:00 Uhr am Morgen wartete ich voller Vorfreude und mit gepacktem Rucksack am vereinbarten Treffpunkt darauf, dass meine Freunde mich endlich abholten ...

---

**B**

Ich befinde mich gemeinsam mit einigen meiner Freunde in schwindelerregender Höhe inmitten des Spannung verheißenden Hochseilgartens. Der Sicherheitsgurt ist angelegt und ich schaue angespannt in die Runde ...

---

b) Erkläre mithilfe des Merkkastens, welche der beiden Einleitungen für die Schilderung geeignet ist.

**5** Lies dir den folgenden Schluss zur Schilderung aufmerksam durch und erkläre mithilfe des Merkkastens, wie dieser inhaltlich gestaltet wurde.

---

Ich lächle glücklich in die durch die Baumkronen hindurchstrahlende Sonne. Beim nächsten Abschnitt geht alles bestimmt viel einfacher, das spüre ich.

---

**✳ 6** Schreibe nun die vollständige Schilderung zu den Eindrücken im Hochseilgarten in dein Heft, indem du ...
- die korrekte Einleitung aus Aufgabe 4,
- den Hauptteil mit den Ergänzungen aus Aufgabe 3b)
- und eine eigene Schlussvariante, die sich von der in Aufgabe 5 dargestellten unterscheidet, notierst.

### ⚠ Eine Schilderung richtig aufbauen

Bei einer Schilderung geht es darum, **Eindrücke und Stimmungen**, die eine Situation auslöst, möglichst genau und eindringlich darzustellen. Die Schilderung steht immer im **Präsens**, wird in der **Ich-Form** verfasst und folgt – ähnlich wie eine Erzählung – einem festen Aufbau:
- **Einleitung:** Gib mit einem oder wenigen Sätzen an, **in welcher Situation** du dich befindest, und leite zu dieser hin (Ort, Tages- / Jahreszeit, anwesende Personen).
- **Hauptteil:** Stelle möglichst viele **Gedanken, Gefühle** und **Sinneseindrücke (sehen, hören, riechen, schmecken, fühlen)** nachvollziehbar dar.
  Eine <u>kleine</u> Handlung kann eingebaut werden, sie darf aber nicht im Vordergrund stehen.
- **Schluss:** Runde die Schilderung sinnvoll ab, indem du mit einer kurzen **Feststellung**, einer **Folgerung** oder einem **Wunsch** endest.

Eindrücke und Stimmungen schildern

# Eine Schilderung anschaulich gestalten

Ziel einer Schilderung ist es, dass die Leserinnen und Leser das Gefühl haben, Ereignisse, Situationen usw. selbst erlebt zu haben. Sprachliche Mittel helfen dabei, Texte lebendiger und anschaulicher zu machen.

**1** In der Schilderung auf Seite 197 sind schon einige Textstellen markiert.

**Portal**

WES-122965-064

a) Klärt mithilfe des Merkkastens auf Seite 200, um welche Möglichkeit der anschaulichen Gestaltung es sich jeweils handelt, und schreibt sie daneben. Nutzt hierfür eine Kopie der Seite oder die Vorlage aus dem Portal.

b) Findet für jede weitere Möglichkeit der anschaulichen Gestaltung aus dem Merkkasten ein Beispiel in der Schilderung. Unterstreicht dieses und benennt es ebenfalls auf einer Kopie der Seite oder der Vorlage aus dem Portal.

c) Besprecht, inwiefern die markierten Textstellen dazu beitragen, die Schilderung anschaulicher und lebendiger zu machen.

**2** Im Folgenden findest du einige sprachliche Besonderheiten, die man in einer Schilderung zum Thema „Am Morgen in der Bäckerei" verwenden könnte.

a) Lege eine Tabelle nach folgendem Muster an und ordne die Beispiele aus dem *Wortspeicher* entsprechend zu.

| ausdrucks-starke Verben | anschauliche Adjektive und Partizipien | Vergleiche | Metaphern | Personifika-tionen |
|---|---|---|---|---|
| schweifen | … | … | … | … |

*mein Blick gleitet – lachen mich an – läuft das Wasser im Munde zusammen – zuckersüß – frisch gebacken – der Magen knurrt – leckeren – Duft weht in die Nase – Geschmacksexplosion – gelb wie die Sonne – schweifen – ein Meer von Leckereien*

b) Ergänzt in jeder Spalte zwei weitere Beispiele zum Thema.

c) Vergleicht eure Ergebnisse in der Klasse und verbessert bzw. ergänzt eure Aufzeichnungen.

**3** Lege eine zweite Tabelle nach dem Muster auf der nächsten Seite an, in der du in Form eines Schreibprotokolls Sinneseindrücke, Gedanken und Gefühle zur Situation „Am Morgen in der Bäckerei" notierst. Finde zu jeder Zeile zwei Beispiele. Du kannst auch die Vorlage aus dem Portal verwenden.

**Portal**

WES-122965-065

3.2 Mithilfe geeigneter sprachlicher Mittel unterschiedliche Eindrücke und Stimmungen schildern, die ein Anlass (z. B. eine Situation) auslösen kann

4.2 Stilmittel in ihren eigenen Texten sinnvoll anwenden

| Schreibprotokoll: Am Morgen in der Bäckerei | |
|---|---|
| SEHEN 👁 | … |
| HÖREN 👂 | … |
| RIECHEN 👃 | … |
| SCHMECKEN 👄 | … |
| FÜHLEN ☝ | … |
| GEDANKEN 💭 | … |
| GEFÜHLE ♡ | … |

🔆 **Tipp**

*Verwende passende Adjektive, um die Sinneseindrücke möglichst anschaulich zu formulieren!*

**4** Im Folgenden findest du einen Auszug aus einer Schilderung. Darin kommen zwei sprachliche Mittel vor, die in der Tabelle aus Aufgabe 2 noch nicht berücksichtigt worden sind.

a) Lies den Textauszug zunächst einmal.

*Ich stehe vor der einladenden Auslage der Bäckerei. Ich bücke mich etwas hinunter. Ich lasse meinen Blick staunend über die verführerisch wirkenden Leckereien schweifen. Ich sehe zuckersüße Törtchen, frische Croissants, knusprige Brötchen und appetitlich aussehende Schokohörnchen. Wie lecker! Ich spüre, wie mir das Wasser im Munde zusammenläuft. Ich nehme den angenehmen Duft von frisch gebackenem Brot wahr, während ich meinen Blick weiter über die Leckereien gleiten lasse …*

**S. 315**
*sprachliches Mittel*

b) Benenne mithilfe des Merkkastens die beiden neuen sprachlichen Mittel und finde je ein Beispiel aus dem Text.

c) Bestimme weitere sprachliche Besonderheiten im obigen Textausschnitt.

d) Der Auszug kann sprachlich noch verbessert werden. Erläutere, welche Änderungen man vornehmen könnte, und gehe dabei auf stilistische Aspekte ein.

e) Verbessere den Ausschnitt schriftlich. So kannst du beginnen:
   *Ich stehe vor der einladenden Auslage der Bäckerei. Mein Blick fällt auf …*

f) Schreibe die Schilderung zu Ende. Baue mind. fünf weitere sprachliche Mittel ein.

---

⊙ **Eine Schilderung anschaulich gestalten**

Um eine Schilderung auch sprachlich anschaulich, lebendig und bildhaft zu gestalten, gibt es verschiedene Möglichkeiten:

- **ausdrucksstarke Verben** (z. B. der Wind braust durch die Zweige) sowie **anschauliche Adjektive und Partizipien** (z. B. morsches Holz, schwindelerregende Höhe)
- **Vergleiche** (z. B. zittern wie Espenlaub) und **Metaphern** (z. B. Funkenregen)
- **Ellipsen** (z. B. Ach du Schreck!)
- **Personifikationen** (z. B. die Blätter drehen sich, die Sonne lacht)
- **Aufzählungen** (z. B. ich sehe Gras, Bäume, hohe Sträucher und Moos)

---

*3.2 Mithilfe geeigneter sprachlicher Mittel unterschiedliche Eindrücke und Stimmungen schildern und ausdrucksstark darstellen*
*4.2 Stilmittel in ihren eigenen Texten sinnvoll anwenden*

Eindrücke und Stimmungen schildern

# Aus fremder Perspektive schildern

**1** Lies den Songtext zum Lied „U-Bahn" von Oliver Koletzki und Axel Bosse.

☀ **Tipp**

*Höre dir den Song im Internet oder bei einem Streaming-Dienst an.*

Dieser Tunnel riecht nach Kippen, Dreck und Teer
Ich wünsch' mir oft er führte raus zum Meer
5 Aber in diesem unterirdischen Gewirr
Gibt's keinen Weg ins Freie
Zu Tausenden rumpeln wir vorran
Wie Schweine in 'nem LKW zum Schlachthof
10 Dicht nebeneinander Haut an Haut
Und wollen nur zurück ins Bett

U-Bahn fahr'n
U-Bahn fahr'n
U-Bahn

15 Es ist Montag morgen und wir sehen schlecht
Diese Zeit ist mehr als ungerecht
Aus dem Bett, durch die Welt in den Wagon
20 Und keiner hier hat Bock drauf
Wir sind Banker, Schüler, Junkies, Kontrolleure
Wir sind Killer, Bettler, Staatssekretäre
Im Bauch der U-Bahn sind wir alle gleich
25 Die Augen zu und die Gesichter bleich.

U-Bahn fahr'n
U-Bahn fahr'n
U-Bahn

Und wir bleiben stecken zwischen Kotti,
30 Tag und Spree
Uns tun die Blasen und die Lungen weh
Wir suchen Notausgänge Richtung Licht
Zwischen Tausend Volt und Gleich-
35 gewicht
Und wir sind umringt von Gleisen
Wir sind still und leise
Da hinten kommt ein gelber Zug
– Achtung
40 Er hupt

Hey
U-Bahn fahr'n
U-Bahn fahr'n
U-Bahn

*Kotti*
*Kottbusser Tor, große Kreuzung mit U-Bahnhof in Berlin*

**2** Versetze dich in das lyrische Ich hinein und erstelle ein Schreibprotokoll, indem du neben Sinneseindrücken auch Gedanken und Gefühle festhältst, die es während der U-Bahn-Fahrt haben könnte. Gehe dabei folgendermaßen vor:
- Lege eine Tabelle nach dem Muster auf der nächsten Seite an. Du kannst auch die Vorlage aus dem Portal nutzen.
- Überlege dir für jede Zeile drei passende Eindrücke und notiere sie in der Tabelle. Einige Beispiele sind dir bereits vorgegeben. Weitere Ideen kannst du dem Songtext entnehmen.
- Nutze sprachliche Mittel wie in Aufgabe 2 (S. 199), um die Sinneseindrücke, Gedanken und Gefühle möglichst anschaulich zu formulieren.

✎ **Portal**
*WES-122965-066*

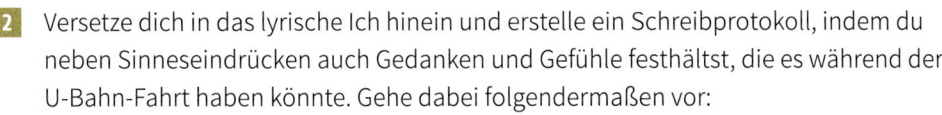
*3.2 Aus eigener und fremder Perspektive mithilfe geeigneter sprachlicher Mittel unterschiedliche Eindrücke und Stimmungen schildern, die ein Anlass auslösen kann*

| Schreibprotokoll: U-Bahn | |
| --- | --- |
| SEHEN | – ... **(2)** |
| HÖREN | – *Rumpeln der Bahn auf den Gleisen* **(1)**<br>– ... |
| RIECHEN | – *Geruch von Schweiß*<br>– ~~*Uringestank*~~<br>– ... |
| SCHMECKEN | – ... |
| FÜHLEN | – *das glatte Plastik der Sitze* **(3)**<br>– ... |
| GEDANKEN | – *Fernweh* |
| GEFÜHLE | – *Langeweile* **(4)** |

**3** Präsentiert eure Schreibprotokolle in der Klasse. Tauscht euch darüber aus und ergänzt gegebenenfalls Ideen und Vorschläge der anderen.

**4** Überlege, welche Sinneseindrücke du nacheinander im Hauptteil deiner Schilderung aufgreifen möchtest, und nummeriere sie entsprechend. Ideen, die dir nicht mehr gefallen, kannst du streichen. Du kannst dich auch hierbei am obigen Protokoll orientieren.

**5** Mache dir mithilfe des Merkkastens von Seite 198 stichpunktartig Notizen zur Einleitung und zum Schluss deiner Schilderung.

*3.2 Aus eigener und fremder Perspektive mithilfe geeigneter sprachlicher Mittel unterschiedliche Eindrücke und Stimmungen schildern, die ein Anlass auslösen kann und Gedanken, Gefühle und Wertungen reflektieren und ausdrucksstark darstellen*

**6** Im Folgenden findest du einige Formulierungen, die du beim Verfassen deiner Schilderung verwenden kannst.

a) Lies dir diese zunächst einmal durch.

> **A:** Das Fernweh packt mich und der Gedanke ans Meer schießt mir in den Kopf.

> **B:** Die Bahn fährt in einen Tunnel und plözlich klingen die Fahrtgeräusche dumpf und ruhig.

> **C:** Der Wagen riecht unangenehm feucht, wie ein durchgeschwitztes T-Shirt.

> **D:** Irgendwo ist eine Fensterluke offen, denn die hereinströmende Luft streift mein Gesicht.

b) Erkläre mithilfe des Merkkastens von Seite 200, welche sprachlichen Mittel in den Sätzen jeweils enthalten sind.

c) Formuliere weitere Sinnesausdrücke aus deinem Protokoll mit sprachlichen Mitteln deiner Wahl aus, z. B.:

*Rumpeln der Bahn → Ich höre das rhythmische Rumpeln der Bahn.*
*(= anschauliches Adjektiv, Alliteration)*

*das glatte Plastik der Sitze → Das glatte Plastik der Sitze hängt wie festgeklebt*
*an meiner Haut. (= Vergleich)*

**7** Verfasse nun mithilfe deiner Ergebnisse aus den vorangehenden Aufgaben und der Checkliste eine ausführliche Schilderung zur Situation im Songtext „U-Bahn" (S. 201).

**8** Tragt eure Schilderungen in der Klasse vor. Tauscht euch darüber aus, ob es euch gelungen ist, anschaulich und lebendig zu schildern.

## EINDRÜCKE UND STIMMUNGEN SCHILDERN ☑ CHECKLISTE

Ich habe …
- ✔ … meine Schilderung in der Ich-Form und im Präsens verfasst.
- ✔ … in der Einleitung kurz zur Situation hingeführt.
- ✔ … die Schilderung mit einer kurzen Feststellung, einer Folgerung oder einem Wunsch sinnvoll abgerundet.
- ✔ … Sinneseindrücke sowie Gedanken und Gefühle in die Schilderung eingebaut.
- ✔ … meine Schilderung durch sprachliche Mittel (treffende Verben, anschauliche Adjektive und Partizipien, Vergleiche, Metaphern, Ellipsen, feste Wendungen, Personifikationen, Aufzählungen usw.) anschaulich gestaltet.

*3.2 Aus eigener und fremder Perspektive mithilfe geeigneter sprachlicher Mittel unterschiedliche Eindrücke und Stimmungen schildern, die ein Anlass auslösen kann*
*4.2 Stilmittel in ihren eigenen Texten sinnvoll anwenden*

Eindrücke und Stimmungen schildern

# Eine Schilderung zu einem Gedicht schreiben

**1**   Lies das folgende Gedicht.

## Garten

*Georg Bydlinski*

Ich sitze im Gras und schweige,
der Himmel ist blau wie das Meer.
Der Wind bewegt die Zweige,
sie schwingen leicht, hin und her.

Ich bin nicht allein, denn ich sehe
den Wind, der im Kirschgeäst schaukelt,
den Schmetterling, der in der Nähe
ganz langsam vorübergaukelt.

Ich höre die Amseln und Stare,
ich sehe die Kiefer im Kraut.
Der Wind bewegt meine Haare,
die Sonne berührt meine Haut.

**2**   Erklärt, welche Situation im Gedicht dargestellt wird.

**3**   Das Gedicht eignet sich gut als Grundlage für eine Schilderung.

**Portal**

WES-122965-067

    a) Markiere alle im Gedicht dargestellten Sinneseindrücke. Nutze hierfür eine Kopie der Seite oder die Vorlage aus dem Portal.

    b) Versetze dich in die Lage des lyrischen Ichs und notiere neben jeder Strophe links Gedanken und rechts Gefühle, die es in der beschriebenen Situation haben könnte. Du kannst deine Kopie der Seite oder die Portalvorlage nutzen.

**Portal**

WES-122965-068

    c) Lege ein Schreibprotokoll wie das von Seite 202 an. Übertrage die markierten Stellen und deine Notizen aus Aufgabe 3a) und b) in dein Protokoll. Du kannst auch die Vorlage aus dem Portal verwenden.

    d) Ergänze eigene Ideen für Sinneseindrücke, Gedanken und Gefühle.

**4**   Schreibe nun eine Schilderung zum Gedicht. Gehe dabei folgendermaßen vor:
- Verfasse ein bis zwei einleitende Sätze, die zur Situation hinführen.
- Schreibe mithilfe deiner Ergebnisse aus Aufgabe 3) den Hauptteil deiner Schilderung. Verwende sprachliche Mittel. Der Merkkasten auf Seite 200 hilft dir dabei.
- Runde deine Schilderung mit einer Folgerung, einer Feststellung oder einem Wunsch ab.

*3.1 Grundformen des Schreibens (Erzählen) selbstständig anwenden    3.2 Aus eigener und fremder Perspektive mithilfe geeigneter sprachlicher Mittel unterschiedliche Eindrücke und Stimmungen schildern, die ein Anlass (z. B. ein Geschehen in einem Text) auslösen kann und ausdrucksstark darstellen*

Eindrücke und Stimmungen schildern

# Überprüfe dein Wissen und Können

**1** Lies die folgenden Aussagen. Übernimm die richtigen und verbessere die falschen.

A) Im Gegensatz zur Erzählung enthält die Schilderung keine ausführliche Einleitung.

B) Im Hauptteil steht eine bestimmte Situation oder ein bestimmtes Ereignis im Zentrum, das möglichst genau und anschaulich dargestellt wird.

C) Eine Schilderung wird im Präteritum und in der Ich-Form verfasst.

D) Im Schluss einer Schilderung steht ein Wunsch, eine Folgerung oder ein Appell.

E) Um sprachlich anschaulich zu schildern, verwendet man u. a. Wortwiederholungen und Anaphern.

**2** Formuliere folgende Sätze mithilfe sprachlicher Mittel so um, dass sie noch anschaulicher werden.

A Das Feuer brennt hell und geräuschvoll.

B Das gegrillte Fleisch riecht lecker und lässt mich hungrig werden.

C Das Eis schmeckt sehr fruchtig.

D Ich bekomme Angst, wenn ich nachts in den dunklen Wald laufe.

**3** Verfasse eine Schilderung zum folgenden Bild der Auftaktseite mit dem Titel „Auf einem Festival".

 **Tipp**

*Auf dem Portal findest du eine Blankovorlage für ein Schreibprotokoll.*

 **Portal**

*WES-122965-069*

 **Portal**

*WES-122965-070*

*3.1 Grundformen des Schreibens (Erzählen) selbstständig anwenden   3.2 Aus eigener und fremder Perspektive mithilfe geeigneter sprachlicher Mittel unterschiedliche Eindrücke und Stimmungen schildern, die ein Anlass auslösen kann und ausdrucksstark darstellen   4.2 Stilmittel in ihren eigenen Texten sinnvoll anwenden*

## Schreiben

# Texte beschreiben

**1** Die Textbeschreibung kennt ihr bereits aus der 7. und 8. Klasse. Im Folgenden findet ihr Fragen zu dieser Aufsatzart.

a) Lest die Fragen und beantwortet diese.

**A** Was ist mit „Kernsatz" oder „Kerninhalt" gemeint?

**B** Welche Informationen müssen in der Einleitung enthalten sein?

**C** Was ist der Unterschied zwischen einer einfachen und einer strukturierten Inhaltszusammenfassung?

**D** Was versteht man unter dem Layout eines Textes?

*KENNST DU DICH MIT DER TEXT-BESCHREIBUNG AUS?*

**E** Welche Verfasserabsichten kennst du?

**F** Auf welche Bereiche musst du bei der Sprachanalyse eingehen?

**G** Welche journalistischen Textsorten sind dir bekannt?

**H** In welchem Teil der Textbeschreibung darfst du deine eigene Meinung äußern?

**I** Zu welcher Art von Texten gehört die Kurzgeschichte?

b) Tauscht euch über typische Probleme beim Schreiben einer Textbeschreibung aus.

**In diesem Kapitel lernst du, ...**

- *typische Aufgabenstellungen für eine Textbeschreibung kennen.*
- *eine Gliederung zu erstellen.*
- *eine Einleitung für eine Textbeschreibung zu verfassen.*
- *den Inhalt eines Textes einfach und strukturiert zusammenzufassen.*
- *die sprachlichen Besonderheiten eines Textes zu beschreiben.*
- *Textsorten zu bestimmen.*
- *eine literarische Figur zu charakterisieren.*
- *Verfasserabsichten und Zielgruppen zu erkennen und zu formulieren.*
- *eine begründete Stellungnahme zu verfassen.*
- *kreative Schreibaufgaben kennen.*
- *einen Schluss zu einer Textbeschreibung zu verfassen.*

Texte beschreiben

# Einen literarischen Text beschreiben

Leyla soll zu folgender Kurzgeschichte eine Textbeschreibung erstellen.

**1** Lest die Kurzgeschichte.

## Sonntag (1985)

*Max Bolliger*

„Was möchtest du?", fragte der Vater.

Daniela studierte die Karte und entschied sich für Riz colonial. „Gern!", sagte der Kellner. Er behandelte Daniela wie eine Dame. Das Restaurant war bis auf den letzten Platz besetzt. Am Nebentisch saß ein Ehepaar mit zwei Kindern. Die beiden
5 stritten sich wegen einer kleinen Puppe aus Plastik. Die Mutter versuchte den Streit zu schlichten. Daniela sah, wie der Junge seine Schwester unter dem Tisch dauernd mit den Füßen stieß. Das Dessert machte dem Gezank ein Ende. Daniela erinnerte sich, wie sehnlichst sie sich einmal ein Schwesterchen gewünscht hatte.

„Wie geht es in der Schule?", fragte der Vater. „Wie immer", antwortete Daniela.
10 „Wird es fürs Gymnasium reichen?" „Ja, ich hoffe es."

Daniela wusste genau, dass ihre Noten weder in Mathematik noch in Französisch genügten. Dann eben eine kaufmännische Lehre … oder Arztgehilfin … Sie wollte jetzt nicht daran denken. „Für mich waren Prüfungen nie ein Problem", sagte der Vater.

15 Daniela war froh, als der Kellner das Essen brachte. Der Reis mit Fleisch und Früchten schmeckte ihr. „Deine Mutter konnte nie richtig kochen", sagte der Vater. Daniela gab darauf keine Antwort.

„Ich brauche einen neuen Wintermantel", sagte sie. „Schon wieder?"

„Ich bin seit dem letzten Jahr zehn Zentimeter gewachsen." „Wofür bezahl ich ei-
20 gentlich Alimente?"

„Mutter sagt, das Geld reiche nur für das Nötigste." „Gut! Aber ich will die Rechnung sehen."

„Wünschen die Herrschaften ein Dessert?"

Der Kellner versuchte mit Daniela zu flirten. „Nein, danke!", sagte sie, obwohl sie
25 sich heute früh in der Kirche ausgedacht hatte, Vanilleeis mit heißer Schokoladensoße zu essen.

Nach dem Essen fuhren sie am See entlang. Der Vater hatte ein neues Auto. Er sprach über Autos wie die Jungen in der Schule. Daniela verstand nicht, warum man sich über ein Auto freuen konnte, nur weil es einen starken Motor hatte. Aus dem
30 Radio erklang Volksmusik. Sie fiel Daniela auf die Nerven. Aber sie stellte sie trotzdem lauter.

„Hast du viel Arbeit?", fragte sie. „Wir bauen eine neue Fabrik."

**Riz colonial**
*Gericht mit Reis*

**Alimente**
*Geld, das für den Unterhalt des eigenen Kindes / der eigenen Kinder gezahlt werden muss*

Der Vater war Ingenieur. Daniela betrachtete ihn von der Seite, neugierig, wie einen Gegenstand. Sein Gesicht war <u>braun gebrannt, sportlich</u>. Der Schnurrbart stand
35  ihm gut.

Hatte er ihre Gedanken erraten?

„In zwei Wochen werde ich vierzig! Aber alle schätzen mich jünger."

Daniela lachte. Ihr schien er älter.

„Wie alt bist du eigentlich?" „Hundert!", sagte Daniela.

40  <u>„Nein, ehrlich …!"</u> „Das solltest du doch wissen. <u>Du fragst mich jedesmal … Im Februar dreizehn.</u>"

<u>Dreizehn</u>! Hast du einen Freund?" „Nein!", sagte Daniela.

„Das wundert mich. Du siehst hübsch aus!" „Findest du?" „So … erwachsen!"

Auf einer Terrasse am See tranken sie Kaffee. Daniela beobachtete die Segelschiffe.
45  Der schöne Herbstsonntag hatte unzählige Boote aufs Wasser hinausgelockt. Der Vater war verstummt und schaute alle fünf Minuten auf seine Uhr.

„Ich habe um vier Uhr eine Verabredung." „Also, gehen wir doch", sagte Daniela und erhob sich.

Der Vater schien erleichtert. „Ich bringe dich nach Hause", sagte er.

50  „Ach, du bist schon wieder da?", sagte die Mutter. Sie war noch immer im Morgenrock. Während der Woche arbeitete sie halbtags in einer Modeboutique. „Sonntags lasse ich mich gehen", sagte sie zu ihren Freunden, „sonntags bin ich nicht zu sprechen."

„Er hatte eine Verabredung", erzählte Daniela.

Die Mutter lachte. „Ich möchte wissen, warum er eigentlich darauf besteht, dich zu
55  sehen. Im Grunde liegt ihm doch nichts daran. Nur weil es das Gericht so entschieden hat und um mich zu ärgern."

Daniela wurde wütend. „Es geht ihm ausgezeichnet", sagte sie. „Er hat sich ein neues Auto gekauft und sieht prima aus." Die Mutter zuckte bei ihren Worten zusammen.

„Und den Wintermantel?", fragte sie. „Bewilligt!"

60  Die Mutter griff sich mit der Hand an die Stirne. „Diese Kopfschmerzen!", stöhnte sie. „Hol mir eine Tablette im Badezimmer!" Daniela gehorchte.

„Ich gehe jetzt", sagte sie nachher. „Hast du keine Aufgaben?"

„Nein!" „Aber komm nicht zu spät zurück!"

„Ich esse bei Brigitte." „Gut, bis neun Uhr. Ich lege mich wieder hin."

65  Als Daniela die Tür des Lokals öffnete, schlug ihr eine Welle von Rauch- und Kaffeegeruch entgegen. An den niederen Tischen saßen junge Leute, die meisten in Gespräche vertieft. Die Wände waren mit Posters tapeziert. Danielas Augen gewöhnten sich allmählich an das Halbdunkel.

Suchend schaute sie sich um. Der Disc-Jockey nickte Daniela zu. „Well, I left my
70  happy home to see what I could find out", sang Cat Stevens. Ja, er hatte Recht. Um herauszufinden, wie die Welt wirklich war, musste man sein Zuhause verlassen.

Heinz hatte Daniela den Text übersetzt. Heinz war schon sechzehn Jahre alt. Sie war stolz darauf. Er saß in einer Ecke und winkte. Aufatmend setzte sich Daniela neben ihn. Er legte einen Arm um ihre Schultern.

75  „Hast du den Sonntag überstanden?", fragte er. „Ja, Gott sei Dank!"

„War es schlimm?" „Es geht … wie immer."

„Mach dir nichts draus." Daniela kuschelte sich an ihn.

„Was meinst du, werden wir es besser machen?", fragte sie.

„Wenn wir einmal erwachsen sind?" In ihrer Stimme klangen Zweifel.

80 „Natürlich", sagte Heinz, „natürlich werden wir es besser machen."

*Quelle: Hans Frevert (Hrsg.), Wir leben von der Hoffnung. Gedanken, Gedichte und Erzählungen für junge Menschen unserer Zeit. Baden-Baden: Signal Verlag 1985. S. 54 – 56.*

**2** Sprecht in der Klasse darüber, worum es in dem Text geht.

**3** Betrachtet nun die Aufgaben, die Frau Büttner, Leylas Deutschlehrerin, der Klasse für die Textbeschreibung gestellt hat.

a) Lest zunächst die einzelnen Aufgaben.

> **Aufgaben**
> 1. Fasse den Inhalt der Kurzgeschichte zusammen.
> 2. Verdeutliche, durch welche sprachlichen Mittel im Abschnitt von Zeile 1 bis 49 die angespannte Stimmung zwischen Vater und Tochter dargestellt wird.
> 3. Weise anhand von typischen Merkmalen nach, dass es sich bei dem vorliegenden Text um eine Kurzgeschichte handelt.
> 4. Erörtere, warum Scheidungskinder häufig unter der Trennung ihrer Eltern leiden.
> 5. Verfasse einen inneren Monolog aus der Sicht Danielas, als sie sich auf den Weg ins Lokal zu Heinz macht (ab Z. 65).

b) Sprecht darüber, welche Art von Inhaltszusammenfassung bei der ersten Aufgabe verlangt wird und welche Bestandteile ihr über die genannten Aufgaben hinaus noch selbst ergänzen müsst, damit die Textbeschreibung komplett ist.

**4** Frau Büttner hätte der Klasse noch andere Aufgaben stellen können. Lest diese und ordnet sie mithilfe des Merkkastens den fünf darin genannten Aufgabenbereichen zu.

> Verfasse einen Brief an ihre Oma, in dem du aus Danielas Sicht schreibst, wie es ihr seit der Trennung der Eltern geht.

> Charakterisiere die Figur Daniela.

> Erläutere mögliche Absichten, die der Autor mit seinem Text verfolgt.

> Schildere die Situation, als Daniela im Lokal bei Heinz im Arm liegt (Z. 74).

## ⓘ Einen literarischen Text aufgabengeleitet beschreiben

Zu einer Textbeschreibung gehören üblicherweise **fünf Aufgabenstellungen**: eine **Inhaltszusammenfassung**, die **Sprachanalyse**, die Auseinandersetzung mit **Besonderheiten des Textes**, z. B. der **Textsorte**, der **Charakterisierung einer literarischen Figur** oder möglicher **Verfasserabsichten**, eine **begründete Stellungnahme zu einer Textaussage** oder zu einer **Frage- bzw. Problemstellung, die der Text aufwirft,** und eine **kreative Schreibaufgabe**, z. B. einen **inneren Monolog**, eine **Schilderung**, einen **Tagebucheintrag**, einen **persönlichen Brief** oder einen **Dialog**. Außerdem gehören Einleitung und Schluss dazu.

📄 S. 319
*Textbeschreibung*

Texte beschreiben

# Eine Gliederung erstellen

Bevor Leyla mit der eigentlichen Textbeschreibung beginnt, fertigt sie eine Gliederung an.

**1**   Lest zunächst ihre Gliederung.

---

**Gliederung**

**A.** Die Kurzgeschichte handelt von der dreizehnjährigen Daniela, deren Eltern getrennt leben und die jeden Sonntag mit ihrem Vater verbringt.

**B.** Auseinandersetzung mit dem Text „Sonntag"

     1. Einfache Inhaltszusammenfassung

         a) Treffen von Daniela und ihrem Vater in einem Restaurant (Z. 1 – 15)

         b) Fahrt entlang des Sees (Z. 16 - …)

         c) …

     2. Sprachanalyse

         a) Satzarten und Satzbau

         b) …

         c) …

     3. Textsorte: Kurzgeschichte

     4. Erörterung: Gründe, warum Scheidungskinder häufig unter der Trennung ihrer Eltern leiden

     5. Innerer Monolog aus der Sicht Danielas

**C.** Mir hat die Kurzgeschichte „Sonntag" gut gefallen, weil sie anschaulich darstellt, wie schwierig die Trennung der Eltern für Daniela ist.

---

**2**   Sprecht darüber, wie die Gliederung einer Textbeschreibung aufgebaut ist und an welcher Stelle sich Leyla mit den ihr gestellten Aufgaben auseinandersetzt. Der Merkkasten hilft euch dabei.

**Portal**

*WES-122965-071*

**3**   Die Gliederung ist inhaltlich nicht ganz vollständig. Ergänze die fehlenden Informationen auf einer Kopie der Buchseite oder der Vorlage aus dem Portal.

---

### ⓘ Eine Gliederung erstellen

Die Gliederung einer Textbeschreibung setzt sich aus drei Teilen zusammen:

A. **Einleitung:** Gib in einem Satz wieder, **welche Textsorte vorliegt** und **worum es in dem Text geht**.

B. **Texterschließung:** Führe im Hauptteil der Gliederung **die Aufgaben** an, die in der **Aufgabenstellung genannt werden**.

C. **Schluss:** Drücke in einem Satz deine **eigene Meinung zum Text** aus.

**Beachte: Einleitung** und **Schluss** tauchen in den Erschließungsaufgaben nicht auf. Du musst sie **sowohl in der Gliederung als auch in der Ausarbeitung eigenständig ergänzen**.

---

*2.1 Organisierende Techniken (z. B. Gliederung) routiniert anwenden*
*4.3 Die korrekte Schreibweise in Gliederungen anwenden*

Texte beschreiben

# Eine Einleitung formulieren

Nach dem Erstellen der Gliederung beginnt Leyla mit der eigentlichen
Textbeschreibung. Als Erstes verfasst sie die Einleitung.

**1** Sprecht in der Klasse darüber, welche Informationen in der
Einleitung enthalten sein müssen.

**2** Suche die entsprechenden Informationen im Text „Sonntag" und
schreibe sie stichpunktartig auf. Der Merkkasten hilft dir dabei.

**3** Oft gibt es zu Texten biografische Informationen über den Autor
bzw. die Autorin, die du für deine Einleitung nutzen kannst.
   a) Lies die Informationen über Max Bolliger. Leyla hat bereits alle wichtigen Informationen markiert.

> **Max Bolliger**
> Geboren wurde Max Bolliger am 23. April 1929 im Kanton Glarus. Bolliger war
> Lehrer und übte diesen Beruf auch einige Jahre aus. Seine ersten literarischen
> Werke veröffentlichte er zu Beginn der Fünfzigerjahre. Es handelte sich dabei um
> Gedichte und Erzählungen für Erwachsene. Doch schon nach kurzer Zeit ent-
> schied er sich dazu, lieber Kinder- und Jugendbücher zu schreiben. Bolliger starb
> am 10. Februar 2013 im Alter von 83 Jahren in Zürich.
> Er zählt zu den bekanntesten und erfolgreichsten Autoren der Schweiz und ge-
> wann alle wichtigen Kinder- und Jugendbuchpreise.

   b) Vervollständige die folgende Einleitung mithilfe deiner Notizen aus Aufgabe 2 und
   den markierten Informationen aus Aufgabe 3a). Setze sie passend anstelle der ❓ ein
   und schreibe deine Lösung auf.

*Die Kurzgeschichte „Sonntag" handelt von ❓. Verfasst wurde der Text von Max Bolliger, ❓.*
*Seine Kurzgeschichte ist in ❓ erschienen.*

## ⊙ Eine Einleitung schreiben

In der Einleitung der Textbeschreibung nennst du **Autor bzw. Autorin**, **Titel**, **Textsorte**,
**Quelle (Erscheinungsort und -datum)** und **Kerninhalt**. Der Kerninhalt fasst das Thema
des Textes in 1–2 Sätzen zusammen.
**Tipp:** Sollte eine der Angaben fehlen, z. B. der Name des Verfassers / der Verfasserin oder
Erscheinungsort und Erscheinungsdatum, schreibst du z. B.: „Der Autor des Textes ist unbe-
kannt" oder „Erscheinungsort und Erscheinungsdatum des Textes sind nicht bekannt".

Texte beschreiben

# Eine einfache Inhaltszusammenfassung verfassen

Leyla möchte den Inhalt der Kurzgeschichte „Sonntag" zusammenzufassen. Da es sich um einen literarischen Text handelt, schreibt sie eine einfache Inhaltszusammenfassung.

**1** Lies dir die Kurzgeschichte „Sonntag" noch ein weiteres Mal aufmerksam durch.

**Portal**
*WES-122965-072*

**2** Teile den Text in Sinnabschnitte ein und markiere darin Schlüsselstellen. Nutze hierfür eine Kopie der Buchseiten oder die Vorlage aus dem Portal. Orientiere dich dabei an dem bereits vorgegebenen Beispiel auf Seite 207.

**☀ Tipp**

*Achte darauf, dass deine Notizen alle erforderlichen W-Fragen (Wer? Was? Wann? Wo? Wie? Warum? Wozu?) beantworten.*

**3** Schreibe den Inhalt der einzelnen Sinnabschnitte stichpunktartig auf. Das folgende Beispiel hilft dir dabei:
*Sinnabschnitt 1*
- *Gemeinsames Mittagessen von Daniela und ihrem Vater im Restaurant*
- *Belangloses Gespräch über die Schule*
- *Gespräch über einen neuen Mantel, den der Vater Daniela kaufen soll*
- *Negative Äußerungen des Vaters über die Mutter, von der er getrennt lebt*

**4** Verfasse mithilfe deiner Notizen aus Aufgabe 3 eine einfache Inhaltszusammenfassung. Verwende abwechslungsreiche Satzanfänge. Folgende Formulierungen helfen dir:

- *Zunächst soll der Inhalt des Textes knapp zusammengefasst werden.*
- *Die Kurzgeschichte beginnt damit, dass … / Eingangs …*
- *Nun … / Es folgt … / Anschließend … / Jetzt …*
- *Die Geschichte endet mit … / Am Ende … / Schließlich …*

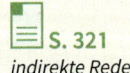

→ **S. 283**
*den Sprach- und Schreibstil verbessern*

**✳ 5** Tauscht eure Inhaltszusammenfassungen zu zweit miteinander und gebt euch gegenseitig Rückmeldung. Der Merkkasten hilft euch dabei.

---

## ⚠ Eine einfache Inhaltszusammenfassung verfassen

Die folgenden vier Schritte helfen dir, einen literarischen Text zusammenfassen.
1. **Gliedere** den Text in **Sinnabschnitte.**
2. **Markiere Schlüsselstellen.**
3. **Notiere** den **Inhalt stichpunktartig.**
4. **Formuliere** die Stichpunkte aus.
**Beachte:** Fasse den Inhalt des Textes **knapp** und mit deinen **eigenen Worten** zusammen. Wandle wörtliche Rede entweder in die **indirekte Rede** um oder gib den Inhalt der wörtlichen Rede sinngemäß mit deinen Worten wieder. Verwende die Zeitform **Präsens**. Der **Verlauf der Handlung** muss in der **richtigen Reihenfolge** wiedergegeben werden.

**S. 321**
*indirekte Rede*

---

*2.1 Lesetechniken und -strategien versiert und flexibel einsetzen und Verfahren zur Texterschließung routiniert anwenden　3.2 Den Inhalt schriftlich zusammenhängend darstellen*
*3.3 Hinweise aus Feedbackverfahren für Ergänzungen und Korrekturen nutzen*

Texte beschreiben

# Die Sprache eines Textes analysieren

Im nächsten Schritt muss Leyla die Sprache des Textes genauer analysieren.

**1** Am Ende des Buches findest du eine Tabelle mit wichtigen sprachlichen Besonderheiten und deren Wirkung.

a) Gib mithilfe der Tabelle an, um welches sprachliche Mittel es sich bei den folgenden
Beispielen jeweils handelt.

- *Ist das dein Ernst?*
- *schwarz wie die Nacht*
- *vollschlank*
- *Der Himmel weint.*

- *Er hat ein gebrochenes Herz.*
- *Die Zeit rennt uns davon!*
- *Das hast du ja großartig hinbekommen!*
- *Was nun?*

b) Bestimme mithilfe der Tabelle am Ende des Buches die in der Kurzgeschichte „Sonntag" unterstrichenen sprachlichen Besonderheiten und gib deren textbezogene
Wirkung an. Trage deine Lösung in eine Tabelle oder in die Vorlage aus dem Portal
ein. Orientiere dich dabei an dem vorgegebenen Beispiel.

 **Portal**

WES-122965-073

☀ **Tipp**

*Schau dir, um
die textbezo-
gene Wirkung
zu bestimmen,
zunächst noch
einmal die allge-
meine Wirkung
in der Tabelle am
Buchende an.*

| Bereich | sprachliche Besonderheit | Textbeispiel | textbezogene Wirkung |
|---|---|---|---|
| Satzarten und Satzbau | *Häufung einfacher Aussagesätze* | *„Am Nebentisch saß ein Ehepaar mit zwei Kindern. Die beiden stritten sich wegen einer kleinen Puppe aus Plastik."* (Z. 4 f.) | *werden vom Autor eingesetzt, wenn er erzählt, was um Daniela herum alles Belangloses passiert* |
| | ... | *„Wie geht es in der Schule?"* (Z. 9), *„Wofür bezahl ich eigentlich Alimente?"* (Z. 19 f.) | ... |
| Wortwahl | ... | ... | ... |
| sprachliche Mittel | ... | ... | ... |
| | ... | ... | ... |

c) Finde für die Bereiche Satzarten und Satzbau sowie
sprachliche Mittel noch je eine weitere sprachliche
Besonderheit und ergänze diese mit den entsprechenden Textbelegen und der Wirkung in der Tabelle.

d) Vergleicht eure Lösungen von Aufgabe b) und c).

*4.2 Verschiedene Satzstrukturen in Texten unterscheiden und die damit verbundene Absicht bzw. Wirkung beschrei-
ben sowie die Funktion sprachlicher Mittel in Bezug auf Textaussage und -sorte beschreiben*

**2** Leyla hat damit begonnen, die Sprachanalyse zu verfassen.

a) Lies dir den Anfang ihrer Sprachanalyse aufmerksam durch.

*Im Folgenden werden die sprachlichen Besonderheiten im Abschnitt von Zeile 1 bis 49 analysiert, die die angespannte Stimmung zwischen Vater und Tochter verdeutlichen. Bezüglich des Satzbaus und der Satzarten fallen zu Beginn des Textes die zahlreichen einfachen Aussagesätze auf, z. B. „Am Nebentisch saß ein Ehepaar mit zwei Kindern." (Z. 4) oder „Die beiden stritten sich wegen einer kleinen Puppe aus Plastik." (Z. 4 f.). Diese verwendet der Autor, um deutlich zu machen, dass Daniela um sich herum viel Belangloses wahrnimmt, weil sie sich beim Treffen mit ihrem Vater langweilt. Außerdem kommen im Text viele Fragesätze vor (z. B. „Wie geht es in der Schule?", Z. 9; „Wofür bezahl ich eigentlich Alimente?", Z. 19 f.) …*

b) Erkläre mithilfe des Merkkastens, wie Leyla beim Verfassen vorgegangen ist.

c) Vervollständige nun Leylas Sprachanalyse. Formuliere hierzu alle noch nicht angesprochenen sprachlichen Besonderheiten aus der Tabelle von Aufgabe 1 aus. Folgende Formulierungen helfen dir dabei:

– *Der/Die Autor/-in/Verfasser/-in verwendet/benutzt/gebraucht/wählt/ bevorzugt/setzt … ein …*
– *Der Text/Die Kurzgeschichte beinhaltet/enthält/weist … auf …*
– *Im Text sind … enthalten/kommen … vor/sind … vorhanden/treten … auf*
– *Bezüglich der Wortwahl/der sprachlichen Mittel/des Satzbaus/der Satzarten fällt auf …*
– *Auffällig sind auch/Ins Auge fallen auch …*

✳ **3** Tauscht eure Sprachanalysen zu zweit miteinander und gebt euch gegenseitig Rückmeldung. Der Merkkasten hilft euch dabei.

---

### ⓘ Die Sprache eines Textes beschreiben

Bei der Beschreibung der Sprache eines Textes musst du auf die drei Bereiche **Satzarten und Satzbau**, **Wortwahl** und **sprachliche Mittel** eingehen. Dabei gehst du folgendermaßen vor:

1. **Gib an**, mit **welchem sprachlichen Bereich** du dich gerade befasst,
   z. B.: *„Bezüglich der Satzarten und des Satzbaus des Textes fällt auf …"*
2. **Nenne** eine **sprachliche Besonderheit** aus diesem Bereich.
3. **Liefere** hierfür **Beispiele aus dem Text mit den entsprechenden Zeilenangaben**.
4. **Stelle** die **Wirkung** des sprachlichen Merkmals **bezogen auf den Text** dar. Es reicht nicht aus, wenn du lediglich die allgemeine Wirkung der sprachlichen Auffälligkeit benennst.
5. **Setze** dich nun mit weiteren sprachlichen Besonderheiten aus diesem Bereich auf dieselbe Weise auseinander.

Wenn du alle sprachlichen Auffälligkeiten des ersten Bereichs analysiert hast, verfährst du mit den anderen beiden Bereichen ebenso.

**Achtung:** Achte stets auf eine korrekte Zitiertechnik!

S. 319
*Zitat*

---

*3.2 Weitere textbezogene Fragestellungen schriftlich zusammenhängend darstellen und damit das eigene Verständnis von literarischen Texten zum Ausdruck bringen*
*3.3 Hinweise aus Feedbackverfahren für Ergänzungen und Korrekturen nutzen*

Texte beschreiben

# Die Textsorte bestimmen

Leyla verfasst als Nächstes eine Textsortenbestimmung.

**1** Im Folgenden findest du die Merkmale einer Kurzgeschichte.
a) Sieh sie dir an und überlege, welche auf die Kurzgeschichte „Sonntag" zutreffen.

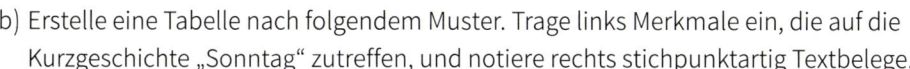

- unmittelbarer Einstieg in die Handlung
- nur wenige, alltägliche Personen, die nicht ausführlich beschrieben werden
- oft alltägliche Situationen
- Handlung wirkt wie eine Momentaufnahme aus dem Leben der Figuren
- problematische oder kritische Lage der Hauptfigur
- überraschende/-r Wende / Wendepunkt
- offenes Ende
- geringer Umfang

b) Erstelle eine Tabelle nach folgendem Muster. Trage links Merkmale ein, die auf die Kurzgeschichte „Sonntag" zutreffen, und notiere rechts stichpunktartig Textbelege.

| Textsortenmerkmal | Textbeleg / inhaltlicher Beweis |
|---|---|
| unmittelbarer Einstieg ins Geschehen | Situation im Restaurant, der Vater und seine Tochter bestellen ihr Essen („Was möchtest du?', fragte der Vater. Daniela studierte die Karte", Z. 1 f.) |
| nur wenige, alltägliche Personen, die nicht ausführlich beschrieben werden | … |
| … | … |

c) Vergleicht eure Ergebnisse miteinander.

**2** Leyla hat die Informationen aus der Tabelle von Aufgabe 1 bereits ausformuliert.
a) Lies den Anfang ihrer Textsortenbestimmung.

*Als Nächstes soll die Textsorte nachgewiesen werden. Dass es sich um eine typische Kurzgeschichte handelt, kann man anhand eindeutiger Merkmale belegen: Zum Beispiel steigt der Autor unmittelbar in das Geschehen ein. Einleitende Informationen zu Zeit, Ort und Personen der Handlung fehlen. Die Leserinnen und Leser erfahren zu Beginn lediglich, dass ein Vater mit seiner Tochter namens Daniela in einem Restaurant sitzt und die beiden gerade dabei sind, ihr Essen zu bestellen („Was möchtest du?', fragte der Vater. Daniela studierte die Karte", Z. 1 f.).*

*Außerdem treten in dem Text nur wenige, alltägliche Personen auf, die nicht aus-führlich beschrieben werden. In der Kurzgeschichte geht es um eine alltägliche, getrennt lebende Familie, bestehend aus Vater, Mutter und der dreizehnjährigen Tochter Daniela („Vater", Z. 1; „ein Schwesterchen gewünscht", Z. 8; „dreizehn", Z. 41; „Mutter", Z. 21, 50). Zu erwähnen wäre weiterhin, dass …*

WES-122965-074

b) Markiere mit verschiedenen Farben auf der Kopie der Buchseite oder der Vorlage aus dem Portal die Überleitung zur Textsortenbestimmung, den Textsortenmerkmalen und den Textbelegen.

c) Führe Leylas Textsortenbestimmung fort. Nutze hierfür deine Tabelle von Aufgabe 1 (S. 215). Auch der Merkkasten hilft dir dabei. Um deine Satzanfänge abwechslungs-reich zu gestalten, kannst du folgende Formulierungen verwenden:

- *Für die Textsorte … spricht …*
- *Ein weiteres Merkmal dieser Textsorte ist …*
- *Zu nennen wäre auch …*
- *Typisch für … ist, dass …*
- *Zu erwähnen wäre weiterhin, dass …*
- *Dass …, spricht ebenfalls für die Textsorte …*
- *Auch … ist typisch für die Textsorte …*

**3** Tauscht eure Textsortenbestimmungen zu zweit miteinander und gebt euch gegensei-tig Rückmeldung. Der Merkkasten hilft euch dabei.

✳ **4** Überarbeite deine Textsortenbestimmung gegebenenfalls.

---

## ① Die Textsorte bestimmen

Bei der Textsortenbestimmung gehst du folgendermaßen vor:

1. **Nenne** die **Textsorte**: z. B. *Bei dem vorliegenden Text handelt es sich eindeutig um eine Kurzgeschichte, was man daran erkennen kann, dass er zahlreiche Merkmale dieser Textsorte aufweist.*

2. **Beweise** deine Zuordnung **mithilfe der auf den Text zutreffenden Textsortenmerkmale**: z. B. *Für diese Textsorte spricht, dass der Autor unvermittelt in das Geschehen einsteigt. Einlei-tende Informationen zu Zeit, Ort und Personen der Handlung fehlen.*

3. **Belege** deine Aussagen **mit geeigneten Textstellen. Es reicht nicht aus,** dass du lediglich **Stellen aus dem Text abschreibst**. Du musst deine Aussagen zudem mit deinen **eigenen Worten** am Text belegen, z. B. *So erfährt der Leser zu Beginn lediglich, dass ein Vater mit seiner Tochter namens Daniela in einem Restaurant sitzt und die beiden gerade dabei sind, ihr Essen zu bestellen („Was möchtest du?', fragte der Vater. Daniela studierte die Karte.", Z. 1 f.)*

**Beachte:**
Vergiss nicht, bei deinen Textbelegen stets die entsprechenden Zeilen anzugeben.

---

Texte beschreiben

# Eine literarische Figur charakterisieren

Statt der Textsortenbestimmung hat Hannes' Lehrerin Frau Klein ihrer Klasse die Aufgabe gegeben, die Figur Daniela aus der Kurzgeschichte „Sonntag" zu charakterisieren. Hannes überlegt, welche Art von Informationen in eine Charakteristik gehören.

**1** Im Folgenden findest du Notizen, die er sich gemacht hat.

a) Schau dir diese zunächst an.

*Allgemeine Angaben* (Alter, Hobbys, Beruf …): …
*Äußere Merkmale* (Größe, Haarfarbe, Körperbau, Kleidung …): …
*Innere Merkmale* (Stärken, Schwächen, Beziehung zu anderen Personen …): …

b) Markiere auf einer Kopie des Textes oder der Vorlage aus dem Portal die Stellen, die Informationen zu den drei Bereichen liefern, mit verschiedenen Farben. Der Merkkasten hilft dir dabei.

**Portal**

WES-122965-075

c) Schreibe zu allen Stellen, die nur indirekt etwas über die Person Daniela aussagen, an den Rand, was du daraus über ihren Charakter schließt. Orientiere dich dabei an folgendem Beispiel:

> Daniela erinnerte sich, wie sehnlichst sie sich einmal ein Schwesterchen gewünscht hatte. „Wie geht es in der Schule?", fragte der Vater. „Wie immer", antwortete Daniela.
>   „Wird es fürs Gymnasium reichen?" „Ja, ich hoffe es."
>   Daniela wusste genau, dass ihre Noten weder in Mathematik noch in Französisch genügten. Dann eben eine kaufmännische Lehre … oder Arztgehilfin … Sie wollte jetzt nicht daran denken.
>   „Für mich waren Prüfungen nie ein Problem", sagte der Vater.
>   Daniela war froh, als der Kellner das Essen brachte. Der Reis mit Fleisch und Früchten schmeckte ihr.

*evtl. Einzelkind, hätte gerne eine Schwester gehabt*

*redet mit ihrem Vater nicht über ihre schulischen Leistungen, ist schlecht in Mathe und Französisch*

*hat keine Lust auf das Gespräch*

d) Vergleicht eure Ergebnisse miteinander.

**✳ 2** Lege einen Steckbrief zur Figur Daniela an. Übernimm hierfür die Angaben aus dem Merkkasten von Seite 218. Ordne alle von dir markierten Textstellen mit deinen Randbemerkungen dem passenden Bereich zu.

*Steckbrief Daniela*
*Allgemeine Angaben:* wahrscheinlich Einzelkind, hätte gerne eine Schwester gehabt (vgl. Z. 7 f.)
*Äußere Merkmale:* …
*Innere Merkmale:* redet mit ihrem Vater nicht über ihre schulischen Leistungen, ist schlecht in Mathematik und Französisch (vgl. Z. 11 f.), hat keine Lust auf das Gespräch (vgl. Z. 12 f., 15)

**3** Verfasse nun die Charakterisierung Danielas.

– Beginne dabei mit einem einleitenden Satz, der darüber informiert, welche Figur charakterisiert wird, z. B. *Im Folgenden soll die Figur Daniela genauer charakterisiert werden.*

– Gehe dann zuerst auf die allgemeinen Angaben zur Person und auf die äußerlichen Merkmale ein. Belege deine Aussagen mit passenden Textstellen. Du kannst beispielsweise so beginnen: *Daniela ist wahrscheinlich Einzelkind, hätte aber gerne eine Schwester gehabt („Daniela erinnerte sich, wie sehnlichst sie sich einmal ein Schwesterchen gewünscht hatte", Z. 7 f.).*

– Stelle anschließend den Charakter der Person und die Beziehung zu anderen Personen dar (innere Merkmale). Belege auch hier wieder deine Aussagen am Text. So kannst du beginnen: *Zu seinem Vater scheint das Mädchen kein besonders gutes Verhältnis zu haben. Es hat keine Lust auf das Gespräch mit ihm („Daniela war froh, als der Kellner das Essen brachte", Z. 15). Außerdem sagt Daniela dem Vater nicht, wie es um ihre schulischen Leistungen bestellt ist (vgl. Z. 10 – 13).*

**4** Nicht immer werden bei der Charakterisierung einer literarischen Figur alle drei Bereiche verlangt. Betrachtet folgende Aufgabenstellungen und gebt an, welche Bereiche sie jeweils fordern und auf welche ihr nicht eingehen dürft. Der Merkkasten hilft euch dabei.

| | |
|---|---|
| Stelle Danielas Charakter dar. | Charakterisiere die Beziehung Danielas zu ihren Eltern. |

Weise am Text nach, dass es sich bei Daniela um ein ganz normales dreizehnjähriges Mädchen handelt.

## ⓘ Eine literarische Figur charakterisieren

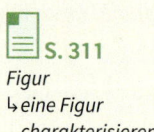

S. 311
*Figur*
↳ *eine Figur charakterisieren*

Die Charakterisierung einer literarischen Figur hat das Ziel, alle Merkmale einer Person zusammenzufassen, um sich ein umfassendes Bild über diese zu machen. Folgende Merkmale musst du dabei berücksichtigen:

– **allgemeine Angaben** (Alter, Familienstand, Beruf, Hobbys …)
– **äußere Merkmale** (Größe, Körperbau, Haarfarbe, Kleidung)
– **innere Merkmale** (Stärken, Schwächen, Charaktereigenschaften, typische Verhaltensweisen, Beziehung zu anderen Personen)

Die **Merkmale** und **Eigenschaften** einer Figur dürfen **nicht nur aufgezählt werden**. Stelle dar, woran du erkennst, dass die Figur diese Merkmale und Eigenschaften hat. Beziehe dich auf die **Textstellen**, die etwas darüber aussagen. **Manche Eigenschaften** werden im Text **direkt beschrieben, andere können nur indirekt erschlossen werden** (z. B. durch Aussagen anderer Figuren, aus Verhaltensweisen, Gedanken, Reaktionen).

**Achtung:**

Die Charakterisierung wird im **Präsens** verfasst. **Nicht immer müssen alle Merkmale einer Figur charakterisiert werden**, die Aufgabenstellung kann sich auf bestimmte Merkmale beschränken, z. B. *Charakterisiere Danielas Verhältnis zu ihren Eltern.*

Texte beschreiben

# Verfasserabsichten und Zielgruppen eines Textes erkennen

Anstelle einer Textsortenbeschreibung oder Charakterisierung einer Figur kann auch die Darstellung von Verfasserabsichten und Zielgruppen des Textes gefordert werden.

**1** Sammelt gemeinsam Ideen, welche Absichten Max Bolliger mit seiner Kurzgeschichte „Sonntag" verfolgen könnte und an wen er sich mit seinem Text wendet. Der Merkkasten hilft euch dabei. Eure Ergebnisse könnt ihr in einem Cluster darstellen.

S. 310
*Cluster*

**2** Vervollständige folgenden Lückentext über die Verfasserabsichten und Zielgruppen von Bolligers Kurzgeschichte und ergänze weitere Ideen aus Aufgabe 1. Schreibe deine Lösung auf oder nutze die Vorlage aus dem Portal.

**Portal**
*WES-122965-076*

Da sich die Kurzgeschichte „Sonntag" mit einem alltäglichen Problem befasst, nämlich dass sich Paare trennen und die Kinder mit der Trennung ihrer Eltern zurechtkommen müssen („Die Mutter lachte. ‚Ich möchte wissen, warum er eigentlich darauf besteht, dich zu sehen. Im Grunde liegt ihm doch nichts daran. […]'", Z. 54 f.), ist davon auszugehen, dass sich Bolliger an ❓ wendet, besonders aber an ❓ und ❓, die die im Text dargestellte Situation besonders gut nachvollziehen können.

Bolliger will mit seiner Geschichte zum einen einfach ❓, zum anderen aber auch ❓, wie schwierig es für Trennungskinder ist, mit der Situation umzugehen („‚Hast du den Sonntag überstanden?', fragte er. ‚Ja, Gott sei Dank!' ‚War es schlimm?' ‚Es geht … wie immer.'", Z. 75 f.). Eltern, die ihre Zukunft nicht mehr gemeinsam verbringen wollen, sollen ❓, wie es ihrem Kind bzw. ihren Kindern mit der neuen Situation geht („Daniela wurde wütend. ‚Es geht ihm ausgezeichnet', sagte sie. ‚Er hat sich ein neues Auto gekauft und sieht prima aus.'", Z. 57 f.).

## ⓘ Verfasserabsichten und Zielgruppen erkennen und formulieren

Die Absicht der Verfasserin bzw. des Verfassers kann ganz unterschiedlich sein: **informieren, auf etwas aufmerksam machen, kritisieren, Interesse wecken, zum Nachdenken anregen, instruieren (= von etwas in Kenntnis setzen), unterhalten, appellieren**. Manchmal verfolgt die Autorin bzw. der Autor nicht nur eine, sondern mehrere Absichten.
Beim Schreiben der Verfasserabsicht **nennst** du zuerst die **Absicht**, die die Autorin bzw. der Autor mit seinem Text verfolgt (z. B. informieren). Anschließend **erklärst** du diese **Absicht näher** (z. B. Worüber wird informiert?) und **führst** schließlich **Textbelege an**, um deine Aussage zu unterstützen. Diese können als Zitat oder indirekt angegeben werden.
Außerdem wenden sich Texte immer an bestimmte **Zielgruppen** (**Frauen, Männer, Jugendliche, Fachleute, Eltern …**). Der Erscheinungsort eines Textes, der Inhalt, aber auch sprachliche Besonderheiten können Aufschluss darüber geben, an wen sich der Text wendet.

Texte beschreiben

# Eine begründete Stellungnahme verfassen

Nun muss Leyla eine begründete Stellungnahme schreiben. Diese kann sich auf eine Aussage des Textes oder auf eine Frage- bzw. Problemstellung, die der Text aufwirft, beziehen. Die Aufgabenstellung lautet:

→ S. 243

*Muster-erörterung*

> Erörtere, warum Scheidungskinder häufig unter der Trennung ihrer Eltern leiden.

**1** Lies dir ihre Behauptungen durch.
  - *Sie vermissen eine intakte Familie.*
  - *Sie bekommen oft die Streitigkeiten ihrer Eltern mit.*
  - *Sie fühlen sich vernachlässigt.*
  - *Sie haben nur zu einem Elternteil jederzeit Kontakt.*
  - *Sie glauben, mitverantwortlich für die Trennung zu sein.*

**2** Wähle zwei Behauptungen und notiere dir stichpunktartig jeweils eine passende Begründung und ein Beispiel.

**3** Formuliere nun deine Notizen von Aufgabe 2 aus und schreibe deine Lösung auf. Der Merkkasten hilft dir dabei.
Du kannst folgendermaßen beginnen:
*Im Folgenden werde ich Gründe erörtern, warum Scheidungskinder häufig unter der Trennung ihrer Eltern leiden. Ein Grund ist beispielsweise, dass …*

**4** Tauscht eure Argumente zu zweit miteinander und gebt euch gegenseitig Rückmeldung. Der Merkkasten hilft euch dabei.

✳ **5** Überarbeite deine Argumente gegebenenfalls.

## ① Eine begründete Stellungnahme verfassen

📄 S. 308

*Argument*

Beim Schreiben einer begründeten Stellungnahme musst du Folgendes beachten:
- Leite **mit einem Satz zum Thema hin**, z. B. *Im Folgenden / Nun werde ich erörtern, …*
- **Führe deine Argumente**, bestehend aus Behauptung, Begründung und Beispiel, **an**.
- Leite, wenn du deine Argumente formuliert hast, zur nächsten Aufgabenstellung über.

**Beachte:** Die Stellungnahme hat **weder Einleitung noch Schluss**.

*3.2 Weitere textbezogene Fragestellungen schriftlich zusammenhängend darstellen, dabei Argumente prüfen, gegeneinander abwägen und sinnvoll zu einer Argumentationskette verknüpfen und ausgehend von Fragen, die Texte aufwerfen, argumentieren*

Texte beschreiben

# Eine kreative Schreibaufgabe bearbeiten

Bevor Leyla den Schluss ihrer Textbeschreibung verfasst, hat sie noch eine kreative Schreibaufgabe zu erledigen. Die Aufgabe, die Frau Büttner gestellt hat, lautet:

> Verfasse einen inneren Monolog aus der Sicht Danielas, als sie sich auf den Weg ins Lokal zu Heinz macht.

**1** Leyla hat einen inneren Monolog verfasst.
a) Lies dir diesen zunächst durch.

*Ich freue mich, dass ich den Sonntag überstanden habe. Ich habe eigentlich gar keine Lust darauf, mich jeden Sonntag mit Papa treffen zu müssen und langweilige Gespräche mit ihm führen zu müssen.* Und ihm scheint es ja ähnlich zu gehen, denn er hat dauernd auf seine Uhr geschaut und mir dann gesagt, dass er um 4 Uhr verabredet ist. \* *Dann soll er doch zu seiner Verabredung, wenn sie ihm wichtiger ist als ich. Ich verstehe nicht, warum er darauf besteht, mich jeden Sonntag zu sehen.* Mama ist aber auch nicht besser. *Sie hat doch tatsächlich vor mir gesagt, dass Papa sich nur mit mir trifft, um sie zu ärgern.* Dass mich diese Aussage verletzt, merkt sie noch nicht einmal. Vielleicht ist es ihr aber auch egal. Ich bin so froh, dass ich Heinz habe. Er ist der Einzige, der sieht, wie es mir geht, und der nicht dauernd nur mit sich selbst beschäftigt ist, so wie meine Eltern. Wahrscheinlich wartet er schon auf mich. Ich kann es kaum erwarten, ihn zu sehen. *Ich bin wahnsinnig aufgeregt.* *Ich muss nur noch ein kleines Stück laufen, dann bin ich endlich bei ihm.*

*Ellipsen/ kürzere Sätze*

*\* Gefühle*
*Ausrufesatz*
*Fragesatz*

*Ausrufesatz*
*Ellipse*

b) Am Rand findest du Anmerkungen, was Leyla an ihrem Monolog noch verbessern könnte. Überarbeite den Monolog mithilfe dieser Randbemerkungen und des Merkkastens. Schreibe deine Lösung auf. Du kannst folgendermaßen beginnen:
*Endlich geschafft! Der Sonntag ist mal wieder überstanden …*
c) Vergleiche deine Lösung mit denen deiner Mitschülerinnen und Mitschüler.

**\* 2** Bearbeite eine weitere mögliche Kreativaufgabe, indem du eine Schilderung zu der Situation im Text schreibst, als Daniela in dem Lokal bei Heinz im Arm liegt (Z. 74 ff.).

**💡 Tipp**

*weitere Kreativaufgaben sind:*
*– Persönlicher Brief*
*– Tagebucheintrag*
*– Dialog*
*– Paralleltext*

## ⓘ Einen inneren Monolog aus Sicht einer Figur verfassen

Beim Schreiben eines inneren Monologs aus der Sicht einer Figur solltest du zuerst Textstellen markieren, in denen **Gedanken und Gefühle der Figur** deutlich werden. Versetze dich in die Figur hinein, damit dein Monolog **zum Textinhalt passt**. Schreibe in der **Ich-Form** und verwende eine **passende Zeitform** und einen **Schreibstil**, **der zur Figur passt**.

S. 314
*(innerer) Monolog*

*3.2 Weitere textbezogene Fragestellungen schriftlich zusammenhängend darstellen, dabei Gedanken, Gefühle und Wertungen reflektieren und ausdrucksstark darstellen*

Texte beschreiben

# Den Schluss zu einer Textbeschreibung verfassen

Im Schlussteil ihrer Textbeschreibung soll Leyla ihre Meinung zum Text und dessen Thema äußern. Eine Meinungsäußerung ist nur im Schluss erlaubt.

**1** Leyla hat sich zum Schlussteil Gedanken gemacht.
a) Lies diese durch.

*Es geht um ein Thema, das leider viele Kinder und Jugendliche betrifft …*

*Mir hat gut gefallen, dass am Ende die Hauptperson jemanden hat, der sie versteht und für sie da ist …*

b) Sprecht darüber, welche Meinung sie zur Kurzgeschichte „Sonntag" und zum Thema des Textes hat und tauscht euch anschließend über eure eigenen Meinungen aus.

**2** Schreibe nun selbst mithilfe des Merkkastens einen Schluss, der deine eigene Meinung zum Text und zum Thema widerspiegelt. Du kannst folgende Formulierungen verwenden:

– *Nachdem ich mich ausgiebig / intensiv mit dem Text befasst habe, …*
– *Mir gefällt der Text gut / nicht besonders gut, weil …*
– *Meiner Meinung nach / Ich für meinen Teil / Ich persönlich …*
– *Das Thema des Textes gefällt mir (weniger) … / spricht mich (weniger) an, da …*
– *Ich finde … / Ich bin der Ansicht / Meinung …*

✳ **3** Tauscht eure Schlussteile zu zweit miteinander und gebt euch gegenseitig Rückmeldung. Der Merkkasten hilft euch dabei.

---

## ⚠ Einen Schluss zu einer Textbeschreibung verfassen

Nachdem du dich im Hauptteil der Textbeschreibung sachlich mit dem Text auseinandergesetzt hast, steht im Schlussteil deine **eigene Meinung im Vordergrund**. Der Schluss setzt sich aus zwei Teilen zusammen:

1. **Meinung zum Text:** Gehe auf den Inhalt ein (Ist der Text anschaulich / informativ / interessant?) und begründe deine Ansichten (Was hat dir daran gefallen / nicht gefallen? Was wusstest du vorher noch nicht?).
2. **Meinung zum Thema:** Stelle einen eigenen Bezug zum Thema her (Warst du selbst bereits in einer ähnlichen Situation? Hast du bereits Erfahrung mit dem Thema? Kannst du dich in die Lage einer der beteiligten Personen hineinversetzen?).

☀ **Tipp**
*Bewerte nicht die Leistung des Autors oder der Autorin, sondern nimm Stellung zum Inhalt / Thema des Textes.*

---

2.1 Über die Ergebnisse der Leseprozesse reflektieren und die Erkenntnisse für die eigene Meinungsbildung nutzen
3.3 Hinweise aus Feedbackverfahren für Ergänzungen und Korrekturen nutzen

Texte beschreiben

# Überprüfe dein Wissen und Können

**1** **Verfasse nun selbst eine vollständige Textbeschreibung.**
a) Lies zunächst die Kurzgeschichte.

## Der alte Mann und der Fernseher

*Roswitha Vetter*

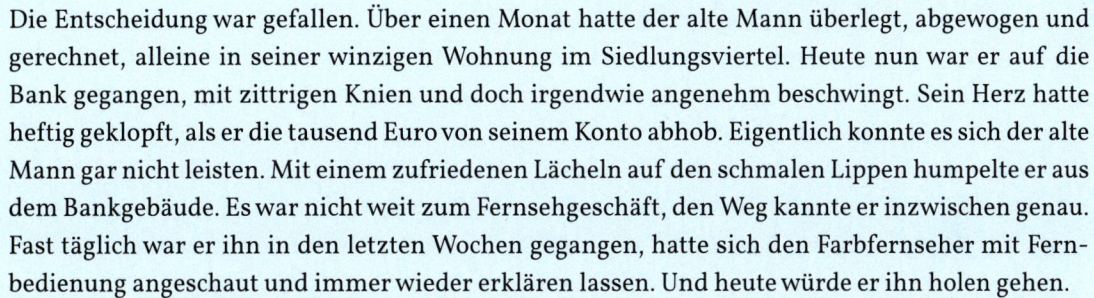

Die Entscheidung war gefallen. Über einen Monat hatte der alte Mann überlegt, abgewogen und gerechnet, alleine in seiner winzigen Wohnung im Siedlungsviertel. Heute nun war er auf die Bank gegangen, mit zittrigen Knien und doch irgendwie angenehm beschwingt. Sein Herz hatte heftig geklopft, als er die tausend Euro von seinem Konto abhob. Eigentlich konnte es sich der alte
5 Mann gar nicht leisten. Mit einem zufriedenen Lächeln auf den schmalen Lippen humpelte er aus dem Bankgebäude. Es war nicht weit zum Fernsehgeschäft, den Weg kannte er inzwischen genau. Fast täglich war er ihn in den letzten Wochen gegangen, hatte sich den Farbfernseher mit Fernbedienung angeschaut und immer wieder erklären lassen. Und heute würde er ihn holen gehen.

Nur noch eine Straße war zu überqueren. Aber eine äußerst unangenehme Straße. Die Rotpha-
10 se war oft zu kurz für ihn. Ungeduldig wartete er am Straßenrand, ein beträchtliches Stück von der heimtückischen Ampel entfernt. Fest hielt er seinen Stock umklammert. Da, eine Lücke in der Autoschlange. Entschlossen machte er einen Schritt nach vorn. Ohrenbetäubendes Hupen: ein Bus. Viel zu schnell kam er daher. Rasch brachte sich der alte Mann in Sicherheit. Er stolperte, sein Stock fiel zu Boden, die einzige Stütze, ohne die er sich unsicher und verloren fühlte. Er wusste,
15 wenn er sich nach ihm bückte, würde ihm schwindelig. Und das so nah am Straßenrand! Hilfesuchend drehte er den Kopf, doch die Leute hasteten vorüber, ohne ihn zu beachten. Also ließ er sich vorsichtig auf den Boden nieder. Was blieb ihm anderes übrig! Er taumelte, schwarze Ringe tanzten vor seinen Augen. Hart kniete er auf dem Pflaster, die Hände abgestützt.

Plötzlich hörte er ein Knattern in unmittelbarer Nähe. Er schrak zusammen. Es war ein Motor-
20 rad. Genau vor ihm hielt es. Eine Gestalt sprang herunter und kam auf ihn zu; behutsam richtete sie ihn auf und drückte ihm den Stock in die Hand. Der alte Mann sah sich erstaunt nach dem Befreier aus seiner misslichen Lage um. Und da brach es dem greisen Gesicht das Staunen aus. Der, den er da vor sich hatte, war ein junger Mann auf schlaksigen Beinen, die in engen Jeans steckten. Eine glänzende Lederjacke fehlte nicht.

25 Der alte Mann misstraute seinen müden Augen, zog umständlich eine Brille aus der Innentasche und setzte sie auf die Nase. Tatsächlich! Das war ein Halbstarker, ein Rocker oder wie die heißen. Das sollten doch so Burschen sein, die keinen Respekt vor anderen Leuten haben, die sich nur schlecht benehmen. Die ganz einfach ständig aus der Rolle fallen. Der Rocker brachte ihn über die Straße.

Nachdenklich humpelte der alte Mann weiter, und schon war er tatsächlich an dem Fernseh-
30 geschäft vorbeigegangen. Dabei griff er in seine Tasche! Ihm stockte der Atem. Hastig wühlte er darin herum. Er untersuchte auch noch die zweite Jackentasche, doch beide waren leer. Das Geld war verschwunden. Der alte Mann umklammerte seinen Stock, die andere Hand suchte an einer Hauswand Halt. Aus der Traum vom Farbfernseher und auch kein Geld mehr!

*3.2 Inhalt, vorherrschende Textfunktion bzw. Textsorte und weitere textbezogene Fragestellungen schriftlich zusammenhängend darstellen und damit das eigene Verständnis von literarischen Texten zum Ausdruck bringen*

Motorradknattern schreckte ihn abermals auf. „Da sind Sie ja." Es war der Rocker.
35 Er zog etwas aus seiner Lederjacke. „Sie haben das vorhin verloren." Das Geld! Der
alte Mann seufzte. Ein Lächeln huschte über sein Gesicht, mit zitternden Händen
nahm er das Geld entgegen. Er holte fünfzig Euro heraus und reichte diese dem Rocker. „Lassen Sie nur", sagte dieser und brauste davon. Lange sah ihm der alte Mann
nach. Und er war ganz sicher, dass er das mit den Rockern irgendwie durcheinander
40 gebracht hatte.　　　　　　　　　　　*Quelle: Lehrer-Journal. Hauptschulmagazin, 5 (1990). S. 27 – 30.*

b) Bearbeite nun folgende Aufgaben. Vergiss nicht, eine Gliederung zu erstellen.

 **Tipp**

*Du kannst deine Textbeschreibung auch am Computer verfassen. Dann fällt dir später das Überarbeiten leichter.*

> **Aufgaben**
> 1. Gib den Inhalt des Textes knapp wieder.
> 2. Beschreibe die sprachlichen Mittel, die die Autorin in Zeile 1 bis 29 einsetzt, um die Hilflosigkeit des alten Mannes deutlich zu machen.
> 3. Charakterisiere den „Rocker".
> 4. Der „Rocker" hilft dem alten Mann in der Kurzgeschichte. Erörtere, wie man alte Menschen im Alltag unterstützen kann.
> 5. Schreibe einen inneren Monolog aus der Sicht des alten Mannes, als er bemerkt, dass sein Geld verschwunden ist.

**2** Überprüfe mithilfe der Checkliste, was du an deiner Textbeschreibung noch verbessern kannst. Schreibe die Fehler, die dir aufgefallen sind, an den Rand. Wenn du am Computer gearbeitet hast, kannst du dafür den Korrekturmodus nutzen.

 **Portal**

WES-122965-077

**3** Überarbeite deine Textbeschreibung mithilfe deiner Ergebnisse aus Aufgabe 2.

---

## EINEN TEXT BESCHREIBEN　　　　　　　　　　　 **CHECKLISTE**

Ich habe …
- ☑ … mir den Text zunächst mehrmals durchgelesen.
- ☑ … eine Gliederung erstellt.
- ☑ … in der Einleitung der Textbeschreibung Autorin bzw. Autor, Titel, Textsorte und Quelle (Erscheinungsort und -datum) genannt und im Kernsatz das Wesentliche zusammengefasst.
- ☑ … den Inhalt knapp und mit meinen eigenen Worten wiedergegeben.
- ☑ … mich mit den sprachlichen Auffälligkeiten des Textes auseinandergesetzt, entsprechende Textbelege angeführt und die textbezogene Wirkung bestimmt.
- ☑ … eine Charakteristik zu einer literarischen Figur erstellt und meine Aussagen am Text belegt.
- ☑ … eine begründete Stellungnahme verfasst und dabei darauf geachtet, dass alle Argumente aus Behauptung, Begründung und Beispiel bestehen.
- ☑ … einen inneren Monolog verfasst, der die Gedanken und Gefühle der Person treffend wiedergibt.
- ☑ … im Schlussteil meine eigene Meinung zum Text und zum Thema geäußert.
- ☑ … Zitate in Anführungszeichen gesetzt und mit der jeweiligen Zeilenangabe versehen.
- ☑ … zwischen den einzelnen Teilen der Textbeschreibung Überleitungen verwendet.
- ☑ … meinen Aufsatz auf Grammatik, Zeichensetzung und Rechtschreibung überprüft.

Texte beschreiben

# Einen journalistischen Text beschreiben

Timo soll zu folgendem journalistischen Text eine Textbeschreibung erstellen.

**1** Lest euch den Kommentar zunächst einmal durch.

## Kommentar: „Frauen und Technik …"

*Von Peter Schmieder*

Noch immer gibt es die typischen „Männerberufe", in die sich Frauen kaum hineintrauen. Und wenn sie es doch tun, dann haben sie es meist schwer, ernst
5 genommen zu werden. Irgendwie haben auch die Kunden gerade in technischen Berufen offensichtlich mehr Vertrauen zu Männern – ohne überhaupt die Arbeitsleistung gesehen zu haben.

10 „Es kann nicht sein, dass die Technik eine Männerdomäne bleibt", sagte Landrat Wilhelm Schneider zur Eröffnung des neuen MINT-Labors am Haßfurter Gymnasium. Damit hat er Recht und es
15 ist sicher eine gute Idee, wenn Schulen ihre Möglichkeit nutzen, den Mädchen beizubringen, dass sie in Naturwissenschaft und Technik genauso ihre Zukunft suchen sollen wie ihre männlichen
20 Mitschüler.

Doch das Problem beginnt schon viel früher, denn schon in der frühesten Kindheit werden Mädchen und Jungs meist unterschiedlich geprägt. Selbst
25 wenn die Eltern eine typisch männliche oder typisch weibliche Erziehung vermeiden wollen, können sie kaum verhindern, dass Oma, Opa, Onkel und Tante dann doch dem Mädchen eine Puppe und dem Buben einen Lastwagen 30 schenken. Überhaupt: Gehen Sie mal in einen Laden und versuchen Sie, nicht gegenderte Kinderkleider oder Spielsachen zu finden. Fast alles ist entweder blau mit Astronauten, Piraten oder sonstigen 35 starken Männern, oder rosa mit Prinzessinnen. Und es wird immer mehr: Gab es vor einigen Jahren einfach nur Smarties und Kinderüberraschung, gibt es jetzt das Überraschungsei für Jungs 40 und das Überraschungsei für Mädchen, Jungs-Smarties und Mädchen-Smarties und sogar Buben-Tee und Mädchen-Tee.

Und dann gibt es immer noch die Erwachsenen, die einem Mädchen, das sich 45 in der Spielwarenabteilung Autos, Eisenbahnen oder Ritterburgen anschaut, freundlich lächelnd sagen: „Das ist doch nix für dich, das ist die Abteilung für die Jungs."

Oder Klischees wie: „Frauen können 50 nicht Auto fahren." Natürlich sind das alles Kleinigkeiten, aber all diese Kleinigkeiten zusammen genommen führen eben doch dazu, dass die Kinder verin- 55 nerlichen: „Ich kann das nicht, weil ich ein Mädchen bin."

*Quelle: Main Post, 22.11.2019*

**MINT**
*ist die Abkürzung für Mathematik, Informatik, Naturwissenschaft und Technik. Je nach Kontext sind damit Berufsfelder, Studiengänge oder Schulfächer gemeint.*

**2** Sprecht in der Klasse darüber, worum es in dem Text geht.

**3** Frau Schmidt, Timos Deutschlehrerin, hat der Klasse mehrere Arbeitsaufträge für ihre Textbeschreibung gestellt.

a) Lest euch die einzelnen Aufgaben zunächst genau durch.

> **Aufgaben**
> 1. Fasse den Inhalt des Kommentars so zusammen, dass der Textaufbau zu erkennen ist.
> 2. Beschreibe die sprachlichen Besonderheiten des Textes und ihre Wirkung.
> 3. Weise anhand von typischen Merkmalen nach, dass es sich bei dem vorliegenden Text um einen Kommentar handelt.
> 4. Erörtere Gründe, warum sich noch immer viele Frauen nicht trauen, einen typischen „Männerberuf" zu ergreifen.
> 5. Verfasse ein Interview mit einer Frau, die sich für einen typischen „Männerberuf" entschieden hat.

b) Überlegt, welche Art von Inhaltszusammenfassung bei der ersten Aufgabe verlangt wird und welche Teile der Textbeschreibung ihr über die genannten Aufgaben hinaus noch selbst ergänzen müsst, damit die Textbeschreibung komplett ist.

**4** Frau Schmidt hätte der Klasse noch andere Aufgaben stellen können. Lest diese und ordnet sie mithilfe des Merkkastens den fünf darin genannten Aufgabenbereichen zu.

> Schreibe eine Schilderung zum Thema „Mein erster Tag als Kfz-Mechatronikerin".

> Erörtere Maßnahmen, um zu fördern, dass mehr Frauen einen typischen „Männerberuf" ergreifen und mehr Männer einen typischen „Frauenberuf".

> Schreibe einen Dialog zwischen einer Erzieherin und dem neuen Kollegen über die anfänglichen Vorurteile der Frau ihm gegenüber.

> Gehe auf mögliche Verfasserabsichten und Zielgruppen des Textes ein.

## ⓘ Einen journalistischen Text aufgabengeleitet beschreiben

Zur Textbeschreibung eines journalistischen Textes gehören üblicherweise **fünf Aufgabenstellungen**:
Eine **strukturierte Inhaltszusammenfassung**, die **Sprachanalyse**, die Auseinandersetzung mit **Besonderheit des Textes**, z. B. der **Textsorte**, der **Zielgruppe** oder möglicher **Verfasserabsichten**, eine **begründete Stellungnahme zu einer Textaussage** oder zu einer **Frage- bzw. Problemstellung, die der Text aufwirft,** und eine **kreative Schreibaufgabe**, z. B. ein **innerer Monolog**, eine **Schilderung**, ein **Tagebucheintrag**, ein **persönlicher Brief** oder ein **Dialog**. Die Textbeschreibung beginnt mit der Einleitung und endet mit dem Schluss.

Texte beschreiben

# Eine Gliederung erstellen

Timo erstellt als Erstes eine Gliederung.

**1** Lest seine Gliederung zunächst.

---

**Gliederung**

**A.** In dem Kommentar geht es darum, dass noch immer wenige Frauen einen typischen Männerberuf ergreifen.

**B.** Auseinandersetzung mit dem Text „Frauen und Technik …"

   1. Strukturierte Inhaltszusammenfassung

      a) Entscheidung des Großteils der Frauen gegen einen Männerberuf (Z. 1 – …)

      b) Heranführung von Mädchen an Naturwissenschaft und Technik an einem Haßfurter Gymnasium mithilfe eines MINT-Labors (Z. … – …)

      c) …

   2. Sprachanalyse

      a) Satzarten und Satzbau

      b) …

      c) …

   3. Textsorte: Kommentar

   4. Erörterung: Gründe, warum sich noch immer so viele Frauen nicht trauen, einen typischen „Männerberuf" zu ergreifen.

   5. Interview mit einer Frau in einem Männerberuf

**C.** Mir hat der Kommentar „Frauen und Technik" gut gefallen, weil er ein Thema aufgreift, das noch immer aktuell ist.

---

**2** Sprecht darüber, wie die Gliederung einer Textbeschreibung aufgebaut ist und an welcher Stelle sich Timo mit den ihm gestellten Aufgaben auseinandersetzt. Der Merkkasten hilft euch dabei.

**3** Die Gliederung ist inhaltlich nicht ganz vollständig. Ergänze die fehlenden Informationen auf einer Kopie der Buchseite oder der Vorlage aus dem Portal.

 **Portal**

*WES-122965-078*

## ⓘ **Eine Gliederung erstellen**

Die Gliederung zur Textbeschreibung setzt sich aus drei Teilen zusammen:

**A. Einleitung:** Gib in einem Satz wieder, welche **Textsorte** vorliegt und **worum es in dem Text geht**.

**B. Texterschließung:** Führe im Hauptteil der Gliederung die Aufgaben an, die in der **Aufgabenstellung genannt werden**.

**C. Schluss:** Drücke in einem Satz deine **eigene Meinung** zum Text aus.

**Beachte: Einleitung** und **Schluss** tauchen in den Erschließungsaufgaben nicht auf. Du musst sie **sowohl in der Gliederung als auch in der Ausarbeitung selbst ergänzen**.

*2.1 Organisierende Techniken (z. B. Gliederung) routiniert anwenden*
*4.3 Die korrekte Schreibweise in Gliederungen anwenden*

Texte beschreiben

# Eine Einleitung formulieren

Nach dem Erstellen der Gliederung beginnt Timo mit der eigentlichen Textbeschreibung. Als Erstes verfasst er die Einleitung zum Kommentar „Frauen und Technik …".

**1** Informiere dich mithilfe des Merkkastens darüber, welche Informationen in der Einleitung enthalten sein müssen, suche die entsprechenden Informationen im Text und schreibe diese stichpunktartig auf.

**2** Timo und seine Mitschüler/-innen haben beim Sammeln der Informationen bemerkt, dass sie den Kerninhalt des Textes unterschiedlich wiedergegeben haben.
a) Lest euch die verschiedenen Vorschläge der Schüler/-innen durch.

*Auch heute noch entscheiden sich zu wenige Frauen für einen typischen „Männerberuf".*

*Am Haßfurter Gymnasium gibt es jetzt ein MINT-Labor, um Mädchen dazu zu bringen, dass sie sich mehr mit Naturwissenschaft und Technik beschäftigen.*

*Nur sehr wenige Frauen haben einen typischen Männerberuf. Das Haßfurter Gymnasium will dies ändern. Mädchen sollen durch das neue MINT-Labor für Naturwissenschaft und Technik interessiert werden. Denn sie bekommen oft von klein auf typische Mädchenspielsachen geschenkt, auch in den Geschäften gibt es immer mehr Produkte speziell für Mädchen. Und Mädchen, die sich für Jungs-Spielsachen interessieren, werden davon abgebracht und aufgefordert, sich lieber mit Spielzeug für Mädchen zu beschäftigen.*

b) Sprecht darüber, wem von den dreien es am besten gelungen ist, den Kerninhalt des Kommentars wiederzugeben. Geht auch darauf ein, welchen Fehler die beiden anderen gemacht haben.

**3** Verfasse mithilfe deiner Stichpunkte aus Aufgabe 1 eine vollständige Einleitung.

## ① Eine Einleitung schreiben

In der Einleitung nennst du **Autorin bzw. Autor, Titel, Textsorte, Quelle (Erscheinungsort und -datum)** und **Kerninhalt**. Der Kerninhalt fasst das Thema des Textes in 1 – 2 Sätzen zusammen.
Tipp: Sollte eine der Angaben fehlen, z. B. Erscheinungsort und Erscheinungsdatum, schreibst du: „Erscheinungsort und Erscheinungsdatum des Textes sind nicht bekannt."

Texte beschreiben

# Den Inhalt strukturiert zusammenfassen

Timo fasst als Nächstes den Inhalt des Kommentars zusammen. Da es sich um einen journalistischen Text handelt, schreibt er eine strukturierte Inhaltszusammenfassung.

**1** Lies dir dafür den Kommentar noch ein weiteres Mal aufmerksam durch.

**2** Teile den Text in Sinnabschnitte ein und markiere darin Schlüsselstellen. Nutze hierfür eine Kopie der Buchseite oder die Vorlage aus dem Portal. Orientiere dich dabei an dem bereits vorgegebenen Beispiel auf Seite 225.

**Portal**

*WES-122965-079*

**3** Schreibe den Inhalt der einzelnen Sinnabschnitte stichpunktartig auf und suche eine passende Überschrift für jeden Sinnabschnitt. Das folgende Beispiel hilft dir dabei.
*Sinnabschnitt 1 (Zeile 1–9): Wenige Frauen üben Männerberufe aus.*
- *Es gibt immer noch typische „Männerberufe".*
- *Frauen trauen sich oft nicht, einen solchen Beruf zu ergreifen.*
- *Die, die einen Männerberuf ergreifen, werden oft nicht ernst genommen.*

**4** Verfasse nun mithilfe deiner Notizen aus Aufgabe 3 und mithilfe des Merkkastens eine strukturierte Inhaltszusammenfassung. Folgende Formulierungen helfen dir dabei:

- *Zunächst soll der Inhalt des Textes zusammengefasst werden.*
- *Inhaltlich gliedert sich der Text in … Sinnabschnitte.*
- *Zu Beginn / Zunächst / Einleitend (Z. …) wird sich damit befasst, dass …*
- *Im Anschluss daran / Anschließend (Z. …) geht es darum, dass …*
- *In den Zeilen … bis … schreibt der / die Verfasser / -in von …*
- *Des Weiteren (Z. …) informiert der / die Autor / -in über … / weist er / sie darauf hin …*
- *Dass …, erfährt man im dritten / vierten / fünften Sinnabschnitt (Z. …).*
- *Zum Schluss / Am Ende des Textes / Abschließend (Z. …) geht der / die Autor / -in darauf ein, dass …*

---

### ⓘ Eine strukturierte Inhaltszusammenfassung verfassen

Wenn du einen journalistischen Text zusammenfasst, gehe in folgenden fünf Schritten vor: **Gliedere** den Text **in Sinnabschnitte, markiere Schlüsselstellen, notiere** den **Inhalt stichpunktartig, suche eine Überschrift** für den Sinnabschnitt und **formuliere** die **Stichpunkte** schließlich aus.
**Beachte:** Bei der strukturierten Inhaltszusammenfassung musst du auf die **Struktur** des Textes eingehen, also die Sinnabschnitte zusammenfassen. Gib dabei immer die **Zeilenangaben** an und mache deutlich, was deren **Funktion** ist, z. B. informieren (*worüber?*), Ursachen benennen, Folgen aufzeigen usw.

Texte beschreiben

# Die Sprache eines Textes analysieren

Im nächsten Schritt muss Timo die Sprache des Textes genauer analysieren.

**1** Am Ende des Buches findest du eine Tabelle mit wichtigen sprachlichen Besonderheiten und deren Wirkung.

a) Gib mithilfe der Tabelle an, um welches sprachliche Mittel es sich bei den folgenden Beispielen jeweils handelt.

- *Und jetzt?*                     – *Ist das zu glauben?*
- *Festplatte, Treiber, Server*    – *Toll gemacht!*
- *bildungsfern*                   – *Beispiele dafür gibt es wie Sand am Meer.*

b) Bestimme mithilfe der Tabelle am Ende des Buches die in dem Kommentar „Frauen und Technik …" unterstrichenen sprachlichen Besonderheiten und gib deren textbezogene Wirkung an. Trage deine Lösung in eine Tabelle oder in die Vorlage aus dem Portal ein. Orientiere dich dabei an dem vorgegebenen Beispiel.

✎ **Portal**

WES-122965-080

💡 **Tipp**

*Schau dir, um die textbezogene Wirkung zu bestimmen, zunächst noch einmal die allgemeine Wirkung in der Tabelle am Buchende an.*

| Bereich | sprachliche Besonderheit | Textbeispiel | textbezogene Wirkung |
|---|---|---|---|
| Satzarten und Satzbau | Häufung von Satzgefügen | „Noch immer gibt es die typischen ‚Männerberufe', in die […] hineintrauen. Und wenn sie es doch tun, dann […] zu werden." (Z. 1–5) | Der Autor will die Problematik, dass Jungen und Mädchen auch heute noch unterschiedlich aufwachsen, deutlich machen. |
| Wortwahl | … | „blau" (Z. 34) „rosa" (Z. 36) | … |
| sprachliche Mittel | … | … | … |
|  | … | … | … |
|  | … | … | … |

c) Vergleicht eure Lösungen von Aufgabe b) miteinander.

**2** Timo hat damit begonnen, die Sprachanalyse zu verfassen.

a) Lies dir den Anfang seiner Sprachanalyse aufmerksam durch.

> *Im Folgenden werden die sprachlichen Besonderheiten des Textes „Frauen und Technik …" analysiert. Bezüglich des Satzbaus und der Satzarten fällt auf, dass in dem Kommentar viele Satzgefüge enthalten sind, z. B. „Noch immer gibt es die typischen ‚Männerberufe', in die sich Frauen kaum hineintrauen. Und wenn sie es doch tun, dann […]" (Z. 1–3) oder „Damit hat er Recht und es ist sicher eine gute Idee, wenn Schulen […]" (Z. 14–20). Diese werden vom Autor eingesetzt, um*

*komplexe Sachverhalte wiederzugeben. Peter Schmieder will den Lesern die Problematik, dass Mädchen und Jungs auch in der heutigen Zeit noch unterschiedlich aufwachsen, deutlich machen, was dann auch auf die spätere Berufswahl der Frauen Auswirkungen hat.*

*Betrachtet man die Wortwahl des Autors, so fällt auf, dass er treffende Adjektive verwendet („blau", Z. 36; „rosa", Z. 34). So wird veranschaulicht, dass es eine ganz klare Trennung zwischen den Produkten für Mädchen und den Produkten für Jungs gibt: Alles, was rosa ist, soll die Mädchen ansprechen, Produkte in der Farbe Blau dagegen die Jungs.*

b) Erkläre mithilfe des Merkkastens, wie Timo beim Verfassen vorgegangen ist.
c) Vervollständige nun Timos Sprachanalyse. Formuliere hierzu alle noch nicht angesprochenen sprachlichen Auffälligkeiten aus der Tabelle von Aufgabe 1 aus. Folgende Formulierungen helfen dir dabei:

- *Der / Die Autor / -in / Verfasser / -in verwendet / benutzt / gebraucht / wählt / bevorzugt / setzt … ein …*
- *Der Text / Der Kommentar beinhaltet / enthält / weist … auf …*
- *Im Text sind … enthalten / kommen … vor / sind … vorhanden / treten … auf.*
- *Bezüglich der Wortwahl / der Stilmittel / des Satzbaus / der Satzarten / der Sprachebene fällt auf …*
- *Auffällig sind auch / Ins Auge fallen auch die …*
- *Eine weitere sprachliche Auffälligkeit ist …*

**3** Tauscht eure Sprachanalysen zu zweit miteinander und gebt euch gegenseitig Rückmeldung. Der Merkkasten hilft euch dabei.

---

### ⓘ Die Sprache eines Textes beschreiben

Bei der Beschreibung der Sprache eines Textes musst du auf die drei Bereiche **Satzarten und Satzbau, Wortwahl** und **sprachliche Mittel** eingehen.
Dabei gehst du folgendermaßen vor:
1. **Gib an**, mit **welchem sprachlichen Bereich** du dich gerade befasst, z. B. *„Bezüglich des Satzbaus und der Satzarten des Textes fällt auf …"*
2. **Nenne** die **sprachliche Auffälligkeit**.
3. **Liefere** hierfür **Beispiele aus dem Text mit den entsprechenden Zeilenangaben**.
4. **Stelle** die **Wirkung** des sprachlichen Merkmals **bezogen auf den Text** dar. Es reicht nicht aus, wenn du lediglich die allgemeine Wirkung der sprachlichen Auffälligkeit benennst.
5. **Setze** dich nun mit weiteren sprachlichen Besonderheiten aus diesem Bereich auf dieselbe Weise auseinander.

Wenn du alle sprachlichen Auffälligkeiten des ersten Bereichs analysiert hast, verfährst du mit den anderen beiden Bereichen ebenso.

**Achtung:** Achte stets auf eine korrekte Zitiertechnik!

S. 319
*Zitat*

---

Texte beschreiben

# Die Textsorte bestimmen

Nachdem Timo die Sprache des Kommentars „Frauen und Technik …" analysiert hat, muss er nun die Textsorte nachweisen.

→ S. 160 ff.

*die Textsorte Kommentar verstehen und erschließen*

**1** Im Folgenden findest du die Merkmale eines Kommentars.

a) Sieh sie dir an und überlege dir, welche auf den Kommentar „Frauen und Technik …" zutreffen.

- Der Name der Autorin / des Autors ist angegeben.
- Sie haben Überschriften wie „Meinung", „Kommentar" oder „Angemerkt".
- Oft sind Kommentare optisch durch einen Rahmen hervorgehoben.
- Normalerweise haben Kommentare außer Autorenportraits keine Bilder.
- Kommentare weisen auf aktuelle Probleme oder Missstände hin.
- Zunächst wird das Thema / das Problem genannt, um das es geht, anschließend äußert der / die Autor / -in die eigene Meinung zum Thema und widerlegt gegnerische Argumente. Im Fazit stehen ein Wunsch, ein Appell oder ein Ausblick.
- Die jeweilige Meinung kommt klar zum Ausdruck.
- Typische sprachliche Auffälligkeiten sind rhetorische Fragen oder Hyperbeln.

b) Erstelle eine Tabelle. Trage in die linke Spalte die Merkmale ein, die auf den Text „Frauen und Technik …" zutreffen, und notiere in der rechten Spalte den entsprechenden Textbeleg. Orientiere dich dabei an dem vorgegebenen Beispiel.

| Textsortenmerkmal | Textbeleg/inhaltlicher Beweis |
|---|---|
| Die Meinung des Autors kommt klar zum Ausdruck. | Er findet, dass unsere Gesellschaft schuld ist, dass kaum Frauen einen Männerberuf ausüben, Mädchen wachsen noch immer anders auf als Jungen („Selbst wenn die Eltern eine typisch männliche oder typisch weibliche Erziehung vermeiden wollen", Z. 24 – 27). |
| Der Name des Autors ist angegeben. | … |
| … | … |

**2** Timo hat bereits damit begonnen, die Informationen aus der Tabelle von Aufgabe 1 auszuformulieren.

a) Lies dir den Anfang seiner Textsortenbestimmung aufmerksam durch.

*Als Nächstes soll die Textsorte bestimmt werden. Dass es sich bei dem vorliegenden Text eindeutig um einen Kommentar handelt, kann man daran erkennen, dass er zahlreiche Merkmale dieser Textsorte aufweist. Für diese Textsorte spricht beispielsweise, dass die Meinung des Autors klar zum Ausdruck kommt. Der Verfasser des Kommentars vertritt die Ansicht, dass unsere Gesellschaft schuld daran*

*3.2 Die vorherrschende Textsorte schriftlich zusammenhängend darstellen und damit das eigene Verständnis von pragmatischen Texten zum Ausdruck bringen*

ist, dass nur wenige Frauen einen Männerberuf ausüben, weil Mädchen noch immer anders aufwachsen als Jungs („*Selbst wenn die Eltern* […], *können sie kaum verhindern, dass Oma, Opa, Onkel und Tante dann doch dem Mädchen eine Puppe und dem Buben einen Lastwagen schenken*", Z. 24–31 oder „*Überhaupt: Gehen Sie mal in einen Laden und versuchen Sie, nicht gegenderte Kinderkleider oder Spielsachen zu finden*", Z. 31 ff.). Ein weiteres typisches Merkmal des Kommentars ist, dass der Name des Autors angegeben ist …

**Portal**

WES-122965-081

b) Markiere mit verschiedenen Farben auf der Kopie der Buchseite oder der Vorlage aus dem Portal die Überleitung zur Textsortenbestimmung, den Textsortenmerkmalen und den Textbelegen.

c) Führe Timos Textsortenbestimmung fort. Nutze hierfür deine Tabelle von Aufgabe 1 auf der vorherigen Seite. Auch der Merkkasten hilft dir dabei. Um deine Satzanfänge abwechslungsreich zu gestalten, kannst du folgende Formulierungen verwenden:

- *Für die Textsorte … spricht …*
- *Ein weiteres Merkmal dieser Textsorte ist …*
- *Zu nennen wäre auch …*
- *Typisch für … ist, dass …*
- *Zu erwähnen wäre weiterhin, dass …*
- *Dass …, spricht ebenfalls für die Textsorte …*
- *Auch … ist typisch für die Textsorte …*

**3** Tauscht eure Textsortenbestimmungen zu zweit miteinander und gebt euch gegenseitig Rückmeldung. Der Merkkasten hilft euch dabei.

✳ **4** Überarbeite deine Textsortenbestimmung gegebenenfalls.

## ⊙ Die Textsorte bestimmen

Bei der Textsortenbestimmung gehst du folgendermaßen vor:

1. **Nenne** die **Textsorte**: *z. B. Bei dem vorliegenden Text handelt es sich eindeutig um einen Kommentar, …*

2. **Beweise** deine Zuordnung **mithilfe der auf den Text zutreffenden Textsortenmerkmale**: *z. B. Dafür spricht, dass der Autor seine Meinung zum Thema klar zum Ausdruck bringt.*

3. **Belege** deine Aussagen **mit geeigneten Textstellen. Es reicht nicht aus**, lediglich **Stellen aus dem Text abzuschreiben**. Du musst deine Aussagen mit deinen **eigenen Worten** am Text belegen: *z. B. Er vertritt die Ansicht, dass unsere Gesellschaft schuld daran ist, dass nur wenige Frauen einen Männerberuf ausüben, weil Mädchen noch immer anders aufwachsen als Jungen („Selbst wenn die Eltern eine typisch weibliche Erziehung vermeiden wollen", Z. 25–32).*

**Beachte:** Vergiss nicht, bei deinen Textbelegen stets die entsprechenden Zeilenangaben anzugeben. Nicht zu jedem Merkmal findet sich ein Textbeleg, z. B. lässt sich nicht am Text belegen, dass ein Kommentar normalerweise kein Bild enthält. Daher erwähnst du dies nur.

---

Texte beschreiben

# Verfasserabsichten und Zielgruppen eines Textes erkennen

Statt der Textsortenbestimmung hat Ellas Lehrer Herr Schubert seiner Klasse die Aufgabe gegeben, die Verfasserabsichten und die Zielgruppen des Textes darzustellen.

 S. 310
Cluster

**1** Sammelt gemeinsam Ideen, welche Absichten Peter Schmieder mit seinem Kommentar „Frauen und Technik …" verfolgen könnte und an wen er sich wendet. Der Merkkasten hilft euch dabei. Eure Ergebnisse könnt ihr in einem Cluster darstellen.

 **Portal**
WES-122965-082

**2** Vervollständige folgenden Lückentext über die Verfasserabsichten und Zielgruppen von Schmieders Kommentar und ergänze weitere Ideen aus Aufgabe 1. Schreibe deine Lösung auf oder nutze die Vorlage aus dem Portal.

Peter Schmieder will mit seinem Kommentar einerseits 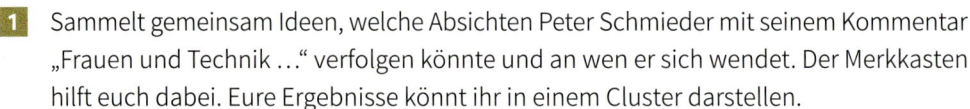, dass Frauen noch immer kaum Männerberufe ergreifen (vgl. Z. 1 – 5). Er 🔖 aber auch, dass dies daran liegt, dass Mädchen und Jungen noch immer nicht gleich behandelt werden („schon in der frühesten Kindheit werden Mädchen und Jungs meist unterschiedlich geprägt", Z. 22 – 24). Die Leserinnen und Leser des Kommentars sollen 🔖, dass sich dies in Zukunft ändert, was an seinen Aussagen „‚Es kann nicht sein, dass die Technik eine Männerdomäne bleibt' […]. Damit hat er Recht" (Z. 10 – 14) zu erkennen ist.

Der Autor richtet sich mit seinem Text an 🔖. Von den 🔖 erhofft er sich, dass mehr von ihnen in Zukunft Männerberufe ergreifen („es ist sicher eine gute Idee, […], den Mädchen beizubringen, dass sie in Naturwissenschaft und Technik genauso ihre Zukunft suchen sollen, wie ihre männlichen Mitschüler", Z. 14 – 20). 🔖 sollen sie ernst nehmen und in ihrem Vorhaben unterstützen („Noch immer gibt es die typischen ‚Männerberufe', in die sich Frauen kaum hineintrauen. Und wenn sie es doch tun, dann haben sie es meist schwer, ernst genommen zu werden", Z. 1 – 5).

## ⓘ Verfasserabsichten und Zielgruppen erkennen und formulieren

Die Absicht der Verfassern bzw. des Verfassers kann ganz unterschiedlich sein: **informieren, auf etwas aufmerksam machen, kritisieren, Interesse wecken, zum Nachdenken anregen, instruieren (= von etwas in Kenntnis setzen), unterhalten, appellieren.** Manchmal verfolgt die Autorin bzw. der Autor nicht nur eine, sondern mehrere Absichten.

Beim Schreiben der Verfasserabsicht **nennst** du zuerst die **Absicht**, die mit dem Text verfolgt wird (z. B. informieren). Anschließend **erklärst** du diese **Absicht näher** (z. B. Worüber wird informiert?) und **führst** schließlich **Textbelege an**, um deine Aussage zu unterstützen. Diese können als Zitat oder indirekt angegeben werden.

Außerdem wenden sich Texte immer an bestimmte **Zielgruppen** (**Frauen, Männer, Jugendliche, Fachleute, Eltern …**). Der Erscheinungsort eines Textes, der Inhalt, aber auch sprachliche Besonderheiten können Aufschluss darüber geben, an wen sich der Text wendet.

Texte beschreiben

# Eine begründete Stellungnahme verfassen

Timos nächste Aufgabe besteht darin, eine begründete Stellungnahme zu schreiben. Diese kann sich auf eine Aussage des Textes oder eine Frage- bzw. Problemstellung, die der Text aufwirft, beziehen. Die Aufgabenstellung lautet:

> Erörtere, warum noch immer so viele Frauen keinen typischen „Männerberuf" ergreifen.

Timo hat sich einige Behauptungen, die ihm zu der vorgegebenen Aufgabenstellung eingefallen sind, notiert.

**1** Lies dir seine Behauptungen durch.

> — *Viele Frauen fühlen sich einem Männerberuf körperlich nicht gewachsen.*
> — *Sie haben dort überwiegend männliche Arbeitskollegen.*
> — *Frauen haben Angst, in einem Männerberuf nicht ernst genommen zu werden.*
> — *Frauen interessieren sich weniger für Technik als Männer.*

※ **Tipp**

*Manchmal enthält der Text bereits sinnvolle Behauptungen oder passende Beispiele, die du für deine Stellungnahme nutzen kannst.*

**2** Entscheide dich für zwei Behauptungen und finde jeweils eine passende Begründung und ein Beispiel.

**3** Formuliere nun deine Notizen von Aufgabe 2 aus und schreibe deine Lösung auf. Der Merkkasten hilft dir dabei. Du kannst folgendermaßen beginnen:
*Im Folgenden werde ich Gründe erörtern, warum auch heute noch immer so viele Frauen keinen typischen „Männerberuf" ergreifen. Ein möglicher Grund könnte sein, dass …*

**4** Tauscht eure Argumente zu zweit miteinander und gebt euch gegenseitig Rückmeldung.
Der Merkkasten hilft euch dabei.

✱ **5** Überarbeite deine Argumente gegebenenfalls.

---

ⓘ **Eine begründete Stellungnahme verfassen**

Beim Schreiben einer begründeten Stellungnahme musst du Folgendes beachten:
- Leite **mit einem Satz zum Thema hin**, z. B. *Im Folgenden/ Nun werde ich erörtern, …*
- **Führe deine Argumente**, bestehend aus Behauptung, Begründung und Beispiel **an**.
- **Leite, wenn** du deine Argumente formuliert hast, zur nächsten Aufgabenstellung über.
**Beachte:** Die Stellungnahme hat **weder Einleitung noch Schluss**.

 S. 308
*Argument*

---

*3.2 Weitere textbezogene Fragestellungen schriftlich zusammenhängend darstellen, dabei Argumente prüfen, gegeneinander abwägen und sinnvoll zu einer Argumentationskette verknüpfen und ausgehend von Fragen, die Texte aufwerfen, argumentieren*

Texte beschreiben

# Eine kreative Schreibaufgabe bearbeiten

**S. 312**
*Interview*

💡 **Tipp**

*weitere Kreativ-
aufgaben sind:*
*– Schilderung*
*– Tagebuch-
   eintrag*
*– Dialog*
*– innerer Monolog*
*– Brief*

Bevor Timo den Schluss seiner Textbeschreibung verfasst, hat er noch eine kreative Schreibaufgabe zu erledigen. Die Aufgabe, die Frau Schmidt gestellt hat, lautet:

> Verfasse ein Interview mit einer Frau, die sich für einen typischen Männerberuf entschieden hat.

**1** Sprecht darüber, was euch aus den letzten Schuljahren über das Interview im Gedächtnis geblieben ist. Ihr könnt dafür auch den Merkkasten zu Hilfe nehmen.

**2** Im Folgenden findest du die Fragen, die sich Timo für das Interview ausgedacht hat.
a) Lies dir die Fragen zunächst durch.

> **Timo:** Hallo Frau Lang, schön, dass Sie sich die Zeit für mein Interview nehmen.
> **Frau Lang:** …
> **Timo:** Ich möchte mit Ihnen sprechen, weil Sie einen für Frauen eher untypischen Beruf haben. Wie lautet die Berufsbezeichnung und seit wann arbeiten Sie in diesem Beruf?
> **Frau Lang:** …
> **Timo:** Warum haben Sie gerade diesen Beruf gewählt?
> **Frau Lang:** …
> **Timo:** Aber hatten Sie nie Bedenken, dass Sie dem Ganzen nicht gewachsen sein könnten, dass Sie sich falsch entschieden haben?
> **Frau Lang:** …
> **Timo:** Welchen Ratschlag würden Sie anderen jungen Frauen geben, die sich ebenfalls mit dem Gedanken tragen, einen typischen Männerberuf zu ergreifen?
> **Frau Lang:** …
> **Timo:** Danke, dass Sie sich die Zeit für uns genommen haben. Ich wünsche Ihnen für die Zukunft weiterhin alles Gute.

**Portal**

*WES-122965-083*

b) Ergänze Frau Langs fehlende Antworten. Nutze dazu die Vorlage aus dem Portal.
c) Tragt das Interview zu zweit vor der Klasse vor.

ℹ️ **Ein Interview erstellen**

– Formuliere ausgehend von dem Text Fragen, die du stellen willst.
– **Starte mit der Begrüßung** der Interviewpartnerin bzw. des Interviewpartners.
– **Stelle deine Fragen**. Achte auf eine **sinnvolle Reihenfolge der Fragen** und **gehe darin auf** die Antworten ein.
– Sei **höflich** und **bedanke dich am Ende** des Interviews für das Gespräch.

Texte beschreiben

# Den Schluss zu einer Textbeschreibung verfassen

Im Schluss der Textbeschreibung ist Timos Meinung zum Text und dessen Thema gefragt. Der Schlussteil ist der einzige Teil der Textbeschreibung, in dem eine Meinungsäußerung erlaubt ist.

**1** Timo hat sich zum Schlussteil Gedanken gemacht.
a) Lies sie dir durch.

> *Mir hat der Kommentar gut gefallen. Er macht deutlich, dass es noch immer keine Selbstverständlichkeit ist, dass Frauen einen Männerberuf ergreifen.*

> *Das Thema ist aktuell und interessant, weil viele Menschen noch immer Vorurteile gegenüber Mädchen und Jungen und deren Fähigkeiten haben.*

b) Sprecht darüber, welche Meinung er zum Kommentar „Frauen und Technik …"
und zum Thema des Textes hat und tauscht euch anschließend über eure eigenen
Meinungen aus.

**2** Schreibe nun selbst mithilfe des Merkkastens einen Schluss, der deine eigene Meinung
zum Text und zum Thema widerspiegelt. Du kannst folgende Formulierungen verwenden:

– *Nachdem ich mich ausgiebig / intensiv mit dem Text befasst habe, …*
– *Mir gefällt der Text gut / nicht besonders gut, weil …*
– *Meiner Meinung nach / Ich für meinen Teil / Ich persönlich …*
– *Das Thema des Textes gefällt mir (weniger) … / spricht mich (weniger) an, da …*
– *Ich finde … / Ich bin der Ansicht / Meinung …*

✳ **3** Tauscht eure Schlussteile zu zweit miteinander und gebt euch gegenseitig Rückmeldung. Der Merkkasten hilft euch dabei.

---

## ⓘ Einen Schluss zu einer Textbeschreibung verfassen

Nachdem du dich im Hauptteil der Textbeschreibung sachlich mit dem Text auseinandergesetzt hast, steht im Schlussteil deine **eigene Meinung im Vordergrund**. Der Schluss setzt
sich aus zwei Teilen zusammen:
1. **Meinung zum Text:** Gehe auf den Inhalt ein (Ist der Text anschaulich / informativ / interessant?) und begründe deine Ansichten (Was hat dir daran gefallen / nicht gefallen? Was
   wusstest du vorher noch nicht?).
2. **Meinung zum Thema:** Stelle einen eigenen Bezug zum Thema her (Warst du selbst bereits
   in einer ähnlichen Situation? Hast du bereits Erfahrung mit dem Thema? Kannst du dich in
   die Lage einer der beteiligten Personen hineinversetzen?).

 **Tipp**

*Bewerte nicht
die Leistung des
Autors oder der
Autorin, sondern
nimm Stellung
zum Inhalt / The-
ma des Textes.*

---

*2.1 Über die Ergebnisse der Leseprozesse reflektieren und die Erkenntnisse für die eigene Meinungsbildung nutzen*
*3.3 Hinweise aus Feedbackverfahren für Ergänzungen und Korrekturen nutzen*

Texte beschreiben

## Überprüfe dein Wissen und Können

**1** Verfasse nun selbst eine vollständige Textbeschreibung.
a) Lies zunächst den Kommentar.

# Wildtiere gehören nicht in den Zirkus

Die Haltung kann niemals artgerecht sein, der pädagogische Nutzen ist mehr als zweifelhaft, meint unser Gastautor.

*Von Karl-Heinz Seidl,
Mitglied im Verein Menschen für Tierrechte Regensburg e.V.*

REGENSBURG. Gerade einmal zwölf Meter lang und zweieinhalb Meter breit ist der Lebensraum eines Zirkuselefanten und das für ein ganzes Leben. Ein
5 Löwe zusammen mit anderen Artgenossen muss sich bis zum letzten Auftritt seines Lebens mit drei Metern begnügen. Elefanten sind die meiste Zeit des Tages angekettet. Tiger liegen apathisch
10 hinter ihren Gittern oder laufen stereotyp auf ihren sechs Quadratmetern im Zirkuswagen stundenlang hin und her. Tagsüber zur Untätigkeit verdammt verlassen die Tiere, die keine Freiheit als
15 nur ihre Gitterstäbe kennen, am Abend ihre rollenden Gefängnisse für Darbietungen, deren tieferer Sinn nicht erkennbar ist.

Zuschauer werden nicht über das na-
20 türliche Verhalten und die Lebensweise der Wildtiere aufgeklärt, die Vorstellungen sind eher entwürdigend. Und der sogenannte hochgepriesene „pädagogische Wert" für Kinder? Eine Irrlehre,
25 im Gegenteil, Kinderpsychologen sind sich einig. Es werden Kindern genau die falschen Werte vermittelt: Fühlende Lebewesen werden mit mehr oder weniger Gewalt zu Aktionen gezwungen, ein System der Unterdrückung wird ihnen
30 vermittelt. Freiwillig springen Löwen nicht durch brennende Reifen, fahren Bären nicht auf Treträdern oder machen Elefanten einen Kopfstand! Auch wenn es einige Dompteure gibt, die im Zirkus
35 mit Lob und Einfühlungsvermögen arbeiten, die Dressur der Tiere geschieht in der Regel meist mit Zuckerbrot und Peitsche, mit Zwang und Gewalt, nicht umsonst sind Elefantenhaken, Elektro-
40 schocker und Peitsche immer in erreichbarer Nähe.

Wildtiere im Zirkus sind nicht domestiziert, in ihrem Verhalten nicht an den Menschen angepasst, auch dann,
45 wenn sie in Gefangenschaft geboren wurden. Wildtiere sind bewegungsaktiv, haben ihre natürlichen, angestammten Lebensräume. Die Haltung, in viel zu engen Käfigen, in rollenden Zirkuswä-
50 gen kann niemals artgerecht sein, selbst, wenn überhaupt möglich, unter einigermaßen angepassten Bedingungen, es macht die Tiere psychisch und physisch

**apathisch**
*teilnahmslos, gleichgültig*

**stereotyp**
*immer wieder in der gleichen Form auftretend, sich wiederholend*

---

*3.2 Inhalt, vorherrschende Textfunktion bzw. Textsorte und weitere textbezogene Fragestellungen schriftlich zusammenhängend darstellen und damit das eigene Verständnis von pragmatischen Texten zum Ausdruck bringen*

55 krank. Nach dem Tierschutzgesetz darf niemand ohne vernünftigen Grund einem Tier Schmerzen und Leiden zufügen. Kann eine Wildtierhaltung im Zirkus ein vernünftiger Grund sein? Sicher 60 nicht!

Es wird allerhöchste Zeit zur Beendigung dieser Gepflogenheiten aus der Kolonialzeit, in welcher Sklaven und Tiere in Europa und USA noch zur Schau gestellt wurden! 65

*Quelle: Mittelbayerische Zeitung, 09.08.2019*

b) Bearbeite nun folgende Aufgaben. Vergiss nicht, eine Gliederung zu erstellen.

---

**Aufgaben**

1. Gib den Inhalt des Textes strukturiert wieder.
2. Beschreibe die sprachlichen Auffälligkeiten des Textes und ihre Wirkung.
3. Gehe auf die Absichten des Verfassers und die Zielgruppen des Textes ein.
4. Erörtere, warum Wildtiere nicht in Gefangenschaft gehalten werden sollten.
5. Verfasse eine Schilderung zum Thema „Im Zirkus".

---

 **Tipp**

*Du kannst deine Textbeschreibung auch am Computer verfassen. Dann fällt dir später das Überarbeiten leichter.*

**2** Überprüfe mithilfe der Checkliste, was du an deiner Textbeschreibung noch verbessern kannst. Schreibe die Fehler, die dir aufgefallen sind, an den Rand. Wenn du am Computer gearbeitet hast, kannst du dafür den Korrekturmodus nutzen.

 **Portal**

**3** Überarbeite deine Textbeschreibung mithilfe deiner Ergebnisse aus Aufgabe 2.

WES-122965-084

---

## EINEN TEXT BESCHREIBEN  ☑ CHECKLISTE

Ich habe …

- ☑ … mir den Text zunächst mehrmals durchgelesen.
- ☑ … eine Gliederung erstellt.
- ☑ … in der Einleitung der Textbeschreibung Autorin bzw. Autor, Titel, Textsorte und Quelle (Erscheinungsort und -datum) genannt und im Kernsatz das Wesentliche zusammengefasst.
- ☑ … den Inhalt strukturiert und mit meinen eigenen Worten wiedergegeben.
- ☑ … mich mit den sprachlichen Auffälligkeiten des Textes auseinandergesetzt, entsprechende Textbelege angeführt und die textbezogene Wirkung bestimmt.
- ☑ … mich mit den Absichten des Autors und den Zielgruppen des Textes befasst.
- ☑ … eine begründete Stellungnahme verfasst und dabei darauf geachtet, dass alle Argumente aus Behauptung, Begründung und Beispiel bestehen.
- ☑ … eine Schilderung geschrieben, in der die Sinne angesprochen werden, Gedanken und Gefühle vorkommen und treffende Adjektive und Verben verwendet werden.
- ☑ … im Schlussteil meine eigene Meinung zum Text und zum Thema des Textes geäußert.
- ☑ … Zitate in Anführungszeichen gesetzt und mit der jeweiligen Zeilenangabe versehen.
- ☑ … zwischen den einzelnen Teilen der Textbeschreibung Überleitungen verwendet.
- ☑ … meinen Aufsatz auf Grammatik, Zeichensetzung und Rechtschreibung überprüft.

---

*3.2 Inhalt, vorherrschende Textfunktion bzw. Textsorte und weitere textbezogene Fragestellungen schriftlich zusammenhängend darstellen und damit das eigene Verständnis von pragmatischen Texten zum Ausdruck bringen*

# Die materialgestützte Erörterung

**1** Lest folgendes Gespräch in verteilten Rollen.

**2** Max behauptet, dass es keine Art von Urlaub gibt, bei der auf die Umwelt geachtet wird. Diskutiert darüber in der Klasse.

**3** Herr Huber greift die Diskussion von Fabian und Max im Unterricht auf und schreibt den Begriff „Nachhaltiger Tourismus" an die Tafel. Vermutet, was darunter zu verstehen ist.

**In diesem Kapitel lernst du, ...**

- *den Aufbau einer ein- sowie einer zweigliedrigen Erörterung kennen.*
- *Material für eine Erörterung auszuwerten.*
- *anhand einer Stoffsammlung eine Gliederung für die Erörterung anzufertigen.*
- *Einleitung, Hauptteil und Schluss der Erörterung zu gestalten.*
- *das Material sinnvoll in die Erörterung einzubinden.*
- *eine Erörterung zu überarbeiten.*

Die materialgestützte Erörterung

# Die eingliedrige materialgestützte Erörterung kennenlernen

Herr Huber möchte mit seiner Klasse die materialgestützte Erörterung behandeln. Das ist eine argumentative Schreibform. Er schreibt dazu folgende Frage an die Tafel:
*„Welche Vorteile bietet nachhaltiger Tourismus?"*

**1** Lies das Material, das Herr Huber zu dieser Frage ausgeteilt hat.

### Material 1

**Reporter:** Ist nachhaltiger Tourismus im Denken der Deutschen bereits angekommen?

**B. Quatfass:** Glaubt man Umfragen, so sind mehr als ein Drittel der Deutschen bereit, ihren Urlaub nachhaltig zu gestalten.

**Reporter:** Was sind die Ziele des nachhaltigen Tourismus?

**B. Quatfass:** In erster Linie soll er den Menschen vor Ort ein gutes Einkommen und sichere Arbeitsbedingungen bringen. Darüber hinaus ist es wichtig, die Kultur vor Ort zu stärken. Außerdem sollen die Ansprüche der Reisenden mit Umweltschutzzielen vereinbart werden.

*Quelle: Interview mit dem Tourismusexperten Björn Quatfass*

### Material 2

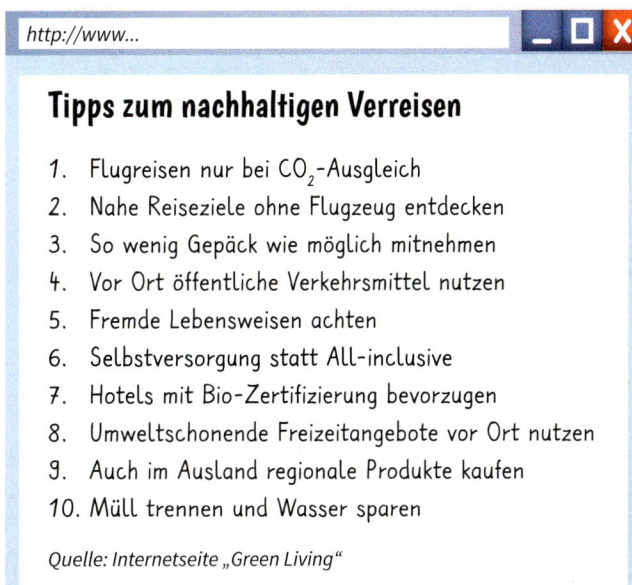

http://www...

### Tipps zum nachhaltigen Verreisen

1. Flugreisen nur bei $CO_2$-Ausgleich
2. Nahe Reiseziele ohne Flugzeug entdecken
3. So wenig Gepäck wie möglich mitnehmen
4. Vor Ort öffentliche Verkehrsmittel nutzen
5. Fremde Lebensweisen achten
6. Selbstversorgung statt All-inclusive
7. Hotels mit Bio-Zertifizierung bevorzugen
8. Umweltschonende Freizeitangebote vor Ort nutzen
9. Auch im Ausland regionale Produkte kaufen
10. Müll trennen und Wasser sparen

*Quelle: Internetseite „Green Living"*

### Material 3

Nachhaltige Entwicklung ist eine Entwicklung, die die Lebensqualität der gegenwärtigen Generation sichert und gleichzeitig zukünftigen Generationen die Wahlmöglichkeit zur Gestaltung ihres Lebens erhält.

*Quelle: Brundtland-Bericht (1987)*

### Material 4

*Hotel Sonnenglück*
***Wir bieten Ihnen nachhaltigen Tourismus im Einklang mit Menschen und Natur:***

- ***Erlebniswanderungen**: Begegnen Sie Tieren in versteckten Beobachtungsstationen hautnah!*
- ***Geführte Schneeschuhtouren**: Genießen Sie das Bergpanorama, ohne in die Natur einzugreifen!*
- ***Regionale Schmankerl**: Kosten Sie Saisonales aus der Region, wie Käse, Wein und Brot!*

*Quelle: **Internetseite** des Hotels Sonnenglück*

**2** Klärt im Klassengespräch, um welche Art von Materialien es sich handelt und wo ähnliche Quellen zu finden sind.

**3** Vermute, wie die Materialien für eine schriftliche Argumentation (Erörterung) genutzt werden können.

**Schrei-ben**

**Portal**

*WES-122965-085*

Herr Huber möchte, dass die Schülerinnen und Schüler eine Gliederung erstellen und in ihrer schriftlichen Erörterung anschließend drei Argumente ausformulieren.

**4** Fabian hat die Aufgabe bereits bearbeitet.
 a) Lies zunächst Fabians Gliederung und seine Erörterung auf der nächsten Seite.
 b) Grenze in der Erörterung die Teilbereiche (Einleitung, Hauptteil, Schluss) voneinander ab. Nutze eine Kopie der Buchseite oder die Vorlage im Portal.
 c) Unterstreiche darin die Sätze, die eine Überleitung von einem Teilbereich in den nächsten darstellen. Unterstreiche zudem die Formulierungen im Hauptteil, die von einem zum nächsten Argument überleiten. Verwende hierzu verschiedene Farben.

**5** Finde heraus, an welchen Stellen Fabian das Material eingebaut hat, und markiere diese Passagen.

**6** Erkläre, welche der Gliederungspunkte im Aufsatz von Fabian ausgeführt wurden.

---

**Gliederung**

*Die Gliederung ist das Inhaltsverzeichnis der Erörterung. Im Aufsatz muss man sich genau an die Gliederung halten. Es darf keine Abweichungen geben.*

→ **S. 294**

*die korrekte Schreibweise in Gliederungen anwenden*

---

### Gliederung

A.    Nachhaltigkeit spielt in unserer Gesellschaft eine wichtige Rolle.

B.    Welche Vorteile bietet der nachhaltige Tourismus?
 1. Einblicke in die Lebensweise vor Ort
 2. Ernstnehmen der örtlichen Kultur
 3. Miteinander von Gastgeber und Gast
 4. Stärkung der örtlichen Wirtschaft
   a) Förderung des Fremdenverkehrs
   b) Konsum regionaler Produkte
 5. Schutz der Umwelt
   a) Umweltbewusstes Anreisen
   b) Umweltverträgliches Freizeitverhalten
 6. Schaffung fairer Arbeitsbedingungen

C.    In der Zukunft braucht es ein stärkeres Bewusstsein für faire und gerechte Arbeitsbedingungen in den Urlaubsregionen.

---

Vielen Menschen wird es heutzutage immer wichtiger, nachhaltig zu leben. Sie wollen eine möglichst hohe Lebensqualität für sich und zugleich kommenden Generationen die Wahlmöglichkeit zur Lebensgestaltung erhalten (vgl. Material 3). Doch nicht nur beim täglichen Einkauf, bei der Mülltrennung oder bei der Wahl des Verkehrsmittels spielt Nachhaltigkeit eine
5 wichtige Rolle. Immer mehr Menschen ist es auch wichtig, ihren Urlaub nach diesem Prinzip zu gestalten. Daher stellt sich im Folgenden die Frage, welche Vorteile nachhaltiger Tourismus bietet. [...]

Ein weiterer Vorteil des nachhaltigen Tourismus ist das verbesserte Miteinander von Gast und Gastgeberin bzw. -geber. Dies lässt sich dadurch begründen, dass in Urlaubsregionen, die
10 auf einen nachhaltigen Tourismus Wert legen, auch die Einheimischen in die Tourismusplanungen miteinbezogen werden. Es geht nicht nur darum, dem Gast einen unvergesslichen Urlaub zu bereiten, sondern auch die Bedürfnisse der Gastgeberinnen und -geber finden ihre Berücksichtigung. So begegnen sich beide Parteien auf Augenhöhe. Dabei werden zum Beispiel von Einheimischen geführte Bergtouren angeboten, bei denen sie den Reisenden die Beson-
15 derheiten ihrer Region näherbringen. Bei solchen Aktionen lernen sich die Menschen gegenseitig besser kennen und es entsteht ein Miteinander und kein anonymes Nebeneinander. [...]

Nicht nur Einheimische, auch die Umwelt profitiert vom nachhaltigen Tourismus. Hier ist zunächst das umweltbewusste Anreisen zu nennen. Menschen, die nachhaltig verreisen, geht es nicht darum, möglichst günstig von A nach B zu kommen, sondern stattdessen umweltver-
20 träglich zu reisen. Wie aus den Tipps zum nachhaltigen Verreisen von der Internetseite „Green Living" (M 2) hervorgeht, sind gerade Flugreisen aufgrund der hohen $CO_2$-Belastung besonders umweltschädlich. Ein Radurlaub oder die Nutzung öffentlicher Verkehrsmittel sind wesentlich umweltfreundlicher. So bin ich im letzten Sommer mit meiner Familie im Zug nach Rügen gefahren, anstatt nach Spanien zu fliegen. Eine umweltfreundlichere Anreisemöglich-
25 keit war für uns ausschlaggebend. [...]

Der wichtigste Punkt ist die Schaffung fairer Arbeitsbedingungen vor Ort. Wer nachhaltig verreist, dem ist es auch wichtig, dass die Menschen vor Ort gerecht entlohnt werden und faire Arbeitsbedingungen vorfinden. Im Massentourismus geht es vor allem darum, den Reisenden für wenig Geld viel zu bieten. Nachhaltiger Tourismus „soll [...] den Menschen vor Ort ein
30 gutes Einkommen und sichere Arbeitsbedingungen bringen" (Material 1). Vor Kurzem kam im Fernsehen eine Sendung über ein nachhaltig ausgerichtetes Hotel in Indien. Dort legt man nicht nur auf die Umwelt Wert, sondern auch darauf, dass die Mitarbeiter so bezahlt werden, dass sie mit ihrem Einkommen ihren Lebensunterhalt bestreiten können. Darüber hinaus wird in diesem Hotel streng auf die Arbeitsbedingungen, wie etwa auf eine gesetzliche Arbeitszeit,
35 geachtet.

Wie soeben aufgezeigt, hat nachhaltiger Tourismus viele Vorteile. Vor allem die Schaffung fairer Arbeitsbedingungen vor Ort ist von großer Bedeutung. Im Urlaub möchte man die Zeit genießen und sich wohlfühlen. Dies ist meines Erachtens nur möglich, wenn man weiß, dass die Menschen vor Ort, die sich um das Wohlbefinden des Gastes kümmern, nicht unter ih-
40 rer Arbeit leiden. Es ist wünschenswert, dass Urlauberinnen und Urlauber zukünftig stärker auf die Arbeitsbedingungen der einheimischen Bevölkerung achten und auch darauf, dass die Menschen fair und gerecht bezahlt werden.

**A. Die Einleitung**

*Die Einleitung führt zum Thema hin. Es gibt verschiedene Möglichkeiten, die Einleitung zu gestalten (persönliches Erlebnis, geschichtlicher Hintergrund, aktuelles Ereignis …)*

**B. Der Hauptteil**

*Der Hauptteil ist der ausführlichste Teil der Erörterung. Hier werden die Argumente entsprechend der Reihenfolge der Gliederung ausgeführt. Dabei ist zu beachten, dass sie steigernd angeordnet werden, sodass das wichtigste Argument am Ende steht. Wichtig ist auch, die Argumente durch Überleitungen miteinander zu verbinden.*

**C. Der Schluss**

*Der Schluss rundet die Erörterung ab. Hierbei sollst du persönlich zum Thema Stellung nehmen. Dabei dürfen keine neuen Argumente mehr verfasst werden.*

Die materialgestützte Erörterung

# Die Themafrage richtig erschließen

Um ein Thema richtig zu erörtern, muss man die Themafrage genau erschließen.

> 1. Wie können wir in Deutschland Plastikmüll vermeiden?
> 2. Was sind die vom Menschen zu verantwortenden Ursachen des Klimawandels?
> 3. Elektromobilität ist derzeit in aller Munde. Nenne die Vorteile von E-Scootern.
> 4. Immer mehr Menschen setzen sich für die Umwelt ein. Was kann die Schulfamilie im Schulalltag zum Umweltschutz beitragen?

**1** Im Kasten links stehen vier Erörterungsthemen.
   a) Schreibe das **erste Thema** ab und markiere mithilfe des Merkkastens Schlüsselstellen, die das Thema inhaltlich festlegen.
   b) Umkreise Begriffe, die das Thema einschränken.

**2** Erschließe das **zweite Thema** selbstständig mithilfe des Merkkastens.

**3** Das **dritte Thema** unterscheidet sich von den ersten beiden, da der Themafrage ein Satz vorausgestellt ist.
   a) Erkläre, welche Funktion dieser erste Satz hat.
   b) Erschließe das Thema.

**4** Andrea und Helene haben das **vierte Thema** unterschiedlich erschlossen.
   a) Erläutere die Unterschiede in ihren Themenerschließungen und begründe, wer das Thema vermutlich verfehlen wird.

**Andrea**

Immer mehr Menschen setzen sich für die Umwelt ein. Was kann die Schulfamilie im Schulalltag zum Umweltschutz beitragen?

**Helene**

Immer mehr Menschen setzen sich für die Umwelt ein. Was kann die Schulfamilie im Schulalltag zum Umweltschutz beitragen?

   b) Formuliere das Thema in eigenen Worten und erkläre, was genau zu tun ist.
   c) Erläutere, warum es so wichtig ist, ein Thema genau zu erschließen.

## ⚠ Die Themafrage erschließen

Bevor du ein Thema erörterst, musst du es genau erschließen und verstehen.
1. **Lies** zunächst das **Thema mehrmals genau und aufmerksam durch**.
2. **Markiere** anschließend die **Schlüsselstellen**. Diese helfen dir, das Thema **inhaltlich zu verstehen**. Dabei sollten **wichtige Begriffe geklärt werden**, um eine **Themaverfehlung zu vermeiden**.
3. **Umkreise** schließlich **die Stellen**, die das **Thema einschränken**, z. B.:
   Viele Schulen sind verschmutzt. Wie können Schüler dazu beitragen, ihre Schule sauber zu halten?
Oft steht vor der eigentlichen Frage noch ein **einleitender Satz**. Dieser hat die Aufgabe, **zum Thema hinzuführen** und das Thema **näher zu beschreiben**.

Die materialgestützte Erörterung

# Materialien sichten und für eine Stoffsammlung auswerten

Das folgende Material bietet Anregungen für alle Teile der Erörterung. Es hilft dir, überzeugende Argumente und passende Einleitungs- und Schlussgedanken zu formulieren.

**1** Zur Bearbeitung des Themas *„Immer mehr Menschen setzen sich für die Umwelt ein. Was kann die Schulfamilie im Schulalltag zum Umweltschutz beitragen?"* stehen folgende Materialien zur Verfügung.

a) Betrachte die Materialien auf den Seiten 245 – 247.

b) Sprecht darüber, welche Art von Material jeweils vorliegt.

**Material 1**          **Strombedarf in der Schule**

→ **S. 163 f.**

*Schaubilder und Statistiken auswerten*

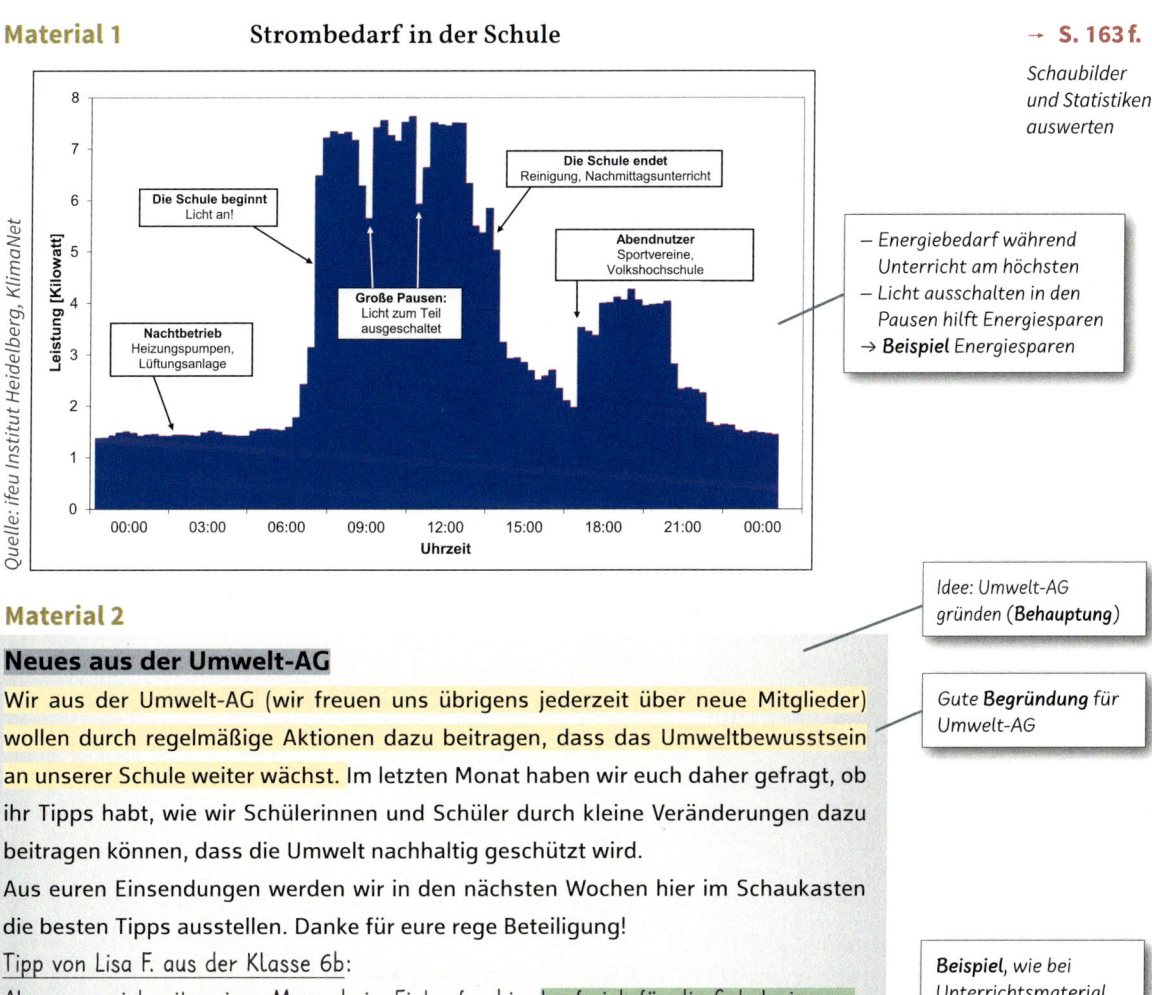

Quelle: ifeu Institut Heidelberg, KlimaNet

— *Energiebedarf während Unterricht am höchsten*
— *Licht ausschalten in den Pausen hilft Energiesparen*
→ *Beispiel Energiesparen*

*Idee: Umwelt-AG gründen (**Behauptung**)*

**Material 2**

## Neues aus der Umwelt-AG

Wir aus der Umwelt-AG (wir freuen uns übrigens jederzeit über neue Mitglieder) wollen durch regelmäßige Aktionen dazu beitragen, dass das Umweltbewusstsein an unserer Schule weiter wächst. Im letzten Monat haben wir euch daher gefragt, ob ihr Tipps habt, wie wir Schülerinnen und Schüler durch kleine Veränderungen dazu beitragen können, dass die Umwelt nachhaltig geschützt wird.

Aus euren Einsendungen werden wir in den nächsten Wochen hier im Schaukasten die besten Tipps ausstellen. Danke für eure rege Beteiligung!

Tipp von Lisa F. aus der Klasse 6b:

Also, wenn ich mit meiner Mama beim Einkaufen bin, kaufe ich für die Schule immer nur Hefte, die aus Recyclingpapier sind, so muss dadurch kein neuer Baum gefällt werden. Außerdem achte ich darauf, den Tintenkiller nur ganz selten zu benutzen, da er wirklich schlecht für die Umwelt ist.

*Quelle: AG-Schaukasten einer bayerischen Realschule*

*Gute **Begründung** für Umwelt-AG*

*Beispiel, wie bei Unterrichtsmaterial auf die Umwelt geachtet werden kann*

*2.3 Unterschiedliche Textfunktionen und Standpunkte vergleichen*
*3.1 Text- und Materialgrundlagen auswerten*

**Schrei-ben**

**Material 3**

„Was wir heute tun, entscheidet darüber, wie die Welt morgen aussieht."
*Marie von Ebner-Eschenbach (1830 – 1916)*

**Material 4**

http://www...

# Umwelttag an fränkischen Realschulen

Die Schülerinnen und Schüler der unterfränkischen Realschulen setzten mit dem gemeinsamen Umwelttag ein starkes Zeichen für die Umwelt. Zusammen mit außerschulischen Partnern, den Schulleitern und Lehrkräften wurden an diesem letzten Schultag vor den Osterferien an allen unterfränkischen Realschulen viele Aktionen zu den Themen Umweltschutz und Klimaschutz durchgeführt.

Selbstverständlich beteiligte sich auch die Staatliche Realschule Hösbach am Umwelttag. Jede anwesende Klasse führte ein Umweltprojekt, begleitet von ein oder zwei Lehrkräften, durch. Der vorrangig behandelte Themenbereich war „Plastikmüll", aber auch zu anderen Umweltproblematiken fanden Aktionen statt. Hier ein Auszug davon:

- Saatbomben selber machen
- Insektenhotels bauen
- Schulweg / Schulgelände säubern
- Lippenpflegestift aus natürlichen Zutaten herstellen
- Unverpacktladen aufsuchen
- Müllvermeidung einüben.

Das waren nur einige Beispiele der zahlreichen schulischen Projekte der Realschule Hösbach am Umwelttag. Auch Informationen und Vorträge über Themen wie Biodiversität, Erneuerbare Energien, Umweltschutz in Unternehmen, Plastik in den Weltmeeren, Artensterben, Klimawandel oder Bedingungen der Handyherstellung standen an diesem Tag im Mittelpunkt.

Der Umwelttag bot für die Realschüler und ihre Lehrkräfte die Möglichkeit, sich durch besondere Aktionen oder auch durch das Aufgreifen der Thematik im Unterricht mit dem Themenfeld Natur-, Klima und Umweltschutz zu beschäftigen und daraus nachhaltige Erkenntnisse zu ziehen, was die Basis für eine umweltbewusstere Lebensweise in allen Bereichen darstellen soll.

*Quelle: Internetseite der Realschule Hösbach, 18.05.2019. Text gekürzt.*

## Material 5

**Lexikon der Biologie**

**Umweltschutz,** Erkennung von Umweltgefahren und deren Vermeidung oder Verminderung durch Ergreifen geeigneter Maßnahmen. Vorrangiges Ziel ist dabei die dauerhafte Erhaltung eines natürlichen Fortbestands aller Lebewesen und die Sicherung eines gesunden, menschenwürdigen Daseins. Teilbereiche des Umweltschutzes sind dabei u. a. Landschaftspflege, Strahlenschutz, Emissions- (*Emissionen*) und Lärmschutz, Gewässerschutz und Abfallbeseitigung (*Abfall*), Kontrolle chemischer Bodenaufbereitungs- (u. a. *Düngung*) und Pflanzenschutzmittel. Aufgabe des Umweltschutzes ist es u. a. auch, Schäden, die bereits durch unbedachte oder ausbeuterische Eingriffe (*Raubbau*) in die Natur (*Umwelt*) entstanden sind, zu beheben und zukünftig rechtzeitig zu verhindern.

*Quelle: Ulrich Förstner: Umweltschutztechnik. Berlin/Heidelberg: 2012.*

## Material 6

# Realschule für Verbraucherbildung ausgezeichnet

*Kurz vor Ferienbeginn erhielt die Staatliche Realschule Bobingen eine besondere Auszeichnung. Sie ist „Partnerschule Verbraucherbildung Bayern".*

**Plastik aus dem Pausenverkauf wurde zum Unterrichtsthema**

An der Staatlichen Realschule Bobingen griff Lehrerin Katrin Bernwieser das Thema im Unterricht auf. „Ich halte es sowohl privat als auch im schulischen Bereich für sehr wichtig, nachhaltig zu sein", sagt sie. Deshalb sei es ihr auch wichtig, diese Themen immer wieder im Unterricht aufzugreifen und an der Regelschule zu verankern.

Hier könne man viel bewirken. Ein Beispiel sei der Pausenverkauf: Das Plastik der Verpackungen aus dem Automaten lande meist im Restmüll. In ihrem Unterricht als Werklehrerin hat Bernwieser viel Zugang zum Thema Kunststoff. Bei einer Veranstaltung der Verbraucherschutzzentrale erfuhr sie von dem Projekt und entschied sich, mit zwei Klassen daran teilzunehmen.

**Schüler machen Kunst aus Müll**

Im Werkunterricht der 8c dagegen ging es direkt um den Verpackungsmüll und die Themenvorgabe „Verpackungen – Müll, Werbung, Schutz?". Die Schüler wurden angehalten, den Müll zu sammeln. Daraus bastelten sie im Unterricht Müllmasken im Stil des Künstlers Romuald Hazoumé aus Benin. Die Masken sollten das eigene Portrait der Schüler darstellen, deshalb mussten sie sich zugleich auch mit ihrer eigenen Identität beschäftigen.

*Quelle: Augsburger Allgemeine Zeitung, 30.07.2019. Text gekürzt.*

**Portal**
WES-122965-086

**2** Helene hat die ersten beiden Materialien bereits ausgewertet.

a) Sieh dir an, wie Helene die Materialien auf Seite 245 bearbeitet hat, und erkläre mithilfe des Merkkastens, wie sie dabei vorgegangen ist.

b) Begründe, warum Randnotizen zusätzlich zu Markierungen sinnvoll sind.

**3** Geh bei den Materialien 3 – 6 nach demselben Muster vor. Verwende hierzu die Vorlage aus dem Portal oder eine Kopie der Seiten 246 – 247.

**4** Nach Auswertung der Materialien sollte eine Stoffsammlung angelegt werden.

a) Lege eine Tabelle nach dem Muster unten an.

b) Fasse darin wichtige Informationen aus den Materialien stichpunktartig zusammen.

c) Ergänze eigene Ideen in der letzten Zeile.

| | Behauptung | Begründung | Beispiel | Sonstiges |
|---|---|---|---|---|
| M 1 | | | in Pausen Licht aus → hilft Energiesparen | |
| M 2 | Gründung einer Umwelt-AG | Aktionen fördern Umweltbewusstsein | umweltbewusstes Unterrichtsmaterial | |
| M 3 | | | | Einleitung |
| M 4 | ... | ... | ... | ... |
| M 5 | ... | ... | ... | ... |
| M 6 | ... | ... | ... | ... |
| Eigene Ideen | ... | ... | ... | ... |

**5** Sprecht in der Klasse über eure Ergebnisse und erstellt anschließend eine gemeinsame Stoffsammlung, mit der ihr später weiterarbeitet.

✱ **6** Erstelle für das Material auf Seite 46 f. eine Stoffsammlung zum Erörterungsthema: *„Was spricht für den Verzicht auf Fleisch?"*

### ⓘ Eine Stoffsammlung anlegen

Um eine Stoffsammlung anzulegen, muss das Thema von allen Seiten beleuchtet werden.

1. **Werte das Material aus** und gehe dabei folgendermaßen vor:
   - **Lies das Material** und überlege, wie es dir hilft, die Themafrage zu beantworten.
   - **Markiere die Informationen, die dir für den Hauptteil weiterhelfen. Kennzeichne** die Stellen in unterschiedlichen Farben, je nachdem ob sie dir als Behauptung, Begründung oder Beispiel dienen.
   - **Mach dir am Rand Notizen zu den Markierungen**, das ist vor allem bei Schaubildern, Grafiken oder Statistiken sinnvoll.
2. **Schreibe nun deine Ideen und Gedanken** zum Thema **in Stichworten** auf. Dabei ist es hilfreich, W-Fragen zum Thema zu stellen: **Wer? Wann? Wo? Wie? Warum? Weshalb? etc.**
3. **Erstelle** anschließend **eine Tabelle** wie in Aufgabe 4.

*3.1 Text- und Materialgrundlagen auswerten*
*3.2 Geeignete Verfahren zur Stoffsammlung einsetzen (z. B. kontinuierliche und diskontinuierliche Texte auswerten)*

Die materialgestützte Erörterung

# Den Stoff ordnen

In der Stoffsammlung finden sich alle Gedanken zum Thema, die aus dem Material herausgearbeitet wurden. Zudem sind auch eigene Ideen enthalten. Anschließend gilt es, die Stoffsammlung zu ordnen, sodass im nächsten Schritt eine Gliederung entstehen kann.

**1** Lies den Auszug aus Helenes Stoffsammlung.

> **Beitrag der Schulfamilie im Schulalltag zum Umweltschutz**
>
> – Wasserspender statt Einwegflaschen
> – [Das Licht in leeren Klassenzimmern ausschalten (M 1)]
> – ~~Weniger duschen~~
> – Wasser nicht laufen lassen
> – Strom kann eingespart werden
> – Umwelt-AG gründen
> – In jeder Klasse Umweltbeauftragte wählen
> – Grünflächen und Beete im Pausenhof anlegen
> – Im Unterricht Umweltpapier benutzen
> – Auf Tintenkiller verzichten (M 2)
> – Auf sinnvolle Verwendung der Heizung achten → Heizung aus bei offenem Fenster
> – ~~Nicht lüften~~
> – Müll trennen
> – Stand-by-Modus am PC zum Ende des Schultags ausschalten
> – Mit dem Rad zum Training fahren
> – Regelmäßig Umweltprojekte durchführen
> – Müll wiederverwerten (M 6)
> – Das Schulgelände immer wieder aufräumen
> – Insektenhäuser am Schulgelände aufstellen (M 4)
> – Umweltexpertin oder -experten an die Schule einladen
> – Trinken im Unterricht verbieten

**2** Helene hat bereits begonnen, ihre Stoffsammlung zu ordnen.
  a) Erkläre, warum sie einige Stichpunkte durchgestrichen hat. Der Merkkasten auf Seite 250 hilft dir dabei.
  b) Beurteile die übrigen Stichpunkte. Streiche diejenigen durch, die sich deiner Meinung nach nicht sinnvoll verwenden lassen. Nutze dazu die Vorlage aus dem Portal oder eine Kopie der Buchseite.
  c) Ein Stichpunkt wurde von der Schülerin in eckige Klammern gesetzt, da er sich zwar nicht als eigenes Argument, aber als Beispiel eignet. Klammere weitere Stichpunkte ein, die gute Beispiele darstellen.
  d) Erkläre, weshalb Helene einige Stichpunkte in derselben Farbe markiert hat.
  e) Es gibt in ihrer Stoffsammlung weitere Stichpunkte, die inhaltlich zusammengehören. Markiere diese auf der Vorlage aus dem Portal oder einer Kopie jeweils in der gleichen Farbe.

**Portal**

*WES-122965-087*

*2.1 Organisierende Techniken routiniert anwenden*
*3.1 Zitate bzw. wesentliche Aussagen aus Vorlagen inhaltlich zielführend nutzen*

**Schrei-ben**

💡 **Tipp**

*Oberpunkte fassen Unterpunkte, die inhaltlich zueinandergehören, zusammen.*

**3** Für inhaltlich zusammengehörige Stichpunkte sollte jeweils ein gemeinsamer Oberpunkt gefunden werden. Schreibe die beiden markierten Stichpunkte aus Helenes Stoffsammlung wie folgt untereinander und finde einen passenden Oberpunkt.

> *Auf sinnvolle Verwendung der Heizung achten*
> *Strom kann eingespart werden* } ...

**4** Man nennt Stichpunkte, die zusammen einem Oberpunkt zugeordnet werden können, auch Unterpunkte. Finde für die weiteren zusammengehörigen Unterpunkte jeweils einen gemeinsamen Oberpunkt.

**5** Fabian hat zum Thema eine eigene Stoffsammlung angelegt. Er hat Schwierigkeiten, die Stichpunkte Oberpunkten zuzuordnen. Schreibe die Tabelle ab und ordne die Stichpunkte aus dem *Wortspeicher* darunter entsprechend zu.

| Umgang mit Müll | Vermeidung von Energieverschwendung | sonstige schulische Maßnahmen |
|---|---|---|
| ... | ... | ... |
| ... | ... | ... |

*Wahlfach zu Umweltthemen anbieten – Müll trennen – Strom sparen – Plastik vermeiden – Heizung richtig verwenden – Mülldienst in den Pausen – Projektpräsentation zum Thema Umweltschutz – Müll umgestalten*

**6** Ihr habt auf Seite 248 eine gemeinsame Stoffsammlung erstellt.
a) Ordne den Stoff sinnvoll. Der Merkkasten hilft dir dabei.
b) Vergleicht eure Ergebnisse im Klassengespräch.

ⓘ **So ordnest du die Stoffsammlung**

Nach der Stoffsammlung gilt es zu überlegen, **welche Stichpunkte** in die Gliederung aufgenommen und somit dann auch als Argument ausgeführt werden sollten.
1. **Streiche durch**, was **nicht zum Thema passt** und was sich überschneidet.
2. **Markiere die Stichpunkte** in der gleichen Farbe, **die inhaltlich zusammengehören und die du zu einem Argument ausbauen möchtest**.
3. **Finde nun Oberpunkte** für diese zusammengehörigen Unterpunkte.
4. **Ordne die Punkte nun vom Unwichtigen** hin **zum Wichtigen**. Dein wichtigster Aspekt **muss am Ende stehen**, er bleibt den Leserinnen und Lesern am ehesten im Gedächtnis und muss deshalb besonders überzeugend sein.

Die materialgestützte Erörterung

# Die Gliederung erstellen

**1** Die Gliederung ist das Inhaltsverzeichnis der Erörterung. Nimm die Mustergliederung von Fabian zum Thema „Welche Vorteile bietet nachhaltiger Tourismus?" von Seite 242 zur Hand. Verwende die Vorlage aus dem Portal oder eine Kopie der Buchseite.

**Portal**
WES-122965-088

a) Erkläre mithilfe des Merkkastens auf Seite 252, welche Funktion die Punkte A., B. und C. jeweils haben.

b) Zeige auf, wo sich die Unterpunkte und Oberpunkte in Fabians Gliederung von Seite 242 wiederfinden und wie er diese anordnet.

c) Fabian behauptet, in seinem Gliederungspunkt 4 müssten zwei Argumente ausgeführt werden, Helene ist der Meinung, dass drei Argumente auszuführen wären. Überlege, wer von beiden recht hat, und begründe deine Meinung.

**2** Erläutere, weshalb es sinnvoll ist, die Punkte A. und C. erst nach der Ausführung im Aufsatz zu formulieren.

**3** Eine Gliederung folgt einem bestimmten Aufbau und Stil. Unterstreiche mithilfe des Merkkastens die Stellen, an denen Fabian in seiner Gliederung den Verbalstil verwendet. Erkläre, was dir auffällt.

S. 319
*Verbalstil*

**4** Helene fällt es beim Thema „Was kann die Schulfamilie im Schulalltag zum Umweltschutz beitragen" schwer, im Nominalstil zu schreiben. Formuliere die folgenden Stichpunkte aus ihrer Stoffordnung in den Nominalstil um.

S. 317
*Nominalstil*

> – *Eine Umwelt-AG gründen → Gründung einer Umwelt-AG*
> – *Strom kann eingespart werden*
> – *in jeder Klasse Umweltbeauftragte wählen*
> – *regelmäßig Umweltprojekte durchführen*

**5** Fabian hat auf Seite 252 zum gleichen Thema bereits eine Gliederung erstellt. Dabei sind ihm insgesamt sechs formale Fehler unterlaufen.

a) Kreise auf der Vorlage im Portal oder der Kopie der Buchseite die Fehler ein. Sprecht anschließend im Klassengespräch darüber, was er falsch gemacht hat.

**Portal**
WES-122965-089

✳ b) Schreibe die Gliederung verbessert auf.

*2.1 Organisierende Techniken (z. B. Gliederung erstellen) routiniert anwenden*
*4.2 Stilarten (z. B. Nominal- und Verbalstil) gezielt einsetzen*

Schrei-**ben**

> A.   Einleitung
>
> B.   Was kann die Schulfamilie im Schulalltag zum Umweltschutz beitragen?
>   1.   Umweltbeauftragte können regelmäßig eingeladen werden.
>   2.   Richtiger Umgang mit Müll
>       a) Trennung von Müll
>   3.   Durchführung eines Umwelttages
>   4.   Umweltfreundliche Gestaltung des Schulgeländes
>       a) Umweltfreundlicher Pausenhof
>       b) Regelmäßiges Aufräumen des Schulgeländes
> 5.   Sinnvolle Energiesparmaßnahmen
>       a) Einsparen von Strom
>       b) Die Heizung richtig und sinnvoll verwenden
>
> C.   Großes Engagement unserer Klasse für den Umweltschutz

**6** Nimm nun deine geordnete Stoffsammlung von Seite 250 zur Hand und erstelle mithilfe des Merkkastens eine eigene Gliederung. Formuliere die Punkte A. und C. zunächst noch nicht aus. Vergleicht eure Ergebnisse in der Klasse.

**Tipp**

*Eine Musterglie-derung findest du auf Seite 242.*

## ⚠ Eine Gliederung erstellen

1. **Aufbau der Gliederung:** Die Gliederung besteht aus drei Teilen: **A. Einleitung, B. Hauptteil** und **C. Schluss**. Der Hauptteil ist noch einmal untergliedert, hier finden sich die **Ober- und Unterpunkte** aus der Stoffsammlung bzw. -ordnung.
2. **Formale Gesichtspunkte:** Beachte die folgenden Punkte in deiner Gliederung:
   – Achte auf eine genaue und sinnvolle **Verwendung der Buchstaben und Ziffern**.
   – Beginnen einzelne Gliederungspunkte nicht mit einem Nomen, schreibst du **das erste Wort entweder immer klein oder immer groß**.
   – Verwende den **Unterpunkt a) nur**, wenn b) folgt.
3. **Stil:** Einleitungsgedanke (A.), Themafrage (B.) und Schlussgedanke (C.) werden im **Verbalstil als ganzer Satz** formuliert. Ober- und Unterpunkte sind in der Regel **im Nominalstil verfasst**. Dabei wird der Sachverhalt vor allem durch **Nomen oder Nominalisierungen** ausgedrückt. Der Nominalstil ist im Gegensatz zum Verbalstil **kurz und präzise**, am Ende steht **kein Punkt**.
4. **Struktur:** Beginne mit dem unwichtigeren Argument und nenne **das wichtigste am Ende**.
5. **Ausführung der Gliederungspunkte:** Jeder **Gliederungspunkt muss im Hauptteil ausgeführt werden**. Gibt es nur einen Oberpunkt, wird dieser ausgeführt. Gibt es zum Oberpunkt entsprechende **Unterpunkte, werden nur diese als Argumente** ausformuliert, wohingegen die **Oberpunkte in den Überleitungen** zum nächsten Argumentationsblock **aufgegriffen werden**.
**Tipp:** Formuliere die Gliederungspunkte A. und C., nachdem du die Erörterung geschrieben hast. Oft fällt es dann leichter, den Einleitungs- bzw. Schlussgedanken zu formulieren.

*2.1 Organisierende Techniken (z. B. Gliederung erstellen) routiniert anwenden*
*4.2 Stilarten hinsichtlich ihrer Wirkung bewerten und im schriftlichen Sprachhandeln gezielt einsetzen*
*4.3 Die korrekte Schreibweise in Gliederungen anwenden*

Die materialgestützte Erörterung

# Den Hauptteil der Erörterung erarbeiten

## Den Aufbau eines Arguments wiederholen

Der ausführlichste Teil der Erörterung ist der Hauptteil. Hier gilt es, die Argumente entsprechend der Reihenfolge der Gliederung auszuführen.

**1** Fabian hat einen Punkt aus seiner Gliederung von Seite 252 als Argument ausgeführt.
   a) Lies das Argument.

> *Des Weiteren kann durch regelmäßiges Aufräumen des Schulgeländes zum Umweltschutz beigetragen werden. In vielen Schulen ist das Schulgelände stark verschmutzt. So findet sich unachtsam weggeworfener Papier- und Plastikmüll über die Schulanlage verteilt. Nicht selten bleibt der Müll über Wochen und Monate in den verschiedenen Ecken des Schulgeländes liegen. Wird das Gelände aber regelmäßig von Schülergruppen gereinigt, wird die Umwelt geschützt und die Schüler lernen, dass es wichtig ist, Abfälle korrekt zu entsorgen. Die Müllverschmutzung an unserer Schule ist deutlich zurückgegangen, seit jede Klasse einmal im Monat Ordnungsdienst hat. Mittlerweile wird viel weniger Müll gefunden. Daran wird deutlich, dass die Jugendlichen mit ihrem Beitrag, das Schulgelände ordentlich zu halten, nachhaltig zum Umweltschutz beitragen.*

   b) Erkläre, welchen Gliederungspunkt Fabian ausgeführt hat.

**2** Fabian hat das Argument mit einer Überleitung begonnen.
   a) Verdeutliche die Funktion solcher Überleitungen.
   b) Formuliere drei unterschiedliche Überleitungen, mit denen Fabian noch hätte beginnen können.

**3** Lies den letzten Satz aus dem Argument noch einmal. Erkläre mithilfe des Merkkastens, welche Funktion dieser Satz hat.

---

### ⓘ Ein Argument richtig aufbauen

Die Argumente im Hauptteil der Erörterung sind **immer entsprechend der Reihenfolge der Gliederung** auszuführen. Jedes Argument besteht aus den folgenden **drei Bestandteilen:**
**Behauptung:** Behalte das **Thema im Blick**. Stell dir die Frage: **Was will ich sagen?**
**Begründung:** **Erläutere** die Behauptung. Stell dir die Frage: **Warum ist das so?**
**Beispiel:** **Belege** die Begründung. Stell dir die Frage: **Woran kann ich das sehen?**

Das Argument kannst du am Ende durch eine **Rückführung zur Behauptung** oder durch eine **mögliche Schlussfolgerung / Auswirkung abrunden.** So wird die Behauptung noch einmal verdeutlicht.

S. 308
*Argument*

**4** Beim Formulieren von Argumenten ist es hilfreich, zu jedem Bestandteil eine W-Frage zu stellen und zu beantworten. Vervollständige die folgende Tabelle mithilfe der Fragen aus dem Merkkasten und finde Antworten aus Fabians Argument.

| Behauptung | Was will ich sagen? | Des Weiteren kann durch das regelmäßige Aufräumen des Schulgeländes zum Umweltschutz beigetragen werden. |
|---|---|---|
| Begründung | … | … |
| Beispiel | … | … |

**5** Fabian hat bereits mit einem Argument zum Punkt „Einsparen von Strom" begonnen.
a) Ergänze das Argument links mithilfe der Stichpunkte rechts. Verwende passende Überleitungen aus dem *Wortspeicher* darunter.

*Darüber hinaus trägt auch das Einsparen von Strom zum Umweltschutz bei. In der Schule herrscht ein hoher Strombedarf. Jedes Klassenzimmer ist mit technischen Geräten ausgestattet, die aus dem Schulalltag nicht wegzudenken sind …*

– PC, Laptop, Beamer, Dokumentenkamera sind oft im Stand-by-Modus
– Geräte verbrauchen auch im Stand-by-Modus Strom
– Licht in leeren Klassenzimmern häufig an
– Klassenbeauftragte für Stand-by-Geräte und Licht

**Innerhalb eines Arguments zwischen den Bestandteilen überleiten**
→ *zur Begründung:*
• *Dies lässt sich dadurch begründen, dass …*
• *Demzufolge …*
• *Das lässt sich durch … erläutern*
• *Zu verstehen ist das …*
→ *zum Beispiel:*
• *Deutlich wird das, weil / durch …*
• *Beispielsweise / Ein Beispiel hierfür ist …*
• *Belegt werden kann dies anhand …*
→ *zur Rückführung:*
• *Daraus wird deutlich, dass …*
• *Das zeigt …*
• *Daraus / Nun erklärt sich …*

b) Lest euch eure Argumente gegenseitig vor und gebt euch Rückmeldung.

**Portal**

WES-122965-090

**6** Es ist wichtig, auch innerhalb der Argumente sinnvolle Überleitungen zu verwenden. Unterstreiche in der Erörterung auf Seite 243 die Überleitungen innerhalb eines Arguments. Verwende dazu die Vorlage aus dem Portal oder eine Kopie der Buchseite.

*3.1 Grundformen des Schreibens (Argumentieren) selbstständig anwenden*
*3.2 Argumente sinnvoll zu einer Argumentationskette verknüpfen*

## Material richtig verwenden

**1** Fabian hat den Gliederungspunkt „Durchführung eines Umwelttags" aufgenommen.

a) Lest dazu nochmals Material 4 auf Seite 246 und sprecht darüber, wie ein solcher Umwelttag an der Schule aussehen könnte.

b) Fabian hat sich Gedanken gemacht und Stichpunkte zu den einzelnen Teilen des Arguments aufgeschrieben. Lies seine Notizen aufmerksam durch und erkläre anschließend, warum die Begründung nicht zum Thema passt.

**Behauptung:** *Durchführung eines Umwelttags (M 4)*

**Begründung:** *Gemeinsamer Umwelttag stärkt Klassen- und Schulgemeinschaft*

**Beispiel:** *Verschiedene Projekte in unterschiedlichen Klassen wie z. B. Saatbomben selber machen oder Insektenhotels bauen (M 4)*

**Tipp**

Material wird in Klammern oft durch „M" abgekürzt.

c) Finde nun eine eigene, passende Begründung. Deine Tabelle, die du auf Seite 254 angefertigt hast, hilft dir dabei. Formuliere anschließend das Argument unter Verwendung passender Überleitungen vollständig aus.

**2** Die Schülerinnen und Schüler haben verschiedene Argumente mithilfe des Materials von Seite 245 – 247 ausgeführt.

a) Lies die folgenden Auszüge und erkläre, welcher Teil des Arguments jeweils vorliegt.

b) Erkläre mithilfe des Merkkastens, wie das Material jeweils eingebaut wurde.

**A.** Eine weitere Möglichkeit, wie die Schulfamilie im Schulalltag zum Klimaschutz beitragen kann, ist die Gestaltung eines Umwelttages. Gemeinsam mit der Schulleitung, den Lehrkräften und außerschulischen Partnern können so unterschiedliche Umweltthemen behandelt und viele Aktionen zum Thema durchgeführt werden (vgl. M 4).

**B.** Dies verdeutlichen Realschülerinnen und -schüler einer 8. Klasse aus Bobingen. Sie sammelten zunächst Müll, um anschließend „Müllmasken im Stil des Künstlers Romuald Hazoumé aus Benin" (M 2) zu basteln.

**C.** Wie aus der Grafik in Material 1 hervorgeht, kann die Schulfamilie daher durch gezieltes Energiesparen im Schulhaus zum Klimaschutz beitragen.

**3** Formuliere ein Argument aus deiner Gliederung aus. Verwende passendes Material und baue dies richtig ein. Die Formulierungshilfen auf den Seiten 254 und 258 helfen dir.

### ⓘ Material in die Erörterung einbauen

In deiner Erörterung muss erkennbar sein, dass neben eigenen Ideen auch die Materialien verwendet wurden. Dabei gibt es verschiedene Möglichkeiten:

1. **Zitieren:** Aussagen werden direkt oder indirekt zitiert. Achte auf die richtige Zitierweise.
2. **Einzelne Aspekte herausgreifen:** Teile eines Materials (z. B. bestimmte Werte einer Grafik) werden gezielt genutzt. Achte darauf, Material und Bestandteil genau zu benennen.
3. **Sich auf das Material als Ganzes beziehen:** Auf das Material wird lediglich verwiesen, ohne dass ein Zitat oder ein Bestandteil besonders hervorgehoben wird.

S. 319

Zitat

**Tipp**

Nutze dazu die Formulierungshilfen auf Seite 258.

*3.1 Zitate bzw. wesentliche Aussagen aus Vorlagen inhaltlich zielführend nutzen, diese formal und sprachlich korrekt (unter Angabe der Quelle) in ihre eigenen Texte integrieren, um Beobachtungen, Schlussfolgerungen und Behauptungen zu stützen*

Die materialgestützte Erörterung

# Eine Einleitung und einen Schluss verfassen

## Die Einleitung verfassen

Die Einleitung führt gezielt zum Thema hin und soll beim Lesen Interesse und Neugierde wecken.

**Portal**
WES-122965-091

**1**   Markiere auf einer Kopie von Fabians Mustereinleitung (S. 243) oder der Vorlage aus dem Portal die drei Bestandteile einer Einleitung. Benenne diese mithilfe des Merkkastens.

**2**   Erkläre mithilfe des Merkkastens, welche Möglichkeit Fabian ausgewählt hat, um in der Einleitung zum Thema hinzuführen.

**3**   Fabian hat passend zu seiner Einleitung einen Einleitungsgedanken als Punkt A. in seiner Gliederung auf Seite 242 formuliert. Lies dir diesen durch und finde einen alternativen Einleitungsgedanken, der ebenfalls zu Fabians Einleitung passen würde.

**4**   Helene soll zum Thema „Was kann die Schulfamilie im Schulalltag zum Umweltschutz beitragen?" auch eine Einleitung verfassen. Sie beginnt mit einem persönlichen Erlebnis.
a) Lies Helenes Einleitung.

*Es steht außer Frage, die Umwelt geht uns alle etwas an. Ob Klein oder Groß, jeder kann etwas zum Umweltschutz beitragen. <u>Ich habe in der Schule im letzten Schuljahr das Wahlfach Umwelt besucht. Dort haben wir durch zahlreiche Aktionen wie das Gestalten eines Umwelttages oder Müllsammeln am Schulgelände ein stärkeres Bewusstsein für die Umwelt entwickelt.</u> Auch an zahlreichen anderen Schulen spielt der Umweltschutz eine große Rolle. Daher stellt sich die Frage, was die Schulfamilie im Schulalltag zum Umweltschutz beitragen kann.*

b) Erläutere mithilfe des Merkkastens, warum Herr Huber eine Passage rot unterstrichen hat und welcher Fehler Helene unterlaufen ist.
c) Verbessere Helenes Einleitung, sodass sie den Vorgaben der Einleitung gerecht wird.

---

### ① Eine Einleitung verfassen

Die **Einleitung** der Erörterung **soll zum Thema hinführen**. Dabei soll sie beim Leser Interesse für das Thema wecken. Dafür kannst du **aus verschiedenen Möglichkeiten eine auswählen**:
– Bezug zu aktuellen Ereignissen
– Bericht über ein persönliches Erlebnis
– Verwendung eines Zitats o. Ä.
– geschichtlicher Rückblick
– Definition eines Kernbegriffs
– Verwendung von statistischem Material

**Die Einleitung besteht aus drei Teilen:**
1. Einleitungsgedanke     2. Überleitung zur Themafrage     3. Themafrage.
**Achtung:** In der Einleitung dürfen keine Argumente vorweggenommen werden!

---

**5** Herr Huber erklärt, dass sich für die Einleitung zum Thema „Was kann die Schulfamilie im Schulalltag zum Umweltschutz beitragen?" die Einbeziehung von Material 5 von Seite 247 anbieten würde.

a) Begründe, warum sich Material 5 vor allem bei der Formulierung einer Einleitung als hilfreich erweist.

b) Verfasse nun eine eigene Einleitung mithilfe von Material 5. Die Überleitungen aus dem *Wortspeicher* helfen dir dabei.

**Von der Einleitung zum Hauptteil überleiten**
- *Deshalb / Daher …*
- *Dabei stellt sich die Frage, … / Dies wirft die Frage auf, …*
- *Daher wird im Folgenden erörtert, … / Im Folgenden soll deshalb erörtert werden, …*
- *In dieser Erörterung möchte ich der Frage nachgehen, …*

c) Formuliere abschließend in deiner Gliederung den Punkt A. aus.

## Den Schluss verfassen

**1** Fabian hat zum Thema „Welche Vorteile bietet nachhaltiger Tourismus?" bereits einen Schluss verfasst.

a) Lies Fabians Musterschluss auf Seite 243 noch einmal.

b) Erkläre mithilfe des Merkkastens, wie Fabian seinen Schluss aufgebaut und welche Schlussvariante er gewählt hat.

### ⚠ Einen Schluss verfassen

Mit dem **Schlussgedanken** soll die Erörterung abgerundet werden. Dabei sollte wie folgt vorgegangen werden:

1. Leite zunächst in einem **zusammenfassenden Satz** in den Schlussgedanken über.
2. Nimm nun **persönlich Stellung zum Thema**. Hierzu bietet es sich an, …
   - die wichtigsten Gesichtspunkte zusammenzufassen, um damit die eigene Meinung zu untermauern,
   - die Folgerung aus dem Geschriebenen zu erläutern,
   - zum Handeln aufzufordern,
   - einen Wunsch für die Zukunft zu formulieren,
   - wenn man anderer Meinung ist, auch ein gegensätzliches Argument auszuführen.

**Verwendung von Material:** Auch im Schlussteil **kann Material verwendet werden**. So kann die **eigene Meinung dadurch gestützt werden** oder anhand der Verwendung des Materials das **Gegenteil aufgezeigt werden** (z. B. *Im Gegensatz zum Autor aus Material … bin ich der Meinung, dass …*).

**Wichtig:** Der **Inhalt des Hauptteils sollte nicht einfach wiederholt werden** und es dürfen auch **keine neuen Argumente** mehr ausgeführt werden.

**2** Helene hat in ihrem Schluss zum Thema „Was kann die Schulfamilie im Schulalltag zum Umweltschutz beitragen?" einen Gedanken ausgeführt.

a) Lies Helenes Schluss.

*Nach dem Hauptteil nun der Schluss. Neben dem im Hauptteil Gesagten sei noch erwähnt, dass auch das Reiseverhalten auf Klassenfahrten überdacht werden sollte. Es muss nicht sein, dass Klassen mit dem Flugzeug eine Klassenfahrt unternehmen. Gerade hier sollten Verkehrsmittel wie der Bus oder im Idealfall der Zug benutzt werden. Ich hoffe, dass hier in Zukunft ein Umdenken stattfindet und keine Schule mehr auf die Idee kommt, für eine Schulfahrt ein Flugzeug zu benutzen.*

b) Begründe mithilfe des Merkkastens, ob du den Schluss für gelungen hältst, und mache gegebenenfalls Verbesserungsvorschläge.

c) Verbessere den Schluss schriftlich.

**3** Auch in den Schlussteil der Erörterung kann Material eingebaut werden.

a) Begründe, weshalb sich vor allem Material, das subjektive Meinungsäußerungen enthält, für den Schluss anbietet.

b) In den Materialien 3, 4 und 6 (S. 246 f.) finden sich Gedanken, die sich gut für den Schluss eignen. Erläutere, wie die Materialien jeweils in den Schluss eingebunden werden können.

**4** Verfasse nun einen eigenen Schluss zum Thema „Was kann die Schulfamilie im Schulalltag zum Umweltschutz beitragen?" Die Formulierungshilfen aus dem *Wortspeicher* helfen dir dabei. Verwende auch das Material von Seite 246 – 247.

**Vom Hauptteil zum Schluss überleiten**
- *Nachdem ich mich ausführlich mit … befasst habe, …*
- *Insgesamt wird deutlich, dass…*
- *Betrachtet man nun noch einmal …*
- *Zusammenfassend lässt sich sagen, dass…*

**Material in die Erörterung einbauen**
→ *auf ein Material als Ganzes verweisen:*
- *Material … verdeutlicht …/zeigt deutlich …/Wie in Material … deutlich wird …*
- *Dies wird aus Material … ersichtlich.*
- *Die Grafik/Das Bild (M …) zeigt …*
→ *auf einen bestimmten Aspekt des Materials verweisen:*
- *Die Grafik/Das Bild (M …) zeigt …/verdeutlicht …*
- *Die Werte in der Grafik (M …) verdeutlichen …*
- *Wie der/die Verfasser/Verfasserin in Material … aufzeigt …*

**5** Formuliere in deiner Gliederung anschließend Punkt C. aus.

Die materialgestützte Erörterung

# Das Thema einer zweigliedrigen Erörterung erschließen

**1** Erkläre mithilfe des Merkkastens, inwiefern sich die folgenden Themen unterscheiden.

   **A.** Warum wollen viele Jugendliche Leistungssport betreiben?

   **B.** Warum wollen viele Jugendliche Leistungssport betreiben? Mit welchen Belastungen kann dieser Entschluss verbunden sein?

**2** Ordne die folgenden Themen der eingliedrigen bzw. der zweigliedrigen Erörterung zu und begründe jeweils, woran du das erkannt hast.

   A) Alkoholsucht ist ein ernst zu nehmendes Problem. Warum trinken viele Jugendliche regelmäßig Alkohol?

   B) Gerade junge Menschen verschulden sich häufig. Worin sind die Gründe zu sehen, wie könnte dem Problem entgegengewirkt werden?

   C) In vielen Schulen wird über die Einführung von Ganztagesklassen diskutiert. Welche Gründe sprechen für, welche gegen deren Einführung?

   D) Viele Jugendliche träumen davon, nach der Schule ein Jahr im Ausland zu verbringen. Welche Vorteile ergeben sich durch ein solches Auslandsjahr und welche Probleme sind damit verbunden?

**3** Fabian hat folgende Themen erschlossen. Schreibe das falsch erschlossene Thema ab und erschließe es richtig.

   Fremdsprachen sind von großer Bedeutung. Warum ist es für Jugendliche wichtig, Fremdsprachen zu beherrschen, wie kann das Erlernen gefördert werden? (*zweigliedrig*)

   Immer mehr Menschen verzichten auf ein eigenes Auto. Was spricht für und was gegen die Anschaffung eines eigenen Autos? (*eingliedrig*)

**4** Erschließe folgendes Thema und vergleiche dein Ergebnis mit der Klasse.

→ **S. 244**

*die Themafrage richtig erschließen*

> Immer mehr Menschen betreiben Extremsportarten. Worin liegen die Gründe dafür? Welche negativen Aspekte können damit verbunden sein?

✳ **5** Erschließe auch die anderen zweigliedrigen Themen aus Aufgabe 2.

## ! Ein zweigliedriges Thema erschließen

Während die eingliedrige Erörterung nur einen Blickwinkel des Themas beleuchtet, sollen bei einer zweigliedrigen Erörterung zwei Seiten des Themas im Hauptteil erörtert werden. Häufige Fragestellungen bei einer zweigliedrigen Erörterung sind: **Vorteile und Nachteile, Ursachen und Folgen, Chancen und Grenzen, Für und Wider usw.**

Auch bei der zweigliedrigen Erörterung muss das Thema zunächst erschlossen werden. Wie du vorgehst, hast du bereits bei der eingliedrigen Erörterung auf Seite 244 gelernt.

Schrei-**ben**

Die materialgestützte Erörterung

# Eine Stoffsammlung zu einer Gliederung ausformulieren

Herr Huber möchte als Nächstes das folgende Thema mit seiner Klasse behandeln:
*„Immer mehr Menschen betreiben Extremsportarten. Worin liegen die Gründe dafür? Welche negativen Aspekte können damit verbunden sein?"*
Dazu teilt er seiner Klasse folgendes Material aus.

**1**   Verschaffe dir zunächst einen Überblick über die Materialien 1–5 und lies die Texte.

## Material 1

## Die Lust am Risiko

**Immer mehr Deutsche definieren sich über ihre Freizeit. Sie suchen den besonderen „Kick" – klettern ohne Sicherung, stürzen sich Klippen herunter. Extremsport ist in die Mitte der Gesellschaft gerückt.**

Wenn sich Extremsportler steile Tiefschneehänge hinunterstürzen oder von meterhohen Felsklippen springen, fragen sich viele kopfschüttelnd: Warum? Sie halten ihre Erlebnisse auf Video fest, verbreiten die Filme auf Youtube und lassen so andere am Reiz des Extremen teilhaben. Den Zuschauern vor dem Bildschirm ist oft unbegreiflich, wie manche für ihren Sport ihre Gesundheit, ja ihr Leben riskieren können. Ist es Wagemut, die Lust am Risiko oder der Wunsch nach Heldentum? Was suchen diese Menschen am Limit?

Eine Antwort lautet: Extremsportlern geht es um den „Flow". Sportpsychologen verstehen darunter einen Zustand, in dem der Mensch ganz eins ist mit sich selbst, sozusagen in seinem Tun aufgeht, darin „mitfließt". In Untersuchungen geben Sportler an, dass sich im „Flow" alles ganz mühelos anfühle und wie von allein ablaufe. Wer diesen Zustand einmal erreicht hat, will ihn immer wieder erleben – und dabei seine Grenzen ausloten. Bis ins Extreme. Diese Menschen wollen ihre Komfortzone verlassen. Und die sieht bei jedem Menschen anders aus. […]

Was genau Extremsport sein kann, ist schwierig zu definieren. Schließlich bedeutet extrem für jeden etwas anderes. Für den einen ist bereits ein Marathon ein größenwahnsinniges Unterfangen, während andere auf tagelange Ultra-Läufe trainieren oder ohne Pressluft in die Tiefe des Meeres tauchen. Am weitesten in Deutschland verbreitet sind aktuell extreme Ausdauerläufe oder Radrennen, Basejumping, Freeriden und Klettern ohne Sicherung. Die Suche nach Sensation kann ganzen Ortschaften einen Stempel aufdrücken: Viele deutsche Basejumper etwa fahren für ihre Sprünge in den Abgrund gerne nach Österreich oder in die Schweiz. Lauterbrunnen im Berner Oberland etwa nannte eine Zeitschrift gar „das Tal, in dem Menschen vom Himmel fallen". Und in dem die meisten tödlichen Unglücke von Basejumpern passieren.

**Wenn sie wissen, was sie tun**

Es mag absurd klingen, aber: Die Profis unter den Extremsportlern wissen, was sie tun. Statt sich spontan der Lust am Risiko hinzugeben, bereiten sie sich akribisch vor, kennen ihre eigenen Fähigkeiten und Grenzen. Neben der körperlichen Verfassung zählen nicht nur Willenskraft, sondern auch die äußeren Bedingungen. Also

Wetter, wie beispielsweise Wind, der etwa beim Basejumping über Leben und Tod entscheidet, wenn der Sportler nah an einen Felsen geweht wird. Aber genau diese Bedingungen erfolgreich einzuschätzen und in den Flow zu kommen, macht den Reiz aus. In den Youtube-Filmen spielen jedoch penible Vorbereitungen und langes Training keine Rolle. Da ist es nur der Moment, der zählt – und nur dieser, der gezeigt wird. [...] Aber es ist genau diese mediale Vermarktung, die immer mehr Laien inspiriert, das ebenfalls auszuprobieren. [...] Also machen manche ihre Freizeit zum sportlichen Herausforderungs-Parcours [...]. Ein Problem vieler Freizeitsportler: Sie können ihre eigenen Fähigkeiten nicht genau einschätzen. Tatsächlich birgt der adrenalingesättigte Flow für sie Gefahren: „In diesem reflexionslosen Zustand blendet man die Risiken womöglich eher aus", sagt Marie Ottilie Frenkel, Sportpsychologin an der Universität Heidelberg. In einer Studie fand sie heraus, dass „High Sensation Seeker" besser mit extremen Situationen umgehen können als andere Menschen. Sie schütten weniger Stresshormon Cortisol aus, haben keine so hohe Herzfrequenz und fühlen sich bei einem gewissen Risiko wohl. Aber erst durch längeres Training wissen die Profis unter den Extremsportlern ihre Fähigkeiten und die extremen Situationen einzuschätzen. Für sie ist etwas ganz anderes beängstigend: ein geregelter Alltag etwa, drei Kinder, ein Hund. Über solche Limits können wiederum sie nur den Kopf schütteln.

*Quelle: Carolin Gasteiger: „Die Lust am Risiko".*
*Veröffentlicht auf der Internetseite des Goethe Instituts.*

***High Sensation Seeker***
*Menschen, die in ihrer Sportart immer neue, komplexe Eindrücke brauchen und darin Bestleistungen bringen wollen*

## Material 2

*Quelle: Adobe Stock*

## Material 4

„Als Extremsport wird der Sport verstanden, der einem Menschen größte körperliche und geistige Anstrengungen abverlangt und die höchsten technischen und logistischen Anforderungen an die Ausrüstung und Sportgeräte stellt."
*Quelle: Internetseite „Extremsport-Welt"*

## Material 3

### Bei Sportunfällen verletzte und getötete Personen

Verletzte: Jährlicher Durchschnitt zwischen 2011 und 2015
Getötete: Jährlicher Durchschnitt zwischen 2008 und 2017

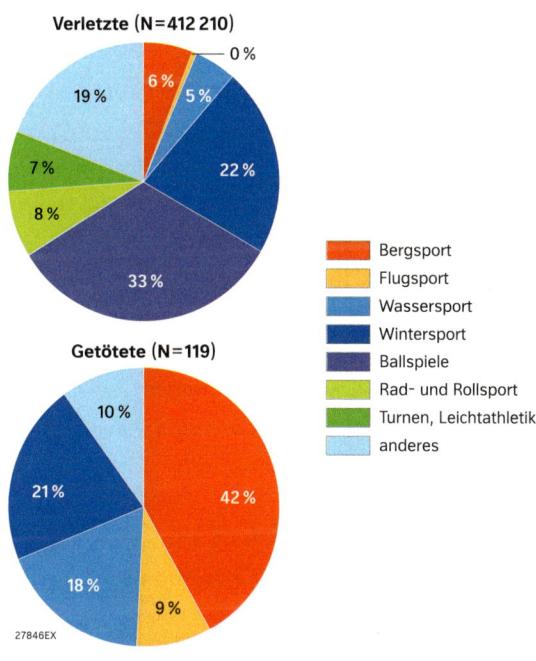

Quelle: Beratungsstelle für Unfallverhütung, Statistik der Nichtberufsunfälle und des Sicherheitsniveaus in der Schweiz          © BFS 2019

Schrei-
**ben**

*Basejumping*
*Sport, bei dem*
*man mit einem*
*Fallschirm von*
*hohen Gebäu-*
*den oder von*
*Felsen springt*

**Material 5**

## Auszug aus einem Interview mit dem ehemaligen Basejumper Maximilian Werndl

**SPIEGEL ONLINE:** Herr Werndl, vor wenigen Tagen sind die Weltklasse-Bergsteiger David Lama, Hansjörg Auer und Jess Roskelley bei einer Tour in Kanada tödlich verunglückt. Ihre Route galt als sehr gefährlich. Warum fällt es Extremsportlern so schwer aufzuhören?

**Werndl:** Extremsport ist wie eine Sucht. Das ist wie bei einem Alkoholiker, der mit dem Trinken aufhören will – aber nicht von jetzt auf gleich die Flasche wegstellen kann. Auch ich wusste, dass Basejumpen falsch war. Aber der Sport war für mich so wichtig, dass ich mir ein Leben ohne ihn nicht vorstellen konnte.

**SPIEGEL ONLINE:** Warum?

**Werndl:** Basejumper, Motorradrennfahrer, Apnoetaucher oder Klippenspringer sind alle dem Gefühl der maximalen Gegenwärtigkeit verfallen. Sie suchen Momente, in denen sie komplett abschalten können. Das habe ich als Basejumper auch bei meinen Sprüngen erlebt: Nichts ist dann noch da. Alles, was gerade noch wichtig war, worüber ich mir vielleicht Sorgen gemacht habe, ist weg. Das ist wie ein Katapult, das einen ins Jetzt schleudert. […]

**SPIEGEL ONLINE:** Wann haben Sie sich dazu entschieden aufzuhören?

**Werndl:** Vor dem Schlafengehen habe ich damals immer einen Blick auf die Todesliste der Basejumper geworfen, die kann man online abrufen. Nachts bin ich dann oft schweißgebadet aufgewacht. Ich habe geträumt, dass ich gegen einen Felsen oder auf den Boden pralle. Aber vom Weitermachen konnte mich das und selbst der Tod von Kollegen und engen Freunden nicht abhalten. In den vier Jahren, in denen ich den Sport betrieben habe, sind 117 Basejumper tödlich verunglückt – von möglicherweise insgesamt 300 bis 400, die der Szene weltweit angehören.

**SPIEGEL ONLINE:** Wie sind Sie denn damit umgegangen?

**Werndl:** Ich habe das einfach weggewischt, gefühlt habe ich damals nichts mehr.

**SPIEGEL ONLINE:** Bis zu einem gewissen Moment?

**Werndl:** Ja, ich hatte ein Schlüsselerlebnis: Bei einem Sprung sind wir zu dritt oben los und zu zweit unten angekommen, das war im Sommer 2016. Später erfuhren wir, dass der Dritte mit einem Felsen kollidiert war, er war sofort tot. Es gibt nur einen Ausgang bei diesem Sport. Während ich mich nach dem Sprung noch sortierte, kam mein Kollege zu mir rüber und sagte mir, dass die Bergung wohl um die 40 Minuten dauern würde. Ob wir uns in einer Stunde wieder oben am Absprung treffen sollten, um erneut zu springen? Da habe ich gemerkt, wie sehr einen dieser Sport abstumpfen lässt. […]

*Quelle: Spiegel Online, 24.04.2019.*

**Portal**

*WES-122965-092*

**2**   Um eine Stoffsammlung anzulegen, ist es zunächst wichtig, die einzelnen Materialien genau auszuwerten. Verwende dazu die Vorlage aus dem Portal oder Kopien der Buchseiten und gehe so vor, wie du es auf den Seiten 248–250 gelernt hast.

**3** Bei einem zweigliedrigen Thema muss auch zu beiden Seiten der Themafrage eine Stoffsammlung angelegt werden.

a) Schreibe Fabians Stoffsammlung ab.

| Gründe für Extremsport | negative Auswirkungen |
|---|---|
| – Suche nach dem Kick (M 1) | – hohe Kosten |
| – sportliche Herausforderung | – oft Eingriff in die Natur |
| – dem Alltag entfliehen können (M 5) | – Suchtgefahr (M 5) |
| – … | – … |

b) Ergänze die Tabelle mit Informationen aus dem Material und eigenen Ideen.

**4** Ordne nun deine Stoffsammlung und finde für zusammengehörige Unterpunkte entsprechende Oberpunkte.

**5** Fabian hat bereits ein Grundgerüst seiner Gliederung erstellt.

a) Schau dir den Aufbau der Gliederung genau an und erkläre mithilfe des Merkkastens unten und dem von Seite 252, was dir im Vergleich zum Grundgerüst der Gliederung bei einem eingliedrigen Thema auffällt.

b) Erstelle mithilfe deiner Stoffsammlung nun eine eigene Gliederung. Der Merkkasten auf Seite 252 hilft dir dabei.

> A.  …
>
> B.  Worin liegen die Gründe dafür, dass immer mehr Menschen Extremsportarten betreiben, und welche negativen Aspekte können damit verbunden sein?
>
>     I.  Gründe für das Betreiben von Extremsport
>        1.
>          a)
>          b)
>        …
>
>     II.  Negative Aspekte beim Ausüben von Extremsport
>        1.
>        2.
>        …
>
> C.  …

## ⓘ Eine Gliederung erstellen

Bei der zweigliedrigen Erörterung müssen auch in der Gliederung **beide Seiten der Fragestellung beleuchtet werden**. Daher wird der Hauptteil (B.) noch einmal in **I.** und **II.** untergliedert (z. B. in *I. Vorteile* und *II. Nachteile*).

Anschließend werden die **beiden Teile der Themafrage mit entsprechenden Ober- und Unterpunkten ergänzt**. Achte darauf, in beiden Teilen **etwa gleich viele Argumente** zu nennen, damit zeigst du, dass du beide Seiten des Themas in gleichem Maße berücksichtigst.

**Achtung:** Bei Themenfragen, bei denen du dich im Schlussteil für eine Seite entscheiden kannst (z. B. Vor- und Nachteile), sollte die Seite, für die du dich entscheidest, im Hauptteil erst unter II. aufgeführt werden. So argumentierst du vom Schwächeren hin zum Stärkeren und bekräftigst dies dann in deinem Schluss. Überlege also zunächst, wie deine Meinung zum jeweiligen Thema ist.

Die materialgestützte Erörterung

# Den Hauptteil der zweigliedrigen Erörterung verfassen

**1** In den folgenden Bausteinen findet sich ein vollständiges Argument.
  a) Suche die zusammengehörigen Bausteine, bringe sie in die richtige Reihenfolge und schreibe anschließend das Argument auf. Achtung: Nicht alle Bausteine gehören zu dem Argument.

**A.** Zudem darf nicht vergessen werden, dass Extremsportarten oft auch die Umwelt belasten.

**B.** Für zahlreiche Menschen wird ihr Alltag immer mehr zu einer Belastung. Sie langweilen sich, fühlen sich nicht ausgelastet oder haben zahlreiche ungelöste Probleme. Um Abwechslung zu erleben oder ihren Kopf frei zu bekommen und so dem Alltag zu entfliehen, suchen sie sich daher eine Art Ventil. Extremsportarten bieten sich hierbei an, da man dabei ganz auf den Sport fokussiert ist und alles um sich herum vergisst.

**C.** Ein weiterer Grund, warum immer mehr Menschen Extremsportarten betreiben, ist die damit verbundene Möglichkeit, dem Alltag zu entfliehen (M 5).

**D.** Mein Vater ist selbst einmal für einige Zeit Fallschirm gesprungen. Neben den hohen Kosten für jeden Sprung hat er sich auch einen eigenen Schirm für sehr viel Geld gekauft. Insgesamt war dies ein sehr teures Hobby und wir konnten in dieser Zeit nicht in den Urlaub fahren. So wird deutlich, dass Extremsportarten mitunter sehr viel Geld kosten können.

**E.** Der Basejumper Maximilian Werndl etwa beschreibt mit den Worten: „Nichts ist dann noch da", wie er bei seinen Sprüngen dem Alltag entfliehen und alles vergessen konnte, „was gerade noch wichtig war" (M 5) und worüber er sich Sorgen gemacht hat.

**F.** Dies wird auch durch die BFS-Gesundheitsstatistik 2014 verdeutlicht. So passieren die meisten Sportunfälle mit Todesfolge beim Ausüben von Extremsportarten.

 **Tipp**

*Verwende passende Überleitungen aus dem Wortspeicher von Seite 254 oder der Liste aus dem Portal.*

 **Portal**

*WES-122965-093*

  b) Formuliere für das Argument einen passenden Gliederungspunkt.
  c) In den Bausteinen findet sich eine zweite Behauptung. Schreibe diese ebenfalls ab und vervollständige das Argument. Baue dabei gegebenenfalls Material der Seiten 260 – 262 ein. Folgende Fragen helfen dir:
    **Behauptung:**  Was will ich sagen?
    **Begründung:**  Warum ist das so?
    **Beispiel:**  Woran kann ich das sehen?

**2** Fabian hat bereits ein Argument verfasst.

a) Lies es zunächst einmal.

🔒 den soeben aufgezeigten zahlreichen Gründen für das Betreiben von Extremsportarten sind 🔒 die negativen Aspekte, die mit dem Ausüben von Extremsportarten verbunden sind, zu bedenken. 🔒 ist hierbei die Gefahr der Selbstüberschätzung zu nennen. 🔒 bereiten sich Profisportler akribisch auf ihren Wettkampf oder ihr Event vor. 🔒 dem stundenlangen Training versuchen sie alle Eventualitäten, die ihren Sport beeinflussen könnten, zu bedenken. Das eigentliche Ereignis sieht 🔒 kinderleicht aus, die Vorbereitungszeit ist dabei nicht zu sehen. Freizeitsportler, die dann nur das Ergebnis sehen, nehmen sich dies zum Vorbild, dabei haben sie selbst 🔒 die Zeit noch die sportlichen Voraussetzungen, sich entsprechend vorzubereiten. 🔒 im Bereich der Extremsportarten wird eine solche Selbstüberschätzung dann oft lebensgefährlich (M1).
🔒 etwa ein Freizeit-Basejumper ohne entsprechende Wetterberechnungen, ohne ausreichendes Training und ohne Geländekenntnis nur aufgrund eines gesehenen Videos sich einen solchen Sprung zutraut, kann diese Selbstüberschätzung sogar tödlich enden.

b) Im Text sind einige 🔒 zu finden. Hier fehlen Wörter, die als Verknüpfungen dienen. Fülle die Leerstellen sinnvoll aus, sodass sich ein flüssiges und stimmig zu lesendes Argument ergibt. Der Wortspeicher zu den Überleitungen auf Seite 254 hilft dir dabei. Benutze die Vorlage aus dem Portal oder schreibe den Text ab.

**Portal**

*WES-122965-094*

c) Erkläre anhand des ersten Satzes, wo dieses Argument in der Gliederung stehen muss.

d) Markiere auf der Vorlage aus dem Portal oder auf einer Kopie der Buchseite die einzelnen Bestandteile des Arguments und benenne diese.

**3** In einem Argument zu den Gründen, warum immer mehr Menschen Extremsportarten betreiben, hat Fabian Informationen aus dem Material eingebaut.

a) Lies das Argument aufmerksam durch.

*Ein wichtiger Grund, warum immer mehr Menschen Extremsportarten betreiben, ist: „Sie suchen den besonderen ‚Kick' – klettern ohne Sicherung, stürzen sich Klippen herunter. Extremsport ist in die Mitte der Gesellschaft gerückt" (M1). So wollen Extremsportler etwas Außergewöhnliches erleben, ihnen „geht es um den ‚Flow'" (M1). Sportpsychologen verstehen darunter einen Zustand, in dem der Mensch eins ist mit sich selbst, sozusagen in seinem Tun aufgeht (vgl. M1). „Basejumper, Motorradrennfahrer, Apnoetaucher oder Klippenspringer sind alle dem Gefühl der maximalen Gegenwärtigkeit verfallen. Sie suchen Momente, in denen sie komplett abschalten können" (M5). Das hat auch der Basejumper Maximilian Werndl bei seinen Sprüngen erlebt: „Nichts ist dann noch da. Alles, was gerade noch wichtig war, worüber ich mir vielleicht Sorgen gemacht habe, ist weg. Das ist wie ein Katapult, das einen ins Jetzt schleudert" (M5).*

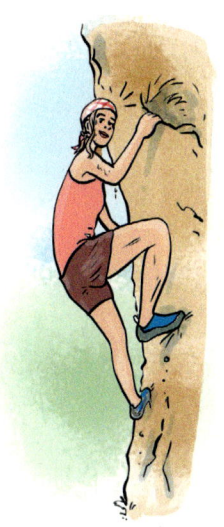

b) Erläutere, warum Herr Huber mit der Art und Weise, wie Fabian die Materialien eingebaut hat, nicht einverstanden ist. Der Merkkasten auf Seite 266 hilft dir dabei.

c) Verbessere das Argument so, dass die Materialien sinnvoll verwendet werden.

**Schreiben**

**4** Helenes Argument ist unvollständig, da wichtige Informationen fehlen.

   a) Ergänze die Informationen aus dem Material und achte auf die richtige Zitierweise.

   b) Finde ein passendes Beispiel für Helenes Argument und schreibe es zu Ende. Auch hierfür kann das Material entsprechend genutzt werden.

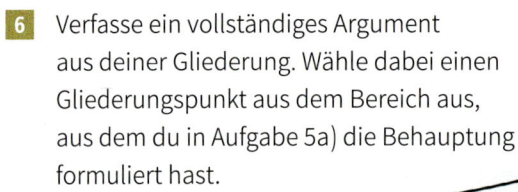

*Neben der Suchtgefahr muss auch die erhöhte Gefahr, bei Extremsportarten tödlich verunglücken zu können, als wichtigster negativer Aspekt genannt werden. In den Jahren ❓ sind ❓ Menschen durch Sportunfälle getötet worden. Mit 39 Todesfällen kommen die meisten davon aus dem Bereich des ❓. Während es bei „normalen" Sportarten wie Fußball, Basketball oder Leichtathletik in der Regel nur zu Verletzungen kommt, ist die Gefahr bei Extremsportarten ungleich höher, dabei tödlich zu verunglücken. So …*

**5** Bearbeitet die folgenden Aufgaben zu zweit.

   a) Eine bzw. einer von euch schreibt auf einem Blatt eine Behauptung zu den Gründen, warum so viele Menschen Extremsportarten betreiben. Der bzw. die andere schreibt eine Behauptung zu den negativen Aspekten auf ein Blatt.

   b) Tauscht nun eure Blätter und vervollständigt gegenseitig eure Argumente.

   c) Lest euch nacheinander die Argumente vor und tauscht euch darüber aus, ob …

     • die Begründung und das Beispiel passend gewählt sind.

     • sinnvolle Verknüpfungen zwischen den einzelnen Teilen des Arguments vorhanden sind.

**6** Verfasse ein vollständiges Argument aus deiner Gliederung. Wähle dabei einen Gliederungspunkt aus dem Bereich aus, aus dem du in Aufgabe 5a) die Behauptung formuliert hast.

---

**⚠ Der Hauptteil der zweigliedrigen Erörterung**

Der Hauptteil der zweigliedrigen Erörterung besteht aus der **Argumentation**. Dabei müssen die Argumente **sachlich geschrieben, überzeugend und logisch aufgebaut sein** (Behauptung, Begründung, Beispiel und evtl. eine Rückführung oder Folgerung). Achte ebenfalls darauf, **passende Überleitungen** zwischen den Argumenten zu finden. Auch innerhalb des Arguments ist es wichtig, die verschiedenen Teile so zu verbinden, dass ein zusammenhängendes, flüssig zu lesendes Argument entsteht.

Wie bei der eingliedrigen gilt auch bei der zweigliedrigen Erörterung: Die **Materialien sind sinnvoll zu verwenden** und in das jeweilige Argument einzubauen. **Achte** dabei sowohl auf die **richtige Zitierweise** als auch darauf, immer **auch eigene Gedanken einfließen** zu lassen. Verwende daher in einem Argument **nie ausschließlich** Informationen aus dem Material.

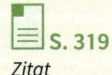
**S. 319**
*Zitat*

Die materialgestützte Erörterung

# Eine Einleitung und einen Schluss verfassen

**1**  Fabian hat folgende Einleitung verfasst. Dabei sind ihm einige Fehler unterlaufen.
a) Lies die Einleitung und benenne die inhaltlichen Fehler mithilfe des Merkkastens.

> *Vor Kurzem las ich in der Zeitung, dass immer mehr Menschen Extremsportarten betreiben. Hier stellt sich die Frage, worum es sich dabei genau handelt. Wie in Material 4 beschrieben, ist Extremsport der Sport, der einem Menschen Anstrengungen abverlangt. Allerdings darf nicht unterschätzt werden, dass hierbei auch häufig schwere Unfälle, auch mit Todesfolge, passieren. Im Folgenden soll daher erörtert werden, welche negativen Aspekte mit Extremsportarten verbunden sein können.*

b) Schreibe die Einleitung nun verbessert auf und formuliere einen passenden Einleitungsgedanken A. für deine Gliederung.

**2**  Auch Material 1 von Seite 260 f. bietet sich als Hilfe bei der Ausformulierung einer Einleitung an. Lies den Text nochmals und verfasse anschließend eine Einleitung.

**3**  Im Schluss der Erörterung gibst du eine begründete Stellungnahme zum Thema ab.
a) Lies die folgenden Auszüge aus verschiedenen Schlussgedanken und bewerte diese.

Ein weiterer Grund, den ich noch nicht erwähnt habe, ist das Adrenalin, das man beim Ausüben von Extremsportarten ausschüttet. Ich selbst habe auch schon einmal Bungee-Jumping gemacht. Das war so krass. Ich kann das echt nur empfehlen. Erst hatte ich voll Schiss, doch als ich dann gesprungen bin und in der Luft war, der Hammer! …

Nachdem im Vorangegangenen sowohl Gründe für als auch gegen die Ausübung von Extremsport erörtert wurden, bleibt festzuhalten, dass vor allem durch die gesundheitlichen Risiken Extremsportarten wenig reizvoll erscheinen …

b) Verfasse einen eigenen Schluss zum Thema und formuliere anschließend deinen Schlussgedanken C. für die Gliederung.

---

**⚠ Einleitung und Schluss einer zweigliedrigen Erörterung**

**Die Einleitung** der zweigliedrigen Erörterung folgt demselben Aufbau wie die der eingliedrigen Erörterung (siehe S. 256). Es ist darauf zu achten, dass der **Einleitungsgedanke zu beiden Seiten des Themas passt** und **dass keine Argumente vorweggenommen werden**. Oft findest du im Material passende Ideen für den Einleitungsgedanken.
**Der Schluss** der zweigliedrigen Erörterung fasst, ebenso wie bei der eingliedrigen Erörterung beschrieben, **das im Hauptteil Erörterte** noch einmal **zusammen**. Anschließend soll eine **eigene Stellungnahme** folgen (siehe S. 257).

**Schreiben**

Die materialgestützte Erörterung

# Eine Erörterung überarbeiten

**Portal**

WES-122965-095

Helene soll zu folgendem Thema eine Gliederung verfassen und drei Argumente ausarbeiten: *„Immer mehr Menschen kaufen im Internet ein. Was macht das Einkaufen im Internet heutzutage so attraktiv? Welche Nachteile können damit verbunden sein?"*

**1** Sichte zunächst das Material. Du findest dieses auch auf dem Portal.

## Material 1

**Handel vor Ort ist mehr als nur Einkauf**

Stadtmarketing Weiden und IHK-Vertreter Gerhard Ertl werben mit „Heimatshoppen" für das Einkaufen in der Innenstadt.

**Kaufkraft in der Region binden**

„Mit der Aktion wollen wir die Bedeutung des lokalen Handels herausstellen und auch die Bewohner und Kunden für seine Rolle in den Städten sensibilisieren. Der Handel dient nicht nur zur Versorgung mit Waren, sondern übernimmt auch eine wichtige gesellschaftliche Rolle", betont IHK-Handelsexperte Dr. Matthias Segerer. Einkaufen vor Ort würde nicht nur Kaufkraft in der Region binden, sondern auch ihre Attraktivität und Vielfalt als Wohn- und Arbeitsort unterstützen und zum Flanieren in die Innenstädte locken. „Die Geschäfte vor Ort hauchen einer Stadt Leben ein", so Segerer weiter.

*Quelle: Oberpfalz Echo, 18.09.2019.*

## Material 2

**Die Anfänge des Internets und die ersten Online-Händler**

Das Internet wurde Anfang der 90er Jahre durch die National Science Foundation zur kommerziellen Nutzung freigegeben. Schon 1994 wurden viele der heutigen Giganten gegründet.

Weltweit nimmt die Bedeutung des Online-Shoppings immer weiter zu. In Deutschland kaufen über 60 Millionen Menschen online ein. Zu den beliebtesten Kategorien gehören natürlich Kleidung und Schuhe.

Etwa die Hälfte aller Online-Shopperinnen und -Shopper hat jedoch auch schon schlechte Erfahrungen beim Online-Einkauf gemacht. Am häufigsten tritt dabei das Problem auf, dass die Ware nicht geliefert wird oder sie zu spät ankommt. Auch die Lieferung von falscher Ware tritt vermehrt auf. Fast ein Viertel der Online-Käufer/innen hat schon erlebt, dass sie kein Geld zurückerhalten haben und 12 Prozent berichten von einer Abzocke durch Fake-Shops.

*Quelle: Internetseite von Trusted Shops GmbH. Text gekürzt.*

## Material 3

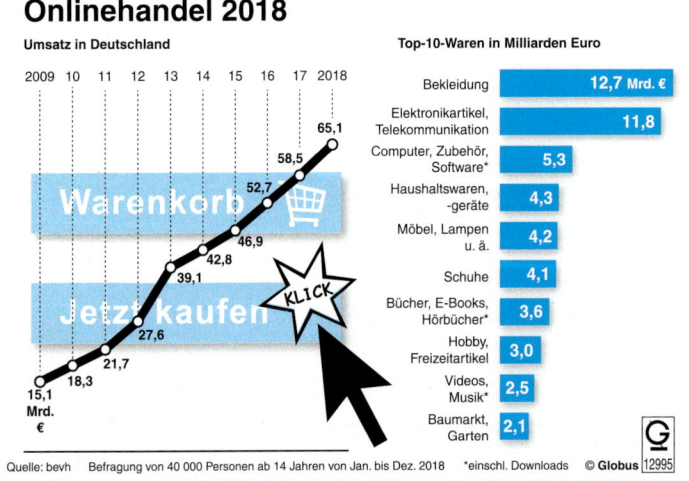

**Onlinehandel 2018**

Umsatz in Deutschland

Top-10-Waren in Milliarden Euro

Quelle: bevh    Befragung von 40 000 Personen ab 14 Jahren von Jan. bis Dez. 2018    *einschl. Downloads    © Globus 12995

**Material 4**

**Schlagzeilen zum Thema:**

*Shoppen im Internet ist bequem*

ICH KAUFTE ALLES ONLINE –
SOLANGE ICH GELD HATTE …

*Onlineshops haben keine Öffnungszeiten*

*Retouren schädigen die Umwelt*

**Material 5**

**2** Helenes Gliederung und Aufsatz sind an einigen Stellen fehlerhaft.

a) Sieh dir zunächst ihre Gliederung und die angestrichenen Fehler an.

b) Lies anschließend ihre Erörterung und verschaffe dir einen Überblick über die Fehler.

Gliederung

A. Einleitung                                                      *Einleitungsgedanke*

B. Was macht das Einkaufen im Internet heutzutage so attraktiv?   *fehlt*
    Welche Nachteile können damit verbunden sein?

   I.  Aspekte für das Einkaufen im Internet

      1.  Vorteile für die Wirtschaft

         a)  Schaffung neuer Logistikzentren          *Nummerierung passt*

      2.  Vorteile für den Einzelnen                   *nicht: kein a) ohne b)*

         a)  Zeitersparnis durch Einkaufen von zu Hause

         b)  Das Internet bietet eine große Warenauswahl     *Verbalstil*

         c)  Einkauf rund um die Uhr

         d)  Geldersparnis

  II.  Aspekte dagegen                                 *Ausdruck*

      1.  Nachteile für die Wirtschaft

         a)  Verlust von Arbeitsplätzen

         b)  Attraktivitätsverlust der Innenstädte

      2.  Nachteile für den Einzelnen

         a)  keine Beratung                           *Kleinschreibung*

         b)  Datenklau

         c)  Betrugsgefahr

C.  Ich bin ein guter Mensch und kaufe keine Waren im Internet.    *Stil passt nicht*

---

**Erörterung der Frage: Was macht das Einkaufen im Internet heute so attraktiv?**
**Welche Nachteile können damit verbunden sein?**

*Immer mehr Menschen kaufen im Internet. „Schon 1994 wurden viele der*      *Das Zitat passt nicht →*
*heutigen Giganten gegründet" (M 2). Onlineshops werden immer beliebter. Da*   *kein Zusammenhang.*
*man im Internet alles bekommt, gibt es kaum Menschen, die nicht regelmäßig*   *Argument!*

*Themafrage unvollständig*
*Überleitung?*

online bestellen. Daher stellt sich die Frage, was das Einkaufen im Internet so attraktiv macht.

Die Zeitersparnis durch das Einkaufen von zu Hause ist hier zu nennen. Viele Menschen sind den ganzen Tag durch ihre Arbeit, die Kinderbetreuung oder aus anderen Gründen beschäftigt. Besorgungen zu machen ist für sie mehr eine zusätzliche Last, die Zeit kostet. Gerade für sie bietet das Einkaufen im Internet eine Zeitersparnis, die sie dann aus ihrer Sicht sinnvoller nutzen können.

*Beispiel fehlt*

*Überleitung nicht ausreichend formuliert*
*Begründung fehlt*

Auch die Möglichkeit, Geld zu sparen, muss genannt werden. Ein guter Freund von mir wollte sich vor Kurzem einen neuen PC kaufen. Als er sich entschieden hatte und wusste, welches Modell es werden sollte, verglich er die Preise. Dabei stellte er fest, dass kein örtliches Geschäft mit dem Angebot eines Onlinehändlers mithalten konnte und so kaufte er sich seinen PC online.

Als Nachteil muss eindeutig die Betrugsgefahr genannt werden. Während man in normalen Geschäften weiß, mit wem man es zu tun hat und einem Verkäufer gegenübersteht, ist das im Online-Handel nicht der Fall. So geben ca. 25% der Onlinekäufer an, dass sie es schon erlebt haben, kein Geld zurückerhalten zu haben und 20 Prozent waren schon auf Seiten von Fake-Shops (Material 2).

Insgesamt wird deutlich, dass es viele Gründe gibt, online einzukaufen, allerdings sind mit dem Onlinehandel auch zahlreiche Nachteile verbunden. Da ich ein guter Mensch bin, möchte ich außerdem unsere Geschäfte vor Ort unterstützen und kaufe nicht im Internet.

**Portal**
WES-122965-096

**3** Unterstreiche in der Gliederung die drei ausformulierten Argumente. Verwende dazu die Vorlage aus dem Portal oder eine Kopie der Seite.

**Portal**
WES-122965-097

**4** Korrigiere die zweite Hälfte des Aufsatzes, indem du am Rand Korrekturhinweise notierst. Verwende dazu die Vorlage aus dem Portal oder eine Kopie der Seite.

**5** Verbessere Helenes Gliederung und ihren Aufsatz mithilfe der Checkliste schriftlich. Werte dazu das Material zunächst aus.

---

### EINE ERÖRTERUNG ÜBERARBEITEN  CHECKLISTE

Ich habe …

- ☑ … eine vollständige, formal korrekte Gliederung verfasst, bei der die Teile der Themafrage gleichermaßen berücksichtigt werden.
- ☑ … dabei auf die richtige Verwendung von Nominal- und Verbalstil geachtet.
- ☑ … in der Einleitung einen passenden Einleitungsgedanken, der zur Themafrage überleitet, ausgeführt und kein Argument vorweggenommen.
- ☑ … in den Argumenten darauf geachtet, dass die Behauptung, die Begründung und das Beispiel ein sachlich überzeugendes Argument darstellen.
- ☑ … im Schluss das Wesentliche zusammengefasst und meine Meinung zum Thema geäußert.
- ☑ … das vorhandene Material ergänzend verwendet und richtig zitiert.
- ☑ … darauf geachtet, passende Überleitungen zu verwenden und abwechslungsreich zu schreiben.
- ☑ … sachlich geschrieben und auf richtige Rechtschreibung und Zeichensetzung geachtet.

---

Die materialgestützte Erörterung

# Überprüfe dein Wissen und Können

**1** Lies zunächst das Thema und erschließe es.

**2** Sichte das Material auf den folgenden Seiten und werte es aus. Verwende hierfür eine Kopie oder die Vorlage aus dem Portal.

**Portal**
WES-122965-098

**3** Verfasse eine vollständige Gliederung zum Thema.

**4** Schreibe eine Erörterung, in der du vier Argumente ausführst. Gehe auf beide Seiten des Themas mit mind. einem Argument ein. Nutze die Überleitungen aus der Liste im Portal.

**Portal**
WES-122965-093

*Thema: Viele Schülerinnen und Schüler träumen davon, eine Zeit im Ausland zu verbringen. Was spricht für einen Austausch, welche Probleme können auftreten?*

## Material 1

### Warum Sie Ihr Kind ins Ausland schicken sollten

*Text: Friederike Lübke*

Während Schulabsolventen und Studenten umworben werden, scheint das bei Schülern weniger der Fall zu sein. Dabei sollen sie gerade aufgrund ihres Alters ins Ausland gehen: „Es ist sinnvoll, so früh wie möglich interkulturelle Erfahrungen zu machen. Im Alter zwischen 14 und 16 Jahren sind Jugendliche viel aufnahmefähiger als später", sagt Uta Wildfeuer, Repräsentantin des Arbeitskreises gemeinnütziger Jugendaustauschorganisationen (AJA). „Das kann man nach der Schule nur schwer aufholen." Die Erfahrung im Ausland präge auch den weiteren Lebensweg – zum Beispiel, wenn man sich für einen internationalen Studiengang entscheide, den man sonst nicht gewählt hätte.

### Wichtig für die Willkommenskultur

Ähnlich argumentiert auch Markus Ingenlath, Generalsekretär des Deutsch-Französischen Jugendwerkes (DFJW). „Es ist nicht hoch genug einzuschätzen, wie sehr es einen motiviert, die Fremdsprache zu lernen", sagt er. „Man bekommt einen ganz anderen Schub in der Sprache." Auch die interkulturelle Erfahrung hält er für wichtig: „Austausch ist etwas ganz, ganz Wichtiges, um die Willkommenskultur voranzutreiben. Wenn man einmal fremd war, geht man ganz anders mit Fremden um", so Ingenlath. Die Zeit im Gastland ermögliche es einem, „mit der Brille des anderen auf das eigene Land zu sehen".

Auch die Forschung legt nahe, dass das Selbstwertgefühl durch die Zeit im Ausland wächst. Eine Studie deutscher und niederländischer Wissenschaftler kam zu dem Ergebnis, dass sich Austauschschüler nach ihrer Zeit im Ausland positiver einschätzten als ihre Mitschüler zu Hause.

### Austausch kann bis zu 14.000 Euro kosten

Schüleraustausch kann jedoch teuer werden. Für Länder wie Irland, Neuseeland oder Kanada muss man laut Weltweiser-Studie mit bis zu 14.000 Euro pro Schuljahr rechnen. Eltern müssen den Aufenthalt allerdings nicht allein finanzieren. Die Zahl der finanziellen Hilfen und Stipendien ist groß. Auch Alleinerziehende oder Familien mit mehreren Kindern können so einen Schüleraustausch planen. Für Schüler in Sachsen gibt es Vollstipendien einschließlich Hin- und Rückflug für einen vierwöchigen Aufenthalt im Ausland. Und wer als „Botschafter Bayerns" für ein Jahr ins Ausland geht, wird ebenfalls unterstützt.

*Quelle: WELT.de, 24.01.2016. Text gekürzt.*

Schrei-
**ben**

### Material 2

**Erfahrungsbericht von Sandra**

Ich war gerade mal 15 Jahre alt und in der 9. Klasse Realschule, als ich auf die Idee kam, ein Jahr in einer High School in einem anderen Land zu verbringen. Ich war sofort Feuer und Flamme und habe mir sämtliche Broschüren von verschiedensten Organisationen zuschicken lassen.

Der Abschied von meiner Familie in Deutschland war natürlich nicht so schön. Aber der Empfang in Denver, der „Milde High City", von meiner „neuen" Familie war umso besser. Alle haben schon auf mich gewartet und sich gefreut, mich zu sehen.

Ich wurde sofort in die Familie aufgenommen und besonders Cindy und Royce haben sich sehr fürsorglich um mich gekümmert. Sie haben ständig gefragt, ob es mir gut geht und ob ich alles habe, was ich brauche. Wir haben gemeinsam eine tolle Zeit verbracht! Wir waren zusammen in den Rocky Mountains campen, haben viele Wochenenden in den Bergen im Ferienhaus verbracht und mit meiner Hostmom Cindy war ich sogar ein Wochenende in Los Angeles, wo wir Verwandte besucht haben. Leider hat meine Gastfamilie irgendwann finanzielle Probleme bekommen und da ich in dieser Hinsicht eine zusätzliche Belastung für die Familie war, beschloss ich nach etwa sechs Monaten, zu meiner Betreuerin zu ziehen. Wir gingen im Guten auseinander und bei meiner neuen Gastfamilie hat es mir auch sehr gut gefallen, also alles kein Problem. :-)

Mein Schulalltag hat mir besonders gut gefallen! Jeden Morgen wurde ich von meiner Freundin McKenzie abgeholt und wir fuhren zusammen zur Ponderosa High School. Meine Fächer waren unter anderem Team Sports, Photography, US Government, Global Literature, Technical Theatre, Child Psychology und Anatomy. Das Schuljahr war in zwei Semester aufgeteilt und in jedem Semester konnte man sieben Fächer auswählen. Wir hatten jeden Tag alle Fächer und mittags eine Freistunde, in der ich mich mit meinen Freunden zum Mittagessen in der Cafeteria getroffen habe.

Tolle Erinnerungen sind auch die amerikanischen Feiertage und Events. Thanksgiving zum Beispiel oder der Super Bowl und auch Halloween war natürlich ein großer Spaß. Einmal einen richtigen „Prom" und die „Graduation" mitzuerleben ist ein einzigartiges Erlebnis und auch die Tradition „Homecoming" hat mir total gut gefallen. Natürlich hat man auch mal Heimweh und es gab auch schwierige Situation, den Familienwechsel zum Beispiel. Aber genau an solchen Situationen wächst man am meisten.

*Quelle: Internetseite von Praktikawelten GmbH. Text gekürzt.*

### Material 3

*Quelle: Karikaturist Michael Hüter*

**Homecoming**
*ein traditionelles Fest, das High Schools einmal im Jahr zu Ehren ehemaliger Schüler/-innen ausrichten.*

2.3 Den Informationsgehalt einfacher Karikaturen in eigenen Texten nutzen
3.2 In offenen Formen auf der Basis vorgegebenen Materials oder ausgehend von Fragen, die Texte aufwerfen, argumentieren und den argumentierenden Text strukturiert und schlüssig aufbauen

## Material 4

Hast du kurz Zeit, die Welt zu entdecken?

Schüleraustausch für sechs bis zwölf Wochen

**AFS**
AFS Interkulturelle
Begegnungen e.V.

### Dich erwarten …

#### … ein tolles Programm!

- Dein Aufenthalt im Gastland beträgt sechs bis zwölf Wochen (abhängig vom Programm).
- Du lebst in einer Gastfamilie.
- Du besuchst eine weiterführende Schule.
- Du nimmst eventuell an einem Sprachkurs teil (abhängig vom Gastland).
- Einige Programme sind gegenseitig. Das bedeutet, deine Familie nimmt vor oder nach deinem Auslandsaufenthalt deine Austauschpartnerin oder deinen Austauschpartner bei sich auf.

#### … neue Erfahrungen und Fähigkeiten!

- Du knüpfst neue Freundschaften, wirst selbstbewusster und aufgeschlossener.
- Du vertiefst deine Fremdsprachenkenntnisse und verbesserst dadurch deine beruflichen Zukunftschancen.
- Ein Auslandsaufenthalt stärkt das Bewusstsein für deine eigene Herkunft und dein Verständnis für eine andere Kultur.

#### … eine einfache Bewerbung!

- Du bist zwischen 14 und 18 Jahren alt (abhängig vom Programm).
- Du hast Interesse an fremden Kulturen.
- Für einen Austausch im englisch- oder spanischsprachigen Ausland solltest du Grundkenntnisse der Sprache mitbringen, in anderen Ländern (z. B. China) ist dies nicht unbedingt erforderlich.

*Quelle: Internetseite des AFS Interkulturelle Begegnungen e.V.*

## Material 5

### Aussagen von Schüler / -innen zu ihren Erfahrungen mit dem Austauschprogramm

- Michi, 17: Ich fands einerseits echt schön, da ich zuvor noch nie in England war, allerdings habe ich meine Familie und meine Freunde auch sehr vermisst.

- Kasia, 15: Es war wirklich toll, ich habe neue Menschen kennengelernt und auch viel über die italienische Kultur erfahren. Gerade die berühmten Bildhauer und Maler wie Leonardo da Vinci, Raffael oder Michelangelo haben mich sehr fasziniert.

- Hakan, 15: Das Essen war echt gut, aber meine Gastmutter war total streng und ich durfte nichts.

- Billi, 18: Mein Englisch ist jetzt deutlich besser als zuvor, allerdings ist mein Geldbeutel auch deutlich leerer ☺.

- Oskar, 16: Die hatten echt krasse Regeln in meiner Gastfamilie. Sobald im Fernsehen ein Schimpfwort fiel, musste ich ausschalten, das ist echt übertrieben. Ich weiß nicht, ob das überall in Amerika so ist, aber bei mir war es echt übel.

*Quelle: Schülerzeitung einer bayerischen Schule*

 **Portal**

WES-122965-099

# Sprache und Sprachgebrauch

# Sprache untersuchen

Unter *Heimat* können ganz unterschiedliche Dinge verstanden werden.

**1** Werft einen Blick auf die folgenden Bilder und begründet, welches davon am ehesten eure Vorstellung von *Heimat* zum Ausdruck bringt.

**2** Sammelt Begriffe, die ihr persönlich mit dem Wort *Heimat* verbindet.

**3** *„Heimat ist kein Ort. Heimat ist ein Gefühl!"*, singt Herbert Grönemeyer. Stellt Vermutungen an, was der deutsche Liedermacher damit meint.

**4** Tauscht euch darüber aus, inwiefern auch Sprache ein Heimatgefühl erzeugen kann.

**In diesem Kapitel lernst du, ...**
- *Sprache zielgerichtet einzusetzen.*
- *diskriminierenden Sprachgebrauch zu vermeiden.*
- *Fremdwörter und Fachbegriffe zu erkennen und zu verstehen.*
- *deinen Sprachstil zu verbessern.*

Sprache untersuchen

# Sprache zielgerichtet einsetzen

Für ein Projekt zum Thema *Heimat* interviewt Carlas Gruppe einen Mitschüler, um herauszufinden, inwieweit der regionale Dialekt noch von Jugendlichen gesprochen wird.

**1**    Lest dieses Interview mit verteilten Rollen oder hört euch die Audiodatei an.

))) **Portal**
*WES-122965-100*

**Carla:** Hallo Anton! Danke, dass du dir die Zeit nimmst, meine Gruppe und mich bei
unserem Projekt zum Thema „Heimat" zu unterstützen. Wie du weißt, beschäftigen wir uns mit der Frage, wie weit verbreitet der Dialekt unter den Jugendlichen
noch ist. Meine erste Frage an dich ist: In welcher sprachlichen Umgebung bist du
5    aufgewachsen, wie wurde zu Hause in deiner Kindheit miteinander gesprochen?
**Anton:** Ich komme aus ei'm Dorf, da reden die meisten Dialekt, außer in der Neubausiedlung. Da gibt's scho einige, die wo nach der Schrift sprechen. Aber Verständigungsprobleme hamma keine. Meine Eltern sind beide Bayern. Mein
Vater kommt aus Fürth und fränkelt g'scheid, meine Mutter ist aus der
10    Oberpfalz. Manchmal machen sie sich gegenseitig nach, dann verabschiedet sie sich in der Früh mit „Ade!" und er sich mit „Pfiade!".
**Carla:** Sprichst du denn eher Fränkisch oder Oberpfälzisch?
**Anton:** Ich red an Mischmasch, sprech aber auch astreines Hochdeutsch.
**Carla:** Und wie hast du das dann gelernt?
15    **Anton:** Im Kindergarten, da haben die Erzieherinnen überwiegend Hochdeutsch g'redet. Mei, 's gab ja auch unterschiedliche Nationalitäten in der
Gruppe und da taten sich manche eh schon schwer mit der Sprache. Wenn
die dann auch noch Bayerisch hätten verstehen müssen, das hätt' die total
verwirrt. In der Schule is' fast ein Vorteil, wenn man Hochdeutsch kann. Bei
20    Herrn Heimerl kannst' ruhig Bayerisch reden, der ist da cool. Aber Frau Schmidt
ist nicht so gechillt. Die schimpft, wenn wir beim Referat im Dialekt oder der Umgangssprache reden. Einige in der Klasse haben aber auch voll den krassen Slang.
**Carla:** Bist du selbst denn auch schon einmal auf deinen Dialekt angesprochen worden?
**Anton:** In der Schule noch nicht. Aber beim Praktikum in einem Autozentrum hat
25    man mich drauf hingewiesen, dass ich am Telefon unbedingt Hochdeutsch reden
muss, weil man ja internationale Kundschaft hat. Das hab ich dann versucht.
**Carla:** Und in der Klasse? Wie redet ihr da miteinander?
**Anton:** Kommt drauf an. Auf dem Schulhof natürlich so wie immer. Da kannst du
mit deinen Freind ned Hochdeitsch reden, die würden ja lachen und sagen, dass
30    man ein „Preiß" is. Gut, da sind natürlich auch nichtbayerische Ausdrücke dabei,
die man auch besser im Unterricht ned sagt, „geil" und so. Und vor allem „Oida"
oder „Alter". Da fühlen sich manche Lehrer gleich persönlich beleidigt, weil sie
denken, dass man sie meint.
**Carla:** Ich danke dir für das Gespräch, du Sprachentalent.
35    **Anton:** Gern gscheng, würde meine Mum sagen.

*4.1 Umgangs- und Standardsprache zielgerichtet verwenden, um sich bei unterschiedlichen Rede- und Schreibanlässen der Situation entsprechend ausdrücken*

**Sprache** und **Sprachgebrauch**

**Portal**
*WES-122965-101*

**S. 324**
*sprachlicher Rollenwechsel*

**2** Im Interview kommen die Ausdrücke *Hochdeutsch*, *Umgangssprache*, *Dialekt* und *Jugendsprache* vor.
a) Erklärt mit eigenen Worten, was der Unterschied zwischen diesen Begriffen ist.
b) Im Text sind einige Stellen farbig markiert. Ordne sie mithilfe des Merkkastens den vier Sprachebenen zu.
c) Markiert im Text noch weitere Beispiele für die einzelnen Sprachebenen mit verschiedenen Farben. Manchmal sind es nur einzelne Wörter. Verwendet dazu die Vorlage im Portal oder eine Kopie der Seite.

**3** Im Interview beschreibt Anton, wie er einen sprachlichen Rollenwechsel vollzieht.
a) Findet mithilfe des Merkkastens Beispiele im Text, wann Anton seine „Rolle" wechselt, und den entsprechenden Grund dafür.
b) Nennt Situationen aus dem Alltag, in denen ihr möglicherweise ebenfalls eure Sprache an euer Gegenüber anpasst und erklärt, inwiefern es wichtig ist, diesen Wechsel zu beherrschen.

✳ **4** Führt in Partnerarbeit ein ähnliches Interview.
Stellt euch unter anderem folgende Fragen:
– Welche Sprache(-n) sprichst du?
– Wie hast du die Sprache(-n) gelernt, die du heute verwendest?
– Wie leicht fällt dir ein sprachlicher Rollenwechsel?
– Auf welcher Sprachebene kommunizierst du im Alltag am häufigsten?

## ⓘ Verschiedene Sprachebenen

**Standardsprache (Hochdeutsch)** ist die allgemein verbindliche Sprache der Öffentlichkeit.
**Dialekt** ist eine regionale Sprache mit ganz eigener Aussprache und eigenen Wörtern, die im Hochdeutschen nicht vorkommen.
**Jugendsprache** ist die Sprache, die Jugendliche in ihrer Gemeinschaft sprechen. Dabei bauen sie teilweise Anglizismen, umgangssprachliche Formulierungen, Kraftausdrücke und aktuell moderne Begriffe (= Modewörter) ein.
**Umgangssprache (Alltagssprache)** wird im alltäglichen privaten Umgang vor allem mündlich verwendet. Sie besteht zum größten Teil aus Wörtern der Standardsprache, enthält jedoch eine große Anzahl umgangssprachlicher Ausdrücke.

In der Regel nehmen wir beim Sprechen, abhängig davon, mit welcher Person gesprochen wird, einen **Rollenwechsel** vor. In der Schriftsprache sollten Umgangssprache, Jugendsprache und Dialekt, vor allem bei offiziellen Schreibanlässen, vermieden werden.

*4.1 Umgangs- und Standardsprache zielgerichtet verwenden, um sich bei unterschiedlichen Rede- und Schreibanlässen der Situation entsprechend auszudrücken*
*4.2 Diese Kenntnisse für die mündliche Kommunikation nutzen*

**5** Mit dem Heimatthema haben sich auch der Songwriter Johannes Oerding und die Hip-Hop-Band „Dicht & Ergreifend" auseinandergesetzt. Lest euch ihre Songtexte durch und hört euch die Lieder nach Möglichkeit an.

# Heimat

*Johannes Oerding*

Dein Gesicht,
Es spiegelt sich in Regenpfützen.
Ey, sogar Grau kannst du tragen.
Und wenn ich wieder mal
5 Nicht in deiner Nähe bin,
Dann wartest du mit offenen Armen.
In deinen Straßen kann ich mich
So wunderbar verlieren.
Und was immer ich gerade such',
10 Ich find' es hier.

Oh Heimat, schön wie du mich anlachst!
Du bist immer da,
Wenn ich keinen zum Reden hab.
Oh Heimat, und wie du wieder aussiehst!
15 Ich trag' dich immer, immer bei mir,
Wie'n Souvenir.

Du und ich,
Nachts allein im Neonlicht.
Manchmal tanze ich mit dir.
20 Komm tu' nicht so,
Ich kenn' dich in- und auswendig
Und du weißt viel zu viel von mir.
Mal bist du laut, mal bist du leise,
Mal müde, doch nie allein.
25 Und wenn du willst, kannst du mich
    wärmen
Oder eiskalt sein.

# Grias de God scheene Gegnd

*Dicht & Ergreifend*

Grias di God, scheene Gegnd, schau di moi
    o, wiast daher kimmst.
Kannst di ned wehrn, wenn da da Erdling
    daquer kimmt.
5 Erdn erwärmt se im Meer und in die Berg
    drin
Und mia san am Schwitzn in da Therme in
    Erding.

Von die Pappeln foin die Astspitzen aus,
10 Oiso schneid mas einfach um und machen
    Hackschnitzel draus.
Des macht uns nix aus, dass ausschaut,
    dass da Sau graust.
Hauptsach, a Hauptstrass und irgendwo
15    wieder a Haus baut.

Von da bis Bruckberg kriag i beim Laffa
    koa Luft mehr.
Die Biogasanlag schaut fancy aus, doch is
    koa Kunstwerk,
20 Sonst wär im Woid aba boid koa Fuchs
    mehr.
Fix oida bam – aufm Bam wachst koa
    Fruchtzwerg.

Grias di God, scheene Gegnd,
25 Grias di God, grias di God, grias di God,
    grias di God.
Grias di God, scheene Gegend, i hab was
    verpennt.
Hab di kurz nimma gseng, aba do nimma
30    kennt.

*Text gekürzt.*

*Johannes Oerding (\*1981)* ist ein deutscher Popsänger und Songwriter.

*Dicht & Ergreifend (2014 gegründet)* ist eine niederbayerische Hip-Hop-Band mit Mundarttexten.

**Sprache und Sprachgebrauch**

**6** Ihre Heimat nehmen die Songwriter zum Teil sehr unterschiedlich wahr. Beschreibe, wie ihre Umgebung auf sie jeweils wirkt.

**7** Um ihre Einstellung zur Heimat auszudrücken, setzen die Musiker Sprache gezielt ein.
a) Lege eine Tabelle nach folgendem Muster an und finde in den Songtexten passende Beispiele zu den vorgegebenen Stilmitteln. Notiere sie mit Zeilenangaben.
b) Bestimme die Sprachebene, die jeweils verwendet wurde. Der Merkkasten auf Seite 276 hilft dir dabei.

| Titel | Heimat | Grias de God scheene Gegnd |
|---|---|---|
| Stilmittel | Personifikation: „Dein Gesicht …<br>Metapher: …<br>Vergleich: … | Personifikation: … |
| Sprachebene | Standardsprache / … | … |

**8** Die beiden Songs wollen mit ihrem Inhalt ein bestimmtes Statement vermitteln.
a) Stelle Vermutungen an, welche Absichten die Songtexter jeweils verfolgen könnten.
b) Erkläre, für welche Zielgruppen die beiden Songs jeweils bestimmt sind. Berücksichtige dabei vor allem die Sprachebene.
c) Begründe, welcher Songtext dich eher anspricht.

**✳ 9** Die Bedeutung des Begriffs *Heimat* hat sich im Laufe der Zeit gewandelt.
a) Lies dir den Informationstext durch.

> Der Begriff *Heimat* ist abgeleitet von dem Wort *Heim*, womit man ursprünglich einen Ort oder eine Niederlassung meinte. Mit dem Heimatbegriff verband man also zunächst den Besitz von Boden und Gebäuden. Während der industriellen Revolution veränderte sich das Heimatbild und *Heimat* wurde ein Rückzugs- und
> 5 Sehnsuchtsort, an dem man der Hektik und dem Stress der Arbeits- und Alltagswelt entkommen konnte. Dabei gewann die Natur zunehmend an Bedeutung. Das positive Bild von *Heimat* machte sich auch die Politik zunutze und setzte den Begriff gleichbedeutend mit *Vaterland* ein. Vor allem die Nationalsozialisten nutzen den Heimatbegriff ganz gezielt zu Propagandazwecken und schworen die
> 10 Bevölkerung darauf ein, die eigene Heimat zu verteidigen. So vermittelten eigens produzierte Heimatfilme eine heile Welt, die sich meist in der idyllischen Natur der Bergwelt widerspiegelte. Weil der Begriff nach Weltkriegsende eher negativ behaftet war, wurde er in den darauffolgenden Jahrzehnten vermieden. Bis heute gibt es Diskussionen, inwiefern *Heimat* ohne Vorbehalte verwendet werden kann,
> 15 denn immer wieder versuchen politische Strömungen aus dem rechten Spektrum, den Heimatbegriff erneut für ihre Propaganda zu nutzen.

b) Nenne Stationen der Entwicklung und erkläre dabei auch, wie der Begriff *Heimat* von Politik und Medien gezielt eingesetzt wurde und wird.

**10** Der Begriff *Heimat* lässt sich kaum in eine andere Sprache übersetzen. Ein Wort, das aber genauso klingt, ist der Neologismus *Haymat*, der aus dem türkischen Begriff *hayat* (= Leben) und dem deutschen *Heimat* zusammengesetzt ist und der in einem Imagefilm wie folgt beschrieben wird.

S. 322
*Neologismus*

 **Portal**

WES-122965-102

a) Lies die Aussagen aus dem Video.

> – *Haymat* beginnt dort, wo die Emotionen beginnen.
> – Innerer Frieden ist eine *Haymat* für mich.
> – Freundschaft ist meine *Haymat*.
> – *Haymat* kann ein Ort sein, an dem man einen Monat gelebt hat, *Haymat* kann ein Ort sein, an dem man nie gelebt hat, eine *Haymat*, die ich geerbt hab, eine, die ich mir ausgesucht habe, und ich bin vielleicht die Brücke zwischen beiden.
> – *Haymat* ist das Maximum der geteilten Momente.
> – Dort, wo ich mich gut fühle, dort ist meine *Haymat*.
> – *Haymat* kann jede Brücke bauen, die man zulässt.
> – *Haymat* ist so bunt, dass man sie nicht definieren kann.

b) Welche Aussage zu *Haymat* entspricht am ehesten auch deiner Vorstellung von *Heimat*? Suche ein Zitat aus und begründe deine Wahl.

c) Vervollständige den folgenden Satz aus deiner eigenen Sicht:
*Heimat ist für mich …*

**11** Einige Wortneuschöpfungen sind fester Bestandteil unseres alltäglichen Wortschatzes.

a) Lest die folgenden Beispiele. Benennt die Neologismen, die ihr schon kennt, und erklärt deren Bedeutung.

*Beenager – netflixen – Pubertier – Vlog – rumnerden – Dogfishing – Gafferwand – Selfie – niksen – Bompeln – Ellbogengruß – Bodypositivity – Wohnzimmer-Workout – pranken*

b) Vermutet, was sich hinter den übrigen Wortneuschöpfungen verbergen könnte, und überprüft eure Einschätzungen, indem ihr die Bedeutungen recherchiert.

c) Erklärt am Beispiel von *Bodypositivity*, *Pubertier*, *Bompeln* und *rumnerden*, wie Neologismen konstruiert werden.

d) Erfinde nun selbst Wortneuschöpfungen zu folgenden Umschreibungen:
   **A** *eine Person, die sich ständig selbst überschätzt*
   **B** *die Hausaufgaben auf den letzten Drücker erledigen*
   **C** *eine neue Internetchallenge, bei der man sich nicht bewegen darf*
   **D** *eine Bezeichnung für einen radierbaren Kugelschreiber.*

e) „Neologismen sind eine Bereicherung des aktiven Wortschatzes und sorgen mit dafür, dass eine Sprache lebendig bleibt." Erläutere diese Aussage.

**Sprache und Sprach-gebrauch**

Sprache untersuchen

# Diskriminierenden Sprachgebrauch vermeiden

Ihr Bruder Marco hat Carla versprochen, sie bei ihrem Heimatprojekt zu unterstützen, und befragt daher einige seiner Freundinnen und Freunden zu deren Vorstellung von Heimat.

**1** Lies ihre Aussagen und fasse ihre Ansichten mit eigenen Worten zusammen.

> *Heimat kann für mich jeder Ort werden, an dem ich mich wohlfühle. Für meine Eltern ist Mali ihre Heimat, die sie auch vermissen. Ich habe zu diesem Land eher wenig Bezug, trotzdem nerven mich Vorurteile und Aussagen wie „Du hast sicher Rhythmus im Blut". So ein Quatsch! Ich bin total unmusikalisch.*

> *Heimat ist der Ort, an dem ich geboren bin. Wenn mich Leute fragen: „Woher kommst du?", und ich antworte: „Aus Regensburg", sagen sie oft: „Nein, ich mein, wo du geboren bist." – „In Regensburg." Manchmal werde ich aber auch ganz offen angefeindet und es heißt: „Geh zurück in dein Land." Das ist mies.*

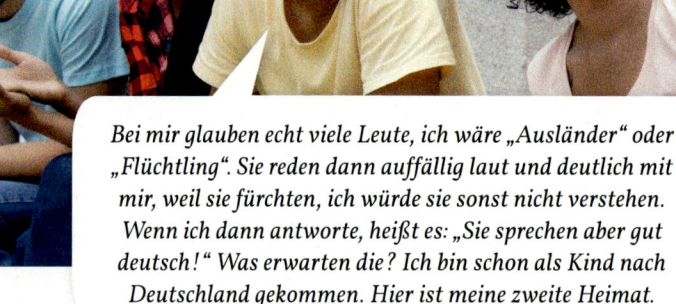

> *Bei mir glauben echt viele Leute, ich wäre „Ausländer" oder „Flüchtling". Sie reden dann auffällig laut und deutlich mit mir, weil sie fürchten, ich würde sie sonst nicht verstehen. Wenn ich dann antworte, heißt es: „Sie sprechen aber gut deutsch!" Was erwarten die? Ich bin schon als Kind nach Deutschland gekommen. Hier ist meine zweite Heimat.*

📄 S. 323
*sprachliche Diskriminierung*

**2** Die jungen Erwachsenen begegnen im Alltag diskriminierenden Äußerungen.
   a) Finde in ihren Aussagen Sätze und Begriffe, die diskriminierend sind, und begründe deine Ansicht.
 * b) Sammelt Vorschläge, wie man auf die einzelnen Kommentare – als angesprochene oder mithörende Person – reagieren könnte.

**3** In unserer Gesellschaft werden verschiedene Personen diskriminiert.
   a) Berichtet über eigene Beobachtungen oder Erfahrungen, die ihr mit diskriminierender Sprache gemacht habt. Die Polaroids dienen euch als Impuls.
 * b) Verfasse einen Appell, in dem dazu aufrufst, diskriminierende Sprache zu vermeiden, und für einen sensibleren Sprachgebrauch argumentierst.

*4.1 Bewusst auf ein angemessenes Sprachniveau achten, sich möglicher Wirkung bewusst sein, um diskriminierenden und politisch unkorrekten Sprachgebrauch zu vermeiden*

Sprache untersuchen

# Fremdwörter und Fachbegriffe erkennen und verwenden

Jugendliche von heute werden oft zu Unrecht mit Vorurteilen konfrontiert.

**1** Lies den folgenden Kommentar zu diesem Thema.

## Kommentar: Zukunftsfähige Jugend

*Von Lisa Becker*

**Egoistisch, internetsüchtig und politisch desinteressiert? Von wegen! Die Wirtschaft kann sich auf die junge Generation freuen.**

Egoisten, Performer, Zombies, Generation Porno – das sind einige der unschönen Begriffe, mit denen die „Jugend von heute" bisweilen charakterisiert wird. Auch andere Kritik schallt den Jugendlichen entgegen: Sie könnten sich nicht konzentrieren, seien internetsüchtig, unhöflich, materialistisch und politisch desinteressiert. Schüler scherten sich mehr um Kleider als um den Schulstoff, Studenten wollten vor allem Spaß. Oft schwingt mit, dass es früher besser war. Wer so über die Jugend herzieht, kann sich zum Beispiel im Internet großer Aufmerksamkeit und Zustimmung gewiss sein. Nur ist er weit von dem differenzierten und insgesamt positiven Bild entfernt, das Forscher von der Jugend zeichnen.

Es ist schwer zu erklären, warum manche die Jugend so attackieren und warum das bei anderen auf so fruchtbaren Boden fällt. Man sollte doch meinen, dass die älteren Generationen der jungen Generation grundsätzlich mit viel Wohlwollen begegnen. Ist es die Angst der Älteren, nicht mehr mitzukommen in einer Welt, die sich stark verändert; das Paradebeispiel ist die Digitalisierung? Ist es der Neid auf die, die das Leben noch vor sich haben?

Die Jugend heute tut, was die Jugend früher getan hat: Sie schaut sich an, was die Eltern tun, übernimmt, was sie gut findet, und sie distanziert sich, zum Beispiel über den Gebrauch des Smartphones. Da kommen die Eltern nicht mit, da findet man sein Terrain, kann sich abgrenzen, Eigenes entwickeln. Doch sind die Jugendlichen, wie unlängst die Shell-Jugendstudie – eine repräsentative Befragung junger Menschen zwischen 12 und 25 Jahren – gezeigt hat, keineswegs völlig naiv in der Nutzung der neuen Medien. So schätzt der weitaus größte Teil den Umgang der Internetkonzerne mit den eigenen Daten kritisch ein. […]

Pragmatisch, realistisch, tolerant, weltoffen, engagiert, gestaltungsfreudig, familienorientiert – mit diesen Adjektiven beschreiben Forscher die Jugend von heute. Beneidenswert optimistisch sind die jungen Menschen zudem. Nach der Jugendstudie blicken 61 Prozent zuversichtlich und nur 3 Prozent düster in die Zukunft.

**2** Im Kommentar werden den Jugendlichen verschiedene Eigenschaften zugeschrieben. Schreibe die Adjektive und Partizipien heraus, die Fremdwörter sind, und notiere daneben eine deutsche Entsprechung. Verwende gegebenenfalls ein Wörterbuch.
*egoistisch = selbstsüchtig, desinteressiert = ?, …*

*4.1 In gesprochenen und geschriebenen Texten Fachbegriffe, Fremdwörter und Synonyme korrekt verwenden*

**Sprache und Sprachgebrauch**

**3** Der Kommentar enthält noch weitere Fremdwörter.

a) Markiere auf der Vorlage im Portal oder einer Kopie der Seite sämtliche Fremdwörter. Der Merkkasten hilft dir dabei.

b) Vergleicht eure Ergebnisse und überprüft mit einem Wörterbuch, ob ihr die markierten Begriffe richtig bestimmt habt.

**Portal**

WES-122965-103

**4** Kläre die Bedeutung der folgenden Fremdwörter gegebenenfalls mit einem Wörterbuch und formuliere anschließend eigene Sätze, in denen du die Begriffe sinnvoll einbaust.

*Export – solidarisch – Konsum – offensiv – Klischee – fanatisch – tendenziell – Rezession – konservativ – Euphorie*

**5** Neben Fremdwörtern kann man auch Fachbegriffe im Text auf Seite 281 entdecken.

a) Finde in dem Kommentar die passenden Begriffe zu folgenden Erklärungen:

    **A** *Der digitale Wandel in Gesellschaft und Wirtschaft*

    **B** *Ein internetfähiges Mobiltelefon*

    **C** *Eigenschaft, bei der Besitz und Eigentum besonders wichtig sind*

b) Erkläre anhand dieser Beispiele die Vorteile von Fachbegriffen.

**6** Verschiedene Produkte werden oft mit Fachbegriffen beschrieben.

a) Sammelt zu zweit möglichst viele Fachbegriffe zu einem der folgenden Bereiche:

    *Sport – Technik – Mode – Lebensmittel – Kosmetik – Spiele*

b) Verwendet eure Begriffe in einem kurzen Text. Folgende Überschriften dienen euch als Anregung.

| | | |
|---|---|---|
| Meine Lieblingssportart | Onlinespiele im Test | Aktuelle Modetrends |
| So schminken sich die Stars | Funktionen meines Smartphones | |

c) Lest eure Ergebnisse in der Klasse vor.

---

## ⚠ Fremdwörter und Fachbegriffe erkennen

**Fremdwörter** wurden **aus anderen Sprachen** übernommen. Man erkennt sie meist an typischen Endungen:

**Nomen** haben oft die Endungen *-(t)ion*, *-(i)eur*, *-age*, *-ion* oder *-ie*: Vis**ion**, Mag**ie**

**Verben** enden meist auf *-ieren*: stud**ieren**, interess**ieren**

**Adjektive** besitzen häufig die Endung *-iv*, *-al* oder *-(i)ell*: pass**iv**, fat**al**, origin**ell**

Viele Fremdwörter weisen zudem auffällige Buchstabenkombinationen auf, z. B. *ai*, *oa*, *ea*, *rh*, *ph*, *th*, *eau*: The**a**ter, Stro**ph**e, **Rh**euma, Niv**eau**. Dagegen kommen *ck* und *tz* kaum vor.

**Fachbegriffe** können aus **einem** oder **mehreren Wörtern** bestehen und fassen einen **komplexen Sachverhalt kurz** und **präzise** zusammen. Sie sind nicht zwingend Fremdwörter, allerdings können z. B. englische Fachbegriffe die internationale Kommunikation vereinfachen, vor allem im Bereich von Technik.

---

*4.1 In gesprochenen und geschriebenen Texten Fachbegriffe, Fremdwörter und Synonyme korrekt verwenden, um auf ein angemessenes Sprachniveau zu achten und sprachlich variabel sowie stilistisch stimmig zu schreiben*

Sprache untersuchen

# Den Sprach- und Schreibstil verbessern

Mit Vorurteilen anderer Art beschäftigt sich der Kommentar „Frauen und Technik …",
zu dem Aylin eine Inhaltszusammenfassung schreiben soll.

**1** Beim Ausformulieren ist Aylin unschlüssig, welche Synonyme sie für *schreiben* oder
*sagen* verwenden soll.

a) Lies den Anfang ihres Hauptteils und wähle aus den drei kursiv gedruckten Begriffen
den passendsten aus. Schreibe den Text ab oder verwende die Vorlage im Portal.

**Portal**

WES-122965-104

> *Zunächst soll der Inhalt des Kommentars zusammengefasst werden. Inhaltlich glie-*
> *dert sich der Text in sechs Sinnabschnitte. Zunächst* befasst/artikuliert/
> *äußert sich Peter Schmieder damit, dass nur wenige Frauen Männerberufe ausüben*
> *und* bezeichnet/sagt/nennt *Gründe hierfür (Z. 1–9). Sie trauen sich oft nicht, einen*
> *solchen Beruf zu ergreifen, oder werden z. T. nicht ernst genommen. Im folgenden*
> *Sinnabschnitt (Z. 10–20)* benennt/zitiert/verkündet *der Autor den Landrat Wil-*
> *helm Schneider, der nicht möchte, dass Technik Männern vorbehalten bleibt.*

b) Führt die Inhaltszusammenfassung fort, indem ihr im *Wortspeicher* unten geeignete
Begriffe für die  findet und in eurem Text oder der Vorlage im Portal einsetzt.

**Portal**

WES-122965-105

> *Der Autor* 🖊 *, dass das Interesse von Mädchen an Naturwissenschaften an den*
> *Schulen gefördert wird. Warum die Prägung von Jungen und Mädchen bereits früh*
> *stattfindet, erfährt der Leser im dritten Sinnabschnitt (Z. 21–43). Darin* 🖊 *der*
> *Verfasser das Verhalten der Verwandtschaft und auch des Handels, die typische*
> *Jungen- und Mädchenprodukte verschenken bzw. anbieten, selbst wenn Eltern das*
> *vermeiden möchten. Des Weiteren* 🖊 *der Schreiber auf ein weiteres problemati-*
> *sches Verhalten von Erwachsenen* 🖊 *(Z. 44–50). Es zeigt sich immer wieder, dass*
> *Mädchen davon abgebracht werden, sich mit Jungen-Spielsachen zu beschäftigen.*
> *Zum Schluss (Z. 51–57)* 🖊 *der Autor auf weitere Vorurteile gegenüber Frauen* 🖊
> *und* 🖊 *welche Folgen das für das Selbstbewusstsein von Mädchen hat. Diese glau-*
> *ben, aufgrund ihres Geschlechts manche Dinge nicht zu können.*

*(aus)sprechen – anreden – ansprechen – äußern – anordnen – anweisen – ausdrücken
– aussagen – als Meinung vertreten – anführen – benutzen – benennen – bezeichnen –
bekannt geben/machen – befürworten – bestätigen – bemerken – behaupten
– beteuern – bedeuten – bezweifeln – deutlich machen – den Sinn haben – die
Bedeutung haben – erklären – erzählen – erwähnen – eine Behauptung aufstellen –
feststellen – formulieren – informieren – in Kenntnis setzen – kritisieren – kundtun –
mitteilen – meinen – nennen – unterstützen –verkünden – verordnen – vorschreiben
– von sich geben – versichern – vorbringen – verfassen – wissen lassen –
zu verstehen geben – zum Ausdruck bringen – hinweisen*

**Sprache und Sprachgebrauch**

c) Aylin hat sich bemüht, in ihrer Zusammenfassung nicht ständig den Begriff *Autor* zu verwenden. Markiere in ihrem Text die entsprechenden Ersatzwörter farbig.

**\* 2** Nicht nur Mädchen sollen an technische Berufe herangeführt werden. Es gibt auch Bemühungen, mehr Jungen für soziale Berufe zu begeistern. Wie stehst du zu diesem Vorhaben und diesen Berufen? Beziehe mit circa fünf Sätzen Stellung hierzu und verwende dabei nach Möglichkeit Formulierungen aus dem Wortspeicher von Seite 283.

**3** Ina und Hannes haben zu folgendem Thema Argumente formuliert:
„Erörtere Maßnahmen, wie man junge Männer ermutigen könnte, traditionelle Frauenberufe zu ergreifen."
a) Beiden sind ihre Argumente noch nicht gelungen. Lest sie euch durch und findet mithilfe des Merkkastens Kritikpunkte.

Eine Maßnahme könnte sein, dass man bereits früh in der Schule das Interesse an hauswirtschaftlichen Fächern weckt. Denn wenn sich Jungen schon früh in der Schule für diese Fächer interessieren, bleibt das auch im Erwachsenenalter so. Wenn beispielsweise ein Junge in der Schule gut in Hauswirtschaft ist, wird er später einmal Koch. Darum ist es gut, wenn man das Interesse an Hauswirtschaft weckt. – Ina

*Zum Einen wäre es eine sinnvolle Maßnahme, wenn soziale oder erzieherische Berufe ein spezielles Praktikum für Jungen anbieten würden, denn es ist ja allgemein bekannt, dass Jungen mit diesen Bereichen nichts anfangen können und im Normalfall nicht im Traum auf die Idee kämen, sich für einen „Frauenberuf" zu bewerben. Dort könnte man dann im Praktikum Tätigkeiten anbieten, die auch Jungen interessieren. Wenn sie in einem Kindergarten z. B. mit kleinen Kindern mit Autos spielen dürften, würde das Jungen bestimmt Spaß machen. – Hannes*

b) Schreibe die Argumente verbessert auf.

**\*** c) Erstelle selbst ein weiteres Argument zu oben genanntem Thema.

---

### ⓘ Sachverhalte schlüssig ausdrücken

Wenn man Menschen überzeugen oder über etwas informieren möchte, ist es wichtig, sachlich zu bleiben und seine Aussagen präzise zu formulieren. Folgende **Fehler** sind dabei **zu vermeiden**:

**Verallgemeinerungen:** Man geht fälschlicherweise davon aus, dass eine Einstellung oder Eigenschaft auf alle zutrifft, z. B. *Alle Menschen lieben Haustiere.*

**Wiederholungen:** Es wird der gleiche Gedanke nur immer in andere Worte gepackt bzw. der Wortlaut sogar wiederholt. Man „dreht" sich im Kreis.

**Meinungen als Fakten:** Eine subjektive Ansicht wird als eine Tatsache ausgegeben, z. B. *Jeder mit gesundem Menschenverstand weiß, dass …*

---

*4.1 Verallgemeinerungen und Redundanzen vermeiden und sprachlich variabel sowie stilistisch stimmig schreiben*
*4.2 Verschiedene syntaktische Strukturen situationsgerecht einsetzen (z. B. Sätze umformen und sinnvoll verknüpfen) und ihr Wissen bei eigenen Textproduktionen anwenden*

Sprache untersuchen

# Überprüfe dein Wissen und Können

**1** **Ordne die folgenden Aussagen den vier Sprachebenen zu.**

*Mei, sie scho wieda!*

*Was willst'n?*

*Beeil dich doch einmal!*

*Bleib locker, Mum!*

**2** **Begründe, welche Sprachebene dir für folgende Anlässe am geeignetsten erscheint.**

*Seriöser Werbespot für eine Automarke – Geburtstagsrede vor der versammelten Verwandtschaft – Ansage für einen Anrufbeantworter – Ankündigung eines Volksfestes im Regionalradio – Werbeslogan für einen modernen Rucksack*

**3** **Untersuche die Wortwahl des folgenden Texts.**

a) Schreibe fünf Fremdwörter aus dem Text heraus und erkläre ihre Bedeutung.

☼ **Tipp**
*Manche Fremdwörter sind zugleich auch Fachbegriffe.*

Seit 1995 gibt es die bundesweite Initiative „Schule ohne Rassismus – Schule mit Courage", ein Projekt für alle Schulmitglieder, das sich gegen jede Form von Diskriminierung, Mobbing und Gewalt wendet. Zu diesem Schulnetzwerk zählen mittlerweile über 3000 Schulen. Engagierte Lehrkräfte sowie Schülerinnen und Schüler können sich bei 100 Koordinierungsstellen und rund 400 außerschulischen Kooperationspartnern bei der Planung von Projekten und Aktionen oder bei Konflikten beraten lassen. Die Optionen, sich aktiv für die Anliegen des Courage-Netzwerkes einzusetzen, sind vielfältig. Manche Schulen organisieren Konzerte gegen Rassismus und gemeinsame Demonstrationen in der Stadt, andere veranstalten Diskussionsrunden mit Politikerinnen und Politikern oder Projekttage, Workshops, Vernetzungstreffen und Kunstaktionen. Einige etablieren auch feste Gedenktage, z. B. anlässlich der Reichsprogomnacht 1938 am 9. November. Wichtig ist, Ausgrenzung und Herabwürdigung im Schulalltag zu thematisieren und kontinuierlich sensibilisierende Aktionen durchzuführen.

b) Notiere vier Fachbegriffe aus dem Text und finde einen passenden Oberbegriff.

**4** **Lies das folgende Argument zum Thema „Was kann die Schulfamilie gegen Mobbing unternehmen?".**

a) Erkläre, welcher Fehler gemacht wurde.

*Lehrer sollten das Thema „Mobbing" im Unterricht thematisieren, denn es gibt in jeder Klasse viele hinterhältige Schüler, die andere mobben, während alle anderen Klassenkameraden zusehen. Wenn der Lehrer z. B. einen Film über Mobbing zeigt, hören die Mobber auf, ihr Opfer zu schikanieren. Deshalb muss man das Thema „Mobbing" im Unterricht thematisieren.*

✎ **Portal**

b) Formuliere ein besseres Argument.

WES-122965-106

*4.1 Umgangs- und Standardsprache zielgerichtet verwenden, Verallgemeinerungen und Redundanzen vermeiden und sprachlich variabel sowie stilistisch stimmig schreiben*

# Recht-
schreibung
und Zeichen-
setzung

# Richtig schreiben

**1** In folgenden Sätzen sind Fehler im Bereich der Rechtschreibung und Zeichensetzung enthalten.

a) Lest euch die Sätze aufmerksam durch und benennt die Fehler.

> A) Beim lesen des Kommentars wird die Meinung der Autorin sofort deutlich.
>
> B) Die Autorin führt an, dass Plastik das in die Meere gelangt eine enorme Gefahr für viele Tierarten darstellt.
>
> C) Ein Verbot von Einwegplastik, dass in der EU eingeführt wird, ist für die Autorin unerlässlich.
>
> D) Nur auf diese Weise Einwegplastik verbietend kann man der hohen Umweltbelastung entgegenwirken.
>
> E) Die Verfasserin prognostizirt bei weiterem Ansteigen des Plastikverbrauchs drastische Folgen für Mensch und Umwelt.
>
> F) Hier ist es angebracht, wenn Regierungen ihre Muskeln spielen lassen, um der Umwelt zu Hilfe zu kommen.
>
> G) Ohne den Verbrauch von Plastik durch Verbote einzuschränken gibt es für die Autorin keine Lösung des Plastikproblems.

Die deutsche Rechtschreibu

b) Verbessert die Fehler anschließend, indem ihr die Sätze richtig abschreibt.

**2** Für viele der Fehler in den Sätzen aus Aufgabe 1 gibt es Regeln oder Strategien, die euch dabei helfen, sie zu vermeiden.

a) Untersucht die fehlerhaften Sätze und überlegt zu zweit, welche Regeln und Strategien jeweils hilfreich sein können.

b) Sammelt weitere euch bekannte Strategien, um Rechtschreib- und Zeichensetzungsfehler zu vermeiden.

**In diesem Kapitel lernst du, …**

- Fehler bei der Groß- und Kleinschreibung sowie der Getrennt- und Zusammenschreibung zu vermeiden.
- das und dass richtig zu verwenden.
- gängige Fremdwörter zu erkennen und korrekt zu schreiben.
- Regeln der Kommasetzung richtig anzuwenden.
- Textstellen fehlerfrei wiederzugeben.
- in Gliederungen korrekt zu schreiben.

Richtig schreiben

# Die Groß- und Kleinschreibung vertiefen

**1** Für die richtige Groß- und Kleinschreibung gibt es im Deutschen eine Vielzahl an Regeln.
a) Sieh dir die unten aufgeführten Regeln zunächst aufmerksam an.

**1. Nomen werden immer großgeschrieben.**
- *Man erkennt Nomen an ihrer **Endung** (z. B. -schaft, -tum, -heit, -keit, -ung, -nis).*
- *Man kann Nomen am **Artikel** erkennen. Dieser kann auch versteckt sein (z. B. beim, am, im, vom).*

**2. Am Satzanfang schreibt man groß.**

**3. Eigennamen werden groß-geschrieben.**
- ***Personennamen**, Titel oder Ehrbezeichnungen (z. B. Karl der Große, Friedrich der Zweite)*
- ***geografische Bezeichnungen** (z. B. das Rote Meer)*
- ***geschichtliche Ereignisse** (z. B. der Zweite Weltkrieg)*
- ***Fachbezeichnungen aus der Tier- und Pflanzenwelt** (z. B. die Schwarze Witwe)*
- ***besondere Kalendertage** (z. B. der Heilige Abend)*
- ***Namen von Einrichtungen oder Organisationen** (z. B. das Rote Kreuz)*

**4. Nominalisierungen schreibt man groß.**
- *Verben und Adjektive können nominalisiert werden.*
- *Nominalisierungen erkennt man an folgenden Signalen:*
  - ***Artikel**: das Gehen, das Gute*
  - ***Präposition** + Artikel: beim Wandern, ins Dunkel*
  - ***Pronomen**: ihr Handeln*
  - ***Adjektive**: schnelles Laufen*
  - ***unbestimmte Mengenangaben**: viel, wenig, etwas, nichts, manch, alles (viel Schönes, alles Reden)*

**5. Grundzahlen schreibt man nur groß, wenn die Ziffer gemeint ist.**
- *In der Schulaufgabe schreibt er eine Zwei.*
- *Er würfelt eine Vier.*

**6. Ordnungszahlen können großgeschrieben werden, wenn sie ein Nomen ersetzen.**
- *Er steigt als Erster in den Bus.*
- *Es wurden drei Viertel der Schüler befragt.*

**7. Die Höflichkeitsanrede wird immer großgeschrieben.**
- *Kenne ich Sie?*

**8. Farb- und Sprachbezeichnungen schreibt man groß, wenn man sie mit „Was?" erfragen kann.**
- *Der Stürmer bekommt Rot.*
- *Der Schüler spricht Englisch und Französisch.*

**9. Sind Zeitangaben Nomen, schreibt man sie groß.**
- *Wir gehen in der Früh los.*
- *Eines Morgens machten wir uns auf den Weg.*

S. 317
*Leserbrief*

b) Tauscht euch darüber aus, welche Regeln eventuell noch unklar sind, und klärt diese gemeinsam.

c) Formuliere zu jeder der abgebildeten Regeln einen eigenen Beispielsatz.

**2** Torben und Timea üben im Unterricht das argumentative Schreiben anhand eines Leserbriefes zum Kommentar „Plastik ist außer Kontrolle" (S. 160).

a) Lies dir Timeas Leserbrief konzentriert durch.

*Sehr geehrte Frau Schadwinkel,*

Ihrem (Regel 7)                                                                                    Sie (Regel 7)

*in ihrem Kommentar vom 27.03.2019 für die Zeitung „Die Zeit" sprechen sie sich für das Verbot von Wegwerfplastik in der EU aus. Auch ich bin der Meinung, dass wir uns beim verbrauchen von Plastik einschränken müssen, denke aber, dass dies auch ohne ein Verbot funktioniert hätte.*

*Als erstes lässt sich festhalten, dass beim betrachten aktueller Statistiken deutlich wird, dass beispielsweise das nutzen von Einwegplastiktüten beim einkaufen deutlich zurückgegangen ist. Viele Menschen in Deutschland sehen mittlerweile rot, wenn es darum geht, Obst oder Gemüse in den Supermärkten in dünne Plastiktüten zu packen. Umweltbewusstes handeln zeigt sich hier daran, dass über drei viertel der Deutschen angeben, Tragehilfen von zu Hause zum transportieren der Waren mitzubringen. Nur 4,5 % der befragten kaufen im Geschäft eine Plastiktüte. Weiterhin ist festzustellen, dass sich auch innerhalb der Gesellschaft ein umdenken vollzieht. Das lässt sich zum Beispiel daran festmachen, dass umweltorientierte Parteien und Organisationen wie die grünen oder der deutsche Alpenverein immer mehr zulauf haben. Dadurch können diese viel nützliches in die Wege leiten, auch was den umgang mit Plastik betrifft. Dass auch für Jugendliche dem Klima- und Umweltschutz eine hohe Bedeutung zukommt, merkt man nicht zuletzt an der internationalen Fridays for Future-Bewegung. Egal, ob die Jugendlichen deutsch, englisch, französisch, spanisch oder eine andere Sprache sprechen, in dieser Sache sind sie sich einig.*

*Letztlich ist das entscheidende, dass die Leute ihr handeln in Bezug auf den Umweltschutz und unter anderem auch das verbrauchen von Plastik überdenken. Dies geschieht aber in vielen Bereichen bereits, weshalb ein vertrauen auf die Menschen meines Erachtens Verboten immer vorzuziehen ist. Dennoch sollten alle darauf achten, dass wir nicht eines morgens aufwachen und feststellen, dass es keine rettung mehr für unseren Planeten gibt.*

**Portal**

WES-122965-107

b) Timea unterlaufen einige Fehler im Bereich der Groß- und Kleinschreibung. Finde die 28 Fehler mithilfe der Regeln auf der vorherigen Seite und verbessere sie auf einer Kopie oder der Vorlage im Portal. Notiere zu deiner Verbesserung die jeweilige Regel. Orientiere dich dabei an den vorgegebenen Beispielen.

*4.2 Die aus Jahrgangsstufe 8 bekannten sprachlichen Strukturen routiniert gebrauchen*
*4.3 Zur Behebung individueller Fehlerschwerpunkte geeignete Nachschlagewerke, Rechtschreibstrategien und*
*-techniken sowie grammatikalische Proben bzw. Regeln sicher, zielführend und zügig nutzen*

Richtig schreiben

# Die Getrennt- und Zusammenschreibung vertiefen

**1** Torben soll in einer Textbeschreibung zum Kommentar „Plastik ist außer Kontrolle"
(S. 160) vom Versuch erzählen, einen Tag ohne Plastik zu verbringen.
a) Lies den Anfang seiner Erzählung.

*Der Tag ist <u>frischangebrochen</u> und ich erhebe mich <u>Hunde müde</u> aus meinem Bett. Meine ersten Schritte führen mich ins Badezimmer, das alltägliche <u>Zähne putzen</u> und Waschen muss natürlich sein. Ich nehme meine Nagel neue Zahnbürste zur Hand, drücke Zahnpasta darauf, da fällt mir meine Wette mit Michelle wieder ein: einen Tag ohne Plastik. Ich wollte meine Muskeln spielen lassen und habe verkündet, dass das für mich Kinder leicht sei. Doch schon wenige Minuten nach dem Wecker klingeln muss ich fest stellen, dass ich wohl etwas über das Ziel hinaus geschossen bin, da schon meine Zahnbürste aus dem verbotenen Kunststoff besteht. Wie soll ich meine Zähneputzen? Soll ich es bleiben lassen? Das kommt nicht in Frage, wozu habe ich denn meine Finger? Das erste Problem ist somit Blitz schnell gelöst und Freude strahlend begebe ich mich in die Küche. Ich muss einfach nur Plastiklöffel und Plastikschüssel liegenlassen, dann kann ich Problem los mein Müsliessen. Aber nein … Die Verpackung ist aus Plastik. Da mir so schnell keine Lösung einfällt, muss ich das Frühstück heute wohl ausfallenlassen …*

b) Im Text sind bereits drei Rechtschreibfehler angestrichen. Erkläre mithilfe des Merkkastens, worin jeweils der Fehler besteht und wie er verbessert werden kann.
c) Torben sind in seiner Geschichte noch 14 weitere Fehler unterlaufen. Unterstreiche und verbessere sie auf der Vorlage aus dem Portal oder einer Kopie der Seite. Der Merkkasten hilft dir dabei.

 **Portal**

*WES-122965-108*

✳ **2** Setze die Geschichte auf ungefähr einer halben Seite fort. Baue dabei zu jeder Regel im Merkkasten mindestens ein Beispiel ein.

> ⓘ **Die Getrennt- und Zusammenschreibung von Wörtern**
>
> - Verbindungen von **Nomen und Adjektiven** werden **klein- und zusammengeschrieben** (z. B. *eiskalt, steinhart*).
> - Verbindungen von **Adjektiven und Verben oder Partizipien** werden **getrennt geschrieben**, wenn sie im eigentlichen Sinn gebraucht werden (z. B. Ich habe extra *groß schreiben*, damit man es *besser lesen* kann.), **im übertragenen Sinne schreibt man sie zusammen** (z. B. Am Satzanfang werden Wörter *großgeschrieben*.).
> - Verbindungen von **Nomen und Verben** werden **getrennt geschrieben** (z. B. *Rad fahren, Eis essen*), außer sie sind **nominalisiert** (z. B. Beim *Spazierengehen* bin ich gestolpert.).
> - Verbindungen von **Verb und Verb** oder **Verb und Partizip** werden **getrennt geschrieben** (z. B. Ich würde gerne tanzen lernen.). Dies **gilt nicht unbedingt** für **Verbindungen mit** *lassen* **oder** *bleiben*, wenn diese eine **übertragene Bedeutung** haben. Dann **kann** man die Verbindung **zusammenschreiben** (z. B. Ich habe meinen besten Freund *hängenlassen*.).

*4.2 Die aus Jahrgangsstufe 8 bekannten sprachlichen Strukturen routiniert gebrauchen*
*4.3 Zur Behebung individueller Fehlerschwerpunkte geeignete Nachschlagewerke, Rechtschreibstrategien und*
*-techniken sowie grammatikalische Proben bzw. Regeln sicher, zielführend und zügig nutzen*

**Recht-schreibung und Zeichen-setzung**

Richtig schreiben

# Die *das-* und *dass-*Schreibung wiederholen und üben

**1** Eine weitere Aufgabe der Textbeschreibung besteht darin, den Textinhalt zusammen-zufassen.

a) Verknüpfe die Satzanfänge links mit der passenden Fortsetzung rechts. Nutze dazu die Konjunktion *dass* und achte auf die korrekte Kommasetzung.

| | |
|---|---|
| A) Zunächst geht die Autorin darauf ein | 1) Plastik vielseitig einsetzbar, aber dennoch problematisch ist. |
| B) Anschließend erfährt man | 2) viele verschiedene Kunststoffe vor allem für billige Einwegprodukte verwendet werden. |
| C) Des Weiteren weist die Autorin darauf hin | 3) Plastik in großen Mengen in die Meere gelangt und dort den Lebensraum vieler Tiere bedroht. |
| D) Außerdem behauptet Alina Schadwinkel | 4) die Menschen zu viel Plastik verbrauchen, weshalb die EU zukünftig Einmalplastikteile verbieten will. |

b) Übernimm den weiteren Verlauf der Inhaltszusammenfassung und setze dabei mit-hilfe des Merkkastens *das* und *dass* richtig anstelle der 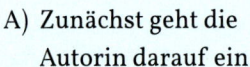 ein. Ergänze dabei auch Kommas, wenn nötig.

Die Autorin bekräftigt weiterhin 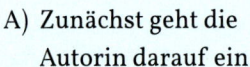 bereits existierende Maßnahmen wie Recyc-ling richtig und nötig sind. 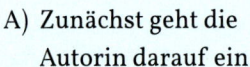 alleine sei aber nicht ausreichend, da einfach zu viel Plastik produziert werde.
Sie gibt auch zu verstehen 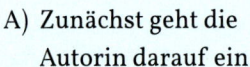 es auch aus ihrer Sicht wünschenswerter wäre, wenn der Verzicht auf Plastikprodukte von den Menschen selbst ausginge. Da 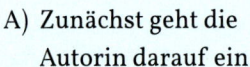 Plastik aber schon zur Gewohnheit geworden ist, sei dies kaum möglich. Deshalb bezeich-net sie dieses Streben als fahrlässig und fordert 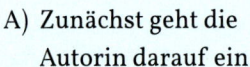 Staaten gemeinsam mit Firmen und Bürgerinnen und Bürgern 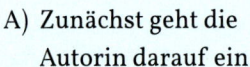 Konsumverhalten nachhaltig verändern. 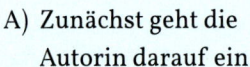 gehe allerdings nur mithilfe von Verboten, die gemeinsam getragen werden.

S. 324
*Wortart*

**2** Bestimme mithilfe des Merkkastens die Wortarten der in Aufgabe 1 eingesetzten Wörter. Korrigiere daraufhin eventuelle Fehler in der Schreibung.

## ⚠ *Das* und *dass* richtig verwenden

Das Wort *das* kann in drei verschiedenen Wortarten vorkommen:
- **Bestimmter Artikel** (Begleiter eines Nomens)
- **Relativpronomen** (leitet einen Relativsatz ein, bezieht sich auf das Nomen im Hauptsatz)
- **Demonstrativpronomen** (weist auf eine Person, einen Gegenstand oder Sachverhalt hin)
Das Wort *dass* ist hingegen immer eine **Konjunktion** und leitet einen Nebensatz ein.

Richtig schreiben

# Fremdwörter erkennen und richtig schreiben

**1** Timea und Torben müssen in ihrer Textbeschreibung folgende argumentative Aufgabe bearbeiten: „Plastikmüll in den Meeren gilt als großes Problem. Erörtere mögliche Folgen." Ihre Lehrkraft stellt ihnen Material zur Verfügung, das einige Fremdwörter enthält.

a) Unterstreiche in folgenden Sätzen aus den Materialien die Fremdwörter mithilfe des Tipps am Rand.

A) Folgen sind Unterernährung, Krankheit und in einzelnen dokumentierten Fällen sogar der Tod.

B) Die Invasion fremder Arten ist ein großes Problem, weil sie mit Bakterien und Krankheitserregern konfrontiert werden, gegen die sie nicht geschützt sind.

C) Der „Plastik-Fußabdruck" in unseren Weltmeeren ist mittlerweile weltweit sichtbar; verlässliche Daten zur Menge und geografischen Verbreitung des Plastikmülls existieren jedoch nicht.

D) Der überwiegende Teil, etwa 70 Prozent, des bisher eingetragen Plastikmülls ist inzwischen auf den Meeresboden abgesunken und kann dort nur sehr langsam abgebaut werden.

b) Erläutere, woran du die Fremdwörter jeweils erkannt hast.

c) Tauscht euch darüber aus, was die Fremdwörter bedeuten. Recherchiert gegebenenfalls in einem Wörterbuch.

> ☼ **Tipp**
>
> *Fremdwörter erkennt man oft an ihrer Schreibung. So enden Nomen häufig auf -ion, -age, -eur, -ik, Verben auf -ieren und Adjektive auf -iell oder -iv. Auch bestimmte Wortbausteine können auf Fremdwörter hinweisen (z. B. pro-, -graphie, re-).*

**2** Um überzeugend zu argumentieren, ist es hilfreich, an geeigneter Stelle Fremdwörter einzusetzen.

a) Bilde zu folgenden Fremdwörtern zunächst die fehlenden Wortarten (Nomen – Verb – Adjektiv / Partizip). Orientiere dich dabei am vorgegebenen Beispiel.

A) Produkt – *produzieren* – *produktiv*
B) fotografieren
C) Studium
D) akzeptabel
E) finanziell

F) aktualisieren
G) Reparatur
H) interessant
I) spezialisieren
J) Investition

✳ b) Formuliere selbst ein Argument, das die Folgen von Plastikmüll aufgreift, und verwende dabei passende Fremdwörter. Die Ergebnisse aus Aufgabe 2a) helfen dir.

 S. 308
*Argument*

*4.3 Die Schreibung gängiger Fremdwörter von typischen Wortbausteinen ableiten und gängige Fremdwörter richtig konjugieren bzw. deklinieren*

**Recht-**
schreibung
und **Zeichen-**
**setzung**

Richtig schreiben

# Die richtige Zeichensetzung wiederholen und vertiefen

**1**   Timea verfasst eine Sprachanalyse zum Kommentar „Plastik ist außer Kontrolle" (S. 160). Nach der Korrektur durch die Lehrkraft stellt sie fest, dass diese noch sehr viele Fehler im Bereich der Kommasetzung enthält.

| | |
|---|---|
| *Betrachtet man die Wortwahl des Kommentars genauer fällt auf dass die Autorin einige treffende Adjektive verwendet. So schreibt sie in Zeile 4 f. „verführerisch flexibel einsetzbar" und in Zeile 51 „dramatisch". Diese* | *Sz, Sz* |
| *Adjektive verdeutlichen die Absicht der Autorin zum einen die vielfältigen Einsatzmöglichkeiten des Kunststoffes und den dadurch entstehenden Reiz* | *Sz* |
| *vor Augen zu führen zum anderen aber auch auf die weitreichenden Folgen des übermäßigen Einsatzes von Plastik hinzuweisen.* | *Sz* |

*Um ihre Aussagen zu unterstreichen benutzt die Verfasserin zudem häufig verstärkende Adverbien wie „überhaupt nicht" (Z. 32) „bekanntermaßen" (Z. 46) sowie „längst zu dramatisch" (Z. 50 f.). Diese Verstärkungen verwendend gelingt es ihr die Dringlichkeit des von ihr befürworteten Verbotes von Einwegplastik dem Leser gegenüber zu verdeutlichen.*

**Portal**

WES-122965-109

a) Untersuche die Zeilen, neben denen das Korrekturzeichen *Sz* steht. Begründe mithilfe der folgenden Kommaregeln, an welchen Stellen Kommas stehen müssen.

b) Auch im zweiten Absatz sind noch Kommafehler enthalten. Finde diese und ergänze die Kommas auf einer Kopie der Seite oder in der Vorlage aus dem Portal.

**1. Kommas in Satzgefügen**
Haupt- und Nebensatz werden immer durch Kommas voneinander getrennt.

**2. Kommas in Satzreihen**
Zwei gleichrangige Sätze werden immer durch Kommas getrennt, wenn diese nicht mit Konjunktionen wie *und, oder* etc. verbunden sind.

**5. Kommas bei Partizipgruppen**
Partizipgruppen müssen durch Kommas abgetrennt werden, wenn sie ...
- mit einem hinweisenden Wort (z. B. *so*) angekündigt werden,
- als Nachtrag am Satzende stehen,
- einem Nomen oder Pronomen als Zusatz folgen.

**3. Kommas bei Appositionen**
Nachgestellte Beifügungen werden durch Kommas abgetrennt.

**4. Kommas bei Aufzählungen**
Aufgezählte Elemente werden durch Kommas voneinander getrennt, wenn diese nicht durch Konjunktionen wie *und, oder* etc. verbunden sind.

*4.2 Die aus Jahrgangsstufe 8 bekannten sprachlichen Strukturen routiniert gebrauchen und verschiedene Satz-*
*strukturen in Texten unterscheiden*
*4.3 Die Regeln der Zeichensetzung richtig anwenden*

> **6. Kommas bei Infinitivgruppen**
> Ein einfacher Infinitiv mit *zu* kann ohne Komma stehen.
> Ein Komma muss stehen, wenn…
> * … die Infinitivgruppe mit *um, anstatt, statt, ohne, als eingeleitet* wird,
> * … die Infinitivgruppe von einem Nomen abhängt,
> * … die Infinitivgruppe von einem hinweisenden Wort angekündigt wird.

**2** Nicht nur die Zeichensetzung, auch das Zitieren bereitet Timea noch Schwierigkeiten. Übernimm ihre Ausführungen links und füge dabei die angegebenen Textbelege rechts mithilfe des Merkkastens passend ein.

*Bei näherer Betrachtung des Satzbaus fällt auf, dass Alina Schadwinkel einige Aufzählungen verwendet.*
*Diese Aufzählungen verdeutlichen zum einen, dass Plastik vielseitig einsetzbar ist, machen zum anderen aber auch die Meinung der Autorin klar, dass die Verwendung von Plastik schon lange überhandgenommen hat und eingedämmt werden muss.*

*Weiterhin baut die Autorin immer wieder Ellipsen ein.*
*Hierdurch gelingt es ihr, den Fokus des Lesers darauf zu richten, dass ein Verbot von Wegwerfplastik unabdingbar ist, wenngleich sie Maßnahmen wie Recycling ebenso befürwortet.*

> **Zeile 1:** leicht, bruchfest, elastisch, langlebig.
> **Zeile 8 – 9:** Plastikbecher, Plastik-gabeln, Plastikstrohhalme, Plastik-stühle, Plastikeimer, Plastikzahn-bürsten. Plastikshirts, Plastiktüten, Plastikverpackungen.

> **Zeile 30:** Und Wegwerfplastik an sich überhaupt nicht.
> **Zeile 33:** Stimmt.

**✳ 3** Vervollständige Timeas Sprachanalyse, indem du zwei sprachliche Mittel aus dem Bereich der Stilmittel samt Wirkung beschreibst und passende Textbelege angibst. Achte dabei auf die Kommasetzung und die Zitierweise.

→ **S. 230 f.**

*die Sprache eines Textes analysieren*

---

## ⦸ Richtig zitieren

Beim Zitieren gibt es verschiedene Möglichkeiten:
**Direkte Zitate** (**wortwörtliche Übernahmen** aus dem Text):
* Zitat folgt nach einem Doppelpunkt, Zeilenangaben stehen in Klammern
  *Der Kommentar enthält treffende Adjektive: „verführerisch" (Z. 4), „dramatisch" (Z. 47).*
* Zitat wird durch ein *z. B.* eingeleitet, Zeilenangaben stehen in Klammern
  *Der Kommentar enthält treffende Adjektive, z. B. „verführerisch" (Z. 4), „dramatisch" (Z. 47).*
* Zitat steht in Klammern, Zeilenangaben folgen nach einem Komma
  *Der Kommentar enthält mehrere treffende Adjektive („verführerisch", Z. 4; „dramatisch", Z. 47).*
**Indirekte Zitate** (**sinngemäße Wiedergabe** eines Abschnittes ohne Anführungszeichen):
* Zeilenangabe in Klammern mit dem Zusatz vgl. (= vergleiche)
  *Der Autorin zufolge ist ein Verbot von Einwegplastik überfällig (vgl. Z. 28 ff.).*

> **💡 Tipp**
> *Um nicht immer komplette Textstellen abschreiben zu müssen, kann man Teile der zitierten Stellen auslassen. Dies kennzeichnet man mit […]. Bei den Zeilenangaben gibt es die Möglichkeit, diese mit f. (z. B. Z. 38 f. = Zeile 38 und 39) oder ff. (z. B. Z. 38 ff. = Zeile 38 und die darauffolgenden) wiederzugeben.*

Richtig schreiben

# Die korrekte Schreibweise in Gliederungen anwenden

**1** In Torbens Gliederung zur Textbeschreibung merkt die Lehrkraft noch einige Fehler an.

     a) Erkläre mithilfe des Merkkastens, weshalb die markierten Stellen fehlerhaft sind.

     b) Übernimm die Gliederung und verbessere dabei die rot markierten Fehler.

---

**Gliederung**

A   Im Kommentar _Plastik ist außer Kontrolle_ von Alina Schadwinkel legt die Autorin
     dar, weshalb ein Verbot von Einwegplastik unabdingbar ist_

B   Texterschließung zu _Plastik ist außer Kontrolle_

     1   Inhaltszusammenfassung

        a   Plastik als vielseitiger, aber auch problematischer Rohstoff (Z. 1 – 5)

        b   Verschiedene Kunststoffe vor allem in Einwegprodukten (Z. 6 – 11)

        c   Plastik in den Meeren bedroht den Lebensraum vieler Tiere (Z. 12 – 18)

        d   Verbot von Einwegplastik, weil Menschen zu viel Plastik verbrauchen (Z. 19 – 27)

        e   existierende Maßnahmen sind sinnvoll, aber nicht ausreichend (Z. 28 – 40)

        f   Verbote sind nötig (Z. 41 – 57)

---

**2** Torbens Gliederung ist noch unvollständig.

     a) Lies die Aufgabenstellung, zu der Torben seine Gliederung angefertigt hat.

---

**Aufgaben: Textbeschreibung von „Plastik ist außer Kontrolle"**

**1.** Fasse den Inhalt des Textes strukturiert zusammen.

**2.** Weise nach, dass es sich um einen Kommentar handelt.

**3.** Beschreibe sprachliche Besonderheiten des Textes und ihre Wirkung.

**4.** Plastikmüll in den Meeren gilt als großes Problem. Erörtere mögliche Folgen.

**5.** Schreibe eine lustige Geschichte, in der du vom Versuch erzählst, einen Tag
     ganz ohne Plastik zu verbringen.

---

     b) Vervollständige die Gliederung nun formal richtig.

---

## ⚠ In Gliederungen richtig schreiben

Beachte beim Erstellen von Gliederungen die folgenden Punkte:

- **Nach Aufzählungszeichen** folgt entweder ein **Punkt** (Großbuchstaben und Zahlen) oder
  eine **Klammer** (Kleinbuchstaben).
- **Einleitungs- und Schlussgedanke** werden als **ganzer Satz** formuliert und **enden mit
  einem Punkt**. Die Themafrage in Erörterungen (Punkt *B.*) endet mit einem Fragezeichen.
- Alle anderen Gliederungspunkte werden im **Nominal- oder Verbalstil** verfasst.
- Beginnen einzelne Gliederungspunkte nicht mit einem Nomen, schreibt man **das erste
  Wort entweder immer klein oder immer groß**.

S. 319
*Verbalstil*

S. 317
*Nominalstil*

Richtig schreiben

# Überprüfe dein Wissen und Können

**1** **Lies die folgenden Aussagen. Übernimm die richtigen und schreibe die falschen verbessert auf.**

A) Farb- und Sprachbezeichnungen schreibt man groß, wenn man sie mit „Wie?" erfragen kann.

B) Verbindungen von Nomen und Verben werden getrennt geschrieben, außer sie sind nominalisiert.

C) Das Wort *dass* ist immer eine Konjunktion.

D) Infinitivgruppen müssen nicht durch Kommas abgetrennt werden, wenn sie mit *um, anstatt, statt, ohne* oder *als* eingeleitet werden.

E) Bei indirekten Zitaten gibt man Textstellen ohne Anführungszeichen wieder, vor der Zeilenangabe in Klammer steht hier *vgl.*

F) Einleitungs- und Schlussgedanke in Gliederungen stehen im Nominalstil.

**2** **Timeas Textsortenbestimmung zu „Plastik ist außer Kontrolle" enthält noch viele Fehler im Bereich der Rechtschreibung und Zeichensetzung.**

a) Nutze die Vorlage aus dem Portal oder eine Kopie der Buchseite und verbessere alle Fehler in der Rechtschreibung.

**Portal**
WES-122965-110

*Das es sich bei vorliegendem Text um einen Kommentar handelt, merkt man daran, das die Autorin eine prägnante Überschrift gewählt hat. Das reißerische an der Überschrift liegt darin, das die Autorin hier gleich unverblümt ihre Meinung zum besten gibt. Zudem ist ihr Name angegeben, was ein weiteres Zweifels freies Merkmal des Kommentars darstellt. Die Einleitung enthält die bezugnahme der Verfasserin zum aktuellen Anlass, das Wegwerfplastik in der EU künftig verboten wird. Es wird deutlichgemacht, das die Verfasserin dem Verbot positiv gegenüber steht.*

b) Setze nun im zweiten Teil die Kommas sowie die Satzzeichen beim Zitieren richtig. Nutze dazu die Vorlage aus dem Portal oder eine Kopie der Buchseite.

**Portal**
WES-122965-111

*Im weiteren Verlauf des Textes stellt die Autorin nachdrücklich ihre Meinung dar. Sie befürwortet das Verbot von Einwegplastik Es ist die einzig richtige Entscheidung Z. 29 und kritisiert immer wieder den übermäßigen Verbrauch und Einsatz von Plastik zum Beispiel in Zeile 19 f. Das Zeitalter der Kunststoffe ist zugleich das Zeitalter der Plastikkrise. Auch, weil wir mehr nutzen, als nötig ist. Sie geht zudem auf die Gefahren ein die dieser hohe Plastikverbrauch mit sich bringt In der Folge zerstört Plastikmüll den Lebensraum zahlreicher Arten Z. 16 f. Die Darlegung der eigenen Meinung sowie der Versuch Leserinnen und Leser davon zu überzeugen Das eigene Leben nach Gutdünken von Plastik zu befreien, kostet Zeit [...]; ohne Kompromisse ist es nicht möglich Z. 47 ff. sind eindeutige Merkmale eines Kommentars.*

**Portal**
WES-122965-112

*3.3 Zur Überprüfung der orthografischen und grammatikalischen Richtigkeit Regeln und Strategien nutzen*
*4.2 Die aus Jahrgangsstufe 8 bekannten sprachlichen Strukturen routiniert gebrauchen und verschiedene Satzstrukturen in Texten unterscheiden 4.3 Die Regeln der Zeichensetzung richtig anwenden*

# Arbeitstechniken
## Zitierte Quellen richtig angeben

Im Deutschunterricht muss oft unterschiedliches Material genutzt werden, um Informationen daraus zu zitieren. Die Quelle sollte dabei stets genannt werden.

**1** Lies die folgenden Auszüge aus Aufsätzen und Aussagen verschiedener Jugendlicher.

> Wie aus Material 2 hervorgeht, sind gerade Flugreisen wegen der hohen $CO_2$-Belastung besonders umweltschädlich.

> Laut einem Interview der Süddeutschen Zeitung mit Lothar Kannenberg, der ein Erziehungscamp für straffällige Jugendliche führt, konnten in Deutschland schon viele Jugendstrafen durch einen sechsmonatigen Camp-Aufenthalt ersetzt werden.

> Obwohl durch die Betreuung von pädagogischen Fachkräften in Bootcamps nachweisbare Erfolge erzielt werden können, hat mich ein Beitrag in einem Internetforum doch daran zweifeln lassen. Wäre es nicht besser, Jugendliche im Alltag intensiver zu betreuen, um Straftaten vorzubeugen?

> In der Reportage „Alles ist drin" von Christian Litz, die im Herbst 2014 in der Zeitschrift „fluter" veröffentlicht wurde, geht es um Plastikmüll in den Meeren.

a) In welchen dir bekannten Aufsatzformen bzw. Äußerungskontexten aus dem Deutschunterricht könnten die Aussagen und Auszüge oben vorkommen?

b) Sprecht zu zweit über Gemeinsamkeiten in den Textauszügen und Äußerungen.

c) Formuliert gemeinsam mithilfe des Merkkastens ein bis zwei Tipps, um zitierte Quellen mündlich und schriftlich anzugeben.

## ⊘ Zitierte Quellen mündlich und schriftlich angeben

In vielen Aufsatzformen und auch in Debatten oder Präsentationen stützt man sich auf Material, um z. B. überzeugende Argumente zu formulieren. Dabei muss auf die **richtige Angabe der Quellen** geachtet werden. Folgendes sollte, wenn möglich, **immer angegeben** werden:

- **Textsorte** (z. B. Artikel, Reportage, Interview …)
- **Name des Autors / der Autorin bzw. der zitierten Person** (z. B. Christian Litz, Lothar Kannenberg …)
- **Titel des Textes**
- **Datum oder Jahr der Veröffentlichung**
- **Ort der Veröffentlichung** (z. B. die Zeitschrift „fluter", die Internetseite „ZEIT ONLINE", die Süddeutsche Zeitung …)

Quellenangaben sollten immer **nachvollziehbar** sein und **nur relevante Informationen** enthalten. Verwendet man z. B. Informationen aus einem Internetforum, reicht es, die Quelle zu umschreiben, z. B.: *Ein Beitrag aus einem Internetforum hat mich auf die Idee gebracht, …*

**Beachte:** In Erörterungen kann man auch mithilfe der **Materialnummer** auf die zitierte Quelle verweisen, z. B.: *Wie aus Material 2 / M 2 hervorgeht, …*

---

*3.1 Zitate und Aussagen formal und sprachlich korrekt (unter Angabe der Quelle) in ihre eigenen Texte integrieren*
*3.2 Informationsquellen selbstständig nutzen*

Arbeitstechniken

# Ein Quellenverzeichnis erstellen

Für deine Projektmappe solltest du ein Quellenverzeichnis erstellen, in dem du alle verwendeten **Bücher**, **Zeitschriften** und **Internetseiten** ordentlich aufführst.

→ **S. 24**

*die Projektarbeit dokumentieren*

**1** Die oben genannten **Quellen** müssen unterschiedlich angegeben werden.
   a) Überlegt, inwiefern sich die drei Arten von Quellen unterscheiden und worauf vermutlich jeweils zu achten ist.
   b) Macht euch zu zweit Gedanken darüber, welche Informationen jeweils verpflichtend anzugeben sind. Notiert eure Ideen stichpunktartig.
   c) Vergleicht eure Ergebnisse in der Klasse.

**2** Erstellt zu einem Buch, einem Zeitschriftenartikel und einem Text von einer Internetseite jeweils eine korrekte Quellenangabe. Der Merkkasten hilft euch dabei.

## ⊙ Ein Quellenverzeichnis erstellen

Es gibt verschiedene Arten von Quellen. Grundlegend ist zwischen **Büchern**, **Zeitschriften** und **Internetseiten** zu unterscheiden. Bei jeder dieser Quellen müssen bestimmte Angaben verpflichtend gemacht werden. Auch für die **Zeichensetzung** gibt es Regeln:

1. **Bücher**
   Um zitierte Bücher (auch eBooks) korrekt anzugeben, sollten der **Name des Autors / der Autorin,** der **vollständige Titel** und das **Erscheinungsjahr** genannt werden. Zitiert man nur bestimmte Seiten, z. B. aus einem Kapitel, gehört auch die **Seitenzahl** zu den verpflichtenden Angaben. Üblicherweise gibt man noch **Verlag und / oder Ort der Erscheinung** an.
   *Folgendes Muster dient als Orientierung, auch für die Zeichensetzung:*
   **Nachname, Vorname: Titel. Verlag, Ort: Erscheinungsjahr. Seitenzahl.**

2. **Zeitschriften**
   Aus Zeitschriften zieht man einzelne Artikel als Quelle heran. Daher müssen der **Namen des Autors / der Autorin des Artikels** sowie der **Titel des Artikels** genannt werden. Auch der **Zeitschriftentitel** und die **Nummer der Ausgabe** sind zu nennen. Ist diese unbekannt, reichen **Datum oder Jahreszahl**. Am Ende steht die **Seitenzahl des Artikels**.
   *Folgendes Muster dient als Orientierung, auch für die Zeichensetzung:*
   **Nachname, Vorname: „Titel", in: Zeitschrift (Ausgabe / Datum oder Jahr), Seitenzahl.**

3. **Internetseiten**
   Bei Texten, die online (z. B. auf Blogs) veröffentlicht werden, nennt man ebenfalls den **Namen des Verfassers / der Verfasserin** und den **Titel des Textes**. Der **Name der Website** wird in einer **Kurzform** angegeben. Dahinter steht die **URL**. Am Ende ist das **Datum** zu nennen, **an dem man die Website aufgerufen hat**.
   *Folgendes Muster dient als Orientierung, auch für die Zeichensetzung:*
   **Nachname, Vorname: „Titel", in: Website, URL: <www...> [letzter Zugriff: Datum].**

Arbeitstechniken

## Selbstständig Material recherchieren

Zur Vorbereitung von Präsentationen, Debatten oder Aufsätzen muss mithilfe von Suchmaschinen geeignetes Material, wie z. B. Texte und Bilder, gefunden werden.

**1** Überlegt gemeinsam, wo ihr nach Material suchen könnt und was dabei zu beachten ist.

**2** Wählt eines der folgenden Themen aus und führt dazu eine Materialrecherche durch.

| | | |
|---|---|---|
| Der Waldbrand im Amazonas-Regenwald 2019 | Buchvorstellung des aktuellen Jugendliteraturpreisträgers | Sollte es volljährigen Schüler/-innen erlaubt sein, auf dem Schulgelände zu rauchen? |

### Im Internet recherchieren

**3** Online findet man zu fast allen Themen Material. Allerdings solltet ihr die Internetrecherche nicht unvorbereitet beginnen.

**Tipp**

*Eine Mindmap kann euch dabei helfen, geeignete Begriffe zu sammeln.*

 S. 313
*Mindmap*

a) Formuliert ausgehend von eurem Thema geeignete Suchbegriffe für die Internetrecherche. Notiert zu den Begriffen auch Synonyme und verwandte Wörter.

b) Überlegt, ob ihr bei euren Suchbegriffen eine bestimmte Reihenfolge einhalten müsst oder ob ihr die Begriffe sinnvoll kombinieren könnt.

c) Probiert unterschiedliche Reihenfolgen und Kombinationen aus. Beobachtet, wie sich die Suchergebnisse abhängig von den verwendeten Begriffen verändern.

d) Wählt drei Suchergebnisse (Texte, Reportagen, Interviews etc.) aus und stellt sie in der Klasse vor.

### Ein Lexikon benutzen

**Tipp**

*Der Brockhaus bietet auch ein Onlinelexikon an.*

**4** Lexika sind traditionelle Nachschlagewerke. Sie eignen sich besonders, um Definitionen oder kurze Erklärungen zu bestimmten Themen und Prozessen zu finden.

a) Schlagt zum Thema eurer Wahl die folgenden Fachbegriffe in einem Lexikon (z. B. dem „Brockhaus Jugendlexikon" oder der „Brockhaus Enzyklopädie") nach.

| | | |
|---|---|---|
| – Brasilien<br>– Regenwald<br>– Amazonas | – Kinder- und Jugendliteratur<br>– Deutscher Jugendliteraturpreis | – Nikotin<br>– Sucht<br>– Nichtraucherschutz |

b) Untersucht die Lexikoneinträge, indem ihr folgende Fragen beantwortet.
   – Handelt es sich um bloße Definitionen oder gibt es weiterführende Informationen?
   – Gibt es Querverweise bzw. Links zu anderen Einträgen?
   – Enthält der Eintrag selbst Begriffe, die ihr nachschlagen musstet?

c) Formuliert selbstständig zwei Schlagworte zu eurem Thema, die ihr anschließend nachschlagt. Stellt eure Ergebnisse kurz vor.

## In Bibliotheken recherchieren

**5** Auch in Büchern, Magazinen und Zeitungen kann man geeignetes Material finden. Wer nicht die passende Literatur zu Hause hat, wird in einer Bibliothek fündig.

a) Findet heraus, wo die nächste Bibliothek in eurer Nähe ist, und informiert euch über die Ausleihbedingungen.

- Wie kann man sich einen Bibliotheksausweis machen lassen?
- Wie hoch sind die Leihgebühren?
- Wie umfangreich ist der Bestand an Sach- und Fachliteratur (informierende Bücher zu einem bestimmten Thema oder Fachgebiet)?
- Werden Fernleihen für Bücher aus anderen Bibliotheken angeboten?

b) Recherchiert in der Bibliothek zwei Titel (Bücher, Zeitungen oder Magazine) zu eurem Thema und präsentiert sie der Klasse.

> **Tipp**
> *Ihr könnt auch im Onlinekatalog der Bayerischen Staatsbibliothek (www.bsb-muenchen.de) recherchieren, falls es keine Bibliothek in eurer Nähe gibt.*

## Bilder und Karikaturen suchen

**6** Suchmaschinen im Internet bieten auch eine Bildersuche an. Hier kann man mit treffenden Schlagworten passendes Bildmaterial finden.

a) Nehmt eure Liste mit Suchbegriffen aus Aufgabe 3a) zur Hand und führt damit eine Bildrecherche durch. Findet zwei passende Abbildungen zu eurem Thema.

b) Bewertet eure Ergebnisse. Hattet ihr mit allen Begriffen gleichermaßen Erfolg?

c) Überlegt gemeinsam in der Klasse, inwiefern man seine Suchbegriffe für die Bildrecherche anpassen muss.

**7** Karikaturen zu aktuellen politischen und gesellschaftlichen Zuständen erscheinen regelmäßig in Zeitungen und Magazinen. Auch in sozialen Netzwerken veröffentlichen Künstlerinnen und Künstler ihre Zeichnungen.

a) Recherchiert online drei bekannte Karikaturistinnen bzw. Karikaturisten.

b) Sucht mithilfe passender Suchbegriffe eine Karikatur zu eurem Thema.

c) Präsentiert eure Ergebnisse der Klasse.

> **Tipp**
> *Auf der Homepage des deutschen Karikaturenpreises gibt es eine Galerie der nominierten Cartoons. Dort könnt ihr euch für die Bildrecherche inspirieren lassen.*

## ⓘ Selbstständig Material recherchieren

Das **Internet** ist ein hilfreiches Mittel bei der Materialrecherche. Es ist jedoch immer ratsam, Begriffe nicht spontan einzugeben, sondern eine **Liste mit Suchbegriffen** anzulegen. Eine **Mindmap** kann helfen, auch **Synonyme und verwandte Wörter** zu sammeln und Verknüpfungen zwischen den Begriffen herzustellen.

In **Bibliotheken** findet man oft **Fach- und Sachbücher**, **Zeitungen und Magazine** zum Thema. Geeignete Literatur kann man vor Ort oder über **Onlinekataloge** suchen. Manche Bibliotheken bieten auch **Fernleihen** an.

**Bilder und Karikaturen** findet man ebenfalls gedruckt in **Zeitungen** oder digital **im Internet**. Auch hier ist eine **Liste mit Suchbegriffen** hilfreich. Bei Karikaturen ist es außerdem nützlich, den **Namen der Künstlerin oder des Künstlers** zu kennen.

Arbeitstechniken

## Einen Hörbeitrag erstellen

Hörbeiträge, wie z. B. Podcasts oder Interviews, lassen sich mit wenig Aufwand erstellen.

> Was bedeutet für dich
> „Glück"?
> An welchen glücklichen
> Moment erinnerst du dich?

> Wie könnte unsere Schule in
> 50 Jahren aussehen?
> Würdest du in dieser Schule
> gern unterrichtet werden?

**Hörbeitrag zum Thema „Glück"**
*Musik: Song „Happy" (10 Sek.)*
Leon: Was bedeutet Glück?
*Musik: Song „Happy" (10 Sek.)*
Leon: Das Lexikon sagt: „Glück ist
eine günstige Fügung des Schick-
sals." Aber was bedeutet es für
jede/-n Einzelne/-n von uns?
*Masha: Für mich bedeutet Glück …*

**1** Wagt euch an einen eigenen Hörbeitrag.
   a) Nehmt euch zu zweit mit einem Smartphone auf, um die Wirkung eurer Stimmen zu erproben. Interviewt euch gegenseitig kurz zu einem der Themenvorschläge links.
   b) Hört euch die Aufnahmen an und gebt einander Feedback hinsichtlich Deutlichkeit, Sprechtempo und Lautstärke.
   c) Notiert gemeinsam Ideen, …
   – wie ihr euer Interview zu einem längeren Hörbeitrag ausbauen könntet,
   – welche weiteren Personen zu Wort kommen könnten,
   – womit ihr in euren Beitrag einsteigen und wie ihr ihn beenden wollt,
   – an welchen Stellen Musik oder Geräusche passend wären.

**2** Werft einen Blick auf das Skript links und erklärt mithilfe des Merkkastens, welche Informationen darin enthalten sind und wie der Hörbeitrag aufgebaut wurde.

**3** Erstellt nun selbst ein Skript zu eurem Thema aus Aufgabe 1 und vertont das Ganze mithilfe des Merkkastens.

## ⓘ Einen Hörbeitrag erstellen

1. **Vorbereitung:** Erstellt zunächst ein **Skript**, das den kompletten Ablauf des Hörbeitrags sowie die gesprochenen Texte (Moderation, Kommentare, Dialoge, Interviewfragen etc.) und Musik- und Geräuschvorschläge enthält.

2. **Aufnahme:** Nehmt die Sprechparts mithilfe der **Aufnahmefunktion** eines Smartphones, Tablets oder Laptops auf. Versprecher lassen sich im Nachhinein noch herausschneiden.

3. **Bearbeitung:** Verwendet ein **Tonbearbeitungsprogramm**, bei dem man mit **verschiedenen Tonspuren** arbeiten kann (z. B. *Audacity*). Fügt auf einer ersten Tonspur die **gesprochenen Texte** ein und schneidet überflüssige Pausen, Geräusche und Versprecher heraus. Baut auf einer weiteren Tonspur **Geräusche, Effekte oder Musik** ein. Achtet darauf, dass diese den gesprochenen Text nicht stören oder überlagern. Überprüft euer Ergebnis und überarbeitet es gegebenenfalls.

4. **Speicherung:** Speichert die Audiodatei in einem **gängigen Format** (z. B. MP3).

 **Tipp**

*Verwendet lizenzfreie Musik und Geräusch-effekte aus dem Internet.*

*2.4 Zur Präsentation erworbenen Wissens mediale Formate (z. B. Podcasts) gestalten, z. B. fächerübergreifend im Rahmen der Projektpräsentation*

Arbeitstechniken

# Ein Erklärvideo erstellen

Auf Videoplattformen im Internet findet man viele verschiedene Erklärvideos. Hobbyexpertinnen und -experten erklären, wie man sich schminkt, Dinge repariert oder ein ausgefallenes Gericht kocht. Auch zu vielen Schulthemen fast aller Fächer gibt es Erklärvideos. Sie helfen beim Lernen und dienen als Gedächtnisstütze. Um ein Thema besser zu verstehen, ist es eine nützliche und kreative Übung, selbst ein Erklärvideo zu erstellen.

**1** Lies die Kurzbeschreibungen zu den verschiedenen Arten von Erklärvideos.

**Legetechnik**
Mithilfe eines Stativs wird von oben eine oft weiße Fläche abgefilmt. Auf dieser schieben die Hände der erklärenden Person kleine Zeichnungen hin und her. Die Zeichnungen verdeutlichen die Erklärung.

**Vortrag**
Mithilfe eines mündlichen Vortrags können auch schwierige Themen erklärt werden. Die erklärende Person wird gefilmt oder filmt sich selbst. Oft werden Requisiten zur Verdeutlichung genutzt. Filmt man vor einem Green Screen, können im Hintergrund passende Bilder und Animationen eingefügt werden.

**Stop-Motion**
In Stop-Motion-Videos werden einzelne Fotos aneinandergefügt. Spielt man sie nacheinander ab, entsteht der Eindruck einer Bewegung. Mithilfe kleiner Figuren oder anderer Gegenstände lassen sich auf diese Weise kurze Szenen darstellen und zu einem Video zusammensetzen.

a) Recherchiere im Internet Beispiele für die verschiedenen Videoformate.
b) Wähle ein Beispiel aus, das dir besonders gut gefällt. Beantworte dazu die folgenden Fragen:
  – An welche Zielgruppe richtet sich das Video? (z. B. Schülerinnen und Schüler, Erwachsene, Kinder etc.)
  – Welche Frage(-n) beantwortet das Video bzw. welcher Sachverhalt wird erklärt?
  – Liefert das Video hilfreiche Hintergrundinformationen? Wenn ja, welche?
  – Welche Gestaltungsmittel werden im Video eingesetzt? (z. B. Zeichnungen, Bilder, Musik, Jump Cuts, Voice Over, Überblenden, Rollenspielszenen, Mitschnitte etc.)

 **Tipp**

*Recherchiert unbekannte Begriffe im Internet oder in einem Wörterbuch.*

*1.4 Geeignete Thematiken gestalterisch umsetzen 2.4 Im Team selbst Ideen entwickeln und diese in eine geeignete filmische Erzählform übertragen, zur Präsentation erworbenen Wissens mediale Formate gestalten*

**Arbeits-techniken**

**2** Unten stehen Ideen für Erklärvideos zu Themen aus dem Buch.

a) Lies dir die Ideen zunächst einmal durch.

| | | |
|---|---|---|
| Kompakte Fakten: Die Epoche des Realismus | Das Vier-Ohren-Modell anschaulich erklärt | So wirst du zum Bewerbungsprofi |

b) Begründe, welches Thema du auf welche Art umsetzen würdest, indem du die Vor- und Nachteile der verschiedenen Videoformate mithilfe des Merkkastens abwägst.

**3** Bildet Viergruppen und wählt gemeinsam eines der oben genannten Themen aus.

a) Wählt zunächst ein passendes Format aus (Legetechnik, Stop-Motion oder Vortrag).

b) Macht euch Notizen zur Umsetzung, zu benötigten Requisiten und zum Ziel des Videos. Die folgenden Leitfragen helfen euch dabei:
- Welches Thema bzw. welcher Sachverhalt ist Gegenstand des Videos?
- Welche Teilbereiche bzw. Teilfragen müssen erklärt werden, damit das Thema bzw. der Sachverhalt verstanden werden kann?
- In welcher Reihenfolge können die Teilbereiche bzw. Teilfragen sinnvoll nacheinander erläutert und beantwortet werden?
- Welches Material muss gesammelt bzw. erstellt werden? (z. B. Zeichnungen, Figuren oder Anschauungsmaterial)
- Welche Technik wird benötigt, um das Video zu filmen? (z. B. Kamera, Stativ, Programme usw.)

c) Verteilt anschließend Aufgaben und Rollen und schreibt ein Drehbuch oder Skript.

d) Erstellt euer Video mithilfe einer Kamera, eines Smartphones oder Tablets. In der Randspalte findet ihr eine Liste mit hilfreichen Apps und Programmen.

*Apps*
- *GoPro Quick*
- *Puppet Pals*
- *iMovie (nur iOS)*
- *Power Director (nur Android)*

*PC-Programme*
- *Movie Maker*
- *StopMotionStudio*
- *ShotCut*

---

## ⓘ Ein Erklärvideo erstellen

Verschiedene Arten von Erklärvideos eignen sich jeweils für unterschiedliche Themen. Abhängig davon, für welches Format man sich entscheidet, muss man bestimmte Dinge berücksichtigen.

- **Legetechnik:** Diese Videos werden **von oben** gefilmt. Dazu benötigt man ein **Stativ**. Das Thema wird mithilfe von **kleinen Zeichnungen** erklärt, die passend zum gesprochenen Text **hin- und hergeschoben** werden. Achtet bei der Legetechnik darauf, dass das Thema nicht zu schwierig ist, sodass ihr es nicht zu sehr vereinfachen müsst und es gut erklären könnt!

- **Vortrag:** Bei einem Vortrag wird mindestens **eine Person** benötigt, die im Video zu sehen ist und das Thema nachvollziehbar **erklärt**. Mit diesem Format können auch **schwierige Themen** erläutert werden. Wie bei einer Präsentation können **Materialien**, wie z. B. Bilder, Statistiken oder Zitate, **genutzt** werden. Übt euren Text für einen Vortrag besonders sorgfältig ein und plant ausreichend Zeit für die Vor- und Nachbereitung ein!

- **Stop-Motion:** Ein Stop-Motion-Video besteht aus **einzelnen Bildern oder Fotos**. Ihr benötigt also eine **Kamera** und Objekte, wie z. B. **Figuren**, die ihr **fotografieren** könnt. Die Fotos werden anschließend **zu einem Film zusammengefügt** und können mit Musik oder Text hinterlegt werden. So lassen sich Szenen aus dem Alltag, aus Filmen oder Büchern einfach nachstellen.

---

*1.4 Geeignete Thematiken gestalterisch umsetzen   2.4 Im Team selbst Ideen entwickeln und diese in eine geeignete filmische Erzählform übertragen, zur Präsentation erworbenen Wissens mediale Formate gestalten*

Arbeitstechniken

## Filmische Gestaltungsmittel erkennen und beurteilen

Es gibt verschiedene Möglichkeiten, Filme zu gestalten und ihre Wirkung zu beeinflussen. Wichtige Gestaltungsmittel sind Kameraeinstellung, -führung, Perspektive und Schnitt.

### Kameraeinstellung

**1** Betrachtet die folgenden Bilder.

a) Vergleicht sie zu zweit, indem ihr die jeweilige Kameraeinstellung in eigenen Worten beschreibt.

b) Ordnet die Einstellungsgrößen aus dem Merkkasten den passenden Bildern zu. Notiert dazu die passende Kombination aus Buchstaben und Zahlen oder verwendet die Vorlage aus dem Portal.

**Portal**
WES-122965-113

---

### ⓘ Einstellungsgröße als filmisches Gestaltungsmittel

Die Einstellungsgröße legt fest, wie nah oder fern Objekte auf der Leinwand zu sehen sind. Es gibt **sieben Einstellungsgrößen** :

1. **Panorama:** Die Kamera zeigt das Gesamtbild eines Ortes, z. B. eine Landschaft.
2. **Totale:** Ein Objekt steht im Fokus. Rund herum ist die Umgebung zu sehen.
3. **Halbtotale:** Das gefilmte Objekt wird in seiner vollen Größe gezeigt. Der Anteil der sichtbaren Umgebung passt sich an.
4. **Halbnahaufnahme:** Der Oberkörper einer Person wird gezeigt. Die Person und ihre Körpersprache stehen im Fokus. Der Umgebungsausschnitt passt sich an.
5. **Nahaufnahme:** Kopf- und Schulterbereich einer Person werden gefilmt. Der Gesichtsausdruck ist gut zu erkennen. Gegenstände werden so nah abgefilmt, dass auch Einzelheiten zu sehen sind. Von der Umgebung sieht man nur einen kleinen Teil.
6. **Großaufnahme:** Das Gesicht einer Person steht im Fokus. Gegenstände werden bildfüllend abgefilmt.
7. **Detailaufnahme:** Ein Detail steht im Fokus der Aufnahme. Dabei kann es sich um einzelne Körperteile oder Teile eines Objektes handeln.

→ Die Distanz, in der gefilmt wird, beeinflusst auch die Wirkung der Szene.

**Portal**

WES-122965-114

## Perspektive

**2** Die folgenden Definitionen beschreiben verschiedene Kameraperspektiven.

a) Lies alle Erklärungen.

b) Ordne sie mithilfe des Merkkastens den jeweiligen Perspektiven zu. Notiere dazu die Buchstaben mit dem passenden Fachbegriff. Du kannst auch die Vorlage aus dem Portal verwenden.

A) Personen, Objekte oder Orte werden in einem sehr steilen Winkel von oben gefilmt.

B) Die Kamera filmt in einem leichten Winkel von oben herab.

C) Diese Perspektive erzeugt den Eindruck, als würde man die gezeigten Personen oder Objekte steil von unten ansehen.

D) Das Geschehen auf der Leinwand wird auf Augenhöhe gezeigt.

E) Der Blickwinkel der Kamera ist niedriger als gewöhnlich, sie filmt von unten nach oben.

## ⓘ **Perspektive als filmisches Gestaltungsmittel**

Den Blickwinkel, aus dem die Zuschauer/-innen Personen und Objekte oder Orte und Räume im Film sehen, bezeichnet man als **Perspektive**. Dabei spielen die **Höhe** der Kamera und die **Richtung**, in die sie zeigt, eine Rolle.

Man unterscheidet **drei** grundlegende Perspektiven: **Normalsicht, Aufsicht** und **Untersicht**. Bei Aufsicht wird **von oben** auf etwas herab gefilmt, bei Untersicht **von unten** zu etwas herauf. Extreme Auf- und Untersicht wird auch **Frosch-** oder **Vogelperspektive** genannt. Dabei ist der **Kamerawinkel sehr steil**.

Durch die Wahl des Kamerawinkels wird **der Blick des Publikums gelenkt** und **die Wahrnehmung des Gezeigten beeinflusst**.

**Wirkung der Untersicht**

Filmt man eine Person oder ein Objekt von unten nach oben, wirkt sie/es **größer** und **stärker bzw. bedrohlicher**. **Handlungen in großer Höhe** werden ebenfalls oft in Untersicht gefilmt.

**Wirkung der Aufsicht**

Die Aufsicht erlaubt es, einen **Überblick** über das Geschehen zu geben. **Aufwendige Szenen**, wie Schlachtfelder, werden deshalb oft von oben gezeigt. Einzelne Personen oder Objekte wirken in der Aufsicht **kleiner und harmloser**. **Tiefe Orte**, wie Schluchten und Gräben, wirken von oben hingegen umso **gefährlicher**.

**Wirkung der Normalsicht**

Filmbilder auf Augenhöhe wirken **natürlich** und entsprechen unserer **alltäglichen Wahrnehmung**. In Normalsicht wird außerdem oft das gezeigt, was die Figuren sehen.

## Kameraführung und Schnitt

**3** Auch die Bewegung der Kamera und die Bildabfolge erzeugen eine bestimmte Wirkung.
a) Lies den folgenden Text.

Eine Kamera lässt sich auf verschiedene Arten bewegen. Am bekanntesten sind die Kamerafahrt und der *Kameraschwenk*. Während bei einem Schwenk die Kamera auf ihrer horizontalen Achse, also von einer Seite zur anderen, bewegt wird, verändert sie bei einer Kamerafahrt ihre gesamte Position. Fahrten werden oft bei Verfolgungen eingesetzt. Damit das Bild während einer Kamerafahrt nicht verwackelt, setzen Kameraleute sogenannte *Dollys* ein, auf denen die Kamera montiert und ruhig bewegt werden kann. Wackelige Aufnahmen können jedoch auch als gezieltes Gestaltungsmittel eingesetzt werden. Mit einer Handkamera entsteht zum Beispiel der Eindruck eines sogenannten *Found footage*. Das heißt, der Film wirkt, als handele es sich um eine zufällig aufgefundene Videoaufnahme. Diese Wirkung ist besonders bei Horrorfilmen sehr beliebt. Auch ohne die Kamera tatsächlich zu bewegen, können die Filmbilder verändert werden. Durch eine Veränderung der *Brennweite* kann ein Bild ein- oder ausgezoomt werden, also näher heran- oder weiter weggebracht werden. Die Zoomtechnik wirkt allerdings nicht besonders realistisch und wird in professionellen Filmen eher selten eingesetzt.

Durch verschiedene Kamerabewegungen wird der Blick des Publikums so gelenkt, dass die Handlung möglichst authentisch und die Wahrnehmung realitätsnah wirkt.

Schnitttechniken sorgen zusätzlich für Abwechslung. Die *Cutterinnen und Cutter* haben bei der Bearbeitung der gefilmten Szenen die Aufgabe, sie in eine sinnvolle Reihenfolge zu bringen, damit die Erzählung gut nachvollziehbar ist. Während zusammenhängende Kamerafahrten selten durch Schnitte unterbrochen werden, lassen sich kurze Filmsequenzen sprungartig aneinanderreihen. Diese Technik nennt man *Jump Cut*. Sie ist bei Youtuberinnen und Youtubern sehr beliebt, wirkt aber schnell hektisch. In Horrorfilmen sorgen sogenannte *Jump-Scares*, also plötzlich eingespielte Filmsequenzen, für Schreckmomente beim Publikum. Zwischen der ungekürzten Kamerafahrt und dem schnellen Jump Cut gibt es vielfältige Möglichkeiten, Filmsequenzen anzuordnen. Wichtig ist dabei die Wirkung, die erzielt werden soll. Entscheidungen im Schnitt sorgen für Spannung, Überraschung und wirken sich immer auf die Handlung aus.

b) Notiere die verschiedenen Arten von Kamerafahrten, die im ersten Abschnitt genannt werden, auf einem Blatt oder markiere sie auf der Vorlage aus dem Portal.

c) Stelle die verschiedenen Möglichkeiten der Kameraführung in einem Schaubild dar.

d) Erkläre, wie sich der Schnitt auf die Wirkung des Films auswirken kann.

 **Portal**

WES-122965-115

---

## (!) Kameraführung und Schnitt als filmisches Gestaltungsmittel

**Schwenke**, **Kamerafahrten** und **Zoom** wirken sich ebenso auf die **Wahrnehmung eines Films** aus wie Entscheidungen im Schnitt. Durch geschickte Bewegungen der Kamera wirken die Aufnahmen **natürlich und realitätsnah**. **Schnitte** sorgen für **Spannung und Abwechslung**.

Arbeitstechniken

# Einen kurzen Film planen

Um selbst einen Kurzfilm zu drehen, gibt es nützliche Methoden, mit deren Hilfe die Planung erleichtert und der Film abwechslungsreich und ansprechend wird.

## Ein Storyboard gestalten

**1** Betrachtet das folgende Storyboard zur Kurzgeschichte „Allmorgendlich".

a) Erklärt, welche Informationen es enthält. Der Merkkasten hilft euch dabei.

Shot: *Nahaufnahme / Normalsicht*

Ort: *vordere Bustür, außen*
Personen: *Mitfahrerin*
Handlung: *man sieht ihre Füße, die in den Bus einsteigen*

Shot: *Halbtotale / Normalsicht*

Ort: …
Personen: …
Handlung: …

Shot: …

Ort: …
Personen: …
Handlung: …

b) Nennt Angaben, die man unter dem zweiten Bild ergänzen könnte.

c) Begründet, warum es sinnvoll ist, ein solches Konzept vor Drehbeginn zu entwickeln und schriftlich festzuhalten.

**Portal**

WES-122965-116

**2** Erstellt in Gruppen ein Storyboard für eine eigene Filmidee. Euer Film kann ein Kurzfilm, Sketch, Erklärvideo oder Musikclip sein. Orientiert euch dabei an dem Storyboard oben oder verwendet die Vorlage aus dem Portal.

## ⓘ Das Storyboard

Unter einem Storyboard versteht man eine **Sammlung kleiner Skizzen**, die einen Film kurz zusammenfassen und die **Schlüsselszenen** darstellen. Dementsprechend werden **Schauplätze**, **Hauptcharaktere** und **Handlungsschritte** in den einzelnen Bildern festgehalten und meist durch **Notizen** zu Inhalten oder Bildeinstellungen ergänzt. Storyboards können **handgezeichnet** sein oder **am Computer** entstehen. In der Film- und Werbeindustrie sollen sie möglichen Auftraggeber/-innen eine Vorstellung des späteren Ergebnisses vermitteln und den an der Produktion des Films beteiligten Personen einen **Anhaltspunkt** bieten.

## Die Five-Shot-Regel anwenden

**3** Eine Schülerin hat, um ihren Filmdreh vorzubereiten, einige Notizen angefertigt.

a) Lies die folgenden Stichpunkte.

*Shot*
*hier: Einstellung*

> • *ein Jugendzimmer, in dem Lea am Schreibtisch sitzt (Halbtotale)*
> • *das Gesicht des konzentrierten Mädchens (Nahaufnahme)*
> • *die Hand von Lea, die einen Bleistift hält (Detail)*
> • *Ausradieren von Linien, seitlich von der Hüfte aufwärts gefilmt (Halbnahaufnahme)*
> • *Blick über die Schulter von Lea auf ihr Bild (freie Einstellung).*

b) Erkläre anhand der Notizen und mithilfe des Merkkastens, was man unter der *Five-Shot-Regel* versteht und welche Fragen durch die Einstellungen beantwortet werden.

✳ **4** Erprobt die Regel, indem ihr eine einfache Tätigkeit (z. B. Schuhe binden) in zwei ca. 1-minütigen Varianten filmt und anschließend auf ihre Wirkung hin vergleicht.

| **Variante 1:** Verwendung einer einzigen, gleichbleibenden Einstellung | **Variante 2:** Wechsel der Einstellung im 10-Sekunden-Takt |
|---|---|

**5** Legt zu eurer Filmidee aus Aufgabe 2 (S. 306) eine Tabelle nach folgendem Muster an. Wählt eine mögliche Szene aus und notiert Beispiele, wie ihr die verschiedenen W-Fragen durch passende Einstellungsgrößen klären könntet.

→ **S. 303**

*Kameraeinstellung*

| WAS? | WER? | WIE? | WO? | WOW! |
|---|---|---|---|---|
| Was macht / fühlt die Person? | Wer ist die (handelnde) Person? | Wie wird die Handlung vollzogen? | Wo ist die Person / spielt die Szene? | Baue einen Wow-Effekt ein! |
| *Detail* | *Nahaufnahme* | *(Halb-)Nahaufnahme* | *Halbtotale* | *Einstellung nach Wahl* |
| *Lea zeichnet* | *Leas Gesicht* | *Sie ist konzentriert, man sieht, wie sie den Stift führt und den Radierer benutzt.* | *Lea sitzt am Schreibtisch.* | *Blick über die Schulter auf das Kunstwerk* |

✳ **6** Diskutiert, wie man mit einer Bildeinstellung die Frage „Wann?" beantworten könnte.

---

### ⓘ Die Five-Shot-Regel

Five Shots bedeutet, dass eine Szene in **mindestens fünf verschiedenen Einstellungen** gedreht wird, wobei meist **vier gängige** Bildeinstellungen (z. B. Totale, Halbnahaufnahme, Nahaufnahme und Detail) und **eine ungewöhnliche** Bildeinstellung (z. B. aus einer interessanten Perspektive) gewählt werden. Dabei sollen die klassischen **W-Fragen beantwortet** und an einer Stelle auch ein **Wow-Effekt** erzeugt werden.

# Merk-wissen
## LEXIKON

# Sprechen und Zuhören

## Argument

Mit Argumenten kann man u. a. in → Debatten oder → Erörterungen Meinungen überzeugend darstellen und vertreten. Ein Argument besteht aus drei Teilen: einer Behauptung, in der man in einem Satz seine Meinung ausdrückt, einer Begründung, in der man erklärt, warum man die Behauptung vertritt, und einem Beispiel, um die Behauptung zu veranschaulichen. → *42 ff., 253, 264 – 266*

## Debatte

Die Debatte ist eine Diskussionsform mit einem festen Ablauf. Vier Redner/-innen beziehen Stellung zu einer Themafrage. Je zwei Redner/-innen vertreten dabei die Pro- und die Kontra-Position. Es gibt drei Phasen:

*Eröffnungsrunde:* Die Debatte wird mit einem Einleitungsgedanken der Pro-Seite eröffnet. Alle Redner/-innen erläutern dann nacheinander in je 1–2 Min. ihre Meinung zum Thema. Dabei wechseln sich die verschiedenen Positionen ab, d. h., auf ein → Argument der Pro-Seite folgt die Antwort der Kontra-Seite und umgekehrt.

*Freie Aussprache:* Diese Phase folgt keiner festen Reihenfolge. Sie dauert 12 Min., in denen die Teilnehmer/-innen versuchen, die anderen durch Argumente von ihrer Meinung zu überzeugen.

*Schlussrunde:* Jede/-r Redner/-in fasst abschließend seine Meinung in einer Minute zusammen. Dabei kann die ursprünglich vertretene Meinung geändert werden, falls die Argumente der anderen überzeugend waren. In der Schlussrunde wiederholt jede/-r Redner/-in die Themafrage der Debatte, begründet seine/ihre finale Position anhand des überzeugendsten Arguments und beantwortet die Themafrage in eigenen Worten. Neue Argumente dürfen nicht angeführt werden. → *34 – 49*

## Diskussion

Eine Diskussion ist ein Gespräch in Form einer mündlichen Erörterung. Die Meinungen zu einem bestimmten Thema werden ausgetauscht und Pro und Kontra erörtert. → *84, 108, 126, 162*

↳ *eine Diskussion führen*
Haltet euch an die folgenden Schritte:
1. **Bildet** eine **Gruppe** mit zehn Schüler/-innen
2. **Entscheidet** euch für ein **Thema**
3. Fünf Schüler/-innen bilden die **Diskussionsgruppe**, vier die **Beobachtergruppe** und eine Person ist der/die **Diskussionsleiter/-in**.

- Die Diskussionsgruppe **sucht Beispiele** und **formuliert** →**Argumente** zum Thema.
- Der/Die Leiter/-in achtet auf die **Reihenfolge der Meldungen** und erteilt das Wort. Am Ende der Diskussion werden die **wichtigsten Argumente und Ergebnisse zusammengefasst**.
- Die Beobachtergruppe legt eine Tabelle an, in der die **Beobachtungskriterien** eingetragen werden.

↳ *eine Fishbowl-Diskussion führen*
Haltet euch an die folgenden Schritte:
1. **Bildet** zwei **Sitzkreise**. Im äußeren Kreis sitzen die **Beobachter/-innen**, im inneren die **Teilnehmer/-innen**. Lasst dazwischen einen Stuhl frei.
2. **Formuliert** einen **Beobachtungsauftrag** für die Schüler/-innen im äußeren Kreis. Sie beobachten während der Diskussion die Teilnehmer/-innen im inneren Kreis wie Fische in einem Glas.
3. Im Laufe des Diskussion können sich **interessierte Beobachter/-innen** auf den freien Stuhl setzen und vorübergehend **an der Diskussion teilnehmen**.

## Feedback

Der → Anglizismus Feedback bedeutet Rückmeldung. Zu Präsentationen und Vorträgen gibt man oft Feedback, indem man der vortragenden Person sagt, was sie gut gemacht hat und was sie noch verbessern kann. → *41, 48, 45*

↳ *Feedback geben*
Halte dich an die folgenden Schritte:
1. *Was ist besonders gut gelungen?*
   **Lobe** die Person und den **Vortrag**.
2. *Wie haben einzelne Elemente auf mich gewirkt?*
   **Beschreibe** den Vortrag, das Verhalten der Person, die Gestaltung der Folien usw. in eigenen Worten. Bleibe dabei **sachlich** und **respektvoll**. Beschreibe möglichst, ohne zu werten.
3. *Welche Verbesserungsvorschläge gibt es?*
   **Formuliere** Kritik **konstruktiv**. Sage, was verbessert werden kann, und mache einen konkreten **Vorschlag**.

## Handout

Auf einem Handout werden die wichtigsten Informationen einer → Präsentation übersichtlich zusammengefasst. Dem Publikum dient es als Leitfaden und zur Erinnerung.

#### ↳ ein Handout gestalten

Beachte bei der Gestaltung eines Handouts die folgenden Punkte:

- Nenne im Kopf deine **Schule**, **Klasse**, **Lehrkraft**, deinen **Namen** und das **Datum**.
- **Gliedere** die Inhalte mit Über- und Unterüberschriften.
- Gib die wichtigsten Informationen **stichpunktartig** wieder.
- Füge passende **Bilder** usw. zur Veranschaulichung ein.

### Portfolio

In einem Portfolio werden Materialien und Dokumente gesammelt, die während der Vorbereitung eines Vortrags bzw. einer Präsentation zusammengetragen wurden. → 24 f.

### Präsentationsprogramm

Mit Präsentationsprogrammen kann man am Computer schnell und einfach Präsentationen erstellen. Bekannte Programme sind z. B. *PowerPoint* von Microsoft oder *Prezi*. Mit den digitalen Folien lassen sich Vorträge abwechslungsreich und informativ untermalen. → 27

#### ↳ Präsentationsprogramme für einen Vortrag nutzen

Beachte die folgenden Punkte:

- Achte auf die **Abfolge** der Folien.
- Verwende auf allen Folien das gleiche **Design**.
- Achte auf gute **Lesbarkeit**.
- Schreibe nur das Wichtigste **stichpunktartig** auf.
- Gestalte die Folien übersichtlich. Hebe (Zwischen-) **Überschriften** hervor und verwende **Bilder**.
- Setze **Animationen** und **Toneffekte** nur sparsam ein.
- Gib die verwendeten → **Quellen** an.

### Projekttagebuch

Während ein → Portfolio dazu dient, den Arbeitsprozess während der Vorbereitung eines → Vortrags zu dokumentieren, hilft das Projekttagebuch zusätzlich dabei, einen Vortrag zu planen. Zunächst erstellt man einen Zeitplan, in dem die nötigen Arbeitsschritte aufgelistet und Terminen zugeordnet werden. Im Tagebuch wird anschließend dokumentiert, was zu den jeweiligen Terminen erarbeitet worden ist. Das Projekttagebuch kann auch in ein Portfolio aufgenommen werden. → 24 f.

### Vortrag

Ein Vortrag (*auch*: Referat) ist eine Rede zu einem bestimmten Thema oder einer Fragestellung. Vorträge können von Einzelpersonen oder Gruppen gehalten werden. Ziel eines Vortrags ist es, den Zuhörer/-innen ein bestimmtes Thema näherzubringen oder sie über einen Sachverhalt zu informieren. → 26, 31

#### ↳ erfolgreich vortragen und präsentieren

Beachte die folgenden Punkte:

- Finde einen **Einstieg**, der das Interesse des Publikums weckt (z. B. Bild, Schlagzeile, Rollenspiel, …).
- Teile die Themen für den **Hauptteil** in Teilbereiche und finde eine sinnvolle Gliederung. Verwende ein → Präsentationsprogramm, um anschauliche Folien zu erstellen.
- Runde den Vortrag am **Schluss** ab, indem du wichtige Informationen noch mal zusammenfasst und einen Bezug zum Einstieg herstellst.
- Ermögliche es dem Publikum, Fragen zu stellen.
- Erstelle ein informatives → Handout.
- Dokumentiere den Arbeitsprozess in Form eines → Portfolios oder eines → Projekttagebuchs.

## Lesen – Umgang mit Texten und Medien

### Alliteration

Die Alliteration ist ein → sprachliches Mittel, bei dem zwei oder mehr aufeinanderfolgende Wörter mit demselben Buchstaben oder derselben Silbe anfangen. Alliterationen kommen häufig in der Werbung oder in Überschriften und Titeln zum Einsatz (*Gelb. Gut. Günstig.*). Sie wecken durch ihren besonderen Klang die Aufmerksamkeit und das Interesse der Leserinnen und Leser.

### Anapher

Die Anapher ist ein → sprachliches Mittel, bei dem aufeinanderfolgende Verse oder Strophen mit denselben Wörtern oder Wortgruppen anfangen. In Gedichten erzeugen Anaphern meist einen besonderen Rhythmus oder Klang, der die Textwirkung beeinflusst.

### Aufklärung

Die Epoche der Aufklärung wird in Deutschland zwischen dem 17. und 18. Jahrhundert datiert. In diesem Zeitraum fand – ausgehend von England und Frankreich – eine Entwicklung statt, in deren Zuge die Menschen sich selbst als vernunftbegabte Wesen erkannten. Vertreter der Zeit wollten erreichen, dass alle Menschen erkannten, dass sie frei und gleich waren und allein durch ihren Verstand in der Lage waren, die Wahrheit zu erkennen. Die Bildung förderte dieses Umdenken.

Merk-
wissen
**LEXIKON**

Schulen und öffentliche Bibliotheken schafften Zugang zu Büchern und zu den Erkenntnissen der Wissenschaft. Die Menschen konnten die Welt nun selbstständig verstehen. So gewann vor allem das Bürgertum an Selbstbewusstsein und wurde unabhängiger.

## Aufzählung
Die Aufzählung ist ein →sprachliches Mittel, bei dem einzelne Wörter, Begriffe oder Satzteile aneinandergereiht werden. In einem Text heben Aufzählungen etwas hervor, betonen es oder erzeugen Spannung.

## Cluster
In einem Cluster werden Ideen zu einem Thema gesammelt und zueinander in Beziehung gesetzt. Diese Methode ist besonders hilfreich, um einen Aufsatz vor dem Schreiben zu strukturieren. → *219, 234*

↳ *ein Cluster erstellen*
Halte dich an die folgenden Schritte:
1. Zeichne einen **Kreis in die Mitte** des Blattes und notiere darin das **Thema**.
2. Zeichne **rundherum weitere Kreise**, in die du **Schlagworte** schreibst, die dir zum Thema einfallen.
3. Schreibe zu allen Schlagworten **Stichwörter**.
4. **Verbinde** die Kreise zu einer Ideenkette.
5. **Streiche** die **Ideen**, die **nicht** in das Cluster **passen** und die du nicht in deinem Text erwähnen möchtest.

## Counter Speech
Counter Speech (*dt.* Gegenrede) beschreibt eine Antwort bzw. einen Antwortkommentar, in dem →Hate Speech infrage gestellt und damit entkräftet wird. Die aggressiven Aussagen werden mit Gegenargumenten und –fragen beantwortet. Dabei können auch Beispiele und Fakten angeführt werden, die den Hasskommentar widerlegen, oder es kann explizit benannt werden, dass es sich um eine Form von Hate Speech handelt (z. B. *Diese Aussage ist rassistisch*). Bei der Counter Speech geht es nicht darum, die Verfasser/-innen von Hasskommentaren zu belehren oder vom Gegenteil zu überzeugen. Vor allem online geht es vielmehr darum, durch entsprechende Kommentare stille Mitleser/-innen, die möglicherweise ebenfalls zur Opfergruppe gehören, zu unterstützen und andere dazu zu ermutigen, den plumpen Hass ebenfalls kritisch zu hinterfragen. → *174*

## Diagramm
Diagramme sind eine bildliche Darstellungsform, mit der Zahlen und Informationen anschaulich abgebildet werden. Die Zahlen, die einem Diagramm zugrunde liegen, nennt man auch Werte oder Daten. In einem Balken-, Säulen- oder Liniendiagramm werden die Werte auf der x- und der y-Achse eingetragen. Die x-Achse ist die waagerechte Achse und die y-Achse die senkrechte. Es gibt auch Formen von Diagrammen, die keine Achsen besitzen, z. B. Kreis- und Flussdiagramme. Hier hilft eine Legende bei der Zuordnung der Daten. → *28, 164, 182*

↳ *ein Diagramm auswerten*
Halte dich an die folgenden Schritte:
1. **Beschreibe** das Diagramm kurz. Nenne Thema, die Art des Diagramms (Säulen-, Balken- oder Kreisdiagramm), die Quelle und den Zeitpunkt, zu dem die Daten erhoben worden sind.
2. **Erläutere** die Werte und erkläre sie anschaulich.
3. **Vergleiche** die Werte und Daten miteinander. Setze sie in Beziehung zueinander.
4. **Kommentiere** das Diagramm und bringe zum Ausdruck, welche Erkenntnisse du gewonnen hast.

## Drama
Das Drama ist neben →Epik und →Lyrik eine der drei großen Gattungen der Literatur. Bei Dramen handelt es sich um Bühnenstücke, die vor Publikum aufgeführt werden. Der Text ist in Dialogen oder →Monologen verfasst.

## Epik
Epik ist neben dem →Drama und der →Lyrik eine der drei großen Gattungen der Literatur. Unter Epik werden alle Formen erzählender Literatur verstanden, wie z. B. →Erzählungen, →Kurzgeschichten oder →Romane. Epische Texte zeichnen sich durch eine bestimmte →Erzählperspektive aus, die eine gewisse Distanz zum Erzählten hat.

## Erzählung
Erzählung ist ein Sammelbegriff für epische Textformen (→Epik). Als eigene Textsorte handelt es sich bei Erzählungen um kurze Texte, die sich in eine Einleitung (*auch:* Erzählanfang), einen Hauptteil (*auch:* Erzählkern) und einen Schluss (*auch:* Erzählende) einteilen lassen.

Im Gegensatz zur →Kurzgeschichte haben Erzählungen also keinen unmittelbaren Einstieg. In Erzählungen liegt meist nur eine →Erzählperspektive vor.

## Erzählperspektive

Man unterscheidet allgemein drei Erzählperspektiven: den Ich-Erzähler, der die Handlung aus seiner persönlichen Sicht wiedergibt, den Er/Sie-Erzähler, der die Sichtweise einer →Figur teilt und die Handlung aus ihrer Sicht wiedergibt, und den allwissender Erzähler, der theoretisch alles über jede Figur weiß und die Handlung aus unterschiedlichen Sichtweisen wiedergeben kann. Der Ich-Erzähler teilt seine eigenen Gefühle und Wahrnehmungen, der Er/Sie-Erzähler teilt die Gefühle und Wahrnehmungen der Figur, für die er spricht, und der allwissende Erzähler kann die Gefühle und Wahrnehmungen aller Figuren teilen.

## Erzählzeit

Zeit, die zum Lesen einer Geschichte benötigt wird, im Unterschied zur **erzählten Zeit** (Zeitspanne, in der die Geschichte spielt) . → *90*

## Figur

Als Figuren bezeichnet man die handelnden Personen bzw. Charaktere in fiktionalen Texten.

↳ *eine Figur charakterisieren* → *134, 152, 217 f.*
Beachte die folgenden Punkte:

- Mache **allgemeine Angaben** zur Figur. Nenne z. B. Alter, Familienstand, Beruf, Hobbys usw.
- Beschreibe **äußere Merkmale** der Figur, wie z. B. Größe und Haarfarbe.
- Erläutere **innere Merkmale**. Dazu zählen z. B. Charaktereigenschaften, typische Verhaltensweisen oder Beziehungen zu anderen Figuren.
- Stelle dar, an welche **Textstelle** du die jeweiligen Merkmale ablesen und herleiten kannst.
- Schreibe im **Präsens**.

↳ *einen Steckbrief zu einer Figur erstellen* → *67, 217*
Halte dich an die folgenden Schritte:

1. **Lies** den **Text** einmal **gründlich**. Lies ihn anschließend noch einmal und achte dabei besonders auf alle **Fakten, Informationen und Hinweise zur Figur** (→selektives Lesen).
2. **Markiere** wichtige Textstellen oder mache Notizen.
3. **Ordne** die markierten **Textstellen** bzw. deine Notizen **passenden Kategorien** (z. B. Aussehen etc.) zu.
4. **Bring** die **Kategorien** in eine **sinnvolle Reihenfolge**, lege den Steckbrief an und fülle ihn stichpunktartig aus. Schreibe, wenn möglich, **passende Zitate** und **Textbelege** dazu.

5. **Kontrolliere** mithilfe des Textes und deiner Notizen, ob dein Steckbrief **vollständig** ist.

↳ *einen Tagebucheintrag aus Sicht einer Figur verfassen* → *126, 154, 221, 236*
Beachte die folgenden Punkte:

- **Lies** den **Text**, auf dem der Tagebucheintrag basiert, einmal **gründlich**. Lies ihn dann noch einmal und achte dabei besonders auf **alle Informationen, zur Figur und ihrer Wahrnehmung** (→selektives Lesen).
- **Markiere** Textstellen, in denen du etwas über die Gedanken und Gefühle der Figur erfährst.
- **Stelle W-Fragen** an den Text, um die **Figur besser zu verstehen** (z. B. *Wer ist die Figur? Was tut sie? Wie fühlt sich die Figur währenddessen und danach? Welche Beweggründe hat sie?* usw.).
- Schreibe deinen **Eintrag in der Ich-Form** aus der Sicht der Figur. Wähle einen **Schreibstil**, der **zu ihr passt**. Du kannst auch →Jugend- und Umgangssprache oder →sprachliche Mittel verwenden.
- Beschreibe am **Anfang** des Tagebucheintrags **kurz die Situation**, über die du schreiben wirst.
- Beschreibe **Gedanken und Gefühle** der Figur. Achte darauf, dass das, was du schreibst, auch **zum Textinhalt passt**.
- Formuliere am Ende des Eintrags **Hoffnungen oder Befürchtungen** der Figur.
- Schreibe in **eigenen Worten**.

↳ *einen persönlichen Brief an eine Figur verfassen* → *154, 221, 236*
Beachte die folgenden Punkte:

- Schreibe eine **passende Anrede** an den/die Empfänger/-in.
- **Erkläre**, **warum** du den Brief **schreibst**. Wenn sich dein Brief auf einen Text oder eine bestimmte **Textstelle** bezieht, **nutze die Informationen daraus**.
- **Beschreibe** dein **Anliegen** und bringe zum Ausdruck, was du mit deinem Brief **erreichen möchtest**.
- Schreibe möglichst **realistisch und ehrlich**.
- Halte dich an die **Regeln der Schriftsprache**.
- Beende deinen Brief mit einer **passenden Verabschiedung** und deinem **Namen**.

## Gallery Walk

Ein Gallery Walk ist eine Methode, um Arbeitsergebnisse in der Klasse zu präsentieren. Die verschiedenen Plakate, Zeichnungen oder sonstigen Ergebnisse werden an den Wänden des Klassenraums verteilt aufgehängt. Die Schülerinnen und Schüler können dann, wie in einer Galerie, im Raum umhergehen und sich die ausgehängten Ergebnisse in Ruhe ansehen. Auf einem Rückmeldebogen kann man →Feedback geben. → *18*

↳ *einen Gallery Walk durchführen*

Haltet euch an die folgenden Schritte:

1. **Hängt** eure **Arbeitsergebnisse** (z. B. Plakate oder Bilder) im Klassenraum **auf**.
2. Geht durch den Klassenraum und **betrachtet** die einzelnen **Arbeitsergebnisse**.
3. **Macht** euch **Notizen** zu besonders gelungenen Ergebnissen und formuliert ggf. **Verbesserungsvorschläge** (→ Feedback).
- Solltet ihr **Ergebnisse einer Gruppenarbeit präsentieren**, sollte je ein/-e Schüler/-in als Expert/-in bei eurem Produkt bleiben, um **Fragen** zu **beantworten** und **Hintergründe** zu **erklären**.
- Ihr könnt die Arbeitsergebnisse auch mithilfe von **Rückmeldebögen** bewerten. Formuliert dazu vorher feste **Kriterien** und füllt zu jedem Produkt einen Rückmeldebogen aus, indem ihr z. B. Punkte vergebt.

## Hate Speech

Hate Speech (*dt.* Hassrede) liegt vor, wenn Personen als Mitglieder einer bestimmten Gruppe beleidigt und verbal angegriffen werden oder wenn zu Gewalt gegen sie aufgerufen wird. Opfer von Hate Speech sind meistens durch verschiedene Formen von Diskriminierung betroffen, z. B. Homo- oder Transphobie, Rassismus, Sexismus, Antisemitismus oder -islamismus und Ableismus. Hate Speech erfüllt neben den Strafbeständen der Beleidigung je nach Kontext auch den der Verleumdung, Volksverhetzung und/oder Bedrohung. Im Internet sollten entsprechende Kommentare gemeldet und nach Möglichkeit gelöscht werden. Ist das Löschen nicht möglich, kann man mit → Counter Speech reagieren. → *174*

## Informationsgrafik

Eine Informationsgrafik (*kurz:* Infografik) ist eine Abbildung, in der z. B. Zusammenhänge, Abläufe oder Umfrageergebnisse bildlich dargestellt und veranschaulicht werden. Infografiken werden oft in journalistischen Texten eingesetzt. → *163 f.*

↳ *eine Informationsgrafik auswerten*

Halte dich an die folgenden Schritte:

1. **Thema:** Sieh dir den Titel und die Teilüberschriften an, um das Thema zu erfahren. Nenne das Thema zu Beginn deiner Auswertung.
2. **Quelle:** Sieh dir die Quellenangabe an und gib an, wer die Grafik herausgegeben hat, woher die Zahlen stammen und auf welchen Zeitraum sich die Daten beziehen.
3. **Art der Informationen:** Beschreibe, wie die Informationen in der Grafik aufbereitet werden. Gib die Bezugsgröße an, auf die sich die Zahlenwerte beziehen, benenne die Art des Diagramms und beziehe gegebenenfalls die Illustration mit in deine Beschreibung ein.
4. **Beschreibung und Erklärung:** Erläutere die Angaben, nenne Prozentanteile, beschreibe Entwicklungen und stelle Vergleiche zwischen den Werten an. Du musst nicht alle Zahlen erklären. Dein Hauptaugenmerk sollte auf Maximal- und Minimalwerten liegen.
5. **Kommentar und Schlussfolgerung:** Ziehe am Ende deiner Auswertung ein Fazit und fasse die Erkenntnisse, die du anhand der Grafik gewinnen konntest, zusammen. Erläutere, was dich möglicherweise überrascht hat.

## Interview

Das Interview ist eine Form der Befragung. Die Interviewfragen dienen dazu, mehr über ein Thema, einen Sachverhalt oder die Beweggründe für das Handeln einer Person zu erfahren. Prominente werden oft auch zu persönlichen Themen befragt. Der Begriff *Interview* ist ein → Anglizismus. → *29, 154, 156, 173, 236, 262, 300*

↳ *ein Interview durchführen*

Halte dich an die folgenden Schritte:

1. **Begrüßung:** Begrüße dein Gegenüber und stelle dich vor. Erkläre den Grund bzw. Anlass für das Interview.
2. **Befragung:** Stelle deine Fragen. Formuliere deine Fragen möglichst offen, sodass sie nicht nur mit Ja oder Nein beantwortet werden können. Höre aufmerksam zu und unterbrich dein Gegenüber nicht. Frage nach, falls du etwas nicht verstanden hast oder Genaueres wissen möchtest. Sei höflich und respektvoll, halte Augenkontakt und achte auf eine offene Körperhaltung.
3. **Verabschiedung:** Bedanke dich für das Interview und dafür, dass sich dein Gegenüber die Zeit genommen hat, deine Fragen zu beantworten.

## Karikatur

Karikaturen sind gezeichnete Bilder, deren Inhalt komisch und übertrieben dargestellt wird. Häufig werden mit diesen Zeichnungen aktuelle Themen oder politische und gesellschaftliche Zustände kritisch abgebildet und kommentiert. Karikaturen sollen unterhalten, aber auch auf Missstände hinweisen und zum Nachdenken anregen. → *165 – 167, 269, 272, 299*

### Klassik

Die literarische Epoche der Klassik wird von 1786 – 1805 datiert. Die Autor/-innen der Klassik waren der Ansicht, dass gesellschaftliche Veränderungen nicht gewaltsam, sondern durch eine schrittweise Vervollkommnung des Menschen erreicht werden können. In ihren Werken behandeln sie daher oft die Erziehung des Menschen und die Frage nach tugendhaftem Handeln. Nach der vernunftbasierten Epoche der → Aufklärung und dem gefühlsbetonten → Sturm und Drang versuchte man in der literarischen Klassik, die Balance zwischen Vernunft und Gefühl zu erreichen. Die → Figuren der Klassik sollten den Leser/-innen Vorbilder sein, sie zu mehr Menschlichkeit erziehen und Tugenden wie Freundschaft, Treue, Toleranz und Nächstenliebe stärken.

### Kommentar

Der Kommentar ist ein wertender Text, der sich meist auf einen anderen Zeitungsartikel bezieht. In dem Kommentar drückt ein/-e Autor/-in die eigene Meinung zum jeweiligen Thema aus. Der Sprachstil ist subjektv und kann reißerisch und provokant sein. → Sprachliche Mittel wie rethorische Fragen oder → Hyperbeln werden gezielt eingesetzt, um die Leser/-innen zu überzeugen. Die Textsortenbezeichnung „Kommentar" steht meist schon vor der Überschrift. Außerdem ist der Name der Autorin bzw. des Autors genannt, meist mit Porträt. → *160 – 162, 168, 225, 238 f.*

### Kurzgeschichte

Die Kurzgeschichte ist eine epische Textform (→ Epik), die sich durch bestimmte Merkmale auszeichnet. Kurzgeschichten beginnen oft mit einem unmittelbaren Einstieg in die Handlung und haben ein offenes Ende. Es gibt nur wenige → Figuren, die zudem nicht ausführlich beschrieben und auf wenige Merkmale reduziert werden. Die Handlung ist oft alltäglich und wirkt wie eine Momentaufnahme aus dem Leben. Oft wird eine menschliche Schwäche einer Figur in das Zentrum der Handlung gerückt. Ort und Zeit sind nicht festgelegt, dadurch können die Leser/-innen die Handlung auf sich selbst übertragen. → *128 f., 136 f., 207 – 209, 223 f.*

### Lektüreportfolio

Ein Lektüreportfolio ist eine Sammlung von Materialien zur Auseinandersetzung mit einem Text. In einem Notiz-heft, einem Ordner oder einer Blattsammlung werden Zusammenfassungen, Gedanken zur Lektüre und eigene Texte, z. B. → Tagebucheinträge aus der Sicht einer Figur oder → innere Monologe, gesammelt. Auch passende Bilder, Skizzen oder Fotos können enthalten sein. Deckblatt und Inhaltsverzeichnis runden es ab. → *153 f.*

### Lyrik

Lyrik ist neben → Epik und → Drama eine der drei großen Gattungen der Literatur. Lyrische Textsorten sind z. B. Gedichte oder Balladen. Lyrische Texte bestehen aus → Versen und → Strophen und folgen meist einem bestimmten Reimschema und Metrum. In lyrischen Texten werden oft zahlreiche → sprachliche Mittel verwendet.

### lyrisches Ich

Das lyrische Ich ist in Gedichten oder anderen lyrischen Texten (→ Lyrik) das erlebende, empfindende und aussagende Subjekt in der Sprecherperspektive. Es kann – muss aber nicht – mit dem/der Autor/-in des Gedichtes übereinstimmen. Nicht in allen Gedichten, in denen ein lyrisches Ich erkennbar wird, muss auch das Wort „ich" stehen. → *64, 127, 131, 204*

### Metapher

Die Metapher ist ein → sprachliches Mittel. Es handelt sich um Wörter oder Sätze, die nicht in ihrer wörtlichen, sondern in einer übertragenen Bedeutung verstanden werden müssen. Metaphern verwenden eine bildhafte, anschauliche Sprache (z. B. *Wolkenkratzer, jmdm. auf den Zahn fühlen*).

### Mindmap

In einer Mindmap werden Stichworte gesammelt, geordnet und in Ober- und Unterbegriffe unterteilt. Die Mindmap hilft bei der Gliederung von Ideen während der Vorbereitung einer Präsentation oder vor dem Schreiben eines Textes. Informationen, die man einem Text entnommen hat, lassen sich ebenfalls in einer Mindmap festhalten. → *23, 144, 298*

↳ *eine Mindmap erstellen*

Halte dich an die folgenden Schritte:

1. **Schreibe** das **Thema** in die **Mitte** des Blattes.
2. **Zeiche** von der Mitte aus **Äste**, die zu den **Oberbegriffen** führen.
3. **Zeichne** von den Oberbegriffen aus **weitere Äste** zu den **Unterbegriffen**.
4. **Fülle** deine Mindmap mit möglichst vielen **relevanten Informationen und Details**. Achte dabei darauf, dass die Mindmap **übersichtlich** bleibt.

Merk-
wissen
**LEXIKON**

## (innerer) Monolog

Monologe können in epischen Texten (→ Epik) oder
→ Dramen vorkommen. Monologe sind längere Text-
passagen oder Redebeiträge einer → Figur. In inneren
Monologen gibt die Figur ihre Gedanken und Gefühle
wieder; sie teilt sozusagen ihre Innensicht. → *221*

↳ *einen inneren Monolog aus Sicht einer Figur verfassen*
Beachte die folgenden Punkte:
- **Lies** den **Text**, auf dem der innere Monolog basiert,
  einmal **gründlich**. Lies ihn dann noch einmal und
  achte dabei besonders auf alle **Informationen zur
  Figur und ihrer Wahrnehmung** (→ selektives Lesen).
- **Markiere Textstellen**, in denen du etwas über die
  **Gedanken** und **Gefühle** der Figur erfährst.
- Stelle **W-Fragen** an den Text, um die **Figur besser zu
  verstehen** (z. B. *Welche Rolle hat die Figur? Wie verhält
  sie sich und warum? Was denkt/fühlt sie?* usw.).
- **Versetze dich** so gut wie möglich in die **Figur** und
  **ihre Situation hinein**.
- Verfasse den Text so, dass er **zum Textinhalt passt**.
- Schreibe in der **Ich-Form** und verwende eine **ange-
  messene Zeitform** (→ Präsens, wenn du dich auf die
  Gegenwart beziehst, und → Perfekt, wenn du über
  Vergangenes berichtest).
- Wähle einen **Schreibstil**, der **zur Figur passt**.

## Naturalismus

Die Epoche des Naturalismus wird von ca. 1880 – 1900
datiert und galt als Protestbewegung gegen die politischen und sozialen Verhältnisse der damaligen Zeit.
In literarischen Werken wurde die Realität unverfälscht
abgebildet. Auch auf Unschönes und Ekelerregendes
wurde nicht verzichtet, um die Missstände der Zeit anzu-
prangern. Die Sprache wurde ebenfalls nicht verfälscht
und gesprochene Dialekte in den Texten verschriftlicht.

## Novelle

Die Novelle ist eine epische Textsorte (→ Epik) mit kurzem Umfang. Die Bezeichnung leitet sich von dem italie-
nischen Wort *novella*, „Neuigkeit", ab. Goethe benannte
1827 eine „unerhörte Begebenheit" als wesentliches
Merkmal einer Novelle. Tatsächlich erzählen Novellen
häufig von unerhörten Neuigkeiten und ungewöhnlichen Ereignissen. Dieses Ereignis wird im Rahmen einer
kurzen Erzählung geradlinig erzählt. → *67 – 73*

## orientierendes Lesen

Beim orientierenden Lesen (*auch:* überfliegendes Lesen,
Skimming) verschafft man sich einen Überblick über den
Text und das Thema. Überschriften und Abbildungen sind
nützliche Hinweise. Wichtige Schlagworte, anhand derer
man das Thema erschließen kann, tauchen oft schon in der
Überschrift auf und wiederholen sich innerhalb des Textes.
Beim Überfliegen achtet man auf solche Schlagworte, die
einem besonders auffallen. Anders als beim → selektiven
Lesen weiß man beim orientierenden Lesen vorher nicht,
wonach man im Text sucht. Das Überfliegen eines Textes
hilft oft dabei, seinen Inhalt besser zu verstehen.

## Oxymoron

Ein → sprachliches Mittel, das zwei Begriffe widersprüch-
lich miteinander verknüpft, um durch den Kontrast eine
bestimmte Wirkung zu erzielen (z. B. *offenes Geheimnis:
Niemand darf es wissen, aber alle wissen es.*). → *120*

## Paralleltext

Der Paralleltext ist eine kreative Schreibform, bei der
ausgehend von einer Textvorlage ein eigener Text verfasst wird. Dabei werden die wesentlichen Eigenschaften
und Merkmale der Textvorlage (z. B. Umfang, Inhalt,
→ Erzählperspektive) beibehalten. → *61, 120, 135, 221*

## Personifikation

Eine Personifikation ist ein → sprachliches Mittel. Mit
Personifikationen werden unbelebte Dinge (Lebewesen,
Naturerscheinungen oder Objekte) mit menschlichen
Eigenschaften versehen (z. B. *die Sonne lacht*). Sie dienen
dazu, etwas lebendig und anschaulich darzustellen.

## Podcast

Als Podcast wird eine Serie von Hörbeiträgen bezeichnet, die in einem festen Rhythmus online bzw. digital erscheint. Mittlerweile gibt es eine große Themenauswahl.
Witzige Podcasts wie „Gemischtes Hack" oder „Fest
und Flauschig" sind ebenso beliebt wie Krimi-Podcasts
über reale Verbrechen oder Lifestyle-Podcasts, z. B. über
Nachhaltigkeit oder mentale Gesundheit. → *175 f., 300*

## pragmatischer Text

Pragmatische Texte (*auch*: Sachtexte, Gebrauchstexte)
sind Texte, deren Hauptanliegen es ist, Fakten und Infor-

mationen nachvollziehbar aufzubereiten. Pragmatische Texte sind z. B. → Berichte oder → Reportagen.

### Realismus

Die literarische Epoche des Realismus (*auch*: poetischer Realismus) wird auf 1848 – 1890 datiert. Ihre Autorinnen und Autoren wollten die Wirklichkeit sachlich und objektiv, aber dennoch kunstvoll abbilden. Auf Hässliches wird verzichtet. Werke des Realismus behandeln oft Konflikte des Einzelnen mit der Gesellschaft oder ihren Normen. Die Hauptfiguren stammen dabei aus dem Bürgertum. Die Handlung spielt an realen Orten.

### Reimschema

Die einzelnen Verse von Gedichten (→ Lyrik) können sich auf unterschiedliche Art und Weise miteinander reimen. Zur Bestimmung des Reimschemas werden Verse, die sich reimen, mit demselben Kleinbuchstaben (*a, b, c, …*) versehen. Die folgenden drei Reimschemata sind besonders gängig:

1. **Paarreim**: a – a – b – b
2. **Kreuzreim**: a – b – a – b
3. **Umarmender Reim**: a – b – b – a
→ *64*

### Reportage

Die Reportage ist eine pragmatische Textsorte. In Reportagen informieren Journalist/-innen über einen bestimmten Sachverhalt bzw. ein bestimmtes Thema. Anders als der → Bericht werden in einer Reportage auch subjektive Eindrücke und Erfahrungen geschildert. Reportagen werden mit wörtlichen Reden, anschaulichen Beispielen und bildlichen Schilderungen ausgeschmückt. Typisch sind Perspektivwechsel und die Zoomtechnik , mit der an Personen und Ereignisse näher heran- bzw. weggezoomt wird. Oft beginnt eine Reportage mit einem szenischen Einstieg und endet mit einem Ausblick. Die Zeitform kann zwischen Präsens und Präteritum wechseln. → *157 – 159*

### Roman

Der Roman ist eine epische Textform (→ Epik) und die Langform der → Erzählung. Romane zeichnen sich durch ihren Umfang, die meist hohe Anzahl an Haupt- und Nebenfiguren (→ Figur) sowie die Komplexität ihrer Handlung aus. Es gibt verschiedene Arten von Romanen, z. B. Kriminalromane oder Liebesromane.

### Romantik

Die literarische Epoche der Romantik wird heute vom Ende des 18. bis ins späte 19. Jahrhundert eingeordnet. Werke dieser Zeit sind geprägt von dem Wunsch, die Grenzen des Verstandes zu überwinden und zu sich selbst zu finden. Im Vordergrund stehen Themen wie Traum, Liebe und Natur. Zu den typischen Motiven zählt u. a. die Reise, in der Sehnsüchte deutlich werden, und Übergänge zwischen zwei Zuständen, wie z. B. die Dämmerung, das Zwielicht oder der Wechsel der Jahreszeiten. Gefühle, Hoffnungen und Träume werden durch eine bildhafte Sprache ausgedrückt.

### Schaubild

Ein Schaubild ist eine Form der → Informationsgrafik. Schaubilder stellen mithilfe kleiner Symbole, Icons und Pfeilen Abläufe oder Prozesse dar. Durch die bildliche Darstellung können auch komplexe Inhalte schnell erfasst und verstanden werden. → *163*

### selektives Lesen

Beim selektiven Lesen (*auch:* Scanning) liest man den Text schnell und achtet gezielt auf bestimmte Informationen und Schlagwörter zu einem festgelegten Thema oder einer Frage. Auf diese Weise kann man relevante Textstellen schnell finden und zur Bearbeitung einer Aufgabe markieren. Im Gegensatz zum → orientierenden Lesen weiß man beim selektiven Lesen bereits vorher, wonach man im Text sucht. → *135, 309*

### sprachliches Mittel

Unter sprachlichen Mitteln (*auch:* Stilmittel, rhetorische Mittel) versteht man bestimmte Ausdrücke, Formulierungen oder sprachliche Gestaltungsformen, mit denen Texte ausgestattet werden. Einzelne sprachliche Mittel wie z. B. → Metaphern, → Personifikationen und → Vergleiche erfüllen dabei unterschiedliche Funktionen und beeinflussen die Textwirkung. Sprachliche Mittel werden im mündlichen wie im schriftlichen Sprachgebrauch verwendet. (Siehe dazu auch die Tabelle am Ende dieses Buches.) → *54, 135, 162, 199 f.*

### Standbild

Das Standbild ist eine szenische Darstellungsform (→ szenisches Spiel), bei der eine Situation aus einem Text als unbewegtes Bild nach- bzw. dargestellt wird. Während ein Standbild präsentiert wird, dürfen sich die Darsteller/-innen nicht bewegen und nicht miteinander sprechen. Wie ein Foto zeigen sie eine Momentaufnahme. Dabei ist es wichtig, dass der/die Regisseur/-in genau auf Gestik und Mimik, Körperhaltung und die Position zu den anderen Darsteller/-innen achtet. Standbilder eigenen sich besonders gut, um Beziehungen zwischen → Figuren darzustellen. → *63, 148*

### Statistik

Die Statistik ist eine Form der → Informationsgrafik. Statistisch erhobene Daten, also Daten, die mithilfe von

wissenschaftlichen Umfragen und Forschungsmethoden gewonnen wurden, werden in Statistiken bildlich dargestellt. Oft geschieht dies mithilfe von verschiedenen → Diagrammen, Zahlenwerten und Abbildungen. Komplexe Daten und Werte können auf diese Weise schnell erschlossen werden. → 164

↳ *eine Statistik auswerten*
Halte dich an die folgenden Schritte:
1. **Thema**: Nenne das Thema, mit dem sich die Statistik auseinandersetzt.
2. **Quelle**: Bestimme, wer Urheber der Statistik ist und in welchem Zeitraum die Daten erhoben wurden.
3. **Art der Informationen**: Beschreibe die Art der Darstellung, die vorliegenden Informationen und deren Anordnung.
4. **Beschreibung und Erklärung**: Erläutere die Angaben, gehe auf auffällige Zahlenwerte (Minimal- und Maximalwerte) und Entwicklungen ein.
5. **Kommentar und Schlussfolgerung**: Ziehe ein abschließendes Fazit und gehe auf Auffälligkeiten ein.

### Strophe
Als Strophen werden die einzelnen Absätze eines Gedichtes bzw. einer → Ballade bezeichnet. Mindestens zwei → Verse bilden eine Strophe.

### Sturm und Drang
Die literarische Epoche des Sturm und Drang wird von 1765 bis 1785 datiert. Die oftmals jungen Autoren wollten mit ihren Werken einerseits ihr künstlerisches Genie zum Ausdruck bringen und andererseits gegen gesellschaftliche Regeln protestieren. Werke des Sturm und Drang drehen sich oft um Gefühle, Empfindungen und ausführliche Beschreibungen der Natur, die als Sinnbild der menschlichen Seele galt. Damit stehen sie den vernunftbasierten Texten der → Aufklärung gegenüber.

### szenisches Spiel
In einem szenischen Spiel (*auch:* szenische Darstellung, Rollenspiel) werden Szenen schauspielerisch erarbeitet und vorgespielt. Ziel der Methode ist es, z. B. Szenen aus einem → Drama oder einem anderen Text praktisch zu erschließen. Auf diese Weise können das Verhalten

einzelner → Figuren, Konflikte und Situationen aus dem Text besser nachempfunden werden. → 69, 130

### Vergleich
Der Vergleich ist ein → sprachliches Mittel, das zwei Elemente miteinander gleichsetzt. Häufige Vergleiche in der Literatur sind solche von Menschen mit Tieren (*Sie ist stark wie eine Löwin*) oder von Menschen mit Naturerscheinungen (*Er ist schön wie der junge Morgen*). Vergleiche dienen der Veranschaulichung.

### Vers
Als Vers bezeichnet man die Zeile in einem Gedicht bzw. einer Ballade.

### Weimarer Republik
Die Weimarer Republik wird von 1918–1933 datiert. In dieser Zeit, zwischen den beiden Weltkriegen, hatte Deutschland die Regierungsform der parlamentarischen Demokratie. Dabei wird das Volk durch ein gewähltes Parlament vertreten. Die Weimarer Republik wird rückblickend in drei Phasen unterteilt. Auf die Gründung folgten die Krisenjahre (1919–1923), in denen die Folgen des Ersten Weltkrieges und die Hyperinflation (=Geldwertverlust) die Republik erschütterten. Darauf folgte eine Phase der Stabilität (1924–1929) und der wirtschaftlichen Erholung. Mit diesen „Goldenen Zwanzigern" wird die Weimarer Republik heute vorwiegend in Verbindung gebracht. In den 1920er-Jahren boomten Kunst und Kultur: Unterhaltungsmedien (z. B. Rundfunk, Kino, Jazz-Musik) eroberten die Massen und neue Kunstströmungen (z. B. Expressionismus, Neue Sachlichkeit, Dadaismus) entstanden. Dies spürte man vor allem in Großstädten wie Berlin. Dort stürzten sich die Menschen ins Nachtleben – wohl auch, um die Schrecken des Krieges und die Sorgen des Alltags zu vergessen. Nach 1929 sorgte die Weltwirtschaftskrise für eine erneut steigende Arbeitslosigkeit und Massenarmut. Dies machten sich die Nationalsozialisten zunutze, was ihnen 1933 zum Wahlsieg verholf. Am 30. Januar 1933 wird Adolf Hitler zum Reichskanzler ernannt. Damit endet die Weimarer Republik. Wegen der schrittweisen Erstarkung der Nationalsozialisten und dem folgenden Zweiten Weltkrieg wird diese Zeit auch als „Tanz auf dem Vulkan" bezeichnet. → 105

# Schreiben

## Appell

Ein Appell (*auch*: Aufruf) ist ein kurzer prägnanter Text, in dem Leser/-innen öffentlich zu einem bestimmten Handeln aufgerufen werden. Mit → Argumenten kann das jeweilige Anliegen untermauert werden. → 126, 174

### ↳ *einen Appell verfassen*

Beachte die folgenden Punkte:

- **Versieh** den Appell mit einer **auffälligen Überschrift**.
- **Schreibe** in **kurzen deutlichen Sätzen**, damit der Text schnell gelesen und verstanden werden kann.
- **Sprich** die Leser/-innen **direkt an**.
- **Bedenke** die **Zielgruppe**.
- **Wähle** ein **Bild aus**, das das **Interesse** weckt.
- **Nenne** und erläutere den **Anlass** des Appells.
- **Gib** den **Aktionszeitraum an**, z. B. für ein erstes Treffen, eine Demonstration oder eine Diskussion.
- **Der/Die Verfasser/-in** sollte **genannt** werden.

## Bildimpuls

Als Bildimpulse können Fotografien, Gemälde, Zeichnungen usw. dienen. Die Bilder sollen Ideen und Gedanken auslösen, die man schriftlich oder mündlich äußern möchte. Bildimpulse eigenen sich besonders als Grundlage für kreatives Schreiben. → 64, 197, 199, 205

### ↳ *zu einem Bild erzählen*

Beachte die folgenden Punkte:

- **Betrachte** das Bild und die **dargestellte Situation** genau, um möglichst **detaillierte Informationen** zu sammeln (z. B. Ort, Tageszeit, Personen etc.).
- Berücksichtige **zentrale Bildelemente** (Ort, Personen etc.) in der gesamten Geschichte.
- Erfasse die **Stimmung** des Bildes **mit allen Sinnen** (Sehen, Hören, Riechen, Schmecken, Fühlen/Tasten).
- Stell dir vor, was die Personen auf dem Bild und in deiner Geschichte **denken** und **fühlen**. Bring die Gedanken und Gefühle mit **passenden** → **sprachlichen Mitteln** zum Ausdruck.
- Schreibe in Kurzgeschichten und Erzählungen im **Präteritum**.

## Inhaltszusammenfassung

Die Inhaltszusammenfassung ist eine Aufsatzform, in der literarische oder pragmatische Texte strukturiert zusammengefasst werden. → 212, 229

### ↳ *eine Inhaltszusammenfassung verfassen*

Halte dich an die folgenden Schritte:

1. Gliedere den Text in Sinnabschnitte.
2. Markiere Schlüsselstellen.
3. Notiere den Inhalt stichpunktartig.
4. Formuliere die Stichpunkte aus.
5. Schreibe im Präsens, Vorzeitiges im Perfekt.
6. Wandle direkte Rede in indirekte Rede um.
7. Schreibe in eigenen Worten.

## Leserbrief

Ein Leserbrief nimmt Bezug auf den Inhalt bzw. das Thema eines Zeitungs- oder Zeitschriftenartikels. In dem Brief wird die eigene Meinung zum Thema ausgedrückt, der Beitrag, auf den Bezug genommen wird, ergänzt oder Inhalte richtiggestellt. In manchen Zeitungen werden ausgewählte Leserbriefe in einer eigenen → Rubrik veröffentlicht. → 174

### ↳ *einen Leserbrief verfassen*

Beachte die folgenden Punkte:

- **Notiere** im **Briefkopf** deine Adresse und die des Empfängers/der Empfängerin, den Ort und das Datum.
- Nenne in der **Betreffzeile** das **Thema** des Leserbriefs.
- Beginne deinen Brief mit der **Anrede**.
- Gehe in der **Einleitung** darauf ein, auf **welchen Artikel** du dich beziehst.
- Führe im **Hauptteil** deine **eigene Meinung** anhand überzeugender Argumente aus.
- Formuliere im **Schlussteil** eine **Forderung** oder einen **Wunsch**.
- Beende deinen Brief mit einer **Grußformel** und **unterschreibe** ihn.

## Nominalstil

Schreibstil, bei dem in Sätzen überwiegend → Nomen und Nominalisierungen verwendet werden. In Gliederungen im Nominalstil, z. B. für schriftliche Erörterungen, werden die Gliederungspunkte oft in Form von Schlagworten und Nominalisierungen formuliert. → 251, 294

## Protokoll

Ein Protokoll ist eine sachliche Zusammenfassung eines Vorgangs, einer Sitzung oder eines Gesprächs. Man unterscheidet zwischen Verlaufs- und Ergebnisprotokollen. Verlaufsprotokolle werden im Präsens verfasst. Die wichtigsten Gesprächsbeiträge werden zusammengefasst und in der → indirekten Rede wiedergegeben. Ergebnisprotokolle halten lediglich die Inhalte und Beschlüsse einer Sitzung fest. Einzelne Gesprächsbeiträge werden auf ihre Kerninhalte reduziert.

↳ *ein Verlaufsprotokoll schreiben*
Beachte die folgenden Punkte:
- Nenne im **Protokollkopf** das Datum, den Ort, die Uhrzeit, anwesende und abwesende Personen und deinen Namen.
- Benenne kurz das **Gesprächsthema** und die **Tagesordnungspunkte** (TOPs).
- Schreibe zu jedem **TOP** einen kurzen zusammenhängenden Text, in dem du den **Gesprächsverlauf** und alle **Beschlüsse sachlich zusammenfasst**. Schreibe im **Präsens** und fasse nur die wichtigsten Gesprächsbeiträge zusammen. Gib sie in der **indirekten Rede** wieder. Schreibe **sachlich** und **objektiv**.
- **Unterschreibe** das Protokoll und schreibe **Ort und Datum** daneben.

## Quelle

Werden Informationen schriftlich in einem Text oder mündlich, z. B. in einer Debatte, wiedergegeben, muss die Quelle angegeben werden. Als Quelle für Informationen können mündliche Aussagen von Personen, → Reportagen oder andere Texte und auch → Informationsgrafiken dienen. Mit der Quellenangabe belegt man die Informationen und macht die eigene Aussage glaubwürdig. → *24, 296 f.*

↳ *zitierte Quellen richtig angeben*
Beachte die folgenden Punkte:
- Nenne den **Titel** und die **Textsorte**.
- Nenne den **Namen** des/der Autors/Autorin bzw. der zitierten Person.
- Gib das **Datum** oder Jahr **der Veröffentlichung** an.
- Gib den **Ort der Veröffentlichung** an.
- Achte darauf, nur die Informationen zu nennen, die zur **Nachverfolgung der Quelle** relevant sind.

## Rechtschreibprüfung

Bei einer Rechtschreibprüfung (*auch*: orthografisches Lesen) untersucht man einen eigenen oder einen fremden Text gezielt nach Fehlern der Grammatik, Rechtschreibung oder Zeichensetzung. Der Text wird mehrere Male in Hinblick auf verschiedene Fehlerbereiche gelesen.

↳ *einen Text auf Rechtschreibfehler überprüfen*
Halte dich an folgende Schritte:
1. Korrigiere die **Groß- und Kleinschreibung**. Achte beim Lesen auf alle großgeschriebenen Wörter. Überprüfe die Schreibweise, indem du nach **Signalwörtern** suchst.
2. Überprüfe die **Verben** des Textes. Wenn sie nominalisiert sind, müssen sie großgeschrieben werden. Ist das Verb das → **Prädikat** des Satzes, wird es kleingeschrieben. Haupt- und Nebensätze enthalten Verben und Prädikate. Überprüfe und korrigiere in diesem Zuge auch die **Kommasetzung**.
3. **Lies** den Text **rückwärts**, von hinten nach vorne. Das kann besonders bei eigenen Texten hilfreich sein, um Fehler zu finden.
4. Schlage **Fachbegriffe**, **Fremdwörter** und **Wörter, bei denen du dir unsicher bist**, zur Sicherheit im **Wörterbuch** nach.

## sachlicher Brief

Briefe dieser Art richten sich oft an Behörden oder offizielle Stellen bzw. an Personen, die man nicht (gut) kennt. Die Sprache ist entsprechend förmlich und unpersönlich. → *118*

↳ *einen sachlichen Brief schreiben*
Beachte die folgenden Punkte:
- Nenne im **Briefkopf** die Adresse des Absenders/der Absenderin und darunter die Adresse des Empfängers/der Empfängerin.
- Notiere am rechten Rand das **Datum**.
- Formuliere in der **Betreffzeile** das **Anliegen** deines Briefes in einem Satz
- Wähle eine passende, **höfliche Anrede** (z. B. *Sehr geehrte/-r Frau/Herr …*).
- Erläutere im **Brieftext** dein **Anliegen**. Schreibe dabei höflich und förmlich. Denk daran, die Anredepronomen großzuschreiben (*Sie, Ihnen …*).
- Ende mit einer passenden **Grußformel** (z. B. *Mit*

*freundlichen Grüßen …*) und **unterschreibe** mit deinem Namen.

## Textbeschreibung

Die Textbeschreibung (*auch:* textgebundener Aufsatz, *kurz:* TGA) ist eine Aufsatzform, in der literarische oder pragmatische Texte strukturiert beschrieben und analysiert werden. → *206 – 239*

### ↳ *eine Textbeschreibung verfassen*

Beachte die folgenden Punkte:

- Nenne in der **Einleitung** die **wichtigsten Informationen** (Autor, Titel, Textsorte, Quelle) und fasse den **Kerninhalt** zusammen.
- Beschreibe das **Textäußere** von pragmatischen Texten und die Besonderheiten des **Layouts** sowie deren **Wirkung**.
- **Fasse** den **Inhalt** kurz **zusammen**.
- Bestimme und belege die **Textsorte** anhand typischer **Merkmale** und passender **Textstellen**.
- Beschreibe **sprachliche Besonderheiten** und deren **Wirkung**.
- Erläutere die **Verfasserabsicht** anhand von Textbelegen.
- **Begründe** im Schluss deine **eigene Meinung** zu Text und Thema.

## Textverarbeitungsprogramm

Als Textverarbeitungsprogramme werden Computeranwendungen bezeichnet, mit denen man Texte verfassen, anpassen und überarbeiten kann. Bekannte Textverarbeitungsprogramme sind *Word* von Microsoft oder *Open Office Writer* von der Apache Software Foundation.

## Verbalstil

Schreibstil, bei dem in Sätzen überwiegend → Verben verwendet werden. In Gliederungen im Verbalstil, z. B. für schriftliche Erörterungen, werden die Gliederungspunkte oft als Verbletztsätze formuliert. → *251, 294*

## Zitat

Ein Zitat ist eine wörtliche oder inhaltliche Übernahme aus einem Text. Textstellen bzw. Informationen aus Texten können direkt (wörtlich) oder indirekt (inhaltlich) in andere Texte übernommen werden. → *214, 231, 255, 266, 293*

### ↳ *wörtlich zitieren*

Beachte die folgenden Punkte:

- Das Zitat wird **wörtlich aus dem Text** übernommen.
- Es steht in **Anführungszeichen**.
- Die **Zeilenangabe** steht dahinter in Klammern.
- Das Zitat kann als Beispiel nach einem **Doppelpunkt** oder dem Kürzel **z. B.** stehen, wenn es **vorher beschrieben und erläutert** wird.
- In Klammern folgt die Zeilenangabe nach einem **Komma** auf das Zitat.

### ↳ *indirekt zitieren*

Beachte die folgenden Punkte:

- Der Textinhalt wird **in eigenen Worten umschrieben**.
- Die **Zeilenangabe** steht in Klammern hinter dem indirekten Zitat.
- Vor der Zeilenangabe steht das Kürzel *vgl.*

# Sprache und Sprachgebrauch
# Rechtschreibung und Zeichensetzung

## Adjektiv

Das Adjektiv (*auch:* Eigenschaftswort) ist eine → Wortart. Adjektive beschreiben Dinge, Zustände und Tätigkeiten näher (z. B. *Das Haus ist <u>groß</u>, Ich laufe <u>schnell</u>, Es ist <u>kalt</u>*). Adjektive werden dekliniert (→ Deklination), d. h., sie ändern ihre Form abhängig von den vier Fällen (→ Nominativ, → Genitiv, → Dativ und → Akkusativ). Dabei richten sie sich nach dem Wort, auf das sie sich beziehen. Adjektive können attributiv (*Das <u>große</u> Haus*) und prädikativ (*Das Haus ist <u>groß</u>*) verwendet werden.

## adressatenbezogenes Sprechen

Abhängig von der Person, mit der man spricht, verändert man die Art und Weise, wie man spricht. Dieses Phänomen nennt man adressatenbezogenes Sprechen. In der Öffentlichkeit und in seriösen Situationen verwendet man → Standardsprache. Im privaten Umfeld und in eher ungezwungenen Situationen unterhält man sich in → Umgangssprache. Jugendliche unter sich verwenden eine Variante der Umgangssprache, die → Jugendsprache. → *276 f.*

## Adverb

Das Adverb ist eine → Wortart. Adverbien geben an, wann (z. B. *gestern, jetzt*), wo (z. B. *hier, links*), wie (z. B. *vielleicht, glücklicherweise*) und warum (z. B. *deswegen, darum*) etwas passiert. Sie können → Verben, → Nomen,

→ Adjektive oder andere Adverbien näher beschreiben. Adverbien sind unflektierbar, d. h., sie ändern ihre Form nicht.

## Adverbial

Das Adverbial (*auch:* adverbiale Bestimmung) ist ein → Satzglied, das Kontextinformationen zur Aussage des Satzes liefert. Adverbien, Adjektive oder längere Konstruktionen können die Funktion von Adverbialen im Satz übernehmen.

## Akkusativ

Der Akkusativ ist der 4. Fall. Wörter und Satzglieder im Akkusativ lassen sich mit *Wen?* erfragen (z. B. *Ich schreibe den Brief an einen Freund*). → Nomen, → Artikel, → Pronomen und → Adjektive werden dekliniert (→ Deklination) und können im Akkusativ stehen.

## Akkusativobjekt

Das Akkusativobjekt ist ein → Satzglied, das mit den Fragen *Wen?* oder *Was?* ermittelt werden kann (z. B. *Die Lehrerin kontrolliert die Hausaufgaben des Schülers*).

## Anglizismus

Anglizismen sind sprachliche Ausdrücke, die aus dem Englischen in den aktiven Wortschatz einer anderen Sprache aufgenommen wurden. Im Deutschen findet man vor allem in den Bereichen Werbung, Wirtschaft, Politik, Mode, Lebensmittel und Technik eine Vielzahl von Anglizismen. Anglizismen und andere → Fremdwörter bereichern die Sprache und machen sie vielfältiger.

## Apposition

Appositionen sind Einschübe und Satzteile, die dem Nomen, auf das sie sich beziehen, nachgestellt werden. Sie werden durch Kommata abgetrennt (z. B. *Michael, mein Bruder, ist älter als ich*). → 292

## Artikel

Der Artikel (*auch:* Begleitwort) ist eine → Wortart. Artikel sind die Begleiter von → Nomen. Man unterscheidet zwischen bestimmten (*der, die, das*) und unbestimmten (*ein, eine*) Artikeln. Die Artikel geben an, ob ein Nomen Maskulinum (*der Löffel*), Femininum (*die Gabel*) oder Neutrum (*das Messer*) ist. → 290

## Dativ

Der Dativ ist der 3. Fall. Wörter und Satzglieder im Dativ lassen sich mit *Wem?* erfragen (z. B. *Wir fahren mit dem Auto*). → Nomen, → Artikel, → Pronomen und → Adjektive werden dekliniert (→ Deklination) und können im Dativ stehen.

## Dativobjekt

Das Dativobjekt ist ein → Satzglied, das mit der Frage Wem? ermittelt werden kann (z. B.: *Die Lehrerin hilft dem Schüler*).

## Deklination

→ Nomen, → Adjektive, → Pronomen und → Artikel verändern ihre Formen abhängig von den vier Fällen (→ Nominativ, → Genitiv, → Dativ und → Akkusativ). Diese Veränderung der Form nennt man Deklination.

## Fachbegriff

Fachbegriffe bezeichnen meist komplexe Sachverhalte kurz und präzise. Sie können aus einem oder mehreren Worten bestehen. Gängige Fachbegriffe werden in der → Standardsprache gebraucht, die meisten gehören aber in den Bereich der Fachsprache. Manche Fachbegriffe sind auch → Fremdwörter. → 281 f.

## Fremdwort

Fremdwörter sind Wörter, die unverändert aus anderen Sprachen ins Deutsche übernommen worden sind. Anders als bei → Lehnwörtern werden Aussprache und Schreibweise nicht an deutsche Sprachregeln angepasst (z. B. *Camping, Dessert* etc.). Manche Fremdwörter sind auch → Fachbegriffe. → 281 f., 291

## Futur I

Das Futur I ist eine → Zeitform des Verbs, mit der man Handlungen beschreibt, die in der Zukunft stattfinden oder deren Stattfinden unsicher ist (z. B. *Morgen werde ich mitspielen, Du wirst wohl recht haben*). Es wird mit dem → Hilfsverb *werden* gebildet.

## Futur II

Das Futur II ist eine → Zeitform des Verbs, mit der man auf etwas hinweist, das in der Zukunft abgeschlossen ist. Es handelt sich um eine zusammengesetzte Zeitform, die mit den → Hilfsverben *werden, sein* oder *haben* und dem → Partizip II gebildet wird (z. B. *Morgen werde ich das erledigt haben.*). Das Futur II kann oft durch das → Perfekt ersetzt werden (*Morgen habe ich das erledigt*).

## Genitiv

Der Genitiv ist der 2. Fall. Wörter und Satzglieder im Genitiv lassen sich mit *Wessen?* erfragen (z. B. *Das Auto meines Vaters*). → Nomen, → Artikel, → Pronomen und → Adjektive werden dekliniert (→ Deklination) und können im Genitiv stehen.

## Genitivobjekt

Das Genitivobjekt ist ein → Satzglied, das mit der Frage *Wessen?* ermittelt werden kann (z. B. *Die Lehrerin kontrolliert die Hausaufgaben des Schülers*).

## Hauptsatz

Ein Hauptsatz ist ein Satz, der mindestens ein → Subjekt und ein → Prädikat enthält und der allein stehen kann. Anders als im → Nebensatz steht das Verb in Hauptsätzen meist an zweiter Stelle.

## Hilfsverb

Die Wörter *haben, sein* und *werden* übernehmen bei der Bildung von → Zeitformen die Funktion von Hilfsverben. In den zusammengesetzten Zeitformen → Perfekt, → Plusquamperfekt, → Futur I und II oder dem → Passiv „helfen" sie, die Form zu bilden.

## Hyperbel

Die Hyperbel ist ein → sprachliches Mittel, das sowohl im schriftlichen als auch im mündlichen Sprachgebrauch vorkommt. Hyperbeln sind auffällige Übertreibungen (z. B. *Er war haushoch*), mit denen ein bestimmter Effekt, wie z. B. Betonung oder → Ironie erzielt werden soll.

## indirekte Rede

Die indirekte Rede dient dazu, etwas Gesagtes wiederzugeben, ohne den genauen Wortlaut der wörtlichen Rede zu gebrauchen. Der Inhalt wird sinngemäß wiedergegeben. Die indirekte Rede steht im → Konjunktiv I oder II. Sie wird vor allem in journalistischen Textsorten verwendet, aber auch in → Protokollen. *→ 212*

## Infinitivgruppe

Eine Infinitivgruppe ist ein verkürzter → Infinitivsatz, der von einem Hauptsatz abhängt. Die Infinitivgruppe enthält ein Verb im Infinitiv mit zu (z. B. *Sie weigerte sich[,] zu helfen.*). Zwischen dem Hauptsatz und der Infinitivgruppe kann ein Komma gesetzt werden. Ein Komma muss man setzen, wenn die Infinitivgruppe mit *als, anstatt, außer, ohne, statt* oder *um* eingeleitet wird (z. B. *Er kam, um zu helfen*). *→ 293*

## Infinitivsatz

Infinitivsätze sind Nebensätze und enthalten ein Verb im Infinitiv mit *zu*. Sie werden vom Hauptsatz, auf den sie sich beziehen, durch ein Komma abgetrennt (z. B. *Ich freue mich, dir helfen zu können*).
Durch Infinitivsätze können Nebensatzkonstruktionen mit *dass* ersetzt werden.

## Interjektion

Interjektionen sind kurze, oft lautmalerische Ausrufe wie z. B. *oh, aha* oder *ey*. Sie können als → sprachliches Mittel in Texten vorkommen, sind aber auch fester Bestandteil des mündlichen Sprachgebrauchs, vor allem in der → Umgangs- und → Jugendsprache.

## Ironie

Ironie ist ein → sprachliches Mittel, das sowohl im schriftlichen als auch im mündlichen Sprachgebrauch vorkommt. Ironische Äußerungen sind Bestandteil der → Umgangs- und → Jugendsprache und können auch in der → Standardsprache vorkommen. Normalerweise meint der Sprecher einer ironischen Äußerung das Gegenteil des wörtlich Gesagten. Oft wird Ironie eingesetzt, um einen humorvollen Effekt zu erzielen.

## Jugendsprache

Eine Variante der → Umgangssprache, die Jugendliche unter sich sprechen. Jugendsprache enthält oft → Neologismen und → Anglizismen oder Slang-Wörter. Weiterhin zeichnet sie sich durch einen eigenen Humor aus, der sich oft auf Insiderwitze und → Ironie stützt. Jugendsprache verbindet ihre Sprecher nach innen. *→ 276 f.*

## Konjugation

→ Verben verändern ihre Formen z. B. abhängig von den verschiedenen Zeiten, der Person oder dem Numerus (Singular und Plural). Diese Veränderung der Form nennt man Konjugation.

## Konjunktion

Die Konjunktion (*auch:* Bindewort) ist eine → Wortart. Konjunktionen (z. B. *und, aber, oder* etc.) verbinden Wörter, Satzteile und Sätze miteinander. Werden mehrere Sätze mit Konjunktionen verbunden, entstehen → Satzreihen oder → Satzgefüge. Je nachdem, ob zwei gleichrangige Sätze oder ein Haupt- und ein Nebensatz miteinander verbunden werden, unterscheidet man

zwischen nebenordnenden und unterordnenden Konjunktionen. → 290

### Konjunktiv

Der Konjunktiv ist eine der drei Modus-Formen des Verbs. Er dient dem Ausdruck von Wahrscheinlichkeiten, Möglichkeiten und Wünschen oder kommt in Konditionalsätzen und der → indirekten Rede zum Einsatz. Unterschieden werden Konjunktiv I und Konjunktiv II. Der Konjunktiv I steht vor allem in der indirekten Rede und der Konjunktiv II dient dem Ausdruck von Wünschen und Vorstellungen.

### Nebensatz

Ein Nebensatz ist ein Satz, der mindestens ein → Subjekt und ein → Prädikat enthält. Im Gegensatz zum → Hauptsatz steht das Prädikat im Nebensatz meist an letzter Stelle. Nebensätze werden in der Regel durch ein Verbindungswort wie eine → Konjunktion oder ein → Pronomen eingeleitet. Ein Nebensatz wird also am Anfang durch die Konjunktion und am Ende durch das Prädikat markiert. Ein Nebensatz kann vor, nach oder als Einschub in einem Hauptsatz stehen.

### Neologismus

Neologismen (*auch:* Wortneuschöpfungen) sind → sprachliche Mittel. Es handelt sich um Wörter, die es zuvor nicht gab. Neologismen können Neuwörter sein (z. B. *nicenstein*), es kann sich bei Neologismen um Neubedeutungen handeln, also um bereits existierende Begriffe, die um eine neue Bedeutung erweitert werden (z. B. *Apfeltasche* als Bezeichnung für ein benutztes Taschentuch), oder um neue Kombinationen aus existierenden Begriffen, die im gemeinsamen Gebrauch eine neue Bedeutung erhalten (z. B. *Lungenbrötchen*). Auch in der → Jugendsprache werden Neologismen häufig verwendet. → 279

### Nomen

Das Nomen (*auch:* Substantiv, Hauptwort) ist eine → Wortart. Nomen bezeichnen Lebewesen, Dinge, Gedanken, Gefühle oder Zeitangaben. Sie werden dekliniert (→ Deklination), d. h., sie ändern ihre Form abhängig von den vier Fällen (→ Nominativ, → Genitiv, → Dativ und → Akkusativ).

### Nominativ

Der Nominativ ist der 1. Fall. → Subjekte eines Satzes stehen immer im Nominativ. Wörter und Satzglieder im Nominativ lassen sich mit *Wer?* oder *Was?* erfragen (z. B. *Ich schreibe einen Brief*). → Nomen, → Artikel, → Pronomen und → Adjektive werden dekliniert und können im Nominativ stehen.

### Numerale

Numeralia (*auch:* Zahlwörter) sind eine → Wortart. Als Numeralia gelten alle Wörter, die zum Zählen bzw. zum Ausdruck der Anzahl genutzt werden (z. B. *eins, einhundert, dritte*). Auch Indefinitpronomen (*viele, manche*) werden zu den Numeralia gezählt.

### Objekt

Das Objekt ist ein → Satzglied, das eine Ergänzung zum Prädikat darstellt. → Nomen oder → Pronomen und dazugehörige Bezugswörter können die Funktion von Objekten im Satz einnehmen. Man unterscheidet zwischen → Genitiv-, → Dativ-, → Akkusativ- und präpositionalen Objekten.

### Partizip

Das Partizip ist eine Form des Verbs, die eine Mittelstellung zwischen → Verb und → Adjektiv einnimmt (z. B. *Spielend gelingt Lena die Aufgabe*). Es gibt zwei Partizipien. Das Partizip I wird mit *-end* am Ende gebildet (z. B. *spielend*) und das Partizip II mit *-en* oder *-t* (z. B. *gespielt, gelaufen*). Das Partizip II dient der Bildung der zusammengesetzten Zeitformen Perfekt und Plusquamperfekt.

### Partizipgruppe

Wird ein → Partizip I oder II durch eine adverbiale Bestimmung (→ Adverbial) erweitert, spricht man von einer Partizipialgruppe.
Partizipialgruppen werden durch ein Komma vom restlichen Satz getrennt, wenn …

– mit einem Wort oder einer Wortgruppe vorher auf sie hingewiesen wird oder sie anschließend noch mal aufgegriffen werden.

– sie nachgestellte Zusätze oder Erläuterungen eines Nomens oder Pronomens sind. → 293

### Partizipialsatz

Partizipialsätze sind Nebensätze, die ein → Partizip I oder II enthalten. Sie können in → Satzgefügen vorkommen, bei denen Haupt- und Nebensatz das gleiche Subjekt haben. Partizipialsätze dienen der Kürzung langer Nebensätze und lenken die Aufmerksamkeit auf den Inhalt des Hauptsatzes. Der Partizipialsatz wird von dem Hauptsatz durch ein Komma getrennt.

### Perfekt

Das Perfekt ist eine → Zeitform des Verbs, mit der man vergangene Ereignisse beschreibt (z. B. *Ich bin gestern im Kino gewesen*). Es handelt sich um eine zusammengesetzte Zeitform, die mit den → Hilfsverben *haben* und *sein* im → Präsens und dem → Partizip II gebildet wird. Das Perfekt wird vor allem im mündlichen Sprachgebrauch benutzt.

### Plural

Der Plural (*auch:* Mehrzahl) ist eine Anzahlform des Nomens. Im Gegensatz zum → Singular gibt der Plural an, dass es sich um mehr als eins handelt (z. B. *die Kinder, die Autos, die Frauen, die Bäume*).

### Plusquamperfekt

Das Plusquamperfekt (*auch*: Vorvergangenheit) ist eine → Zeitform des Verbs. Mit dem Plusquamperfekt drückt man aus, dass eine vergangene Handlung bereits abgeschlossen wurde, bevor eine andere Handlung in der Vergangenheit stattgefunden hat (z. B. *Als ich zur Haltestelle kam, war der Bus schon abgefahren*). Das Plusquamperfekt ist eine zusammengesetzte Zeitform und wird mit den → Hilfsverben *sein* und *haben* im → Präteritum und dem → Partizip II gebildet.

### Prädikat

Das Prädikat ist ein → Satzglied, das die Satzaussage wiedergibt. Es bildet den Kern eines Satzes. Verben können die Funktion des Prädikats im Satz übernehmen.

### Präposition

Die Präposition ist eine → Wortart, die Sachverhalte in Sätzen zueinander in Beziehung setzt (z. B. *an, auf, durch* etc.). Manche Präpositionen fordern bestimmte Fälle, weshalb das → Nomen, auf das sie sich beziehen, seine Form anpasst (→ Deklination).

### Präsens

Das Präsens (*auch:* Gegenwartsform) ist eine → Zeitform des Verbs, mit der man auf etwas hinweist, das in der Gegenwart geschieht (z. B. *Ich lese gerade*). Mit dem Prä-

sens können auch Ereignisse beschrieben werden, die in der Zukunft liegen. (z. B. *Morgen habe ich Geburtstag*).

### Präteritum

Das Präteritum (*auch:* einfache Vergangenheit) ist eine → Zeitform des Verbs, mit der man vergangene Ereignisse beschreibt (z. B. *Sie fuhr Rad*). Das Präteritum wird vor allem in geschriebener Sprache gebraucht.

### Pronomen

Das Pronomen (*auch:* Fürwort) ist eine → Wortart. Es kann anstelle eines → Nomens stehen oder diese näher bestimmen. Pronomen werden dekliniert (→ Deklination), d. h., sie ändern ihre Form abhängig von den vier Fällen (→ Nominativ, → Genitiv, → Dativ und → Akkusativ). Es gibt verschiedene Arten von Pronomen, die je unterschiedliche Funktionen erfüllen (z. B. Demonstrativpronomen, Personalpronomen oder Relativpronomen). → 290

### Satzgefüge

Ein Satzgefüge ist eine Kombination aus einem Hauptsatz und einem Nebensatz, die mit einer → Konjunktion eingeleitet wird. → 292, 230

### Satzglied

Als Satzglieder bezeichnet man die Teile eines Satzes abhängig von ihrer Funktion im Satz. Ein Satzglied kann aus einem oder aus mehreren Wörtern bestehen. Innerhalb eines Satzes lassen sich die verschiedenen Satzglieder umstellen. Man unterscheidet vier verschiedene Arten von Satzgliedern: → Subjekt, → Prädikat, → Objekt, und → Adverbial.

### Satzreihe

Eine Satzreihe ist eine Aneinanderreihung von Hauptsätzen. Satzreihen werden mit nebenordnenden → Konjunktionen (z. B. *und, oder* etc.) verbunden. → 292

### Singular

Der Singular (*auch:* Einzahl) ist eine Anzahlform des Nomens. Im Gegensatz zum → Plural gibt der Singular an, dass es sich um etwas Einzelnes handelt (z. B. *ein Kind, das Auto, die Frau, ein Baum*).

### sprachliche Diskriminierung

Diskriminierung ist das bewusste oder unbewusste Benachteiligen oder Herabwürdigen einer Person aufgrund eigener (Wert-)Vorstellungen, Ansichten oder Vorurteile. Auch mit Sprache können Menschen diskriminiert werden. Bestimmte Formulierungen schließen

Personen(-gruppen) durch Nichtnennung aus, wie z. B. das generische Maskulinum. Andere Begriffe sind von rassistischen Strukturen geprägt (z. B. das I-Wort, Ind*aner oder die Bezeichnung M*hrenkopf). Sie sollten durch die korrekte Bezeichnung ersetzt werden (z. B. People of Colour, kurz: PoC oder Schaumkuss). Rassistische Bezeichnungen und Beleidigungen, wie das N-Wort (N*g*r) oder das K-Wort (K*n*ake), sollten immer vermieden werden, auch wenn diese Worte teilweise als empowernde (= positiv bestärkende) Selbstbezeichnung verwendet werden. Gleiches gilt für sexistische, homo- und transphobe Ausdrücke. In sprachlichen Äußerungen können zudem diskriminierende Stereotype und Vorurteile reproduziert werden. So unterstellt die Frage nach der Herkunft einer Person dieser, dass sie eine Migrationsgeschichte hat und „fremd" ist. Auch vermeintlich positive Annahmen, die einer Person zugeschrieben werden (z. B. eine besondere Sportlichkeit, eine bestimmte Vorliebe bei Musik oder Essen usw.), sind diskriminierend. Darüber hinaus wirkt sich der Äußerungskontext auf die Wortbedeutung aus. Wer Adjektive wie „schwul" oder „behindert" verwendet, um auszudrücken, dass eine bestimmte Sache auf gewisse Art unangenehm ist, verwendet ebenfalls diskriminierende Sprache. → 173 f., 280

### sprachlicher Rollenwechsel

Beim → adressatenbezogenen Sprechen vollziehen Sprecher/-innen einen sprachlichen Rollenwechsel. Sie verändern die Art, wie sie sprechen, und die Sprache, die sie verwenden (→ Standard, → Umgangs- oder → Jugendsprache). Abhängig von ihrem Gegenüber, mit dem sie eine gemeinsame Wissensgrundlage teilen, passen Sprecher/-innen z. B. auch den Einsatz von → Ironie und anderen (Insider-)Witzen an. → 276 f.

### Standardsprache

Die Standardsprache (*auch:* Hochsprache oder Hochdeutsch) gilt als allgemeingültige und verständliche Form einer Sprache. Sie unterliegt den Regeln der Rechtschreibung und Grammatik. Abweichungen der Standardsprache werden als Varietäten bezeichnet und sind z. B. Dialekte oder → Umgangs- und → Jugendsprache. → 276 f.

### Subjekt

Das Subjekt ist ein → Satzglied, das meistens am Satzanfang steht. → Nomen oder → Pronomen und dazugehörige Bezugswörter können die Funktion von Subjekten im Satz einnehmen. Das Subjekt eines Satzes steht immer im → Nominativ.

### Umgangssprache

Die Umgangssprache ist die Sprache, die wir im täglichen Umgang mit anderen Menschen mündlich verwenden. Bestimmte umgangssprachliche Ausdrücke werden in der → Standardsprache nicht gebraucht und vor allem schriftlich oftmals nicht akzeptiert und in Wörterbüchern mit dem Vermerk ugs. versehen (z. B.: *klauen* statt *stehlen* oder *runtermachen* statt *schlechtmachen*). → 276 f.

### Verb

Das Verb (*auch:* Zeitwort, Tätigkeitswort) ist eine → Wortart. Mit Verben können Tätigkeiten oder Zustände beschrieben werden. Verben werden konjugiert, d. h., sie ändern ihre Form abhängig von Tempus (→ Zeitformen), Person (Personalformen) und Numerus (→ Singular und → Plural). Sie besitzen zudem unterschiedliche Modusformen (Imperativ, Indikativ und → Konjunktiv) und können → Aktiv und → Passiv ausdrücken. Als → Satzglied übernehmen Verben die Funktion des → Prädikats.

### Wortart

Worte werden abhängig von ihren Eigenschaften in verschiedene Arten unterschieden. Im Deutschen gibt es sieben Wortarten: → Nomen, → Pronomen und → Artikel, → Adjektive, → Verben, → Adverbien, → Konjunktionen und → Präpositionen. Die einzelnen Wortarten können weiter in unterschiedliche Untergruppen differenziert werden. Jede Wortart hat innerhalb eines Satzes oder einer Äußerung eine bestimmte Funktion als → Satzglied. → 290

### Zeitform

→ Verben werden konjugiert (→ Konjugation), d. h., sie verändern ihre Form u. a. abhängig von der gebrauchten Zeit (*auch:* Tempus).
Das Deutsche kennt sechs Zeitformen:
1. → Präsens (*du schläfst*),
2. → Präteritum (*du schliefst*),
3. → Perfekt (*du hast geschlafen*),
4. → Plusquamperfekt (*du hattest geschlafen*),
5. → Futur I (*du wirst schlafen*),
6. → Futur II (*du wirst geschlafen haben*).

# Quellen
## Texte

**Seite 9 f.:** Veränderter Originalbeitrag von Harald Herzog: Blöde Sprüche Aus: Wolfgang Menzel (Hrsg.): Praxis Sprache 9. Braunschweig, Westermann: 2013. S. 12 – 14.

**Seite 15 f.:** Originalbeitrag von Ursula Sassen: Ein Vorstellungsgespräch. Aus: Wolfgang Menzel (Hrsg.): Praxis Sprache 9. Braunschweig, Westermann: 2013. S. 105 f. *Text verändert.*

**Seite 22:** *Der Beobachtungs- und Bewertungsbogen orientiert sich inhaltlich an:* Staatsinstitut für Schulqualität und Bildungsforschung Abteilung Realschule (Hrsg.): Handreichung Projektarbeit und Projektpräsentation in Unterricht und Schule. München: 2008. URL: <www.realschulebayern.de/fileadmin/brn/sw/doc/PP-online-fassung_08-10-22.pdf>, S. 49 [letzter Zugriff: 08.04.2020].

**Seite 41:** Gökalp Babayigit: Wir holen nach, was sonst im Vorschulalter vermittelt wird. Aus: Süddeutsche Zeitung (17.05.2010), URL: <www.sueddeutsche.de/politik/erziehung-jugendlicher-straftaeter-wir-holen-nach-was-sonst-im-vorschulalter-vermittelt-wird-1.519497> [letzter Zugriff: 08.04.2020]. *Text gekürzt.*

**Seite 46:** *Bildunterschrift unter Material 1:* Greenpeace e.V. (Hrsg.): Kurzinfo Fleischkonsum. Fünf Gründe, weniger Fleisch zu essen. September 2014. URL: <www.muenster.greenpeace.de/sites/www.muenster.greenpeace.de/files/greenpeace-fuenf-gruende-weniger-fleisch-ds-a01383.pdf> [letzter Zugriff: 08.04.2020].

o. A.: Fleischnahrung – Pro & Contra. Aus: Wien Energie Vertrieb gmbH & Co KG (13.04.2018), URL: <www.energieleben.at/fleischnahrung-pro-contra/> [letzter Zugriff: 08.04.2020]. *Text gekürzt und verändert.*

**Seite 47:** *Abgedruckt in zwei Auszügen als Material 5 und 6:* Birgit Stratmann: Dauerbrenner: Fleisch essen - ja oder nein? Aus: Netzwerk Ethik heute (01.08.2016), URL: <ethik-heute.org/dauerbrenner-fleisch-essen-ja-oder-nein/> [letzter Zugriff: 08.04.2020].

**Seite 48:** *Der Feedbackbogen orientiert sich inhaltlich an:* Gemeinnützige Hertie-Stiftung (Hrsg.): Jugend debattiert 2004. Begleitheft für Juroren. Frankfurt am Main: 2004. URL: <www.spengler-priv.de/Jugend%20debattiert/Juroren%20Begleitheft.pdf> [letzter Zugriff: 08.04.2020].

**Seite 50:** Novalis: Ich sehe dich in tausend Bildern. Aus: Richard Samuel/Paul Kluckhohn (Hrsg.): Schriften. Die Werke Friedrich von Hardenbergs. Bd. 1: Das dichterische Werk. Stuttgart: 1960. URL: <www.zeno.org/Literatur/M/Novalis/Gedichte/Geistliche+Lieder/15.+%5BIch+sehe+dich+in+tausend+Bildern%5D>, V. 1–4. [letzter Zugriff: 08.04.2020].

**Seite 52:** Novalis: Wenn nicht mehr Zahlen und Figuren. Aus: Richard Samuel/ Paul Kluckhohn (Hrsg.): Schriften. Die Werke Friedrich von Hardenbergs. Bd. 1: Das dichterische Werk. 2., nach den Handschriften ergänzte, erweiterte und verbesserte Aufl. Stuttgart: 1960. S. 344.

**Seite 53:** Novalis: Ich sehe dich in tausend Bildern. Aus: Richard Samuel/Paul Kluckhohn (Hrsg.): Schriften. Die Werke Friedrich von Hardenbergs. Bd. 1: Das dichterische Werk. Stuttgart: 1960. URL: <www.zeno.org/Literatur/M/Novalis/Gedichte/Geistliche+Lieder/15.+%5BIch+sehe+dich+in+tausend+Bildern%5D> [letzter Zugriff: 08.04.2020].

Wilhelm Müller: Erstarrung. Aus: Die Winterreise. Frankfurt a. M./Leipzig, Insel: 1994. S. 15. URL: <www.projekt-gutenberg.org/muellerw/winterrs/winter04.html> [letzter Zugriff: 08.04.2020].

**Seite 54:** Joseph von Eichendorff: Die Nachtblume. Aus: Projekt Gutenberg, URL: <www.projekt-gutenberg.org/eichndrf/gedichte/chap096.html> [letzter Zugriff: 08.04.2020].

Eduard Mörike: Septembermorgen. Aus: Gedichte. Leipzig, R. Voigtländers: 1906. URL: <www.projekt-gutenberg.org/moerike/gedichte/chap166.html> [letzter Zugriff: 08.04.2020].

**Seite 55 – 59:** Wilhelm Hauff: Die Geschichte vom Gespensterschiff. Aus: Märchen-Almanach auf das Jahr 1826. Stuttgart: 1826. URL: <www.projekt-gutenberg.org/hauff/alma1826/chap005.html> [letzter Zugriff: 08.04.2020]. *Text gekürzt.*

**Seite 60:** Joseph von Eichendorff: Aus dem Leben eines Taugenichts. Zürich: Manesse, 1955. URL: <www.projekt-gutenberg.org/eichndrf/taugen1/taugncht.html> [letzter Zugriff: 08.04.2020].

**Seite 61 f.:** Clueso alias Thomas Hübner: Pack meine Sachen. © Edition 10 vor 10 / Arabella Musikverlag GmbH, Berlin. Aus dem Album: Stadtrandlichter (2014).

**Seite 65:** Adelbert von Chamisso: Lebewohl. Aus: Projekt Gutenberg, URL: <www.projekt-gutenberg.org/chamisso/gedichte/chap052.html>[letzter Zugriff: 08.04.2020].

**Seite 67 – 72:** Gottfried Keller: Kleider machen Leute. Stuttgart, Reclam: 1969. S. 3, 4 –11, 29 f., 35 – 38. *Text gekürzt.*

**Seite 73:** Klaus Jeziorkowski: Gottfried Keller. Kleider machen Leute. Text, Materialien, Kommentar. München/Wien, Carl Hanser: 1984. S. 95 – 97. *Text verändert und gekürzt.*

**Seite 74 – 76:** Gottfried Keller: Kleider machen Leute. Stuttgart, Reclam: 1969. S. 39 – 40, 54 f., 55 – 58. *Text gekürzt.*

**Seite 78:** © ZEIT ONLINE (www.zeit.de) vom 06.05.2014: „Die Literatur des Realismus (1848 – 1880/90)", URL: <blog.zeit.de/schueler/2014/05/06/literatur-des-realismus/> [letzter Zugriff: 08.04.2020]. *Text verändert.*

*Abgedruckt in der ersten Sprechblase (v. l. n. r.):* Franz Reuleaux: Das Buch der Erfindungen, Gewerbe und Industrien. Rundschau auf allen Gebieten der gewerblichen Arbeit. Bd. 1. Leipzig/Berlin: 1884. S. 124f. *Zitiert nach:* Gerhard Henke-Bockschatz (Hrsg.): Industrialisierung. Fundus – Quellen für den Geschichtsunterricht. Schwalbach /Ts., Wochenschau Verlag: 2003. S. 13.

*Abgedruckt in der zweiten Sprechblase (v. l. n. r.):* Wilhelm Heinrich Erb: Über die wachsende Nervosität unserer Zeit (Akademische Rede am 22.11.1893 an der Universität Heidelberg). Aus: Gesammelte Abhandlungen. Bd. 2. Leipzig: 1910. S. 290 ff. *Zitiert nach:* Gerhard Henke-Bockschatz (Hrsg.): Industrialisierung. Fundus – Quellen für den Geschichtsunterricht. Schwalbach /Ts., Wochenschau Verlag: 2003. S. 16.

*Abgedruckt in der dritten Sprechblase (v. l. n. r.):* Hans Kraemer: Welt der Technik im XIX. Jahrhundert. Erstmalige, einbändige Faksimile-Ausgabe aus dem dreibändigen Sammelwerk

„Das neunzehnte Jahrhundert in Wort und Bild" (1898–1902). Düsseldorf: 1984. S. 3 ff. *Zitiert nach:* Gerhard Henke-Bockschatz (Hrsg.): Industrialisierung. Fundus – Quellen für den Geschichtsunterricht. Schwalbach /Ts., Wochenschau Verlag: 2003. S. 15.

**Seite 79:** *Abgedruckt in der ersten Sprechblase (v. o. n. u.):* Theodor Fontane: Was verstehen wir unter Realismus? Aus: Andreas Huyssen (Hrsg.): Bürgerlicher Realismus ( = Die deutsche Literatur in Text und Darstellung, Bd. 11). Stuttgart, Reclam: 1977. S. 56–57. *Text gekürzt.*

*Abgedruckt in der zweiten Sprechblase (v. o. n. u.):* Theodor Fontane in einem Brief an Friedrich Stephany vom 10. Oktober 1889. Aus: URL: <www.schueller-vlersen.de/Fontane-Realismus.pdf> [letzter Zugriff: 08.04.2020]. *Text gekürzt.*

*Abgedruckt in der dritten Sprechblase (v. o. n. u.):* Theodor Fontane: Über Gustav Freytag. Die Ahnen. Bd. I–III. Buchbesprechung in der Vossischen Zeitung vom 14. und 21. Februar 1875. *Text gekürzt.*

**Seite 81–83:** Theodor Fontane: Stine. Stuttgart, Reclam: 1963. S. 58 f., 84 f., 106 f. *Textauszüge teilweise gekürzt.*

**Seite 84:** Hans Gerd Rötzer: Geschichte der deutschen Literatur. 2., veränderte und erweiterte Auflage. Bamberg, C. C. Buchner: 2010. S. 224. *Text gekürzt.*

dpa/AFP/AP/KNA/kg: Große Mehrheit stimmt für Ehe für alle. Aus: ZEIT ONLINE (30.06.2017), URL: <www.zeit.de/politik/2017-06/bundestag-stimmt-fuer-ehe-fuer-alle> [letzter Zugriff: 08.04.2020].

Paul Nellen: Tunesien erlaubt Musliminnen Ungläubige zu heiraten. Aus: Achgut.com (16.09.2017), URL: <www.achgut.com/artikel/tunesien_erlaubt_musliminen_unglaeubige_zu_heiraten> [letzter Zugriff: 08.04.2020].

o. A.: Leonardo DiCaprio wird immer älter – seine Freundinnen nicht. Aus: Stern.de (04.06.2019), URL: <www.stern.de/lifestyle/leute/leonardo-dicaprios-freundinnen--bis-25-und-nicht-weiter-8740076.html> [letzter Zugriff: 08.04.2020].

**Seite 85:** *Abgedruckt in der linken Sprechblase:* Wilhelm Busch: Der fliegende Frosch. Aus: Jochen Schöpflin (Hrsg.): Wilhelm-Busch-Seiten. URL: <www.wilhelm-busch-seiten.de/werke/frosch.html> [letzter Zugriff: 08.04.2020].

*Abgedruckt in der rechten Sprechblase:* Spruch von Wilhelm Busch aus: Das große farbige Wilhelm Busch Album mit über 1600 farbigen Illustrationen. München, Bassermann: 2017. S. 321.

**Seite 87:** *Informationen aus:* Benedikt Jeßing / Ralph Köhnen: Einführung in die Neuere deutsche Literaturwissenschaft. Stuttgart, Metzler: 2003.

**Seite 91:** Karl Friedrich Henckell / Gerhart Hauptmann: Brief vom 26.08.1889. Aus: Gerhart Hauptmann: Vor Sonnenaufgang. Soziales Drama. Hrsg. von Uwe Hentschell. Stuttgart, Reclam: 2018. S. 11.

**Seite 92:** Gerhart Hauptmann: Vor Sonnenaufgang. Soziales Drama. Hrsg. von Uwe Hentschell. Stuttgart, Reclam: 2018. S. 11–13.

**Seite 93–99:** Ebd., S. 12–19, 101–108, 126–128. *Text gekürzt.*

**Seite 100:** Adalbert von Hanstein: Das jüngste Deutschland. Zwei Jahrzehnte miterlebter Literaturgeschichte. Leipzig, Voigtländer: 1900. S. 170 f. *Text gekürzt.*

**Seite 101:** Michael Stadler: „Vor Sonnenaufgang" nach Gerhart Hauptmann – die AZ-Kritik. Aus: Abendzeitung München (01.12.2019), URL: <www.abendzeitung-muenchen.de/inhalt.bayerisches-staatsschauspiel-vor-sonnenaufgang-nach-gerhart-hauptmann-die-az-kritik.41aa9cd1-6a47-46aa-8bb7-a7105c82b44e.html> [letzter Zugriff: 08.07.2020]. *Text gekürzt.*

**Seite 102:** *Zitat von Ewald Palmetshofer in Aufgabe 4 aus:* Petra Paterno: „Unter Gleichen rechts der Mitte". Aus: Wiener Zeitung (19.12.2017), URL: <www.wienerzeitung.at/nachrichten/kultur/buehne/936201_Unter-Gleichen-rechts-der-Mitte.html> [letzter Zugriff: 08.07.2020].

**Seite 103:** Gerhart Hauptmann: Vor Sonnenaufgang. Soziales Drama. Hrsg. von Uwe Hentschell. Stuttgart, Reclam: 2018. S. 51.

*Zitat von Ewald Palmetshofer in Aufgabe 4 aus:* Petra Paterno: „Unter Gleichen rechts der Mitte". Aus: Wiener Zeitung (19.12.2017), URL: <www.wienerzeitung.at/nachrichten/kultur/buehne/936201_Unter-Gleichen-rechts-der-Mitte.html> [letzter Zugriff: 08.07.2020].

**Seite 105 f.:** *Z. 1–30, 43–53:* Elena Weber: Neue Sachlichkeit: Was du über die Literatur der Weimarer Republik wissen musst (1918–1933). Aus: Unicum (13.11.2019), URL: <abi.unicum.de/abitur/abitur-lernen/neue-sachlichkeit> [letzter Zugriff: 07.07.2020]. *Text verändert und gekürzt.*

**Seite 106:** *Z. 32–42:* o. A.: Was war in den Goldenen Zwanzigern eigentlich los? Aus: MDR.de, URL: <www.mdr.de/zeitreise/sendungen/magazin/experiment/die-goldenen-zwanziger-ueberblick100.html> [letzter Zugriff: 07.07.2020]. *Text gekürzt.*

**Seite 107:** Heike Münnich: Im Westen nichts Neues. Aus: Inhaltsangabe.de (26.03.2017), URL: <www.inhaltsangabe.de/remarque/im-westen-nichts-neues/> [letzter Zugriff: 07.07.2020].

**Seite 108–116:** Erich Maria Remarque: Im Westen nichts Neues. Köln, Kiepenheuer & Witsch: 2013. S. 17–19, 52–55, 83 f., 112–115, 180, 197 f., 199.

**Seite 117:** Theobald Tiger alias Kurt Tucholsky: Angestellte. Aus: Mit 5 PS. Berlin, Rowolth: 1928. S. 360.

**Seite 118:** Erich Kästner: Sachliche Romanze, aus: Lärm im Spiegel © Atrium Verlag AG, Zürich 1929 und Thomas Kästner.

**Seite 121:** Mascha Kaléko: Großstadtliebe. Aus: Das lyrische Stenogrammheft. Reinbek, Rowohlt: 1956.

**Seite 123–125:** Isaac Asimov: Die Schule. Aus: Geliebter Roboter. Erzählungen. Übersetzt von Walter Brumm. München, Heyne: 2018. S. 154 f.

**Seite 127:** Theodor Storm: An die Freunde. Aus: Projekt Gutenberg, URL: <www.projekt-gutenberg.org/storm/gedisamm/chap017.html> [letzter Zugriff: 09.04.2020].

**Seite 128 f.:** Michaela Seul: Allmorgendlich. Aus: Kristiane Allerts-Wybranietz (Hrsg.): Abseits der Eitelkeiten. München, Heyne: 1987. S. 23.

**Seite 131:** Hans Manz: Sprachschwierigkeiten. Aus: Die Welt der Wörter. Sprachbuch für Kinder und Neugierige. Weinheim, Beltz & Gelberg: 1996. S. 254.

**Seite 132 f.:** François Lelord: Hectors Reise oder die Suche nach dem Glück. Übersetzt von Ralf Pannowitsch. München, Piper: 2007. S. 23–27.

**Seite 134:** *Glückslektionen:* Ebd., S. 105, 106, 133, 165.

**Seite 135:** Clueso alias Thomas Hübner: Niemand an dich denkt. © Edition 10 vor 10 / Arabella Musikverlag GmbH, Berlin. Aus dem Album: So sehr dabei (2008).

**Seite 136 f.:** Andrea Kohn: Gut vorbereitet. Aus: Otto Mayr (Hrsg.): Moderne Kurzgeschichten. Donauwörth, Auer: 2012. S. 39 f.

**Seite 141:** Becky Albertalli: Love, Simon. Die Romanvorlage zum Kinofilm von Twentieth Century Fox. Übersetzt von Ingo Herzke. Hamburg, Carlsen: 2018. Klappentext.

**Seite 142–147:** Ebd., S. 7–11, 136–140, 189–191. *Text gekürzt.*

**Seite 149:** Isaac Aptaker / Elizabeth Berger: Love, Simon. © Twentieth Century Fox Film Corporation, 2016. Aus: Becky

Albertalli: Love, Simon. Die Romanvorlage zum Kinofilm von Twentieth Century Fox. Übersetzt von Ingo Herzke. Hamburg, Carlsen: 2018. S. 320 – 322.

**Seite 156:** o. A.: Interview: Müllfrei leben – Wie geht das? Aus: Hessisches Ministerium für Umwelt, Klimaschutz, Landwirtschaft und Verbraucherschutz (Hrsg.): ÖkoLeo. Dein Umwelt-Onlinemagazin (07.03.2017), URL: <www.oekoleo.de/artikel/interview-muellfrei-leben-wie-geht-das/> [letzter Zugriff: 09.04.2020].

**Seite 157 f.:** Christian Litz: Alles ist drin. Aus: Fluter Nr. 52 (20.09.2014), URL: <www.fluter.de/alles-ist-drin> [letzter Zugriff: 09.04.2020].

**Seite 160 f.:** © Alina Schadwinkel für ZEIT ONLINE (www.zeit.de) vom: 27.03.2019 „Wegwerfplastik: Plastik ist außer Kontrolle", URL: <www.zeit.de/wissen/umwelt/2019-03/wegwerfplastik-plastik-verbot-eu-einwegplastik> [letzter Zugriff: 09.04.2020].

**Seite 168:** Fred Grimm: Schöne neue Plastikwelt. Aus: Schrot und Korn 07/2016. URL: <schrotundkorn.de/lebenumwelt/lesen/kolumne-schoene-neue-plastik-welt.html> [letzter Zugriff: 04.11.2019].

**Seite 173:** Merve Kayikci: „Ich wurde jeden Tag verprügelt und beschimpft": Wie Riccardo Simonetti das Mobbing überlebte. Aus: bento.de (28.11.2019), URL: <www.bento.de/today/riccardo-simonetti-ueber-mobbing-und-hass-online-und-offline-a-e973eda7-b96e-4357-851e-f25f75139210> [letzter Zugriff: 08.06.2020]. *Text gekürzt.*

**Seite 188:** Veränderter Originalbeitrag von Ursula Sassen: Wie geht Bewerbung heute? Aus: Wolfgang Menzel (Hrsg.): Praxis Sprache 9. Braunschweig, Westermann: 2013. S. 96.

**Seite 189:** o. A.: Auszubildender (m/w/d) Augenoptik. Stellenausschreibung der pro optik Augenoptik Fachgeschäft GmbH, Wendlingen, Januar 2020, URL: <www.stepstone.de/stellenangebote--Auszubildender-m-w-d-Augenoptik-Sigmaringen-Stuttgart-Tauberbischofsheim-Tuebingen-Ueberlingen-pro-optik-Augenoptik-Fachgeschaeft-GmbH--6279037-inline.html?suid=2ac03a76-02a9-4d21-8bd8-e9fa96d11640&rltr=5_5_25_crl_m_0_0_0&cs=true> [letzter Zugriff: 10.02.2020]. *Text verändert.*

**Seite 193:** o. A.: Bewerbungstipps – Der erste Eindruck zählt. (© 2020) Aus: Daimler.com, URL: <www.daimler.com/karriere/schueler/bewerbungstipps/> [letzter Zugriff: 08.07.2020]. *Text verändert.*

**Seite 201:** Oliver Koletzki / Axel Bosse: U-Bahn. Aus: Großstadtmärchen. Stil vor Talent (Rough Trade), 2009.

**Seite 204:** Georg Bydlinski: Garten. Aus: Wasserhahn und Wasserhenne. Wien, Dachs Verlag: 2002.

**Seite 207 – 209:** Sonntag. © Max Bolliger. Nachlassverwaltung Robert Fuchs und Anke Hees. Aus: Hans Frevert (Hrsg.): Wir leben vor der Hoffnung. Baden Baden, Signal Verlag, 1985. S. 54 – 56.

**Seite 223 f.:** Roswitha Vetter: Der alte Mann und der Fernseher. Aus: Lehrer-Journal. Hauptschulmagazin, 5 (1990). S. 27 – 30.

**Seite 225:** Peter Schmieder: „Frauen und Technik …". Aus: Main Post (03.12.2019), URL: <www.mainpost.de/regional/hassberge/Kommentar-Frauen-und-Technik;art513833,10356812> [letzter Zugriff: 08.07.2020].

**Seite 238 f.:** Karl-Heinz Seidl: Wildtiere gehören nicht in den Zirkus. Aus: Mittelbayerische Zeitung (09.08.2019), URL: <www.mittelbayerische.de/politik-nachrichten/wildtiere-gehoeren-nicht-in-den-zirkus-21771-art1815169.html> [letzter Zugriff: 08.07.2020].

**Seite 245:** *Abgedruckt als Material 3:* Bericht der Vereinte Nationen Weltkommission für Umwelt und Entwicklung.

Zitiert nach: Bundesministerium für Umwelt, Naturschutz und nukleare Sicherheit, Berlin (Stand: 16.08.2017), URL: <www.bmu.de/themen/nachhaltigkeit-internationales/nachhaltige-entwicklung/strategie-und-umsetzung/nachhaltigkeit-als-handlungsauftrag/> [letzter Zugriff: 15.05.2020].

**Seite 246:** Zitat von Marie von Ebner-Eschenbach. Aus: Rosi Gollmann/Beate Rygiert: Einfach Mensch. Das Unmögliche wagen für unsere Welt. o. O., Kalaish Verlag: 2012. S. 347.

Isabel Rasche: Umwelttag an unterfränkischen Realschulen. Aus: rs-hoesbach.de (18.05.2019), URL: <www.rs-hoesbach.de/aktuelles-leser/437.html> [letzter Zugriff: 15.05.2020]. *Text gekürzt.*

**Seite 247:** *Abgedruckt als Material 5:* Ulrich Förstner: „Umweltschutz". Aus: Umweltschutztechnik. Berlin/Heidelberg, Springer: 2012. URL: <www.spektrum.de/lexikon/biologie/umweltschutz/68484> [letzter Zugriff: 15.05.2020].

Anja Fischer: Realschule für Verbraucherbildung ausgezeichnet. Aus: Augsburger Allgemeine Zeitung (30.07.2019), URL: <www.augsburger-allgemeine.de/schwabmuenchen/Realschule-fuer-Verbraucherbildung-ausgezeichnet-id55047441.html> [letzter Zugriff: 15.05.2020]. *Text gekürzt.*

**Seite 260 f.:** Carolin Gasteiger: Die Lust am Risiko. Aus: Goethe-Institut e.V. (Dezember 2016), URL: <www.goethe.de/de/kul/mol/20879987.html> [letzter Zugriff: 15.05.2020]. *Text gekürzt.*

**Seite 261:** *Abgedruckt als Material 4:* o. A.: Extremsport = extreme sports = Abenteuersport? Willkommen im Synonym-Dschungel. Aus: extremsport-welt.de (12.11.2013), URL: <www.extremsport-welt.de/extremsport-extreme_sports-synonym-dschungel/> [letzter Zugriff: 15.05.2020].

**Seite 262:** www.spiegel.de, 24.04.2019. Ein Interview von Lisa Duhm, URL: <www.spiegel.de/lebenundlernen/job/maximilian-werndl-im-interview-extremsport-ist-eine-sucht-a-1264058.html> [letzter Zugriff: 15.05.2020]. *Text gekürzt.*

**Seite 272:** o. A.: Handel vor Ort ist mehr als nur Einkauf. Aus: Oberpfalz Echo (18.09.2019), URL: <www.oberpfalzecho.de/2019/09/handel-vor-ort-ist-mehr-als-nur-einkauf/> [letzter Zugriff: 15.05.2020]. *Text gekürzt.*

*Abgedruckt als Material 2:* Sylvia Muschalski: Seit wann gibt es Online-Shopping? Aus: Trusted Shops GmbH (18.04.2019), URL: <www.trustedshops.de/blog/seit-wann-gibt-es-online-shopping/> [letzter Zugriff: 15.05.2020]. *Text gekürzt.*

**Seite 271:** Friederike Lübke: Warum Sie Ihr Kind ins Ausland schicken sollten. Aus: WELT.de (24.01.2016), URL: <www.welt.de/wirtschaft/karriere/bildung/article151387915/Warum-Sie-Ihr-Kind-ins-Ausland-schicken-sollten.html> [letzter Zugriff: 15.05.2020]. *Text gekürzt.*

**Seite 272:** o. A.: Erfahrungsbericht von Sandra. Aus: Praktikawelten GmbH (Stand: 2020), URL: <www.praktikawelten.de/high-school_copy/countries/usa/high-school-classic-usa/erfahrungsbericht-sandra_3881> [letzter Zugriff: 15.05.2020]. *Text gekürzt.*

**Seite 273:** o. A.: Hast du kurz Zeit, die Welt zu entdecken? Aus: Broschüre zum Kurzzeitprogramm des AFS Interkulturelle Begegnungen e.V., S. 3 (Stand: Oktober 2019), URL: <www.afs.de/infomaterial-schueleraustausch?file=files/_media/content/1_schueleraustausch/pdf/kurzzeitprogramm/Ans_AFS_Kurzzeit_Broschuere.pdf> [letzter Zugriff: 15.05.2020].

**Seite 277:** Johannes Oerding / Martin Jungk: Heimat. Aus: Alles brennt. Sony Music Entertainment / Columbia Records: 2015.

Fabian Frischmann/Michael Huber: Grias de God scheene Gegnd. Aus: Ghetto mi nix o, Zipfe Adam Records: 2018. *Text gekürzt.*

**Seite 279:** Transkripte aus dem Video „Haymat ist mehr als nur ein Ort". Im Auftrag der Ay Yildiz Communications

GmbH, Düsseldorf (07.05.2019), URL: <www.youtube.com/watch?v=pWuEPe4kMrY> [letzter Zugriff: 15.05.2020].
**Seite 281:** Lisa Becker: Zukunftsfähige Jugend. Aus: FAZ.net. © Alle Rechte vorbehalten. Frankfurter Allgemeine Zeitung GmbH, Frankfurt. Zur Verfügung gestellt vom Frankfurter Allgemeine Archiv (15.11.2015), URL: <www.faz.net/aktuell/wirtschaft/wirtschaftspolitik/kommentar-zukunftsfaehige-jugend-13911215.html> [letzter Zugriff: 31.07.2020].
**Seite 291:** *Sätze A-D aus Aufgabe 1a):* o. A.: Wissenschaftsjahr

2016*17 – Meere und Ozeane. Plastikmüll im Meer – Zahlen und Fakten. Herausgegeben vom Bundesministerium für Bildung und Forschung. Berlin: 2016. S. 4 – 5, URL: <www.wissenschaftsjahr.de/2016-17/fileadmin/meere_ozeane/Downloads/160913_Dossier_Plastikmuell_im_Meer.pdf> [letzter Zugriff: 08.07.2020]. *Text verändert und gekürzt.*

# Quellen

## Bilder

|AFS Interkulturelle Begegnungen e.V., Hamburg: 273.1. |akg-images GmbH, Berlin: 55.2, 67.1, 77.1, 77.2, 77.3, 77.4, 77.5, 79.1, 88.1, 103.1, 117.1, 246.1; Ballhause, Walter 106.1; Imagno/Austrian Archives 27.1, 27.3; Sotheby's 77.7; VG Bild-Kunst, Bonn 2010 86.3; © VG Bild-Kunst, Bonn 2019 104.1. |Alamy Stock Photo, Abingdon/Oxfordshire: ,LOVE, SIMON' ©2018 Twentieth Century Fox. All rights reserved. 151.1, 151.2, 151.3, 151.4; ZUMA Press, Inc. 177.5. |Alamy Stock Photo (RMB), Abingdon/Oxfordshire: Pictorial Press Ltd 123.1. |Anaconda Verlag in der Verlagsgruppe Random House GmbH, Köln: Cover: „Kleider machen Leute", ISBN: 978-3-86647-052-1 66.2. |Aufbau Verlag GmbH & Co. KG, Berlin: 1969, 2008, © Umschlaggestaltung Torsten Lemme unter Verwendung des Gemäldes „Junge Frau lesend", 1875, von Mary Cassatt 81.1. |Baaske Cartoons, Müllheim: Harm Bengen 166.1. |Bayerische Staatsbibliothek, München: 299.2. |Bayerisches Staatsministerium für Umwelt und Verbraucherschutz, München: 247.2. |Berghahn, Matthias, Bielefeld: 7.13. |bpk-Bildagentur, Berlin: 91.1, 105.1; Heinrich Lichte 86.2. |Bundesamt für Statistik BFS, Neuchâtel: 261.2. |Buske, Stephan, Berlin: 277.2. |Carlsen Verlag GmbH, München: Becky Albertalli, Nur drei Worte © 2016 4.4, 141.1; Jason Lutes, Berlin 2: Bleierne Stadt © Carlsen Verlag GmbH, Hamburg 2008 119.1, 119.2, 119.3. |Declair, Arno, Berlin: 102.1, 102.2. |Drescher, Heinrich, Münster: 303.2, 303.3, 303.4, 303.5, 303.6, 303.7, 303.8. |Fabula Verlag, Hamburg: 66.5. |Feldhaus, Hans-Jürgen, Münster: 5.7, 6.1, 6.2, 6.3, 6.8, 6.9, 7.5, 7.6, 7.8, 7.9, 7.10, 7.11, 8.1, 32.2, 32.3, 32.4, 32.5, 162.1, 206.1, 207.1, 208.1, 211.1, 213.1, 214.1, 215.1, 217.1, 218.1, 219.1, 220.1, 222.1, 223.1, 226.1, 228.1, 228.2, 228.3, 229.1, 231.1, 233.1, 235.1, 236.1, 237.1, 240.1, 249.1, 250.1, 251.1, 253.1, 254.1, 256.1, 258.1, 264.1, 265.1, 266.1, 267.1, 273.2, 273.4, 273.5, 273.6, 273.9, 286.1, 288.1, 289.1, 290.1, 291.1, 294.1. |Filmakademie Baden-Württemberg, Ludwigsburg: Kurzfilm 366 Tage 5.6, 177.1, 178.1, 178.2, 178.3, 178.4, 178.5, 178.6, 179.1, 179.2, 179.3. |fotolia.com, New York: 181.2; beermedia 7.12, 305.1; Engel, Jan 48.2, 48.3, 48.4; eyetronic 27.4; mirpic 33.1; TIMDAVIDCOLLECTION 171.1. |Fredrich, Volker, Hamburg: 3.11, 3.14, 4.1, 4.3, 4.6, 51.2, 53.1, 53.2, 54.1, 55.1, 56.1, 57.1, 58.1, 59.1, 59.2, 60.1, 60.2, 61.2, 62.1, 65.1, 67.2, 68.1, 68.2, 69.1, 70.1, 71.1, 72.1, 74.1, 75.1, 77.6, 79.2, 80.1, 82.1, 83.1, 84.1, 86.1, 89.1, 90.1, 91.2, 92.1, 92.2, 93.1, 95.1, 96.1, 97.1, 98.1, 99.1, 100.1, 100.2, 104.2, 107.2, 107.3, 107.4, 107.5, 107.6, 108.1, 108.2, 108.3, 110.1, 110.2, 111.1, 112.1, 112.2, 113.1, 113.2, 114.1, 115.1, 116.1, 117.2, 117.3, 117.4, 121.1. |Gemeinnützige Hertie-Stiftung, Frankfurt: Jugend debattiert 3.12, 34.1, 34.2, 34.3, 34.4, 37.1, 37.2, 37.3, 48.1. |Getty Images, München: Jaubert, Bernard (Paar mit Karte) Titel. |Getty Images (RF), München: Comstock Images (Boot und Zelt) Titel. |Greenpeace e.V., Hamburg: Fred Dott 46.1. |Grimm, Fred, Hamburg: 168.1. |Helmholtz-Zentrum Potsdam - Deutsches GeoForschungsZentrum GFZ, Potsdam: Wissensplattform Erde und Umwelt, CC BY 4.0 /Bearbeitung Westermann TEGRA 163.1. |Hüter, Michael, Bochum: Cartoon: Sprachreisen https://www.lehrer-online.de/ 272.1. |ifeu Institut Heidelberg, KlimaNet, Heidelberg: Stromverbrauch einer Schule (Lastgangmessung) 245.1. |Interfoto, München: TV-Yesterday 87.1. |iStockphoto.com, Calgary: Ahmed Zaggoudi 50.8, 148.2, 148.4; AleksandarNakic 50.2; alvarez 171.5; franz12 7.7, 301.4; jamessnazell 246.2; LDProd 284.6; macniak 50.4; Tijana87 50.5; UteHil 27.2; Yuri_Arcurs 280.3. |juniors@wildlife Bildagentur GmbH, Hamburg: Juniors Bildarchiv 46.2. |Kracke, Burkhard, Hannover: 299.1. |LIO Design GmbH, Braunschweig: LAYOUTELEMENT 2.1, 298.1, 300.1, 301.1, 303.1, 306.1. |Marckwort, Ulf, Kassel: 25.1. |Mithoff, Stephanie, Gehrden: 5.1, 5.5, 159.1, 167.1, 175.1, 176.1, 176.2, 176.3, 306.2. |Naumann, Andrea, Aachen: 24.2, 232.1, 275.1, 276.1, 277.3.

|nelcartoons.de, Erfurt: 169.2. |Picture-Alliance GmbH, Frankfurt/M.: AP Photo/Dejong, Peter 158.1; Schmidt, Christoph 196.3, 205.1; dpa-Infografik 47.1, 164.1, 169.1; dpa-infografik 268.1; dpa-infografik GmbH 182.1; dpa-Zentralbild/Jens Kalaene 277.1; dpa/Goebel 118.1; Eventpress Radke 132.2; Geisler-Fotopress 122.1, 173.1; Gentsch, Friso 285.1; Invision/AP Photo/Chris Pizzello 141.2; Photoshot 247.3; Schneider, Tom 3.1, 12.3; Deck, Uli 61.1, 135.2; ZB/Grubitzsch, Waltraud 51.1. |S. Fischer Verlag GmbH, Frankfurt/Main: 66.1, 85.1. |Schadwinkel, Alina, Heidelberg: Simon Koy 160.1. |Schäfer, Anke, Laubach: 3.13, 4.2, 4.5, 4.7, 4.8, 4.9, 4.10, 4.11, 4.12, 4.13, 36.1, 38.1, 38.2, 40.1, 40.2, 41.1, 42.1, 42.2, 42.3, 43.1, 43.2, 43.3, 44.1, 44.2, 44.3, 45.1, 49.1, 49.2, 49.3, 123.2, 123.3, 123.4, 123.5, 124.1, 124.2, 125.1, 125.2, 125.3, 127.1, 127.2, 128.1, 128.2, 128.3, 128.4, 129.1, 129.2, 129.3, 131.1, 132.1, 132.3, 133.1, 133.2, 134.1, 135.1, 136.1, 136.2, 137.1, 140.1, 141.2, 142.2, 142.3, 143.1, 144.1, 146.1, 146.2, 147.1, 147.2, 147.3, 148.1, 148.3, 149.1, 150.1, 150.2, 153.1, 154.1. |Schmieder, Peter, Haßfurt: 225.1. |Seidl, Karlheinz, Lappersdorf: aus: „Wildtiere gehören nicht in den Zirkus" veröffentlicht in der Mittelbayerischen Zeitung am 10.08.2019 238.1. |Shutterstock.com, New York: Daxiao Productions 171.4; Kanate 245.2. |Staatliche Realschule Hösbach, Hösbach: 246.3, 246.4. |stock.adobe.com, Dublin: 7.1, 7.2, 7.3, 18.6, 50.6, 50.9, 64.2, 170.1, 171.6, 273.3, 273.7, 287.1, 287.2, 287.3, 287.4, 287.5, 287.6, 287.7, 287.8, 288.9, 292.1, 292.2, 292.3, 292.4, 292.5, 293.1, 301.2; 334847565 196.1; 88studio 171.2; Aaron Amat 11.1; Alano Design 152.1; Alen-D 186.1; AntonioDiaz 199.1; ASDF 247.1; avelksndr 29.3; Bits and Splits 35.1; Bormann, Markus 190.1; castecodesign 29.2; cppzone 274.2; Daniel 171.3; Dartagnan1980 280.5; deagreez 18.2; Ernst, Daniel 280.1; Evrymmnt 18.1; finwal89 122.3; gomolach 3.2, 3.3, 3.4, 3.5, 3.6, 3.7, 3.8, 3.9, 3.10, 12.4, 12.5, 12.6, 12.7, 12.8, 12.9, 12.10, 12.11, 12.12, 14.1, 14.2, 14.3, 14.4; Hans und Christa Ede 241.1; industrieblick 184.1; Ivan Traimak 18.5; ivector 5.4, 189.1; Jacob Lund 304.1, 304.2, 304.3; Jelena 280.7; jiriH 64.4; karepa 6.6, 274.4; kegfire 18.3; Krakenimages.com 171.8; LIGHTFIELD STUDIOS 284.2; Mangostar 172.1, 192.1; Megan-Betteridge 12.2; Minerva Studio 9.1, 10.1; moji1980 50.3; Monkey Business 156.1; motortion 122.4; natali_mis 20.1; nelen.ru 171.7; netrun78 5.2, 156.2; New Africa 7.4, 50.7, 301.3; Olena 29.1; oneinchpunch 273.8; OneLineMan.com 281.1; Pellinni 64.1; Photographee.eu 284.4; pololia 50.1; PR 201.1; rh2010 6.7, 274.1; Robert Kneschke 185.1, 196.2, 197.1; rosinka79 301.5; runzelkorn 183.1; s-motive 5.3, 187.1; sebra 11.2; shipskyy 122.2; Sondem 64.3; Subbotina, Anna 274.3; Suradech 6.4, 6.5, 280.2, 280.4, 280.6, 284.1, 284.3, 284.5; Terriana 118.2, 118.3; vetal1983 261.1; Viorel Sima 12.1; Wayhome Studio 18.4. |StockFood, München: 19.1. |Tomicek/www.tomicek.de, Werl: 165.1. |toonpool.com, Berlin, Castrop-Rauxel: Schwarwel 269.1. |Twentieth Century Fox, Beverly Hills: ,LOVE, SIMON' ©2018 Twentieth Century Fox. All rights reserved. 155.1. |ullstein bild, Berlin: Granger Collection 107.1. |Wefringhaus, Klaus, Braunschweig: 15.1, 17.1, 21.1, 22.1, 24.1, 26.1, 31.1, 31.2, 32.1. |© dtv Verlagsgesellschaft mbH & Co. KG, München: 66.6, 80.3. |© Suhrkamp Verlag, Berlin: Adalbert Stifter: Bergkristall. Illustriert von Gerda Raidt 66.4, 80.4; Theodor Storm, Der Schimmelreiter. Novelle (insel taschenbuch), 2011 66.3, 80.2.